BIOGRAFIA NÃO AUTORIZADA DO DIREITO

LINHA DO TEMPO

BIOGRAFIA NÃO AUTORIZADA DO DIREITO

Fábio Ulhoa Coelho

wmf martinsfontes

1ª edição *2021*
2ª edição *2024*

Preparação de texto
Maria Luiza Favret
Acompanhamento editorial
Helena Guimarães Bittencourt
Revisão
Moira Martins de Andrade
Edição de arte
Gisleine Scandiuzzi
Produção gráfica
Geraldo Alves
Paginação
Renato Carbone
Capa
Vitor Carvalho

Dados Internacionais de Catalogação na Publicação (CIP)
(Câmara Brasileira do Livro, SP, Brasil)

Coelho, Fábio Ulhoa
Biografia não autorizada do direito / Fábio Ulhoa Coelho. – 2. ed. – São Paulo : Editora WMF Martins Fontes, 2024.

ISBN 978-85-469-0565-2

1. Direito – Estudo e ensino 2. Filosofia do direito I. Título.

24-191408 CDU-34(81)(07)(091)

Índices para catálogo sistemático:
1. Brasil : Direito : Estudo e ensino : História 34(81)(07)(091)

Tábata Alves da Silva – Bibliotecária – CRB-8/9253

Todos os direitos desta edição reservados à
Editora WMF Martins Fontes Ltda.
Rua Prof. Laerte Ramos de Carvalho, 133 01325-030 São Paulo SP Brasil
Tel. (11) 3293-8150 e-mail: info@wmfmartinsfontes.com.br
http://www.wmfmartinsfontes.com.br

Índice

Para Mô e Kiki

Apresentação

Por que, em algumas regiões do mundo, as taxas de homicídio são maiores do que em outras? Por que, em alguns países, poucas pessoas sonegam impostos, enquanto em outros um número expressivo de indivíduos não pagam os tributos e não são recriminados por amigos e parentes por agirem assim? Por que, em certos lugares, os compromissos assumidos são geralmente cumpridos, mesmo sem contratos escritos, e em outros não? Por que há comunidades em que meninas têm o mesmo acesso à educação que meninos, mas não é assim em todas? O que, em suma, formata as sociedades?

Muitas pessoas pensam que essas perguntas têm todas a mesma resposta, que é o Direito. Para elas, cada país, lugar, região ou comunidade tem leis diferentes e, por isso, as taxas de homicídio, os níveis de pagamento de impostos, os índices de cumprimento de contratos e as formas de acesso à educação variam.

Este livro é um convite a repensar essa concepção. Minha proposta é que o Direito não molda as sociedades ou grupos sociais de outras dimensões ou configurações, como tribos, famílias, Estados etc. Pode-se esperar dele uma atuação bem menos abrangente, restrita ao tratamento de conflitos de interesses pontuais.

O meu convite para repensar a questão dessa maneira está dividido em quatro partes: Início, Trajetória, Salvaguardas e Arremate.

No Início, veem-se os seres humanos passando por uma evolução única, até o momento não experimentada por nenhuma outra espécie. Assim como um dia aconteceu de nos tornarmos bípedes, outro dia aconteceu de lidarmos de um modo novo com certos conflitos dentro da espécie. Aconteceu de o indivíduo humano mais forte não mais impor a sua vontade, pela força, ao mais fraco. A partir do momento em que esse padrão de tratamento dos conflitos passa a se verificar, a espécie humana desenvolve uma estratégia evolutiva muito particular, que é a civilização.

Na Trajetória, marcam-se momentos importantes no desenvolvimento dessa estratégia evolutiva. Os padrões pelos quais os conflitos passam a ser tratados vão se alterando de modo bastante acentuado. São cinco momentos marcantes: a lei de talião, a lei escrita, o surgimento do Estado nacional, a positivação e o aparecimento de juízes independentes.

Na parte das Salvaguardas, convida-se o leitor a reexaminar cada um dos aspectos que sustentam a concepção de que as sociedades seriam diferentes em razão das diferenças nas leis. Reexamina-se, em primeiro lugar, a ideia de que o Direito é uma ordem resultante da aplicação, por juízes, das leis gerais aprovadas por legisladores. Depois reexaminam-se a ciência jurídica, a lógica dos julgamentos, o sistema de correção dos erros cometidos pelos magistrados e a realização da justiça como o objetivo da ordem instituída pelo Direito.

Por fim, o Arremate retoma a tese de os valores serem cultivados pela maioria das pessoas que dão forma à sociedade.

O meu principal objetivo é tentar explicar o Direito para o público não jurídico. Mas acredito que esta biografia não autorizada poderá ser útil também para os estudantes e profissionais da área, ao lhes apresentar outro modo de entender o que estudamos e fazemos de verdade. Ficarei feliz se, ao final da leitura, o leitor concluir que algumas de suas certezas não parecem mais tão firmes ou, pelo menos, foram arejadas.

Tentar explicar o Direito para o público não jurídico é um projeto antigo. No Carnaval de 2020, comecei finalmente a escrever os primeiros trechos, sem ter ainda muito claro o plano geral da obra. Imaginava que levaria ainda pelo menos um ano para chegar à primeira versão. Mas aí aconteceu a covid-19. E, no isolamento social, progredi na redação com rapidez.

Em meados de julho, já tinha concluído o primeiro manuscrito (a rigor, o primeiro "digitado"). Não conseguia avaliar, porém, se havia conseguido chegar a um texto acessível e claro, despojado daqueles rebuscamentos em que nós, os profissionais jurídicos, facilmente nos perdemos, um tanto enfeitiçados, em meio àquela língua pomposa, o juridiquês. Pedi, então, a amigas e amigos que me ajudassem nessa avaliação. São pessoas das mais diversas formações: administração, arquitetura, artes, ciência política, comércio exterior, comunicação social, direito, engenharia, jornalismo, marketing, medicina, psicologia e relações internacionais. Quero agradecer o tempo, a generosidade e a amizade deles. Sou muito grato a Beatriz Ferrer de Ulhoa Coelho (*Kiki*), Carla Girolamo, Ernesto Tzirulnik, Fernanda Resstom, Fernando Castro Junqueira, Francisco de Sá, Guilherme Mendonça, Juliana Siqueira de Sá, Mano Penalva, Marcelo Guedes Nunes, Maria Cristina Fernandes, Maria Teresa de Ulhoa Coelho, Mariana Leme, Marina Amaral Egydio de Carvalho, Mirelle Bittencourt Lotufo, Mônica Andrigo Moreira de Ulhoa Coelho (*Mô*), Rodrigo Ulhoa Cintra, Silvia Fagnani, Telmo Porto e Victor Bruno Jr. por aceitarem ler o rascunho desta biografia. Claro, é só minha a responsabilidade pelo conteúdo, assim como pelas imprecisões e obscuridades. Devo também um agradecimento a Juliana Sá e Rodrigo Monteiro de Castro pelo entusiasmo com que me ajudaram neste projeto. Por fim, agradeço, de modo muito especial, o prefácio generoso e erudito do ministro Luís Roberto Barroso.

Prefácio

Algo de novo debaixo do sol

Luís Roberto Barroso[1]

Como regra geral, na minha vida acadêmica só costumo elaborar prefácios para livros escritos por meus orientandos de mestrado e de doutorado. Assim faço por três razões básicas: não conseguiria administrar meu tempo se fosse diferente; em relação aos trabalhos que orientei, já tive oportunidade de lê-los horizontalmente; e uma das minhas gratificações na vida é empurrar jovens talentos para o sucesso acadêmico. Fábio Ulhoa Coelho e sua *Biografia não autorizada do Direito* não preenchem nenhum dos requisitos descritos acima. Fábio e eu somos da mesma geração, da qual ele é um dos nomes de maior sucesso e merecido reconhecimento. Vale dizer: não o orientei, tampouco ele precisa de apresentação. Por isso mesmo, recebi surpreso e honrado o convite para escrever estas linhas. Pedi a ele, então, os originais do trabalho, para que eu pudesse passar os olhos no breve intervalo entre o Natal e o *Réveillon* e dar uma resposta. Aqui vai ela. A verdade é que a vida, ainda uma vez, foi generosa comigo: além de me permitir associar o meu nome ao de Fábio, proporcionou-me a oportunidade de ler, em primeira mão, um texto de excepcional qualidade e de rara originalidade.

[1] Professor Titular da Universidade do Estado do Rio de Janeiro – UERJ. Ministro do Supremo Tribunal Federal.

Fábio Ulhoa Coelho escreveu um livro fascinante. Erudito e simples, analítico e objetivo, profundo e conciso. Virtudes raras, que não costumam andar juntas. Um dos livros que mais me impressionaram nos últimos tempos foi *Sapiens – uma breve história da humanidade*, de Yuval Noah Harari. Trata-se de uma maneira singular de olhar e narrar a história da condição humana, com pontos de observação diferentes do convencional e *insights* de grande sagacidade. Pois Fábio faz coisa semelhante ao recontar a história do Direito, percorrendo caminhos distintos do da historiografia oficial. Aqui se tem a diferença entre uma fotografia tradicional e uma obra de arte. Li muitas partes com concordância plena. Outras, com algumas dúvidas. E houve umas tantas que li com espanto. Mas não houve uma passagem sequer que não tenha lido com interesse, prazer e proveito. Este não é um livro que deva ser lido com *viés de confirmação*. Ele é feito para se repensar o que sempre se achou. Esse é o seu mérito maior.

Em lugar de fazer um prefácio resumindo o livro, antecipando ideias e dando *spoilers* de suas conclusões, optei por algo mais modesto: separei algumas proposições feitas por Fábio ao longo do livro para com elas estabelecer uma interlocução construtiva. Na verdade, apresento algumas breves reflexões despertadas pela verve contundente e brilhante do autor. Observação importante: no geral, cheguei a conclusões idênticas ou análogas.

De maneira peremptória, o livro afirma que *o Direito não é uma ciência, mas um conjunto de opiniões racionais*. Se tomarmos como paradigma o conceito de ciências válido para as ciências naturais, a tese é irrefutável. De fato, o Direito é um domínio do conhecimento que não se pode servir, em escala relevante, da ambição de *objetividade* que caracteriza as ciências exatas e da natureza. Nessas áreas, as principais matérias-primas intelectuais são a observação, a experimentação e a comprovação, todas elas passíveis de acompanhamento e confirmação por parte dos demais cientistas e da comunidade em geral. O Direito, por seu lado, não lida com fenômenos que se ordenem, independentemente da atividade de quem o cria ou interpreta. Sua marca é a subjetividade dos seus atores. A criação do Direito é essencialmente fruto de uma vontade política, e sua interpretação e aplicação nunca serão inteiramente objetivas. As ciências humanas não lidam com a certeza matemática, mas, sim, com a racionalidade prática, com a lógica do verossímil e do justificável. Só é possível falar em *ciência do direito* como referência a um conjunto organizado de conhecimentos, fundado em princípios, regras e conceitos próprios – e com pretensões normativas, isto é, a ambição de conformar a realidade. Mas, por evidente, não é ciência em rigor técnico. O livro bem demonstra o ponto.

Outro *insight* que destacaria é o de que *o Poder Judiciário deve construir uma forte aliança com a sociedade. Não sendo legitimado por eleições populares, ele depende diretamente da confiança que as pessoas em geral têm na Justiça.* Embora esse nem sempre seja o senso comum, também aqui é impossível não concordar. Numa democracia, ninguém exerce poder em nome próprio. Todo poder é representativo, isto é, deve ser exercido em nome e no interesse da sociedade. Como consequência, nada mais natural do que ouvi-la. Por certo, a aliança com a sociedade não significará ceder ao clamor público ou às paixões desordenadas das multidões. A vontade popular prioritária, a ser preservada pelo Judiciário, é a que está materializada na Constituição. Por isso mesmo, se o sentimento social dominante não passar no crivo da Constituição, o Judiciário e, particularmente, o Supremo Tribunal Federal deverão produzir uma decisão contramajoritária. Porém, não havendo óbice constitucional, é natural e desejável levar em conta o sentimento da sociedade dentro das possibilidades de interpretação legítimas e viáveis. Aliás, é precisamente essa sintonia que dá capital político e credibilidade às supremas cortes para produzirem decisões iluministas em favor de grupos vulneráveis – mulheres, negros, gays, populações nativas, internos do sistema penitenciário. Em outra passagem feliz, Fábio destaca que *é o empoderamento dos mais fracos, em dada cultura, que dá a medida da sua civilização.*

Aliás, incidental e sutilmente, Fábio Ulhoa Coelho passa diversas mensagens importantes para o Brasil de hoje. Uma delas diz respeito à *urgência da sustentabilidade ambiental.* Em sintonia com o momento em que vivemos, está ali subentendida a gravidade de temas como a mudança climática e o aquecimento global, que são algumas das grandes questões definidoras do nosso tempo[2]. Há relevante consenso científico quanto à seriedade do problema. *Se você ouvir alguém falando algo diferente disso, desconsidere,* adverte o autor. De fato, o negacionismo nessa matéria e a indiferença aos crimes ambientais configuram um caso grave de responsabilidade internacional e de injustiça intergeracional. Por infeliz coincidência, no dia em que li essa passagem – 29.12.2020 –, o Pantanal estava em chamas, a Amazônia apresentava níveis recordes de desmatamento e a manchete do jornal *Folha de S.Paulo* era: "Em 2 anos, governo esvaziou órgãos de defesa ambiental".

Em outra passagem, o livro adverte para os riscos do apelo ao nacionalismo exacerbado, que *pode, na verdade, ser o oposto da defesa dos interesses dos brasileiros, e ocultar a manutenção de nossa economia fechada, garantindo o mercado interno "cativo" às empresas aqui instaladas.* De fato, o protecionismo, as posições antiglobalização e a economia fechada são marcas da cultura política brasileira, que nos têm atrasado na história. Capitalismo pressupõe concorrência, risco e igualdade entre os agentes econômicos. No Brasil, há uma atávica preferência por financiamento público, reserva de mercado e tratamento favorecido. Uma espécie de socialismo para ricos. O exemplo da China, lembrado por Fábio, é emblemático: quando se fechou para o mundo, no período da dinastia Qing (a partir do século XVII), deixou de ser uma potência econômica e tecnológica, e entrou em profunda decadência[3]. Com a reabertura da economia, em 1976, com Deng Xiaoping, após a morte de Mao, a China voltou a ser uma potência mundial, tendo tirado milhões de pessoas da linha da pobreza extrema.

[2] William Nordhaus, *The Climate Casino*: Risk, Uncertainty, and Economics for a Warming World. New Haven: Yale University Press, 2013, p. 11.

[3] Sobre o tema, v. Niall Ferguson, *Civilization:* the West and the Rest. Londres: Penguin Random House, 2011, p. 44 e s.

Também não passou despercebido ao olhar arguto de Fábio o papel da internet, que, segundo ele, *democratizou mais ignorância do que conhecimento.* A rede mundial de computadores é o símbolo da Revolução Tecnológica ou Digital que subverteu nossas vidas, modificando o modo como fazemos pesquisas, compras, reservas ou ouvimos música. Vivemos sob um novo vocabulário, que inclui utilidades que até ontem não conhecíamos e sem as quais hoje já não saberíamos viver: Google, Amazon, Skype, Waze, Spotify, YouTube, Netflix, em meio a muitas. Para os solteiros, tem Tinder. Também vieram as chamadas redes sociais: WhatsApp, Facebook, Instagram, Twitter e TikTok. Todos passaram a ter direito a voz. Houve uma enorme democratização do acesso ao conhecimento e da liberdade de expressão. Alguns chegaram a sonhar com uma grande esfera pública deliberativa, para troca de ideias, de argumentos e tomada de decisões. Talvez esse não deva ser um projeto a se abandonar. Mas, por ora, temos que nos preocupar com as campanhas de desinformação que contaminam todo o debate público[4]. A mentira apelidada de *pós-verdade* ou de *fatos alternativos.* E muita ignorância também, como detectou Fábio. Alguns seres das sombras habitam as redes sociais, disseminando ódio, ofensas e teorias conspiratórias, frequentemente com problemas de ortografia e concordância. Sem mencionar terraplanismos variados. Também aqui é preciso ter fé no processo civilizatório.

Não menos importante é o destaque que o livro dá ao *Iluminismo*, marcando *o momento em que o conhecimento começa a se desapegar da autoridade.* Razão, ciência, humanismo e progresso são as marcas do abrangente movimento filosófico que revolucionou o mundo das ideias ao longo do século XVIII[5]. O Iluminismo foi o ponto culminante de um ciclo histórico iniciado com o Renascimento, no século XIV, e que teve como marcos a Reforma Protestante, a formação dos Estados nacionais, a chegada dos eu-

[4] Sobre o tema, v. Patrícia Campos Mello, *A máquina do ódio*. São Paulo: Companhia das Letras, 2020.

[5] Steven Pinker, *Enlightenment Now:* the Case for Reason, Science, Humanism and Progress. N. York: Penguin, 2018.

ropeus à América e a Revolução Científica. A *razão* passa para o centro do sistema de pensamento, dissociando-se da fé e dos dogmas da teologia cristã. Nesse ambiente, cresce o ideal de conhecimento e de liberdade, com a difusão de valores como a limitação do poder, a tolerância religiosa, a existência de direitos naturais inalienáveis e o emprego do método científico, entre outros. Estava aberto o caminho para as revoluções liberais, que viriam logo adiante, e para a democracia, que viria bem mais à frente, já avançado o século XX.

A partir daí, Fábio Ulhoa Coelho escreve páginas luminosas acerca do impacto do Iluminismo no Direito e sobre a extraordinária transformação que foi a passagem do modelo em que as leis eram ditadas pela tradição para o modelo da *positivação*. A positivação do Direito, isto é, sua criação por ato de vontade de uma autoridade – e não como revelação divina ou racional –, foi uma revolução no pensamento jurídico. A ideia de que o Direito pudesse ser feito era estranha às sociedades antigas[6]. Em meio à onda cientificista que dominou o mundo ao longo do século XIX, procurou-se dar ao Direito a mesma objetividade que se vislumbrava nas ciências da natureza. A intenção era trazer certeza e segurança às relações jurídicas num mundo pós-Revolução Industrial, que assistia ao avanço do capitalismo e dos grandes negócios. Surge, então, a *lei*, tal como a concebemos hoje: uma decisão política emanada do poder competente, que não precisa reproduzir a tradição, mas, justamente ao contrário, pode inovar inteiramente no ordenamento jurídico. É o soberano quem faz o Direito. Com o passar do tempo, o que mudou foi o titular do poder soberano: primeiro o monarca, depois o parlamento aristocrático e, finalmente, os representantes do povo. Pelo menos, assim é a lenda.

A propósito, Fábio desmitifica diversas lendas sobre o Direito que são passadas de geração para geração. E, no caminho, faz distinções essenciais entre ciência, religião e opinião. Eu poderia seguir aqui, indefinidamente, dialogando com a profusão de boas

[6] Dieter Grimm, *Constituição e política*. Belo Horizonte: Del Rey, 2006, p. 4.

ideias lançadas no livro. Mas este prefácio já está de bom tamanho e devo sair do caminho do leitor. Há uma passagem conhecida do Eclesiastes na qual se lê: "O que foi é o que há de ser; o que se fez, isso se tornará a fazer. Não há nada de novo debaixo do sol"[7]. Pode ser; não vou comprar essa briga. Mas, mesmo sendo iguais, as coisas sempre podem comportar um novo olhar, um novo ponto de observação, que as torna diferentes. Mesmos fatos, novas verdades. É isso o que faz Fábio Ulhoa Coelho nesta compacta obra-prima. E o faz com sabedoria e simplicidade. Como a vida deve ser vivida. Não há sofisticação maior que essa.

Brasília, 26 de janeiro de 2021.

[7] Eclesiastes 1:9.

INÍCIO

1. Biografias

O Direito está nas redes sociais, nas conversas às mesas de bar, nos churrascos nas lajes, nos aniversários, nos cafezinhos no trabalho, nos elevadores e nas filas do caixa do supermercado. Todos conhecem os ministros do Supremo pelo nome. Adivinham a posição política de cada um deles. Aprovam e desaprovam suas decisões. Diante da notícia de mais uma operação da Polícia Federal, torcem com entusiasmo ou torcem o nariz. Têm opinião formada sobre a interpretação da Constituição e do Código de Processo Penal.

Juristas são entrevistados na TV. Os parágrafos menos enigmáticos de verborrágicas decisões judiciais são exibidos e destacados na tela, enquanto o apresentador do noticiário os lê. E presos, investigados ou condenados exercem o monotemático direito de resposta: "Confio na Justiça e irei provar que nada do que falam é verdade".

Esse interesse pelo Direito acontece no Brasil há relativamente pouco tempo. Começou, talvez, por volta de 2002, quando as sessões do Supremo Tribunal Federal (STF) passaram a ser transmitidas ao vivo pela TV Justiça.

Com a disseminação do interesse pelo Direito, vieram, naturalmente, dúvidas e estranhezas. Como podem dois juízes, aplicando a mesma lei, ter cada um deles uma interpretação diferente? Se o tribunal já decidiu o assunto de um jeito, por que o juiz tomou decisão em sentido oposto, e logo no meu caso? A lei não é igual para todo mundo? Quem consegue entender esse prende e solta do corrupto, se ele até já foi filmado recebendo a propina?

Não sei se este livro conseguirá responder a todas essas dúvidas e estranhezas. Ele pelo menos apresentará outro lado do Direito. Um lado que talvez o próprio Direito desconheça; e, se conhece, não gostaria de ver exposto.

O título do livro é uma metáfora

"Biografia do Direito" é uma metáfora.

O Direito não é uma pessoa para ser biografado. Mas sempre que eu me refugiar no ambiente metafórico (e isso acontecerá principalmente neste capítulo), tratarei o Direito como se fosse gente. Insisto, é só uma metáfora.

Minha insistência não é impertinente. É que fiquei escaldado depois de presenciar tantos debates jurídicos perdendo o rumo da racionalidade por desatenção ao fato de que se focava uma figura de linguagem, e não a realidade.

As metáforas são um expediente bastante útil. Têm enorme serventia didática, e eu constantemente as uso em minhas aulas. Mas elas devem ser explicitamente deixadas de lado depois de cumprir sua função de facilitar a compreensão de um conceito mais complexo. Temos uma realidade a conhecer, não podemos ficar detidos no gracioso das metáforas.

Com isso, explica-se o título do livro. Na verdade, explica-se parte do título. Falei da "biografia", falta falar da "não autorizada".

Biografias não autorizadas

No Brasil, até 2015 ninguém podia escrever uma biografia sem ter a autorização do biografado ou de seus descendentes. Era desse modo que todos interpretavam a lei sobre a proteção ao "direito à imagem" (Código Civil). Considerava-se que cada um de nós era o único dono da própria história. Se alguém queria contá-la, não poderia fazer uma narrativa qualquer. Somente se a biografia apresentasse a história do jeito aprovado pela pessoa biografada é que a lei permitia a sua publicação. Era assim que a maioria dos juristas a interpretava.

Quer dizer, quando o escritor se interessava pela vida de determinada pessoa a ponto de achá-la merecedora de uma biografia, deveria pedir a autorização dela antes mesmo de começar a escrever. Senão, ia correr o risco de investir tempo, energia e recursos em pesquisa e escrita que posteriormente seriam desperdiçados caso o biografado não desse a autorização para o livro.

O entendimento era o de que cada pessoa tinha o direito de controlar a sua imagem. Se alguém não queria ser biografado, ou não queria ser biografado de um determinado modo, estava no seu direito. Por maior que fosse o interesse do público em conhecer a vida de uma pessoa famosa, ninguém poderia contrariar a vontade dela de controlar a própria imagem. Se o biografado já tivesse morrido, a autorização deveria ser dada pelos descendentes (filhos, netos, bisnetos e demais gerações, infinitamente). Por todos eles! E sempre havia um tataraneto que condicionava a anuência ao pagamento de uma soma exorbitante. Imaginava-se que muitas biografias de brasileiros e brasileiras não tinham sido escritas em razão dessa forma anacrônica e individualista de a lei tratar o assunto.

Em 2015, o STF, por unanimidade, decidiu que biografias não autorizadas são admissíveis no Brasil. Não houve nenhuma mudança no texto do Código Civil ou aprovação de nova lei. Mesmo assim, o direito brasileiro mudou radicalmente. Pode ser que você esteja estranhando: como pode uma lei mudar sem nenhuma mudança no texto dela? Nós vamos ver como isso acontece. Foi assim também, por exemplo, com a admissão do casamento entre pessoas do mesmo sexo.

Em qualquer biografia não autorizada, espera-se encontrar revelações de momentos da vida ou traços do biografado que o deixam desconfortável; aspectos da personalidade que o desagradam, a ponto de preferir que permaneçam disfarçados ou ocultos; feridas e traumas que deseja esquecer e não quer ver divulgados. Se a biografia não recebeu a autorização do biografado, certamente é porque traria das sombras para a luz revelações que perturbam a sua autoimagem ou prejudicam a sua imagem pública.

Essa é a metáfora do título. Aqui, o Direito é apresentado de um modo que ele preferiria que não fosse revelado.

A história da Lei das Doze Tábuas é inverossímil. O déspota esclarecido não recuou diante do súdito por temer os juízes. O direito romano não é o modelo do direito da atualidade. Montesquieu, além de racista e sexista, não é o grande elaborador da tripartição dos poderes. O Código de Hamurábi e o Código de Justiniano não eram Códigos. Todos são desiguais perante a lei.

Mais que isso, nesta biografia é apresentado um conceito de Direito que não agrada ao biografado. É um conceito bem diferente do que ele vem propagando há algum tempo. Sua identidade é outra. O Direito é astuto. Apresenta-se como lógico e é pura retórica. Pretende-se científico, quando não passa de um repertório de opiniões. Mostra-se fortalecido na lei, mas a lei não tem nenhuma força.

Dos meus livros, este foi o que mais me deu trabalho para nomear. Experimentei algumas alternativas. Demorei até me definir. E, saiba, gostei do título.

Um mundo cada vez mais justo

Todo biógrafo admira o biografado. A escolha nunca é neutra. Por isso, sou bastante zeloso com os lados bons e dignos do Direito. Adianto-me para enfatizar que a falta de lógica, de ciência e de leis fortes não são os defeitos que parecem ser. Ao contrário, são meios astuciosos (e, hoje, indispensáveis) para o Direito cumprir a sua função. Você verá.

Note: justiça tem a ver com ajustes. Não vivemos num mundo justo, mas, se atentarmos para como as coisas eram antes, perceberemos que uma série de ajustes vem acontecendo nas relações entre os seres humanos, tornando o mundo progressivamente mais justo. O Direito contribui para isso, empoderando os mais fracos no tratamento dos conflitos de interesses. Esse é o lado admirável do biografado.

Nenhuma biografia poderia deixar de ressaltar como o Direito tem feito a parte dele na construção de um mundo cada vez mais justo. Chegaremos a esses pontos, e será dado o devido reconhecimento aos méritos do biografado, que não são poucos.

Biografias autorizadas do Direito

Os interessados em conhecer uma biografia autorizada do Direito contam com extensa literatura. São vários os livros que apresentam o Direito do jeito que lhe agrada. Podem começar pelos cursos e manuais de *Direito constitucional*. Outro bom ponto de partida são os livros intitulados *Introdução ao estudo do direito*, literatura básica de uma disciplina oferecida aos primeiranistas dos cursos de graduação.

Nessas biografias autorizadas, o Direito é apresentado como um conjunto de normas chamado "ordenamento jurídico". São normas de denominações e funções diferentes. Por enquanto, vou me referir a três delas: Constituição Federal, leis ordinárias e decretos.

As normas do ordenamento jurídico não têm todas a mesma importância; existe uma hierarquia entre elas. A mais importante é a Constituição Federal. Todas as demais devem ser compatíveis com ela. Se uma lei ordinária contraria uma norma constitucional, ela é inconstitucional. Isso significa que não tem validade e precisa ser retirada do ordenamento jurídico.

Abaixo da Constituição Federal, na hierarquia, estão as leis ordinárias. As que tratam de assuntos relevantes ou abrangentes costumam receber nomes especiais, como código ou estatuto. Temos o *Código Nacional de Trânsito*, o *Código Penal* e o *Código de Defesa do Consumidor*, por exemplo. E existem o *Estatuto da Criança e do Adolescente* (ECA), o *Estatuto do Idoso*, o *Estatuto do Torcedor* e outros. A maioria das leis ordinárias, contudo, é identificada apenas por um número. A sequência da numeração foi reiniciada com a Constituição de 1946 e, em 2020, eram mais de 14 mil leis federais.

Abaixo das leis, na hierarquia do ordenamento jurídico, encontramos os decretos. São normas baixadas pelo presidente da República para especificar aspectos das leis que não foram suficientemente detalhados. Os decretos não podem contrariar as leis, do mesmo modo que estas não podem ser contrárias à Constituição Federal.

Pois bem. Em qualquer biografia autorizada, o Direito será apresentado como um portentoso conjunto de normas jurídicas organizadas de modo racional numa hierarquia. É o ordenamento jurídico. A designação procura dizer tudo: um instrumento para pôr ordem. A biografia autorizada irá dizer que o Direito *é* o ordenamento jurídico. Para o biógrafo oficial, a ciência jurídica estuda as leis e demais normas componentes do ordenamento jurídico de um país.

É assim que o Direito quer ser visto.

A pirâmide

Informações jurídicas normalmente não são apresentadas em gráficos, figuras, tabelas e organogramas. Nós, da área, temos até certa dificuldade para processar a informação transmitida por essas ferramentas visuais de síntese, tão pouco habituados estamos a utilizá-las.

Há, porém, uma exceção: a estrutura hierárquica das normas do ordenamento jurídico comumente é apresentada aos estudantes por meio de uma pirâmide.

Em sua versão mais simples, põe-se no topo a Constituição Federal; na base, os decretos e outras normas de regulamentação, como portarias, instruções, resoluções etc.; e, entre a Constituição Federal e os decretos, as leis (as complementares à Constituição e as ordinárias; algumas com os nomes simbólicos de código, estatuto, lei orgânica etc.).

A pirâmide, quando representa apenas as normas jurídicas editadas por Poder ou autoridade federal, para aplicação em todo o país, é esta mostrada a seguir.

Esquema 1 – Hierarquia das normas federais

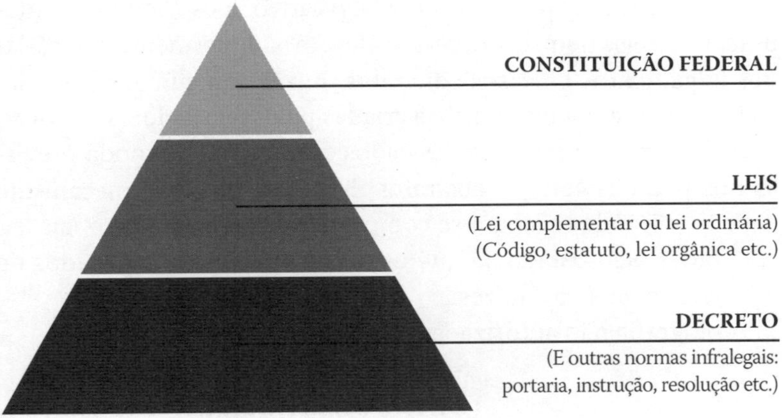

Direito-ordenação

Numa biografia autorizada, o Direito é apresentado como o sistema de ordenação da sociedade. Sua finalidade seria, de acordo com os biógrafos oficiais, criar e garantir a ordem social. E, para atingir essa finalidade, funcionaria sempre associado a uma tríade: *Estado*, *leis* e *juízes*.

De modo sucinto, as coisas se passariam da seguinte maneira. O Estado possui um órgão dedicado à elaboração de padrões gerais e abstratos de conduta: é proibido fazer isso, permite-se fazer aquilo, é obrigatório comportar-se deste modo etc. O órgão do Estado encarregado da elaboração dos padrões de conduta pode ser um colegiado de legisladores (como nas democracias) ou um soberano único (como nas monarquias absolutistas).

Ao elaborar esses padrões gerais e abstratos de conduta, o órgão legislador decide como as pessoas devem se comportar e ameaçam os desobedientes com punições. Ele irá estabelecer, por exemplo, que todos devem respeitar a vida uns dos outros e definirá que os assassinos serão presos. Esses padrões abstratos são as *leis*.

Os juízes pertencem a outro órgão do Estado, encarregado da aplicação das leis aprovadas pelo Legislativo. Eles não podem modificar as leis, nem distorcê-las; devem simplesmente aplicá-las nos julgamentos de casos concretos. Juízes, em suma, devem ser os primeiros a obedecer às leis criadas pelos legisladores. As decisões deles devem punir os desviados exatamente do modo previsto nos padrões gerais e abstratos. No final, por esse mecanismo engenhoso, todos acabam se comportando como previsto nas leis aprovadas pelo Estado, já que os desobedientes são afastados do convívio social pelos juízes.

A biografia não autorizada discorda de tudo isso.

Direito como tratamento de conflitos

Se o Direito não é o ordenamento jurídico, então o que ele é? É o sistema social de tratamento dos conflitos de interesses.

Há várias diferenças entre definir Direito como ordenamento jurídico ou como sistema de tratamento de conflitos. A mais importante diz respeito à finalidade do Direito. Visto como o *sistema social de tratamento dos conflitos de interesses*, não se pode esperar dele que ponha ordem na sociedade. O Direito atua no pontual, não no geral. Seu objeto é o micro, não o macro.

Outra diferença importante está ligada à função da lei. Na biografia autorizada, ela é o instrumento de ordenação da sociedade. Aqui, ela será um dos padrões de orientação do tratamento do conflito de interesses. Certamente, o padrão mais importante, mas apenas *um* deles. Quero dizer, há outros padrões que também orientam o tratamento dos conflitos de interesses. São a doutrina e a jurisprudência.

Doutrina é o conhecimento estruturado da interpretação das leis e demais normas jurídicas do ordenamento de um país. Quando um conflito de interesses é tratado, levam-se em conta os ensinamentos dos criadores da doutrina, os doutrinadores.

Jurisprudência, por sua vez, é o conjunto de decisões judiciais sobre determinado assunto, que representa o pensamento predominante entre os juízes acerca dele. São os precedentes, que igualmente servem de orientação ao tratamento dos conflitos de interesses.

A biografia autorizada criou uma metáfora para esses padrões. Ela fala em fontes do Direito. Assim como a água jorra do subterrâneo por meio de uma fonte, também o Direito emergiria da lei, da doutrina e da jurisprudência. A biografia não autorizada põe de lado a metáfora das fontes, porque ela não ajuda a entender o biografado.

Uma explicação sobre a palavra "lei"

"Lei" é uma norma do ordenamento jurídico contemporâneo que orienta os juízes na solução dos conflitos de interesses. Você conhece o mecanismo: o Poder Legislativo aprova a lei, em termos gerais, e o Poder Judiciário a aplica aos casos concretos. Isso nem sempre foi assim. Na verdade, é até relativamente recente. E, claro, não era assim antes de os *Homo sapiens* passarem à civilização, ou seja, enquanto vivíamos no "estado de natureza". Na verdade, acreditamos em dois ambientes ou circunstâncias muito diferentes: antes e depois de nos civilizarmos. Quando não existia a civilização, nossa vida devia ser bem parecida com a dos demais primatas.

Ao falarmos na "lei do mais forte", estamos mais uma vez usando uma metáfora. Ela é útil para podermos organizar a narrativa. O padrão existente na superação dos conflitos entre os humanos antes da civilização pode ser sintetizado pela noção de "lei do mais forte". Desde que não desatentemos ao fato de que é uma metáfora, não há mal nenhum em continuarmos usando a palavra "lei" nesse contexto.

Aliás, como vamos descobrir aos poucos, quando falamos em "lei de talião" e em "Lei das Doze Tábuas", por exemplo, também estamos usando a palavra "lei" num sentido metafórico. Elas não foram aprovadas por nenhum Poder Legislativo, para serem aplicadas por juízes no julgamento de processos judiciais.

Uma explicação sobre a palavra "civilização"

Algumas palavras são perigosas.

As palavras perigosas são ambíguas, têm mais de um significado, mas não é qualquer caso de ambiguidade que as torna perigosas.

O perigo surge quando os dois sentidos da palavra ambígua são muito diferentes e um deles evoca violência, discriminação ou preconceito que não se encontram no outro.

É o caso da palavra "civilização".

Quando, a partir do final do século XV, o europeu chegou à África, à América, ao Oriente Extremo e à Oceania, ele se proclamou "civilizado", e aos povos originários, chamou de "incivilizados". E justificou o genocídio, a escravização e a submissão desses povos, bem como a usurpação de suas terras, como se estivesse espalhando a civilização pelo mundo.

Não é definitivamente nesse sentido colonialista que emprego a palavra aqui, ao fazer referência à transição entre dois estados pelo *Homo sapiens*. Essa transição é um acontecimento tão longínquo no tempo que não sabemos quando se verificou pela primeira vez, muito menos onde.

"Civilização" é o estado em que o *Homo sapiens* observa, no tratamento de conflitos de interesses internos aos grupos, alguns padrões diferentes da lei do mais forte. Ela surge quando a espécie passa a se organizar, desestimulando ou mesmo punindo o uso da força, por quem a tinha mais, na subjugação de outro indivíduo do mesmo grupo, para fazer prevalecer o seu interesse. A partir do momento em que isso acontece, nos distanciamos dos demais primatas de tal modo que podemos falar em outro estado, diferente do estado de natureza.

A transição do estado de natureza (conflitos resolvidos pela força) para o estado de civilização (conflitos resolvidos por outros padrões) foi um momento decisivo na trajetória evolutiva da espécie. Acho que conseguimos entender melhor como tudo aconteceu não tratando a biologia e a história dos seres humanos como se fossem dissociáveis.

"Civilização", nesse segundo sentido, é uma medida, métrica ou régua. Os inumeráveis grupos de humanos se distanciam do estado de natureza (e da prevalência da vontade do mais forte) em ritmos próprios, cada um a seu tempo e modo. "Saltos civilizatórios", por sua vez, são os momentos em que aumentou a velocidade do distanciamento em relação ao estado de natureza. Haverá também os de estagnação e até mesmo retrocessos.

A cada passo com que um coletivo humano se distancia do estado de natureza, reduzem-se as chances de os indivíduos mais fortes conseguirem impor sua vontade pela força. À medida que o grupo se afasta do estado de natureza, os indivíduos fracos tornam-se paulatinamente empoderados.

Na palavra "civilização", para identificar a saída do estado de natureza, não há nenhuma referência ao colonialismo. Como se verá lá na frente, o colonialismo é a negação da civilização.

Conflitos e complexidade

Retomando, o Direito não é a ordenação dos comportamentos em sociedade, mas o sistema social de tratamento dos conflitos de interesses. E eles podem ser mais ou menos complexos.

A grande maioria dos conflitos de interesses é relativamente simples. Se o inquilino não pagou o aluguel, ele deve ser despejado, não pode continuar usando o imóvel alheio sem pagar. Se o pai divorciado suspendeu o pagamento da pensão da filha menor ao saber que a ex-mulher está de namorado novo, ele tem que ser forçado a cumprir sua obrigação alimentar, podendo até ser preso. Se o empresário sonegou impostos para conseguir vender os seus produtos mais barato do que o concorrente, deve ser obrigado a pagar os tributos sonegados, com multa e juros. E assim por diante.

Há, entretanto, conflitos mais complexos. Em intrincadas questões de relacionamento entre os sócios de uma empresa ou na interpretação de refinados contratos de inovação financeira, advogados e juízes se esforçam para traduzir nuances econômicas em termos jurídicos.

E alguns conflitos são altamente complexos. Agora, não se trata mais de dificuldades na tradução jurídica de certas realidades um tanto opacas para os profissionais do Direito, mas de uma verdadeira colisão entre valores de grande e igual importância. Pense: de um lado, os danos a que se expõe o meio ambiente pelo uso incorreto de defensivos agrícolas; de outro, a impossibilidade de se alimentar bilhões de pessoas sem esse recurso de produção. No conflito entre proteção ambiental e segurança alimentar, nenhuma resposta é simples. Condenamos à fome bilhões de pessoas pelo receio de desrespeitar os direitos das futuras gerações? É possível conciliar tais valores? Como poderia ser essa conciliação?

O Direito lida com questões cada vez mais complexas. E, para isso, precisa de instrumentos cada vez mais complexos também. E temos um problema: tudo que se faz para eliminar a complexidade tem sempre o efeito oposto ao desejado e torna o mundo ainda mais complexo. É inevitável.

Conflitos e mais complexidade

Mais conflitos de alta complexidade:

- Remoção de moradias irregulares em áreas de mananciais.
- Proibição de esportes de grande apelo popular, mas cruéis com os animais.
- Pagamento pelo Estado do elevadíssimo preço de um tratamento experimental para a doença rara de uma única pessoa, consumindo recursos que faltarão ao atendimento básico da saúde de milhares.

- Acesso dos povos originários aos serviços públicos e o respeito à cultura deles.
- Reconhecimento do direito do criminoso ao esquecimento de seu crime, contraposto à liberdade de imprensa e de informação.
- Limitação da privacidade em prol de mais segurança.
- Direito à imagem esbarrando na liberdade de expressão.
- Permanência em praças públicas ou remoção de estátuas homenageando personagens da história quando passamos a repudiar os valores que elas nutriam.
- Escolha entre, de um lado, proibir ou reescrever a literatura infantil clássica que contém frases racistas e, de outro, contextualizá-la historicamente, como o meio correto de contribuir para a autovalorização das crianças negras.
- Descriminalizar o uso recreativo da maconha, mas manter a criminalização de outras drogas.
- Conceder ou negar ao estuprador a paternidade do filho nascido do estupro.
- Punir os crimes com tolerância zero ou afastar os criminosos primários da escola de crime que frequentarão na penitenciária.

Conflito tratado não é necessariamente conflito terminado

Quando se diz que o Direito é o sistema pelo qual a sociedade se organiza para *tratar* os conflitos de interesses, não se presume que ele efetivamente os *solucione*. O juiz pode determinar que o agressor não se aproxime da vítima de violência doméstica por meio de uma "medida protetiva de urgência" prevista na Lei Maria da Penha. O juiz dá a ordem, mas nada consegue assegurar sua obediência. Há, aliás, muitos casos em que, apesar da determinação judicial de afastamento, o agressor procura a vítima nos momentos em que ela não está diretamente protegida e a submete a mais violência. Responderá por esse novo crime, receberá pena maior e poderá ser preso, mas nada disso solucionará de verdade o conflito entre esse agressor e a vítima.

Até agora, as sociedades humanas conseguiram se organizar para dar um tratamento aos conflitos de interesses, mas não criaram nenhum meio de efetivamente superá-los, terminá-los, encerrá-los. Não se conhece instrumento capaz de pôr fim definitivo ao conflito.

Pode acontecer, e acontece com alguma frequência, que o conflito tratado pelo Direito realmente desapareça, que as pessoas envolvidas aceitem a solução dada e abandonem a disputa ou discórdia. Vem, então, a paz para o vitorioso e para o perdedor, que continuam fazendo negócios ou se relacionando, como vizinhos ou familiares. Mas, ainda aqui, não há nenhuma certeza de real pacificação. O perdedor pode ter se submetido à decisão desfavorável apenas por razões táticas e, na verdade, aguarda friamente a chance para revidar.

O tratamento do conflito pelo Direito, embora não conduza sempre ao fim da disputa ou da discórdia, é importante para a organização da sociedade. Sem esse tratamento, nada serviria de freio para o mais forte usar a violência para fazer prevalecer a vontade dele, sobrepujando o mais fraco.

A contribuição do Direito para a organização da sociedade é limitada e pontual. Trata alguns dos conflitos de interesses e eventualmente soluciona parte deles. O Direito não consegue organizar a sociedade. Ele serve apenas para reduzir algumas tensões que poderiam esgarçar de vez o tecido social.

Tratamento de conflitos de interesses

A medicina trata o doente, mas não o cura. Os médicos conhecem tratamentos, mais ou menos eficientes, e os propõem diante do que interpretam nos sintomas e exames. Mas a cura é uma resposta do organismo do paciente. Duas pessoas com iguais sintomas são tratadas do mesmo modo, mas é frequente uma demorar mais a melhorar do que a outra, ou acontece de uma sarar completamente e a outra morrer.

O Direito, por sua vez, trata os conflitos de interesses, mas não os soluciona necessariamente. Os profissionais jurídicos conhecem os tratamentos disponíveis para situações conflituosas. O completo desaparecimento do conflito, porém, é uma possível resposta dos sujeitos do conflito ao tratamento dado pelo Direito.

Orientação do tratamento de conflitos de interesses

Tratamento, na medicina ou no Direito, pressupõe a adoção de procedimentos coerentes com uma finalidade. Existe um claro objetivo a ser tentado: a cura do paciente doente ou a solução do conflito de interesses. A racionalidade dos procedimentos é definida em função desse objetivo.

Os humanos adotam uma orientação racional quando se organizam para tratar os conflitos de interesses surgidos dentro dos inumeráveis grupos nos quais têm se dividido (tribos, clãs, famílias, cidades, Estados, regiões econômicas etc.). Organizar o tratamento dos conflitos significa, em suma, criar consenso acerca de umas tantas diretrizes gerais.

Padrões de orientação do tratamento de conflitos de interesses

A racionalidade embutida nas medidas de tratamento não é facilmente compreendida por todos. Por isso, traduz-se a orientação em padrões de conduta.

Médico e paciente não precisam saber por que aquele antibiótico, na dose e na periodicidade definidas na bula, deve ajudar na cura da doença. Ao médico cabe se manter sempre atualizado sobre os novos medicamentos; ao paciente, simplesmente obedecer a receita médica.

Os padrões constantes de bulas e da literatura médica resultam de extensas pesquisas biológicas, farmacológicas, químicas e clínicas. No consultório, o profissional está preparado para fazer o diagnóstico e detalhar dose e periodicidade da medicação, mas, em geral, desconhece (e não precisa mesmo conhecer) as pesquisas feitas para fundamentar as informações da bula. Nem todos os médicos têm condições de processar as nuances do trabalho científico. No outro lado da mesa, o paciente tem menos condições ainda.

Do mesmo modo, a racionalidade das medidas de tratamento dos conflitos de interesses é traduzida em padrões de conduta. Os responsáveis pelo tratamento dos conflitos de interesses se orientam por esses padrões. Hoje em dia, nos países democráticos, eles são os advogados, juízes e demais profissionais jurídicos.

O padrão atual de orientação do tratamento dos conflitos de interesses mais operante é a lei. Melhor dizendo, são as normas jurídicas (Constituição Federal, leis ordinárias, decretos e as demais). E estou falando aqui apenas do padrão mais importante. Além da lei, os envolvidos no tratamento dos conflitos de interesses se orientam pelos padrões da doutrina e da jurisprudência. No passado, quando não existiam leis, doutrina e jurisprudência, os padrões de orientação do tratamento dos conflitos de interesses eram outros. Na aula sobre fontes do Direito, o professor dirá aos alunos que esses padrões antigos eram os costumes.

Mas, assim como antes havia padrões diferentes dos atuais, nada garante que, no futuro, o tratamento dos conflitos continuará a se orientar por leis, doutrina e jurisprudência.

Padrões e decisão

No estado de natureza, o padrão de tratamento dos conflitos era a lei do mais forte. Claro, não aconteceu de alguém ter decidido que seria assim ou deveria ser assim. Simplesmente o atendimento à satisfação do mais forte predominava na luta pelos recursos escassos de sobrevivência.

Do mesmo modo, quando surge a civilização e o tratamento dos conflitos de interesses passa a observar outros padrões, não aconteceu de alguém ter decidido que seria assim ou deveria ser assim. Aos poucos, as satisfações das necessidades deixaram de predominar sempre pela força. O processo da civilização como estratégia de sobrevivência da espécie humana estava em curso.

Após a invenção da escrita, algumas sociedades começaram a registrar esses padrões. Também aqui eles não eram o resultado de uma decisão. Não aconteceu de alguém ter decidido que seria assim ou deveria ser daquele modo. O registro escrito passou a ser usado para recuperar, quando necessário, o padrão observado desde a origem dos tempos.

Os padrões de tratamento dos conflitos de interesses somente passaram a ser o resultado de uma decisão há pouco tempo, historicamente falando. Resultou de um processo lento e gradual no modo como a sociedade humana se organiza para tratar os conflitos de interesses. Ele se conclui com a "positivação", algo que amadurece plenamente apenas no início do século XIX. Vou falar muito disso.

Uma trajetória, não uma história

Esta biografia não autorizada não é um livro de história do Direito. Para entender as transformações pelas quais ele está passando atualmente, precisamos olhar o passado. A narrativa do biografado, porém, não será detalhada de modo tendencialmente exaustivo, transitando pela sucessão de todos os fatos relevantes. Apresento uma cronologia, sim, mas com lacunas, saltos e recuos no tempo. Por isso, prefiro chamar a narrativa de "trajetória". Ela ocupa a primeira metade do livro. Na segunda, convido o leitor a repensar se Direito é mesmo, como dizem os biógrafos oficiais, um sistema de pôr ordem na sociedade.

Proponho uma trajetória em cinco etapas e escolho um fato histórico como marco temporal para cada uma delas.

A primeira etapa corresponde ao início da civilização, momento em que a lei do mais forte deixa de orientar os conflitos pelos bens escassos e seguem-se outros padrões de orientação. Um dos primeiros é a *lei de talião*, resumida na fórmula "*olho por olho, dente por dente*", de que você certamente já ouviu falar. O marco temporal escolhido é a instalação, a mando de Hamurábi, de pedras com instruções sobre a solução dos conflitos de interesses em praças públicas de algumas cidades do Império Babilônio (século XVIII AEC).

A segunda etapa da trajetória é a da lei escrita. Seu marco temporal é a Lei das Doze Tábuas, do direito romano (século V AEC). Os padrões eram então transmitidos oralmente, e isso dava um enorme poder aos guardiões da tradição oral. Eles precisavam ser requisitados para relembrar qual o padrão de tratamento para cada conflito. Receava-se também que os guardiões ajustassem a tradição aos interesses da ocasião. Escrevê-los não só esvaziou esse poder e evitou algumas distorções oportunistas, como também conferiu maior racionalidade ao tratamento dos conflitos de interesses.

No início da terceira etapa da trajetória do Direito, aparece um personagem poderoso: o Estado Nacional. Ele afirma ser o único autorizado a usar legitimamente a força e, com isso, institucionaliza o Direito. Também nessa etapa, um corpo estável de funcionários públicos passa a se encarregar com exclusividade do tratamento dos conflitos de interesses. Surgem os juízes, por enquanto como meros agentes do soberano. O marco temporal é a Paz de Vestfália (século XVII).

A etapa seguinte da trajetória proposta é marcada por uma extensa mudança na definição dos padrões de orientação do tratamento dos conflitos de interesses. Esses padrões deixam de ser a tradição originada há muito tempo para se tornar o produto de uma decisão. O marco temporal é a aprovação, por Napoleão Bonaparte, do Código Civil dos Franceses (início do século XIX). Nesse momento da sua história, o ser humano está plenamente convicto de que conseguirá organizar a sociedade de forma racional.

Na quinta etapa, em que estamos, assistimos ao fortalecimento e à independência dos juízes. A democracia deixa de ser apenas a vontade da maioria, com o Poder Judiciário dando voz e reconhecendo direitos a setores minoritários da sociedade. A complexidade dos conflitos sociais está de tal modo exacerbada que a trinca Estado, leis e juízes parece não dar mais conta. Surge o que já chamaram de "ativismo judicial" e "juristocracia". O marco temporal que escolhi é um julgamento do Tribunal Constitucional da Alemanha, o caso Lebach (1973).

Etapas não são estanques

Toda explicação que elaboramos é uma simplificação. Nunca conseguimos traduzir completamente em ideias a rica realidade que nos cerca. Estamos sempre compreendendo apenas parte dela. Essa limitação de nossa capacidade de abstração não tem impedido intervenções eficientes na realidade. Criamos vacinas que nos protegem, maquininhas fantásticas que usamos para trocar mensagens com quem está no outro lado do mundo, construímos enormes edifícios, produzimos alimentos para bilhões de seres humanos e já visitamos a Lua.

Ao descrevermos trajetórias históricas, também elaboramos ideias que são inevitavelmente uma simplificação, uma captura parcial do objeto. A simplificação é inevitável, mas temos como nos defender de certas armadilhas.

Uma das armadilhas da simplificação consiste em tomar as cinco etapas em que dividi a trajetória do Direito como se fossem estanques. No rico fluir dos acontecimentos, as mudanças por que passou e passa a espécie humana não são abruptas. Elas inicialmente se insinuam, deflagrando um insistente movimento de fluxo e refluxo, espalhando vacilações e incertezas. Depois, em velocidade que vai de hesitante a exponencial, as mudanças representativas de cada etapa se afirmam. O novo se impõe ao velho, empurra-o para trás, mas nem sempre o elimina por completo.

Quando afirmamos que, num momento de sua história, os humanos deixaram de tratar os conflitos entre os seus indivíduos pela lei do mais forte e adotaram padrões diferentes de tratamento, e que nesse momento nasceram a civilização e o Direito, isso é uma simplificação, como são todas as nossas narrativas históricas.

Quer dizer, em primeiro lugar, não há propriamente *um* momento, e sim um processo, em que se "avança" para o diferente, indo e vindo, indo mais do que vindo, vindo mais do que indo, em ritmos diversos, até a maioria dos indivíduos introjetar novos valores e conceitos, transformando o ambiente a ponto de estimular a percepção da chegada de mais uma etapa na trajetória.

Além disso, normalmente nada muda por completo. O aparecimento de novos padrões de tratamento dos conflitos não levou ao total afastamento da lei do mais forte. Ainda hoje, até mesmo nos grandes centros urbanos, conflitos de interesses se resolvem pela lei natural de prevalência da vontade do mais forte. Considere a hipótese do estupro de uma jovem, em que o criminoso é o violento vizinho dela: moram numa comunidade em que a presença do Estado não é perceptível. Se a vítima preferir o doído silêncio às torturantes incertezas e desconfortos do inquérito policial e da ação penal e às perspectivas de mais violência contra ela e sua família, o inominável conflito será sufocado pela lei natural. O estuprador verá o seu perverso interesse prevalecer sobre o da fragilizada e desprotegida jovem.

Se ela, contudo, resolver reagir, procurar outras mulheres da comunidade que sofreram a mesma hedionda agressão, promover a união delas, ir atrás do Estado que relutou em chegar até elas, produzir um barulho intenso nas redes sociais e na imprensa, e se tiver um bocado de sorte e incansável disposição para a luta, pode ser que consiga levar o conflito de interesses ao tratamento pelo Direito. Pelo menos, haverá uma chance de inverter o jogo e conseguir impor seu interesse ao do estuprador, vendo-o preso por alguns anos. No estado de natureza, à jovem violentada só restava a resignação.

A lei do mais forte hoje

Se estou falando ao celular enquanto caminho em direção ao trabalho e sou surpreendido por um ciclista, que me toma o aparelho e cruza a rua, sumindo rapidamente pela transversal, fui mais uma distraída vítima de um corriqueiro furto na cidade em que moro.

O que devo fazer diante do furto? A rigor, deveria ir à delegacia de polícia, apresentar a notícia do crime. Se encontrasse funcionários dispostos a fazer o trabalho deles, seria convidado a tentar reconhecer o criminoso, vendo uma sucessão de fotos na tela do computador. Seria submetido a um questionário minucioso, cujo objetivo é levantar a maior quantidade de dados para a investigação. Parte desse questionário se destinaria a descartar a hipótese de eu estar mentindo. Seria levado ao técnico, para fornecer informações que permitissem elaborar o retrato falado do delinquente.

Poderá acontecer de eu nunca receber notícias do meu aparelho celular e, no final, tudo resultar numa imensa perda de tempo. Mas, se, ao contrário, tudo der certo, a polícia conseguirá identificar e deter o assaltante e eu terei restituído o aparelho celular em poucos dias. Nesse caso, porém, a saga terá continuidade. Serei intimado a comparecer perante o juiz, para reconhecer presencialmente o criminoso.

Se o juiz considerar que não há provas suficientes para impor qualquer pena ao rapaz ali sentado do outro lado da mesa, com ensaiada cara de coitadinho, ele o absolverá, e tudo terá sido, mais uma vez, uma enorme perda de tempo. Mas pode ocorrer de o juiz se convencer de que realmente fui assaltado por aquela pessoa, e condená-la às penas previstas na lei.

Se tiver sido o primeiro crime pelo qual responde (se for réu "primário") e se, para o juiz, um aparelho celular não for um bem tão caro para mim, a pena será branda. O assaltante não ficará mais que alguns meses detido, ou poderá ser obrigado apenas a pagar uma multa ou fazer uns serviços sociais.

Poderei me sentir feliz com esse resultado, acreditando que a justiça foi feita e que o rapaz terá aprendido uma dura lição que o levará a procurar trabalho em vez de continuar furtando celulares. Mas pode acontecer algo bem diferente. O assaltante passa a me perseguir para poder se vingar da punição que recebeu na primeira chance que surgir. Percebo que ele fica à espreita e vou à polícia para nova notícia de crime, reiniciando-se a saga, a tensão e a perda de tempo.

Diante disso, se por acaso eu já souber como costuma ser o tratamento que o Direito vai dar ao conflito de interesses entre mim e o rapaz que furtou o meu celular, é provável que opte por simplesmente suportar o prejuízo, desativar o aparelho a distância e, em vez de procurar a polícia, ir à loja para adquirir um novo. Se for essa a minha escolha, o conflito de interesses terá sido resolvido pela lei do mais forte. Ponderei prós e contras e preferi suportar a perda a buscar o tratamento do conflito pelo Direito.

A civilização não fez desaparecer completamente os conflitos resolvidos pela lei do mais forte. De acordo com uma série de fatores (políticas públicas falhas, ineficiência dos sistemas policial, judicial e penitenciário etc.), inúmeros conflitos ainda são resolvidos por meio desse irracional padrão pré-civilizatório. Pense não apenas no inseguro ambiente urbano das metrópoles brasileiras (como no meu exemplo), mas também nas disputas por terra país afora, nas comunidades que praticam a mutilação genital feminina, no silenciamento de jornalistas promovido por regimes ditatoriais, nas economias desprovidas de lei de proteção aos trabalhadores e naqueles rincões de pobreza que estão sob o domínio de organizações criminosas.

Negação da história

Quando eu era pequeno, nos anos 1960, assistia na TV a dois desenhos animados, produzidos pelos estúdios Hanna-Barbera. Um era *Os Flintstones*, que contava histórias ocorridas havia mais de 1 milhão de anos; o outro, *Os Jetsons*, era ambientado em 2062, quer dizer, cem anos à frente.

Os episódios das duas séries narram o cotidiano de uma família, em que são retratadas pequenas tramas diárias da classe média norte-americana daquele tempo. Fred Flintstone e George Jetson são empregados de grandes corporações. Fred trabalha numa pedreira, operando um dinossauro que faz as vezes de guindaste. George é empregado de uma fábrica de foguetes e aperta botões de um computador, com o qual conversa como se fosse um colega de sala. Os dois são subordinados a patrões irascíveis e abusivos. Eles devem estar bastante insatisfeitos com o trabalho, mas aparentemente optam por continuar suportando os constantes assédios morais dos chefes por serem os únicos provedores de suas famílias.

Wilma Flintstone é uma mulher suave e divertida, apesar dos berros e do humor instável do marido. Dedica-se exclusivamente a tarefas domésticas, incluindo dar banho no dinossauro-pet, limpar a casa, lavar e estender as roupas, encontrar (facilmente) as coisas que o marido procura (e não acha). Jane Jetson também é "do lar", sendo sua a responsabilidade pelas tarefas domésticas, com o auxílio da empática robô Rosie. Jane tem um pronunciado perfil fútil e consumista que não recordo em Wilma.

A mensagem central das duas séries sugere a eternidade do "american way of life". Marido com trabalho alienado e mal pago, esposa cuidando do lar... Sempre foi assim, e assim continuará a ser, afirmam *Os Flintstones* e *Os Jetsons*.

Os eletrodomésticos, aliás, também são personagens nas duas séries. No passado longínquo dos Flintstones, são movidos a tração animal, e os animais, dinossauros domesticados, invariavelmente reclamam do excesso de trabalho. No futuro não tão distante dos Jetsons, os eletrodomésticos são impessoais engenhocas automáticas, acionadas e controladas por botões que uma entediada Jane aperta ao longo do dia. Aliás, nos anos 1960, nos Estados Unidos, iniciaram-se a produção e a comercialização em grande escala de novos tipos de eletrodomésticos. A publicidade vendia-os como aliados das donas de casa, máquinas vocacionadas a libertarem-nas do trabalho doméstico.

Ficava no ar, nos dois desenhos animados, que, bem sopesadas as situações, as mulheres verdadeiramente não tinham do que reclamar. Os eletrodomésticos cuidavam do trabalho pesado no lugar delas. No caso de Wilma, os rabugentos dinossauros que serviam de aspirador de pó ou máquina de lavar roupa não reclamavam por ela, como se dessem voz à sobrecarregada dona de casa. Eram, ao contrário, mostrados como os únicos realmente com direito à queixa. No caso de Jane, constantemente era ridicularizado o fastio que a atormentava por apertar botões o dia inteiro. Sugeria-se que apenas os maridos teriam verdadeiras razões para reclamar. Tinham que aturar em silêncio as idiossincrasias e virulências de patrões insanos para não pôr em risco o emprego de que dependiam todos da família.

Quando criança, eu me divertia muito com as duas animações e, claro, nada disso me passava pela cabeça. Lembro delas aqui porque me parecem ilustrar bem a "negação da história". Por elas, a realidade do nosso tempo é igualada à dos antepassados e das futuras gerações. Nada muda de verdade. A história não acontece, porque as mudanças são só aparentes.

A negação da história se projeta nas duas direções. Negam-se um passado e um futuro que sejam essencialmente diferentes do presente. Algumas coisas até mudam, admite-se, mas apenas no plano da superfície. Os animais são substituídos por autômatos, mas as queixas da mulher pela sobrecarga das tarefas domésticas eram, são e serão sempre exageradas – é o que ensina a negação da história, sutilmente embutida nos desenhos assistidos pelas meninas e pelos meninos da minha geração.

A negação da história do Direito

Nega-se história ao Direito vendo-o, no passado e no futuro, como essencialmente igual à sua forma presente.

O Direito associado à trinca *Estado*, *leis* e *juízes* é algo novo em termos históricos. Existe há cerca de duzentos anos, ou pouco mais. Na Roma da Antiguidade, por exemplo, não se encontrava nenhum desses três ingredientes naquilo que a posteridade chamará de "direito romano". Vão tentar lhe dizer que o Império Romano era um aparato estatal, o Senado funcionava como um colégio de legisladores, vigoravam diversas *leges* e *codicis* (leis e códigos) e os pretores aplicavam normas abstratas em seus julgamentos, mas nada disso é verdade. Por meio de falsas representações do passado, tenta-se negar que ele era diferente e que houve mudanças substanciais no Direito.

A preocupação em negar a história do Direito mira dois objetivos, ambos relacionados à legitimidade.

Em primeiro lugar, procura-se legitimar o presente em função do passado. Afirma-se que alguma forma de Estado sempre existiu; que também sempre houve leis abstratas aprovadas por um órgão desse Estado; e que sempre tivemos julgadores adstritos a essas leis, mesmo sem tanta especialização profissional. Esse enraizamento no passado imemorial solidifica o modelo de Direito do presente.

Em segundo lugar, deslegitima-se um futuro diferente em função do presente. Se o Direito sempre foi como atualmente é, pelo menos no essencial, então faz sentido apostar na perenidade do modelo. Sempre haverá, imagina-se, Estados, leis e juízes.

A negação da história não a detém. O Direito vem passando por mudanças significativas nos regimes democráticos pós-modernos (lá na frente, defino esse conceito e seu recorte de tempo com mais precisão). Algumas pessoas, incluindo profissionais jurídicos de renome, ficam visceralmente escandalizadas com tais mudanças e insistem em manter as coisas congeladas no mesmo patamar, naquele que acreditam existir desde a remota origem dos tempos.

O Direito tem uma história

Pretendo demonstrar a você, nesta biografia não autorizada, que a trinca Estado, leis e juízes nem sempre existiu. O Direito era, no início, muito diferente do que é hoje. Se continuarmos definindo Direito ao modo dos biógrafos oficiais, em torno dessa tríade, não teremos a visão abrangente, panorâmica, do nosso biografado. Não conseguiremos, em outras palavras, entender adequadamente toda a história do Direito, como ele foi e tem sido desde o início da civilização. Mais que isso. Não conseguiremos entender o Direito hoje. Apegados a como ele pretendeu ser durante parte de sua história, continuaremos estranhando alguns de seus últimos comportamentos. Não nos ocorrerá que o Direito pode estar passando por transformações demandadas por mais uma etapa de sua instigante trajetória.

Se a trinca Estado, leis e juízes só é encontrada num período histórico muito breve e recente, certamente ela não pode servir ao conceito mais amplo de Direito. Quando queremos entendê-lo por completo, não podemos nos prender à concepção do Direito-ordenação, em que o Direito é definido como o ordenamento que organiza a sociedade. O objetivo é compreendê-lo em sua trajetória inteira, atravessando todos os períodos históricos. Como somente num desses períodos o Direito é caracterizado pela trinca Estado, leis e juízes, temos que buscar outro meio de identificá-lo, outro conceito para o Direito.

E o elemento comum ao Direito, em sua extensa trajetória, é a função de tratar os conflitos de interesses surgidos nos grupos sociais a que venho me referindo. No passado, esse tratamento não dependeu do Estado, nem de leis ou juízes. O Estado surge somente na Idade Moderna (século XV); as leis aparecem apenas na Idade Contemporânea (início do século XIX); e os juízes só ganharam independência e autonomia, de verdade, na Era Pós-moderna (fim do século XX). O tratamento dos conflitos de interesses era feito antes do Estado, das leis e dos juízes, por meio de outros instrumentos. Vamos conhecê-los.

Por enquanto, reitero que Direito não é ordenamento jurídico, quer dizer, não é um conjunto de leis e normas aprovadas pelo Estado para juízes aplicarem nos julgamentos de casos concretos com a finalidade de pôr ordem na sociedade. Direito é, na verdade, o modo como os humanos vêm se organizando, ao longo da história, para tratar os conflitos de interesses que surgem entre os membros de um mesmo grupo.

2. Conflitos

Onde há vida, há escassez. Pelo menos no nosso planetinha, nenhum ser vivo se encontra em estado de permanente abundância. Esta, quando existe, é circunstancial.

Todos lutamos constantemente pelos recursos da vivência. O alimento é um dos mais importantes desses recursos. E os seres vivos comem uns aos outros. E mesmo para a espécie posicionada no topo da cadeia alimentar haverá escassez. Nunca se encontra, ao redor, o suficiente para todos os seres vivos satisfazerem de modo completo as suas necessidades. Viver é sempre sobreviver.

Num ambiente de permanente escassez, os seres vivos disputam os recursos de vivência (sobrevivência). Não havendo o bastante para todos, é preciso competir para continuar vivo e tentar se reproduzir antes de virar alimento de outro ser vivo.

Cada espécie adota estratégias próprias para os seus indivíduos viverem e se replicarem. A *Delonix regia* alonga suas raízes superficiais para bem além do que precisaria para estabilidade e nutrição. Esse aparente desperdício de energia no alongamento das raízes deve ter alguma finalidade útil, algo que nossa razão considere pertinente como estratégia da espécie. Cogita-se que, assim fazendo, o flamboyant (seu nome mais conhecido) evita a proximidade de outras árvores de porte com as quais se desgastaria mais ao competir pelo sol, pela água e pelos minerais do solo. O que aparenta ser desperdício é, então, uma maneira esperta de economizar energia. As forças que poupa competindo somente com plantas de menor porte provavelmente são maiores do que as consumidas no esforço de encompridar as raízes.

O paradoxo da abundância e da escassez

A permanente escassez é causa de um paradoxo: quando uma espécie se vê cercada de meios abundantes para a sua reprodução, tem asseguradas as condições para multiplicar os indivíduos; ela, então, os multiplica até o limite extremo, ou seja, até tornar escassos os recursos à sua volta.

Os rapanui na Ilha de Páscoa

A Ilha de Páscoa é o lugar mais isolado do mundo. É conhecida pelos impressionantes moais, imensas estátuas esculpidas em pedra ao pé das quais aconteciam ritos funerários e a cremação dos mortos. Serviam também de símbolo do poder dos clãs. Os ilhéus são o povo rapanui.

Os primeiros polinésios a chegar lá, por volta de 900, encontraram uma ilha pequena (106 quilômetros quadrados), coberta por uma exuberante floresta. Em suas águas viram uma quantidade menor de espécies de peixes do que nas outras ilhas do Pacífico; mesmo assim eram 127. Golfinhos, focas, tartarugas e atuns faziam parte da dieta dos rapanui. Na ilhota, viviam 26 espécies de aves, seis autóctones. Aliás, acredita-se que os polinésios tenham corajosamente se lançado ao mar, em suas precárias canoas, na busca pela Ilha de Páscoa porque calculavam que ela seria vinte vezes maior do que realmente é. Tinham chegado a essa estimativa por verem tantas e tão variadas aves migratórias vindo da direção dela na época da procriação.

No auge da colonização polinésia, a população média da isolada ilha era de 6 mil a 8 mil habitantes. Em meia dúzia de séculos, porém, a abundância virou escassez. A floresta foi totalmente derrubada, as aves dizimadas, e desapareceu boa parte das espécies de peixes. Apartados do mundo, os ilhéus praticaram o canibalismo para sobreviver.

Ao ser anexada ao Chile em 1888, a Ilha de Páscoa tinha pouco mais de uma centena de habitantes. É certo que a varíola e a escravização que os povos originários conheceram com a chegada dos europeus contribuíram para o despovoamento. Mas, quando o holandês Roggeveen a abordou, na Páscoa de 1722, a ilha já não era mais, havia muito tempo, um paraíso de abundância.

A dramática história dos rapanui pode ser contada como alerta para a urgência da sustentabilidade ambiental. E assim tem sido. A ilha já não reunia as melhores condições para a agricultura e a pesca, mas mesmo assim fornecia recursos de sobrevivência mais do que suficientes para os primeiros polinésios que se mudaram para lá. Por isso, a história desse povo também ilustra o paradoxo da abundância e da escassez. Isolados em seu pequeno mundo de abundância aparentemente infindável, os rapanui se multiplicaram até o limite em que não havia mais comida para todos. A abundância, ao propiciar o aumento da população, germinou a escassez.

Multimilionários e a escassez

Os poucos humanos multimilionários podem se gabar de não vivenciar nenhuma escassez. É difícil não concordar que, ali onde habitam, há vida sem escassez. Pelo menos na vida deles (certamente, não na dos que trabalham para eles) nada falta e não há nenhum receio de que algo faltará tão cedo. Mas é uma abundância esporádica, que atende um número tão reduzido de pessoas que podemos deixá-los de lado sem prejuízo para a compreensão de como surgiu o Direito.

De qualquer modo, mesmo aquele que rejeitar a premissa "onde há vida, há escassez", por considerar que o universo diminuto dos multimilionários impediria essa generalização, haverá de concordar que o Direito também alcança esse minúsculo conjunto de seres vivos pertencentes a uma única espécie entre as 8,7 milhões que existem no planeta Terra.

Onde há escassez, há conflito

Para entender o Direito, proponho olhar a competição entre os seres vivos, em ambientes de eterna escassez, por um de seus ângulos. Vamos à relação entre os que disputam os escassos recursos de sobrevivência e encontraremos o *conflito*.

O recurso de sobrevivência em disputa pode ser até mesmo um dos seres em competição, em meio à escassez. Se o leão caça a girafa, os dois animais estão em aberto conflito.

Pois bem. Para entender o Direito, vamos olhar como se desenrolam os conflitos em torno dos recursos de vivência. A narrativa não varia: após a disputa, um dos seres vivos terá atendida a sua necessidade em detrimento do outro. O resultado normalmente corresponde a um padrão. Quer dizer, na maioria das vezes, repete-se o enredo do conflito em torno dos recursos de sobrevivência.

No estado de natureza, os conflitos se desenrolavam segundo a lei do mais forte. Era o padrão: o fisicamente mais avantajado sobrepujava o menos avantajado e impunha a sua vontade. Isso só não acontecia quando o mais fraco, por astúcia ou sorte, neutralizava momentaneamente a vantagem da força bruta do outro.

O conflito entre os humanos atendia ao mesmo padrão da lei do mais forte antes de a espécie adotar uma estratégia extraordinariamente sofisticada de desenvolvimento e reprodução. Esta estratégia, empregada até agora apenas pelo *Homo sapiens*, é a civilização. Desde a sua adoção, os seres humanos se organizam para que os conflitos sejam tratados de acordo com outros padrões, diferentes da lei do mais forte.

"Conflito" e "conflito de interesses"

Quando falamos em árvores demarcando território com raízes ou numa girafa escapando de leões na savana africana, podemos descrever como um *conflito* a relação entre os seres envolvidos em disputas pelos sempre insuficientes recursos de sobrevivência. Seria, no entanto, bem estranho qualquer referência, aqui, a *interesses* como objeto da relação conflituosa. Soaria desconectado dizer que o leão tem interesse em se alimentar da girafa e isso conflita com o interesse da girafa em continuar viva. Esse modo de descrever a luta pela sobrevivência entre os dois animais selvagens recobriria a trivial sucessão de fatos biológicos com um ridículo cobertor de pompa.

Mas, quando focamos o Direito e o definimos como o sistema social de tratamento dos "conflitos", logo agregamos a especificação "de interesses", e não há nenhum estranhamento nisso. Há mesmo um grau extraordinário de complexidade no conflito entre humanos quando comparado com os dos demais seres vivos com os quais dividimos nosso pequenino planeta. A noção de interesses conflitantes, que não podem se realizar de modo completo simultaneamente, é uma maneira de retratar a diferença, denotando a maior complexidade das competições entre os seres humanos pela sobrevivência.

Na essência, em qualquer conflito de interesses entre humanos civilizados, há a mesma disputa por recursos escassos em que se batem todos os seres vivos. Quando dois irmãos já suficientemente ricos discutem, num processo judicial, o tamanho da herança de cada um no patrimônio deixado pelo falecimento dos pais, não se vê imediatamente nenhuma luta pela sobrevivência nesse conflito de interesses, mas ela está lá, recolhida e escondida, a nos relembrar que somos mais animais do que estamos dispostos a aceitar.

Na transição do estado de natureza para a civilização, os conflitos entre os humanos passam a ser conflitos de interesses, um reflexo da sofisticação de como a nossa espécie lida com o assunto, além de ocultamento da luta dentro da mesma espécie nos agrupamentos de *Homo sapiens*.

A solidariedade como estratégia de sobrevivência

As espécies desenvolvem diferentes estratégias com o objetivo de possibilitar aos seus indivíduos um gasto menor de energia na luta pelos recursos escassos de sobrevivência. Algumas adotam uma estratégia que poderíamos descrever como solidariedade.

As formigas, por exemplo, nunca disputam alimento com suas irmãs de formigueiro. Também não disputam com elas os melhores abrigos, nem competem pela presença de seus genes na descendência. Por meio de ações convergentes, executadas segundo esquemas rígidos de distribuição de tarefas entre várias categorias (rainha, machos, operárias, soldados etc.), todas trabalham em harmonia para prover a colônia dos meios de sobrevivência.

Em razão da estratégia da solidariedade, a luta por alimento, abrigo e predominância genética acontece entre formigas de diferentes subespécies e, em algumas delas, entre as de diferentes colônias. Mas nunca há conflito entre as formigas filhas da mesma rainha. As habitantes de um formigueiro são solidárias. Não seria despropositada a metáfora de ser o formigueiro, e não a formiga, o indivíduo da espécie.

É verdade que, em situações de extrema escassez, para impedir o desaparecimento da colônia, formigas rainhas podem comer as filhas, e as operárias, devorar as larvas. É assim, em geral, apenas se não houver mesmo nenhuma outra colônia pelas redondezas que possa ser desafiada para um violentíssimo e mortal enfrentamento, ou se estão em plena guerra e precisam se fortalecer para enxotar as formigas invasoras.

A lei do mais forte orienta os conflitos entre espécies de formigas na disputa por alimentos, pela ocupação dos fantásticos abrigos que constroem, pela predominância de seus genes na descendência. Os cientistas relatam a luta como enfrentamentos muito enfurecidos e extremamente violentos.

Outras espécies adotam estratégia bem diversa, sem qualquer solidariedade entre os seus indivíduos. Ursos e vários dos grandes felinos vivem completamente isolados, só interagem no acasalamento, e as fêmeas cuidam sozinhas das crias.

Na espécie humana, procurou-se uma estratégia por assim dizer intermediária. Não somos solitários como os ursos, tampouco solidários como as formigas. Mas nos dividimos em agrupamentos nos quais os indivíduos, sem eliminar por completo a disputa violenta, acabam dispensando uns aos outros um grau maior de cooperação do que fora deles. Construímos um complexo sistema de famílias, clãs, tribos e nações que estão, por assim dizer, inseridas no grande agrupamento da espécie, que é a civilização.

Solidariedade e conflitos

A adoção da solidariedade, em diversos graus, como estratégia da espécie para seus indivíduos economizarem energia na luta pela sobrevivência, não significa a completa eliminação das disputas entre eles. Os leões do mesmo bando caçam juntos, mas, depois de saciados, assistem ao macho beta desafiar o macho alfa pela liderança e precedência na hora da alimentação e procriação.

Na espécie humana, misturam-se solidariedade e conflitos nos diversos agrupamentos, desde a família até a nação, e desta à civilização.

A cooperação dispensada no interior de um agrupamento de humanos não costuma eliminar os conflitos de interesses, nem mesmo reduzi-los a manifestações insignificantes. Ao contrário, os conflitos permanecem, mesmo onde em tese não se deveria encontrá-los.

Normalmente, os filhos adultos cuidam dos pais idosos. Algumas vezes, o cuidado deriva espontaneamente dos vínculos de verdadeiro afeto que os unem. Outras vezes, é impulsionado pela noção de pertencimento a um mesmo núcleo familiar. Também encontramos filhos que cuidam dos pais idosos porque introjetaram o conceito de estarem obrigados a isso e a concepção de que, no futuro, se beneficiarão se seus descendentes igualmente acreditarem na existência do dever de filiação. Mas há os casos de filhos adultos que, solicitados para tanto, simplesmente não querem cuidar dos pais, aparecendo então o conflito de interesses dentro do agrupamento familiar, propagado como naturalmente solidário.

No plano dos conflitos dentro dos agrupamentos humanos, a estratégia de sobrevivência e reprodução da espécie consolidou-se na substituição da lei do mais forte pelo Direito como o padrão de tratamento, uma consolidação resultante de longa e rica trajetória que ainda está em curso.

Não existe contrato social

Lá pelos séculos XVII e XVIII, era comum pensar-se a formação da sociedade e do Estado como se fossem derivados de um contrato entre os homens: o contrato social. Mas não há consenso sobre como teria sido esse contrato de ingresso na civilização. Visões diferentes do assunto são encontradas, por exemplo, em Rousseau e Hobbes.

Para o suíço Rousseau, o homem no estado natural era inteiramente livre e podia satisfazer as suas necessidades de "alimento, mulher e descanso" sem prejudicar a satisfação dessas mesmas necessidades pelos outros homens. Além de não enfrentar escassez no imaginado estado de natureza, o homem é descrito como um ser solitário que, embora não repudie a sociedade, não é naturalmente social. Esse estado idílico desapareceu com a propriedade privada. Quando o primeiro homem se assenhorou de um pedaço de terra e disse "é meu", os demais não se opuseram. Para Rousseau, não ter reagido foi uma imprudência, porque, com a propriedade privada, começou a "luta de todos contra todos", que só cessou com o contrato social.

Já para o inglês Hobbes, os homens consentiram em abrir mão de sua liberdade no contrato social, mas fizeram-no mediante a concordância de submissão de todos a um mesmo soberano. As obrigações eram recíprocas, de modo que cada homem concordou em renunciar à própria liberdade em favor do soberano, sob a condição de que todos os demais fizessem idêntica renúncia. O soberano, investido de tal poder, não celebrou o contrato social, não assumiu nenhuma obrigação com os súditos.

Veja que Rousseau e Hobbes não pensavam que teria acontecido um preciso e identificável fato histórico, que as pessoas tivessem mesmo se reunido e negociado para, em seguida, assinar um papel (pedra ou tablete de argila) com certas cláusulas. A referência a um contrato social indicava o aparecimento da civilização como um consenso entre os humanos acerca das regras de convivência. Sugeria que a transição do estado de natureza para a civilização teria acontecido por vontade dos homens, uma vontade inteiramente presumida no plano ideal. Em suma, para os formuladores da teoria do contrato social, ele não foi um fato histórico. Era apenas um conceito; e, como todos os conceitos, existente apenas no plano das ideias.

Não aconteceu nenhuma fundação da civilização por meio do consenso em torno das regras de convivência, mas se presume que elas teriam sido estabelecidas, de algum modo, pela vontade das pessoas. Os pensadores da Idade Moderna não conseguiam imaginar nenhuma outra hipótese racional para justificar o surgimento das regras de convivência da civilização senão a de serem o resultado de um acordo. Não vendo outra hipótese, consideraram que nos civilizamos por uma decisão em comum dos próprios humanos. Usaram, então, a metáfora do contrato social.

Muitos já ressaltaram a grande diferença entre Rousseau e Hobbes na descrição do estado de natureza. Na concepção do suíço, os homens selvagens eram puros e foram estragados pelo contrato social ("o homem nasce bom, mas a sociedade o corrompe"), ao passo que na do inglês eles estavam em árdua, constante e insana luta ("o homem é o lobo do homem") e alcançaram a paz com o contrato social. Enquanto na visão hobbesiana transita-se da natureza diretamente à civilização, na rousseauniana vê-se um intervalo inaugurado pela criação da propriedade privada e caracterizado pelo decorrente conflito generalizado que desnaturou o ser humano.

Deixo de lado o conceito do contrato social.

Afinal, a civilização não foi uma decisão dos homens, tomada em conjunto, tendo em vista um cálculo racional. Não aconteceu de nós, de repente, nos convencermos "é melhor pararmos de lutar uns contra os outros" e sensatamente ouvirmos alguém sugerir: "Vamos sentar e ver como fazer isso da melhor forma". O aparecimento da civilização não foi, em suma, a convergência de vontades conscientes, típica dos contratos. Foi um lance estratégico da espécie humana, na disputa pelos recursos escassos.

Tanto para Rousseau como para Hobbes, a civilização surgiu de um grande acordo destinado a dar fim aos conflitos exacerbados, incontroláveis e contraproducentes ("a luta de todos contra todos" do suíço, desencadeada pela propriedade privada, e o "homem é o lobo do homem", característico do estado de natureza do inglês). Os dois erraram: a civilização não nasceu de um contrato social, tampouco trouxe a desejada paz. Ela, porém, reorientou o tratamento dos conflitos entre os humanos: não mais a lei natural do mais forte, substituída por um sistema que progressivamente empodera o mais fraco, um sistema que trata os conflitos com sofisticação e complexidade crescentes.

Aparecimento da civilização

A civilização não "nasceu" de um contrato social. Não resultou da vontade. Ela apareceu como uma estratégia evolucionista. Do mesmo modo que descemos das árvores e nos tornamos bípedes, aconteceu de alguns dos nossos conflitos – manifestados dentro de agrupamentos da espécie, na disputa pelos recursos escassos de sobrevivência – passarem a ser tratados por padrões diferentes da lei do mais forte, ainda hoje observada entre os outros animais.

A história não começou quando terminou a biologia.

Civilização é natureza?

O leitor já deve estar ressabiado. Se a civilização não nasce de um contrato entre os homens, mas é uma estratégia da espécie humana com vistas a assegurar aos seus indivíduos economia de energia na luta pelos recursos escassos, então ainda estamos no estado de natureza?

Sim e não. Na verdade, "estado de natureza" é expressão tão ambígua quanto "animal". Quando usamos esta última, podemos tanto falar daquele "reino" do domínio dos seres vivos em que o homem está incluído como do mesmo "reino" sem o homem. Quando dizemos "os homens prendem os animais em zoológicos" ou cogitamos dos "direitos dos animais", não estamos incluindo os seres humanos. Mas, ao estudarmos biologia, que classifica os homens entre os primatas, estes entre os mamíferos, que são vertebrados e, chegando a determinado rincão da taxonomia, pertencentes ao "reino Animalia", incluímo-nos sem qualquer vacilo entre os animais.

Se olharmos os seres humanos sob a primeira perspectiva (categoria diferente da dos animais), já deixamos o estado de natureza; sob a segunda (uma das espécies de animais), vemo-nos ainda no estado de natureza.

Quando digo que, no estado de natureza, os conflitos entre os humanos eram resolvidos pela lei do mais forte e isso mudou com o advento da civilização, estou olhando o *Homo sapiens* pela primeira perspectiva (não somos animais), mas, quando afirmo que a civilização é uma estratégia da espécie ou somos mais animais do que gostaríamos de admitir, estou na segunda perspectiva (somos animais).

Não há contradição, assim como não há nas afirmações cotidianas em que o ser humano às vezes é animal e outras vezes não. Em geral, não temos nenhuma dificuldade em entender a informação ou o argumento que utiliza a palavra "animal", se nesse conceito estaria ou não incluído o ser humano. Assim também deve ser em relação à expressão "estado de natureza".

A astúcia salvando os mais fracos

Em narrativas mitológicas, os fracos às vezes derrotam os fortes por meio da astúcia, do engano. Sabendo que no confronto direto não terão chances, os fracos espertos ludibriam os mais fortes e conseguem fazer valer a sua vontade. A astúcia é o expediente de esconder a verdade sob uma aparência plausível, desnorteando o oponente. O que parece ao forte uma vantagem é, na verdade, uma armadilha.

Quando Zeus quis dividir os alimentos entre os Deuses e os humanos, chamou o titã Prometeu para que os separasse. Prometeu, sempre aliado dos humanos, embrulhou as partes nobres do boi com o estômago do animal e recobriu as partes menos nutrientes e suculentas com gordura. Zeus escolheu para alimento dos Deuses o que imaginava ser a melhor parte, enganado pela aparência da apetitosa cobertura de gordura.

Xangô achava injusto que somente Ossaim conhecesse os poderes de cura das plantas. Pediu então a Iansã que soprasse um vento forte, capaz de trazer as plantas que curam ao seu palácio, para que ele as distribuísse entre todos os orixás. Ossaim frustrou os planos de Xangô. Mas, para continuar a ser o único a conhecer os segredos mais profundos dos poderes medicinais das plantas, dividiu alguns conhecimentos com os outros orixás. Pois bem, quando um rei proclamou que quem conseguisse dizer o nome das suas três filhas poderia escolher uma delas para se casar, Ossaim aceitou o desafio. Subiu numa árvore, imitou o canto de um passarinho, brincou com as princesas e descobriu o nome delas. Escolheu a mais velha para esposa.

Os senhores de Xibalbá mandaram chamar os gêmeos Hunahpú e Ixbalanqué. Submeteram os jovens a provas difíceis, porque queriam que eles morressem ao tentar cumpri-las. Mas os irmãos escaparam das armadilhas preparadas na casa das facas, na casa do frio, na casa dos jaguares e na casa do fogo. Na casa dos morcegos, porém, Hunahpú vacilou e sua cabeça foi cortada. O último desafio era o jogo de bola. Ixbalanqué pediu a um coelho que se escondesse na mata e começasse a pular quando a bola fosse na direção dele. Enquanto os senhores de Xibalbá corriam atrás do coelho pensando que era a bola, Ixbalanqué trocou a cabeça de Hunahpú por uma abóbora e a recolocou no corpo do irmão. Depois, foi buscar a bola na mata. Os irmãos ganharam o jogo, derrotando os senhores de Xibalbá.

Os relatos mitológicos falam de algo enraizado há muito tempo nas relações entre os seres humanos. A astúcia no enfrentamento dos conflitos de interesses é tão antiga quanto a força.

O Direito contemporâneo adota a *Grande Astúcia*. Para dar conta dos conflitos de interesses, oculta a sua realidade sob a aparência de leis fortes, doutrinas científicas, julgamentos lógicos e um mundo justo.

Economia de energia

A civilização é uma estratégia da espécie humana destinada a poupar a energia de seus indivíduos na luta pelos recursos escassos de sobrevivência. É esse o objetivo dos padrões de tratamento de conflitos diferentes da lei do mais forte. Um deles é a lei de talião, a conhecida "olho por olho, dente por dente". Como ela ajudou na economia de energia dos seres humanos? Servindo de freio aos enfrentamentos violentos dentro dos agrupamentos humanos.

Se o mais forte toma o recurso de sobrevivência do mais fraco, tende a despender pouca energia na luta, que costuma ser breve. Num confronto entre dois indivíduos igualmente fortes, porém, a disputa pelo recurso de sobrevivência consome energias que podem ser mais bem utilizadas pela espécie na competição com as demais, ou ao menos pelo agrupamento a que eles pertencem nas contendas com os outros agrupamentos.

A própria disputa violenta pode levar à perda do recurso cobiçado por dois indivíduos. Mesmo o fraco, antevendo a derrota e eventualmente a morte, pode preferir a destruição do recurso de sobrevivência ao seu consumo pelo algoz. Nem sempre a destruição é irracional, levada a efeito por quem quer dar à sua última ação em vida o sentido de uma vingança diante do agressor. Na Segunda Guerra Mundial, os conflitos entre Alemanha e União Soviética eram tratados, como em qualquer outra conflagração, pela lei do mais forte. Os soviéticos, antes dos recuos táticos, queimavam casas e colheitas para impedir que fossem aproveitadas pelos invasores alemães. A terra arrasada é uma milenar tática racional de guerra, de enfraquecimento do inimigo.

Distribuição desigual da economia de energia

A economia de energia proporcionada pela civilização não é distribuída de forma igualitária entre os indivíduos da espécie humana. Muito longe disso: alguns poucos se beneficiam mais, bem mais do que a imensa maioria. Mas, apesar da brutal desigualdade, ocorre de um bocado mínimo de economia de energia ir para os menos agraciados.

No estado de natureza, todos estavam cercados pelas feras e enfrentavam condições violentamente desfavoráveis. Uma tribo inteira de um povo habitante da zona temperada do norte podia perecer apenas por ser inverno. Comparativamente com o antepassado no estado de natureza, mesmo o escravizado no Império Romano por vezes acabava sendo agraciado com uma fatia pequeníssima do bolo da economia de energia proporcionada pela civilização. O *pater familiae* que o adquirira explorava desavergonhadamente sua força de trabalho, mas provia-o de ração mínima de sustento diário para poder continuar a exploração. No inverno rigoroso, que teria matado o homem selvagem, o escravizado romano contava com alimentação e abrigo, ainda que impiedosamente amesquinhados.

Não quero dizer com isso que o escravizado romano não tinha do que reclamar. Tampouco quero dizer que a escravidão seria justificável e que ele deveria se conformar com a sua situação porque, em comparação com os seus ancestrais, estaria um pouquinho melhor. Nada disso! O meu ponto é que a economia de energia na luta pelos recursos escassos de sobrevivência, proporcionada aos humanos pela estratégia da civilização, era e tem sido distribuída, desde sempre, de maneira vergonhosamente desigual entre os indivíduos da espécie, mas é distribuída.

O jovem herdeiro de uma empresa gasta uma porção ínfima de energia para ter acesso aos recursos de sobrevivência. Basicamente, ele só precisa cuidar para não perder ou dilapidar o patrimônio recebido de herança. Já o filho de uma varredora de ruas certamente despenderá uma carga de energia exponencialmente maior para ter acesso aos meios de sobrevivência. Mas se o filho da trabalhadora pode se dirigir ao Sistema Único de Saúde (SUS) quando adoece, por mais limitado que seja o atendimento quando comparado com o oferecido nos mais caros hospitais privados, ele estará se beneficiando de uma diminuta cota da economia de energia que a espécie humana pôde fazer graças à civilização.

Na raiz da injustamente larga porção reservada ao herdeiro e da absurdamente pequena cota destinada ao filho da trabalhadora, encontramos o mesmo fato: a adoção, pela espécie humana, de um padrão de tratamento dos conflitos de interesses em torno dos recursos de sobrevivência diverso do vigente no estado de natureza. Se todos participam da economia de energia proporcionada pela estratégia da espécie apesar das medidas extremamente desiguais, é porque nossos conflitos de interesses na luta pelos recursos escassos de sobrevivência não seguem mais, há muito tempo, a orientação da lei do mais forte.

Civilização e diferenças

Ecoando vagamente a concepção de Rousseau sobre a condição humana no estado de natureza, alguns pensadores acreditam que, antes da civilização, não havia diferenças entre os homens. Elas teriam resultado de um fato histórico, que não se consegue ainda situar no tempo, mas certamente teria ocorrido. Os bens usados na produção de alimentos, moradias e vestuário (terra, utensílios, gado etc.) foram apropriados por uma parte dos humanos, originando a propriedade privada. Dessa apropriação surgiu a necessidade do Estado e do Direito para assegurá-la. Esses pensadores são os marxistas.

Pode admitir-se que a propriedade privada dos bens de produção dividiu os agrupamentos humanos em classes e demandou a criação de aparatos administrativos e políticos para a proteção dos proprietários. Mas os marxistas não acertam ao enxergar igualdade entre os humanos no estado de natureza. Mesmo que fosse comum a propriedade dos bens de produção (o que está longe de ser consenso na antropologia), havia conflitos na distribuição dos recursos de sobrevivência dentro do agrupamento. Os indivíduos mais fortes tinham, como nas demais espécies de animais vertebrados, prioridade na hora da alimentação. Também eram eles os que desfrutavam da maior proximidade do fogo. Num ataque de predadores, os mais fortes escapavam primeiro. E, como também tem sido notado nas espécies mais próximas dos humanos (orangotangos e bonobos), alianças eram feitas, desfeitas e refeitas na fratricida e periódica luta pela posição de macho alfa.

Em suma, os indivíduos da espécie humana, antes da estratégia da civilização, eram naturalmente diferentes. As animalescas lutas de dois machos por uma fêmea mostram as desigualdades existentes no estado de natureza, e apenas o aparecimento da civilização pôde criar as condições para a gradual mitigação dessas desigualdades.

Com a civilização, surgem as diferenciações. No estado de natureza, podemos cogitar diferenças naturais entre homens e mulheres, crianças e idosos, fortes e fracos. Na civilização, as diferenças não desaparecem, mas dão lugar às diferenciações como critério mais importante na desigual distribuição da economia de energia, na luta pela sobrevivência. Ao adotarmos a estratégia da civilização, deixamos de ser diferentes e passamos a ser diferenciados.

Diferentes e diferenciados

Quando se adota um padrão para tratamento de conflitos diverso da prevalência da vontade do mais forte, deixa-se de lado a diferença natural entre os seres humanos. A civilização é a negação da natureza, é a tentativa de sufocar os impulsos primitivos diante de conflitos mediante uma organização social que estimule ações antinaturais. Ao observar novos padrões de tratamento de conflitos de interesses, a espécie humana passou a diferenciar os indivíduos. A diferenciação é uma abstração, pela qual os seres humanos se separam de acordo com critérios existentes no plano das ideias.

Na aplicação da lei de talião, é necessário diferenciar o agressor do agredido para definir a quem serão asseguradas as condições para retaliar e quem deverá suportar a retaliação. Na aplicação do direito romano, deve-se diferenciar o cidadão do estrangeiro. Quando regras de sucessão concentravam a propriedade nas mãos do primogênito homem, este era diferenciado dos seus irmãos mais novos e das irmãs mais velhas. Hoje, na implementação da política de cotas no acesso ao ensino público superior, é necessária a diferenciação entre os candidatos, separando os incluídos na cota e os excluídos.

As diferenciações são necessárias a partir do momento em que os conflitos de interesses passam a ser tratados por padrões diversos, mais complexos e sofisticados do que o da lei do mais forte. Quando, no início do século XX, na configuração de muitas democracias, negava-se o direito de voto às mulheres, elas eram diferenciadas dos homens. No plano da ideologia, atribuía-se a razão da diferenciação às diferenças naturais entre homens e mulheres. O tempo se encarregou de mostrar que se tratava de diferenciação, e não de diferença. Quer dizer, para sermos justos, o tempo e a luta de mulheres corajosas e homens sensatos revelaram a artificialidade da regra excludente do direito a voto.

Há diferenças na configuração fisiológica natural de cada sexo da espécie humana que impedem, por exemplo, o humano macho de gerar e parir um filho. Mas, quando a medicina encontra meios cirúrgicos seguros para transplantar o útero de uma mulher no organismo de um homem, isso passa a ser possível. A nova terapia médica demandará mais uma diferenciação jurídica: mães do gênero masculino e mães do gênero feminino. E provocará também discussões acerca do mais justo para o tratamento de conflitos de interesses envolvendo as duas mães diferenciadas. Por exemplo, como os prazos de licença-maternidade e licença-paternidade variam, a mãe do gênero masculino terá direito a qual dessas licenças?

Diferenças entre diferentes e entre diferenciados

Adolescentes e adultos têm diferentes capacidades de discernimento entre o certo e o errado. Por isso, são diferenciados em relação à imputabilidade penal. Os adolescentes não são criminalmente responsáveis. A mesma conduta definida como "crime" quando praticada por um adulto é considerada um "ato infracional" se praticada por um adolescente. O adulto que mata é punido. Já o adolescente é submetido a medidas de redirecionamento do seu processo de amadurecimento.

Para diferenciar adolescentes de adultos, adota-se um marco objetivo, que é o 18º aniversário. Claro, se compararmos uma pessoa no dia anterior e no seguinte àquele em que ela completa dezoito anos, é improvável que encontremos diferenças significativas no seu discernimento entre o certo e o errado. Mesmo assim, ela será diferenciada, passando de penalmente inimputável para responsabilizável por crimes. A diferença entre diferentes não é necessariamente igual à diferença entre diferenciados.

Diferenciados e preconceitos

A civilização nos salvou (ou começou a nos salvar) das diferenças que permitiam a operação da lei do mais forte. O custo disso envolveu as sucessivas diferenciações entre os indivíduos da espécie humana. Nas culturas de raízes europeias, por exemplo, diferenciamos patrícios de estrangeiros, senhores de escravos, homens de mulheres. Aquele que antes era apenas mais um ser vivo com o qual se disputavam os meios de sobrevivência, num cenário de constante escassez, passou a ser um diferenciado.

Diferenciações são criadas e suprimidas pela civilização. A diferenciação entre os sexos foi criada no contexto da busca por novos padrões de tratamento dos conflitos de interesses. Hamurábi, ao proclamar a intenção de proteger as viúvas, diferenciou a mulher. Quase três mil anos depois, as mulheres conquistaram o direito a voto, tornando irrelevante a diferenciação quanto à participação nas eleições. A diferenciação entre as mães do sexo masculino e as mães do sexo feminino desaparecerá quando se tornar consenso que umas e outras têm iguais direitos.

Enquanto existem, as diferenciações são generalizadamente introjetadas como diferenças, dando origem ao preconceito. O padrão de tratamento de conflitos assentado na diferenciação alimenta o preconceito, reforçando a discriminação. Em geral, os padrões de tratamento de conflitos de interesses descartarão as diferenciações antes do desaparecimento do preconceito. O padrão anterior nutriu o preconceito; o novo padrão vai ajudar a desidratá-lo. Mas devemos ter cautela aqui. Os padrões do Direito não mudam os valores sociais. É o contrário que sempre acontece.

Conflitos dentro e fora dos agrupamentos

A espécie humana também utilizou a estratégia da solidariedade. A figura do homem isolado como os ursos não se confirma nas investigações arqueológicas. Agrupamo-nos dos mais variados modos e em diferentes dimensões. Famílias, bandos, clãs, tribos, organizações profissionais, igrejas, nações, entidades internacionais etc. Tanto antes como depois do surgimento do Direito, indivíduos unem seus esforços em torno de propósitos comuns. Com essas agregações, economizam energia na luta pelos recursos de sobrevivência.

Mas a estratégia da solidariedade não elimina os conflitos. Antes da ocupação da terra brasileira pelos portugueses, os povos originários guerreavam, disputando território, água e plantações de mandioca. Alguns viam a guerra como o místico exercício de fortalecimento, por meio da captura dos inimigos valentes, de modo a absorver sua coragem em prolongados rituais antropofágicos. E mesmo os conflitos internos dos agrupamentos não desaparecem com a estratégia da solidariedade. Somos muito mais complexos do que as formigas.

Os conflitos de interesses internos e externos aos agrupamentos sempre representaram uma fonte de tensão, um potencial desperdício de energia e recursos. Por isso, eles precisam ser tratados. Os agrupamentos tendem a definir sistemas de tratamento dos conflitos (meios, procedimentos, autoridades etc.) mais ou menos complexos. Judeus que frequentam a mesma sinagoga às vezes recorrem ao rabino para a arbitragem de conflitos surgidos entre eles, incluídos os de natureza civil, como o atraso no pagamento de uma dívida ou questões de vizinhança.

O Direito é o sistema de tratamento dos conflitos de interesses surgidos *dentro* de agrupamentos de humanos de certas dimensões, como as cidades, os impérios da Antiguidade e os Estados Nacionais.

Purificando o agrupamento do conflito

Algumas culturas criaram formas de tratar o conflito que não se amoldam perfeitamente ao que chamamos de Direito. Correspondem a modos de lidar com os conflitos internos, mas, como sugerem fortemente uma desordem, e não uma ordem, os imersos na cultura de raízes europeias têm dificuldades em considerar como Direito essas formas próprias de tratamento dos conflitos de interesses. São tratamentos catárticos. Por meio deles, busca-se a purificação do grupo manchado pelo conflito.

Vou citar dois exemplos.

O primeiro é o *Takanakuy*, expressão que significa "quando o sangue está fervendo" em quéchua. Trata-se de uma briga, um confronto físico com socos e pontapés violentos. Acontece nas manhãs de 25 de dezembro. Num canto dos festejos natalinos, embaladas por álcool, pessoas se reúnem excitadas em volta de um círculo. Qualquer uma pode ir ao centro do espaço aberto e gritar o nome de quem deseja desafiar para a briga. Dois ou três homens exercem a função de ordenadores do ritual. Sua tarefa consiste basicamente em suspender a luta sempre que um dos contendores é derrubado. A única regra do Takanakuy é não bater em quem está no chão.

Dizem ser um costume de remota origem pré-incaica destinado a apaziguar os desentendimentos surgidos ao longo do ano na família ou na comunidade. Terminada a luta, quando um dos lutadores admite a derrota, os dois imediatamente se abraçam sorridentes como sinal do restabelecimento dos laços de amizade que haviam se desfeito por causa de uma desavença naquele ano. O objetivo alegado seria evitar o início do novo ano com conflitos pendentes.

O tratamento dos conflitos de interesses internos ao grupo no festival Takanakuy está se descaracterizando. Hoje, erguem-se pequenas arenas para o público poder assistir sentado às brigas; um locutor narra os golpes e, no final, chama os contendores para o abraço. Até mesmo turistas podem se divertir desafiando um local. Mas, em algum momento no passado, as brigas de final de ano devem ter servido ao apaziguamento dos conflitos nas comunidades andinas de Chumbivilcas, no Peru.

O segundo exemplo de tratamento catártico do conflito vou buscar no sudoeste do Amazonas, onde vivem os suruwahas.

Hoje, é um povo totalmente igualitário, sem cacique ou xamã. Antigamente, porém, havia xamãs, que tinham o poder de matar um desafeto por feitiço. Eles convocavam um animal para devorar o princípio vital do antagonista e lhe tomar o corpo. Pois aconteceu de o xamã Dawari discutir com a mulher, Kuxiria, acusando-a de ter transado com Waximia, que também era xamã. A transa tinha sido particularmente doída para Dawari por duas razões: o filho dele podia ficar parecido com Waximia porque tinha sido carregado no colo pelo rival; além disso, Waximia havia causado a morte por feitiço de Jama, um primo querido de Dawari.

Foi a primeira vez, entre os suruwahas, que um xamã não resolveu suas desavenças provocando a morte do inimigo por feitiço. Embora fosse xamã e pudesse usar essa forma de vingança contra Waximia, Dawari escolheu o autoenvenenamento para tratar o conflito. Kuxiria até tentou matar o marido, flechando-o para que não morresse envenenado, mas não conseguiu agir a tempo. Dawari ingeriu uma mistura de gengibre, tabaco e dois venenos, um deles o timbó.

Como vários outros povos da Amazônia, os suruwahas usam uma planta chamada timbó nas pescarias. Seu fruto esfarelado, ao ser lançado no igarapé, atordoa os peixes, que sobem à superfície, tornando a pesca mais fácil e abundante. A pequena porção absorvida pelo peixe não faz mal a quem se alimenta dele se adotados cuidados mínimos (lavar o peixe num igarapé limpo). Mas a seiva tóxica do timbó é mortal para a pessoa que come certa quantidade do fruto.

Os conflitos menos importantes que surgem na aldeia dos suruwahas são discutidos por todos à noite, e, em geral, os ajustes são consensuais. Mas, se o conflito não resolvido ganha densidade, o mais enraivecido corre para dentro da floresta, toma timbó, espera um pouco e retorna, também correndo, para morrer em casa. Ao autoenvenenamento de um suruwaha geralmente se seguem outros. O irmão do primeiro a morrer também se mata, por vergonha de não ter impedido a morte do familiar, por exemplo. A convulsão é geral, com os desesperados esforços da maioria para tentar pôr fim à pavorosa sucessão de suicídios.

Antropólogos relatam a frequência mais ou menos anual para a catarse. É o sistema de tratamento dos conflitos de interesses que os suruwahas adotaram no lugar das violentas vinganças xamânicas. Busca o sumo do timbó quem se sente profundamente agredido, tornado uma não pessoa por atos ou falas de outro membro da tribo. Da minha parte, conjecturo que o temor de alguém decidir se envenenar com timbó, diante da exacerbação de conflitos, acaba servindo para contê-los. O receio de o surto irascível desestruturar a tribo é um poderoso convite geral à razoabilidade. Quem não quer correr o risco de desencadear uma série de mortes não deve alimentar os conflitos; deve, na verdade, investir energias no apaziguamento.

O Takanakuy não é Direito, porque trata os conflitos pelo padrão de prevalecimento do interesse do mais forte. O autoenvenenamento dos suruwahas também não é, porque a maneira como procuram evitar a exacerbação dos conflitos não gera economia de energia na luta pela sobrevivência.

Direito internacional

Desde a Idade Moderna, as relações entre os Estados têm por base grandes e solenes acordos (chamados de "tratados" e "convenções"). É o modo aparentemente civilizado de lidar com os conflitos de interesses entre eles, ou seja, com os conflitos externos aos agrupamentos estatais. É o direito internacional, surgido no século XVII juntamente com os Estados Nacionais e o conceito de soberania. Esse modo de tratar os conflitos "internacionais" desenvolve-se principalmente depois do fim da Segunda Guerra.

Mas devemos reconhecer que, em comparação com o tratamento dos conflitos de interesses internos aos agrupamentos estatais, tudo ainda é muito incipiente no campo do direito internacional. A rigor, no limite, rasgam-se tratados e convenções, ignoram-se despudoradamente os organismos internacionais e realizam-se exercícios militares provocativos. Em suma, evoca-se o padrão da lei do mais forte, a negação do Direito. E se, ainda assim, perdura o conflito de interesses, parte-se para o enfrentamento bélico.

Mesmo em questões de comércio internacional inteiramente regradas por normas jurídicas, a lei do mais forte baliza os conflitos de interesses. Na Organização Mundial do Comércio (OMC), quando um Estado prova que outro adotou prática contrária aos acordos multilaterais, ele tem reconhecido o direito de retaliar o Estado infrator. As medidas de retaliação se aplicam, basicamente, mediante a redução do comércio entre os países. Mas, pense bem, se o vencedor na disputa comercial é um Estado economicamente mais fraco, é pouca ou mesmo nenhuma a retaliação que ele pode fazer. E não é só isso. Se retaliar, provavelmente terá mais prejuízo do que o Estado infrator.

Imagine que um país reclama na OMC contra o subsídio dado por outro, o qual distorce a concorrência entre as empresas de cada um deles no mercado de um terceiro país. Se ganhar, terá direito à retaliação. Mas pode acabar concluindo que será inefetiva qualquer uma de suas alternativas para pressionar o fim do subsídio. Se proibir a importação de um produto do país infrator, isso pode lhe acarretar perdas e simplesmente não impactar em nada a economia do retaliado. O que acontece numa situação dessas, afinal? Não prevalece a solução jurídica, mas os interesses do mais forte.

Atualmente, portanto, é mais realista considerarmos o Direito como o sistema de tratamento dos conflitos internos aos Estados, porque, apesar dos progressos do direito internacional, nos conflitos externos entre os Estados ainda é predominante o tratamento pela lei do mais forte.

O destino manifesto

Os Estados Unidos nasceram, em 1776, como uma federação de treze ex-colônias britânicas situadas no lado leste da América do Norte. Os seus territórios correspondiam a menos de um terço da extensão atual do país. Entre 1804 e 1819, os Estados Unidos praticamente dobraram de tamanho, comprando a Louisiana da França e a Flórida da Espanha.

Em 1835, fizeram ao México a proposta de comprar, por 5 milhões de dólares, uma grande área de 2,4 milhões de quilômetros quadrados, delimitada pelos atuais estados da Califórnia, do Texas e do Wyoming. A área correspondia à metade do então território mexicano. A proposta foi recusada pelo México. Dez anos depois, os Estados Unidos voltaram a propor a aquisição, elevando o preço para 25 milhões de dólares, mas de novo o México não se interessou pelo negócio.

Os Estados Unidos não se conformaram. Naquele tempo, estavam convencidos de que o seu destino manifesto era ocupar toda a América do Norte. Em 1846, alegando dar apoio ao movimento de independência do Texas em relação ao México, que se arrastava desde 1835, os Estados Unidos foram à guerra contra o seu irredutível vizinho. Venceram em pouco menos de dois anos. Pelo Tratado de Guadalupe Hidalgo, que pôs fim ao conflito, os mexicanos finalmente cederam aos norte-americanos o cobiçado território, ao preço de 15 milhões de dólares.

A Guerra Mexicano-Americana ilustra como os conflitos de interesses externos aos Estados são tratados. Quando a diplomacia não produz os efeitos desejados, parte-se para o campo de batalha. Clausewitz não nos ensinou que "a guerra é a continuação da política com outros meios"?

Complexidade crescente do Direito

O Direito surge quando os conflitos de interesses passam a ser tratados por um padrão diferente do ditado pela lei do mais forte, típico do estado de natureza.

E um dos primeiros padrões de orientação do tratamento dos conflitos de interesses, que afasta a lei do mais forte, é a lei de talião. Você certamente já ouviu o padrão: "olho por olho, dente por dente". Quando se compara esse padrão com os utilizados atualmente no tratamento dos conflitos de interesses, nota-se uma enorme diferença. Os padrões atuais são extremamente mais complexos do que a lei de talião.

Se 1.700 anos AEC um babilônio furava o olho de outro, o ofendido tinha o direito de furar o olho do agressor. Compare-se isso com o modo como se trata hoje, por exemplo, a queixa do consumidor relativamente ao vazamento de seus dados pessoais confiados à guarda da empresa de quem adquiriu um produto no comércio eletrônico. Os padrões empregados no tratamento desse conflito de interesses contemporâneo são extraordinariamente mais complexos.

A datação do tempo histórico

Há dois sistemas de datação do tempo histórico. No sistema cristão, ele é repartido entre anos e séculos antes de Cristo (a.C.) e depois de Cristo (d.C.); no sistema comum, os anos e os séculos são situados antes da Era Comum (AEC) ou na Era Comum (EC).

A Era Comum teve início no ano 1 do calendário gregoriano, oficializado em 1582. Esse ano 1 é considerado, pelo mesmo calendário, como o do nascimento de Jesus. Desse modo, coincidem sempre os dois sistemas de datação do tempo histórico. Hamurábi viveu de 1728 a 1686 AEC, exatamente os mesmos 1728 e 1686 a.C.

Como outros autores, uso o sistema comum de datação (AEC e EC) em respeito aos leitores não cristãos.

TRAJETÓRIA

3. Retribuição

Antes do Direito, quando aconteciam conflitos entre dois humanos, integrantes ou não do mesmo coletivo, prevalecia sempre o interesse do mais forte.

A rigor, naqueles tempos nem se poderia propriamente falar em tratamento do conflito. Se o mais forte queria ser o primeiro a comer a caça abatida pelo mais fraco, simplesmente a tomava para si. A briga corporal pela primazia de comer as partes mais suculentas aconteceria apenas se o mais fraco esboçasse resistência ao avanço do mais forte. Na luta, o mais forte sobrepujava o caçador, ou até mesmo o matava.

A submissão do mais fraco não pode ser considerada uma forma embrionária de organização social destinada a tratar os conflitos de interesses. Era a simples e crua luta pelos recursos escassos de sobrevivência entre dois indivíduos da espécie *Homo sapiens*. A organização somente se inicia quando outros padrões passam a ser observados na estratégia de economia de energia adotada pelos humanos na luta pela sobrevivência. Mas, usando uma figura de linguagem, podemos dizer que o conflito de interesses em torno da caça, no meu exemplo, foi solucionado mediante a prevalência da vontade do fisicamente mais forte.

Tudo muda com o surgimento da civilização. E ela irrompe com novos padrões de orientação do tratamento dos conflitos de interesses. Em vez de todos os conflitos terem a invariável narrativa da prevalência da lei do mais forte, observam-se outros padrões não encontrados nos embates entre seres e espécies que habitam o estado de natureza. Escolhi um desses padrões não naturais para simbolizar o início da civilização: a *lei de talião*. Ela diz: "Quem furar o olho de outra pessoa, terá o seu olho furado".

Hamurábi

A três décadas do fim do século XVIII AEC, nasceu na Mesopotâmia um homem chamado Hamurábi. O pai dele era o soberano da rica Babilônia, líder de uma aliança de cidades localizadas nas proximidades do Rio Eufrates (onde hoje é o Iraque). Pertencia a uma dinastia que reinava havia quase cem anos. Como rei, Hamurábi expandiu o território dessa aliança, formando um império.

Teve êxito nessa empreitada porque conseguiu dosar adequadamente o enfrentamento bélico e o respeito à cultura dos povos conquistados. Os grandes imperadores da Antiguidade (Dario, Alexandre e os romanos) tinham essa especial habilidade política. Submetiam os povos vizinhos pelas armas, mas não conseguiriam manter o domínio num permanente estado de violência. Seria custoso demais e muito ineficiente. De algum modo, a elite local deveria manter os seus privilégios, ou boa parte deles, e a cultura e a religião dos conquistados precisavam ser respeitadas.

Claro, o uso da força permanecia sendo uma ameaça, e a menor tentativa de romper os laços de submissão era impiedosamente sufocada com violência espetacular. Ninguém era bonzinho ao respeitar os costumes e prestigiar as lideranças dos povos conquistados. Os imperadores eram espertos. Entendiam a complexidade do poder, que não existe sem negociações e alianças. Sabiam que ter poder é não precisar usar a força.

Hamurábi não foi somente um grande conquistador, diplomata e político. Ele se destacou também como um competente administrador. Construiu canais de irrigação e regulação do curso do Eufrates. Reconstruiu as cidades derrotadas, erguendo ricos templos dedicados às divindades locais.

Outro extraordinário feito do rei babilônio está ligado ao Direito. Ele mandou registrar, em pedras de diorito, os padrões pelos quais seriam tratados os conflitos de interesses no seu reino. Os registros eram feitos em sinais cuneiformes, isto é, com uma ferramenta em forma de cunha. Tanto a linguagem como o apetrecho tinham sido inventados, alguns milhares de anos antes, pelos sumérios, o povo reinante na Mesopotâmia anteriormente ao domínio babilônio.

Muitos outros, antes e depois de Hamurábi, em diversas partes da Ásia, usaram o diorito e o basalto para fazer registros das mais variadas naturezas: históricos, jurídicos ou religiosos. A pedra era assentada em local público e se chamava *estela*. Hamurábi também não foi o primeiro a erguer estelas com preceitos jurídicos. Desde pelo menos o terceiro milênio AEC, outros reis de povos mesopotâmios já adotavam esse símbolo de poder.

No início de 1902, um arqueólogo francês encontrou uma dessas estelas, um pouco distante da Mesopotâmia. Ele estava escavando no sudoeste do atual Irã, nas ruínas da cidade de Susa, do antigo reino Elam. Levou a relíquia para o Museu do Louvre, onde ainda hoje se encontra (sala 229 da Ala Richelieu). A estela foi então chamada de "Código de Hamurábi".

O Código de Hamurábi não era um Código

Acredita-se que o exemplar exibido no Museu do Louvre era a estela erguida em praça pública da cidade babilônia de Sippar. Ela foi levada para Susa em 1155 AEC, quando os elamitas invadiram a Babilônia.

Hamurábi e seus contemporâneos certamente não chamavam de "Código" o conjunto de enunciados esculpidos nas estelas em signos cuneiformes mesopotâmicos. É mais uma negação da história. Chamar a estela por uma designação que certamente não se utilizava na época é mirar o passado por lentes contemporâneas para tentar moldá-lo ao presente; como se nada de essencial mudasse, como se não existisse história.

"Código" é o nome de algo típico da Idade Contemporânea. Nos últimos duzentos e poucos anos, o Direito passou por uma transformação muito grande, impulsionada pelo Iluminismo, e que provavelmente não poderia ter acontecido antes da formação das grandes estruturas administrativas e políticas dos Estados-nação. Essa transformação está relacionada à maneira pela qual o Direito se legitima atualmente, ou seja, pelo modo como é compreendido e aceito pelas pessoas em geral: a *positivação.*

Antes da positivação, os conflitos de interesses eram tratados de acordo com padrões legitimados pela *tradição.* O credor tinha direito de cobrar o devedor porque, desde sempre, os devedores têm a obrigação de pagar aos seus credores. O ladrão deve sofrer uma punição porque sempre foi assim que aconteceu.

Depois da positivação, os padrões de tratamento dos conflitos de interesses passaram a ser legitimados (compreendidos e aceitos) não mais em razão de uma tradição imemorial. Agora, eles são legítimos porque decorrem de uma *decisão.* Uma decisão especial em muitos aspectos. A pessoa investida de poder, para decidir quais devem ser os padrões, escolhe uma entre várias alternativas, de acordo com um procedimento formal. No início, uma só pessoa concentrava todo o poder (o imperador Napoleão Bonaparte, por exemplo); aos poucos, com os avanços e recuos próprios do processo histórico, o poder de decidir sobre os padrões jurídicos passou a ser atribuído a um conjunto de pessoas escolhidas pelo voto da maioria da população: os legisladores.

Note a diferença entre justificar que "*o credor tem direito de cobrar o devedor*" argumentando que "*sempre foi assim*" e afirmando que "*uma lei válida foi aprovada determinando que seja assim*". Na fundamentação pela tradição, o Direito é imutável. Uma ou outra mudança de forma é vista como aperfeiçoamento do registro do que sempre foi Direito. Já na fundamentação pela decisão de uma pessoa com poder de legislar, o Direito é essencialmente mutável. Quem legisla pode alterar o padrão existente há muito tempo, voltar ao padrão anterior, substituí-lo por uma terceira solução, sempre de acordo com as decisões que toma, de tempos em tempos. Os padrões de tratamento de conflitos de interesses, após a positivação, são "leis" formalmente aprovadas por quem está no exercício do poder de legislar. "Códigos" são uma espécie dessas "leis". Correspondem a documentos legislativos extensos, presumivelmente completos e nos quais se procura organizar os fundamentos de determinados ramos do Direito: Código Civil, Código Penal, Código Comercial e outros. É uma maneira de definir os padrões de orientação do tratamento dos conflitos de interesses típica da Idade Contemporânea.

Os padrões de tratamento de conflitos de interesses escritos na Estela de Hamurábi eram *compilações*, isto é, registros dos costumes adotados desde o início, num tempo longínquo e imemorial. Não eram produto de uma decisão tomada por Hamurábi, para inovar a maneira como os conflitos de interesses deveriam ser tratados a partir de então. Eram legitimados pela tradição, não pela positivação. Vale dizer: a Estela de Hamurábi não é um "Código", no sentido que se deu a esse conceito jurídico a partir do século XIX. É assim chamado para ocultar as mudanças do Direito na história.

A positivação imaginada no passado legitima o presente pela tradição

Quando se força o olhar para enxergar, nos impérios da Antiguidade, um órgão legiferante de um Estado editando leis abstratas para definir como os juízes devem julgar os processos judiciais, procura-se legitimar a positivação por meio da tradição.

É curioso perceber esse uso da legitimidade pré-positivação ("*sempre foi assim*") para legitimar o Direito na pós-positivação ("*é assim porque o legislador decidiu*"). Sugere-se que, salvo algumas diferenças superficiais, o Direito sempre teria sido essencialmente do modo como o conhecemos hoje. É preciso acautelar-se diante dessa armadilha que reescreve a história, expurgando-a da instabilidade das mudanças e dos sucessivos avanços e recuos; e que, ao reescrever a história, acaba desconsiderando que tenha havido uma história.

A lei de talião na Estela de Hamurábi

Escolhi a Estela de Hamurábi como marco temporal da primeira etapa da trajetória do Direito, mas isso não significa que tenha sido a primeira vez que os seres humanos passaram a tratar seus conflitos pelo padrão do "olho por olho". Como visto, a Estela de Hamurábi consolidou padrões que se supunham existir desde a longínqua origem dos tempos.

A sociedade babilônia era dividida em classes. De um lado, os homens livres (os *awīlum*); de outro, os escravos. Entre essas duas classes, acomodava-se um vasto segmento médio (*muškênum*), integrado por escravos libertos, soldados rasos, pastores, pequenos camponeses etc. Dentro da classe alta, composta pelos homens livres, havia algumas hierarquias. A Estela de Hamurábi trata diferentemente cada uma das classes e, dentro da classe alta, os superiores e os inferiores. Nela, vamos encontrar padrões como os que se seguem:

- Se um *awīlum* (homem livre) destruiu o olho de outro *awīlum*: destruirão o seu olho (§ 196).
- Se um *awīlum* quebrou o osso de outro *awīlum*: quebrarão o seu osso (§ 197).
- Se um *awīlum* arrancou um dente de um *awīlum* igual a ele: arrancarão o seu dente (§ 200).
- Se um *awīlum* agredir a filha de outro *awīlum*: matarão a sua filha (§ 210).

Nas agressões graves entre pessoas da classe superior, entre dois *awīlum*, a retribuição normalmente era proporcional. Quando, porém, o embate envolvia pessoas de classes diferentes, a retribuição nunca acontecia na mesma moeda. Se o agressor era de classe superior ao agredido, a Estela de Hamurábi determinava uma retribuição em prata para aliviar o dano da vítima ou, se escrava, indenizar o seu dono:

- Se um *awīlum* (classe alta) destruiu o olho ou quebrou o osso de um *muškênum* (classe média): pesará uma mina de prata (§ 198).

- Se um *awīlum* arrancou o dente de um *muškênum*: pagará um terço de uma mina de prata (§ 201).
- Se um *awīlum* destruiu um olho ou quebrou o osso do escravo de outro *awīlum*: pesará metade do seu preço (§ 199).

Esses três últimos padrões revelam que o direito de causar igual ofensa ao agressor era alternativa exclusiva da classe alta. A lei de talião regia os conflitos entre homens livres. Nenhuma pessoa de estamento inferior tinha a mesma prerrogativa ao sofrer agressão de alguém da classe superior.

Quando um escravo agredia um homem livre

A Estela de Hamurábi simplesmente silencia sobre como tratar o caso de um escravo agredir com gravidade um homem livre (furar olho, quebrar osso ou dente). Meu palpite: talvez fosse consensual que, nessa situação, o escravo deveria morrer, sendo isso, então, demasiadamente óbvio para se darem ao trabalho de escrever um padrão com essa orientação. Se a agressão fosse leve, porém, a estela continha um padrão: o escravo sofria uma pena física, mas que não o inutilizava para o trabalho: o corte de uma orelha (§ 205).

Complexidade da lei de talião na Estela de Hamurábi

Como se percebe lendo esses trechos da Estela de Hamurábi, não eram nada simples os padrões que orientavam os conflitos de interesses entre os babilônios. A identidade da retribuição contida na singela fórmula "olho por olho" encontra-se em vários desses padrões, mas não em todos.

Na verdade, a lei de talião orientava apenas o tratamento das agressões de maior gravidade, referidas pelas ações de "furar olho" ou "quebrar osso ou dente" da vítima. Para as de menor gravidade, a Estela de Hamurábi descrevia ações como "agredir a face". A consequência das agressões leves variava de acordo com o status dos envolvidos. Quando alguém da classe alta agredia a face de outra pessoa também da classe alta, a pena dependia da hierarquia entre eles. Se o agressor era inferior ao agredido, ele devia ser chicoteado com sessenta golpes de chicote de couro. A punição não era pública, afinal o apenado era um homem livre e convinha preservá-lo de qualquer exposição vexatória perante os estamentos inferiores. As chicotadas eram aplicadas diante da assembleia, composta somente de homens da mesma classe social do punido. E, se agressor e agredido eram da mesma hierarquia dentro da classe alta, a consequência consistia no pagamento de quinhentos gramas de prata. Se os envolvidos na agressão leve eram da classe média, o valor da retribuição diminuía para oitenta gramas.

A complexidade decorria da necessidade de distinguir o grau da agressão ocorrida e classificá-la como grave ou leve, indispensável para determinar a consequência orientada pelos padrões da Estela de Hamurábi. Era preciso decidir se, por exemplo, uma ferida não mortal, provocada por uma facada no ombro, parecia mais um osso quebrado ou um tapa na cara. No primeiro caso, a vítima podia esfaquear o agressor; no segundo, receberia uma compensação em prata. Estabelecer a posição dos envolvidos na sociedade não devia ser uma questão intrincada. Mas provavelmente havia nuances nos casos dos escravos libertos e nas hierarquias entre os *awīlum*, surgindo algumas zonas cinzentas.

A lei de talião em outros documentos da Antiguidade

Os especialistas apontam a origem etimológica da palavra "talião" no latim *talis*, que significa "idêntico". Esse padrão de tratamento dos conflitos de interesses aparece em diversos outros documentos produzidos na Antiguidade.

Encontra-se a lei de talião, por exemplo, em passagem do Velho Testamento, provavelmente do século VI AEC. Em Êxodo 21, logo após a narrativa sobre os Dez Mandamentos, lê-se, entre outros padrões, o "*olho por olho, dente por dente, mão por mão, pé por pé*". Em Êxodo 22, a pena de talião inspira a proteção aos mais fracos: "*Não fareis mal algum à viúva nem ao órfão. Se os ofenderdes, eles gritarão por mim e eu ouvirei o seu clamor; e o meu furor se acen-*

derá, e eu vos exterminarei à espada, e as vossas mulheres ficarão viúvas, e os vossos filhos, órfãos". Outras menções à pena de talião encontram-se em Levítico 24:20 ("*Quebradura por quebradura, olho por olho, dente por dente; qual for o mal que tiver feito, tal será o que há de sofrer*") e em Deuteronômio 19:21 ("*Não terás compaixão* [*de quem fizer falso testemunho*], *mas exigirás vida por vida, olho por olho, dente por dente, mão por mão, pé por pé*").

A lei de talião como um salto civilizatório

Para os valores de hoje, a lei de talião é absolutamente irracional, um impensável despropósito, desumano e torpe. No século XXI, o sensato nos parece, sem dúvida, a mais completa rejeição da imposição ao agressor de agravo igual ao cometido, na linha da advertência atribuída a Mahatma Gandhi: "Olho por olho e o mundo acabará cego". Como então considerar que algo assim tão brutal possa ter sido um salto civilizatório?

Aqui, devemos mais uma vez ter respeito pelo passado e por quem o viveu. Julgar Hamurábi pelos valores contemporâneos não faz nenhum sentido. Mesmo que ele tivesse sido uma pessoa muito mais excepcional do que foi, a ponto de nutrir valores que levariam ainda quase 4 mil anos para se disseminar, ficando pessoalmente incomodado com a lei de talião insculpida em suas estelas, isso não teria mudado nada. Os súditos dele não estariam preparados para uma proclamação diferente.

Veja o caso de Gandhi, agora há pouco lembrado como porta-voz dos nossos valores. Ele foi, na verdade, um sujeito racista, sexista e elitista. Na primeira encrenca que criou com as autoridades britânicas, como jovem advogado na África do Sul, reclamou da determinação de viajar num dos vagões de trem destinados aos negros. Reclamava para si o mesmo tratamento reservado aos brancos, alegando ter direito a isso em razão de sua cidadania britânica. Não lhe ocorreu reclamar contra a discriminação racial em si. No movimento que liderou pela independência da Índia, insistiu na pertinência dos meios pacíficos, mas nunca se preocupou em questionar a submissão das mulheres, muito menos a divisão da sociedade indiana em castas.

É justo negarmos a Gandhi qualquer valor por seu movimento pacifista apenas porque ele não conseguiu ser um homem à frente do seu tempo nas questões relacionadas à igualdade de raça, gênero e estratificação social? Talvez pelo fato de Gandhi ter vivido no século XX e Hamurábi no século XVIII AEC, é mais fácil perdoarmos o soberano dos babilônios por não ter conseguido antecipar nossos valores do que o líder da independência indiana. Mas os dois devem ser julgados de acordo com o tempo em que viveram. Humanamente, fizeram coisas que, pelos padrões atuais, são erradas. É injusto condená-los por isso, tanto quanto será se um de nós for julgado, no futuro, com base em valores que desconhecemos.

De qualquer modo, comparando a lei de talião com a lei do mais forte, do estado natural, percebe-se o enorme avanço que ela proporcionou. Quando a sociedade se organiza para assegurar ao mais fraco a possibilidade do revide à agressão do mais forte, é a lei natural que está em xeque. Trata-se de um freio à violência como meio de tratar conflitos. Se o forte começa a hesitar em furar o olho do fraco, ou quebrar-lhe os dentes, por conta do risco de ser depois cegado ou desdentado, então a lei do mais forte não é mais a única a nortear as relações humanas. Na hesitação do mais forte, o mais fraco encontra certo amparo. Se entrar em conflito com o forte, o fraco poderá contar com alguma proteção, ainda que seja apenas a chance, assegurada socialmente, de poder depois infligir (ou ver infligida) ao agressor uma agressão similar.

Lei de talião na teoria da pena

A teoria da pena é uma reflexão assentada entre os penalistas (juristas dedicados ao direito penal), ensinada aos estudantes de direito logo nos primeiros semestres do curso. Por essa teoria, a pena original teria sido a vingança. Quem sofria uma agressão reagia, vingando-se ao infligir ao agressor uma agressão ainda maior.

A teoria da pena considera a lei de talião uma forma de punir *mais civilizada* do que a vingança. A transição de uma etapa para outra é contextualizada como evolução civilizatória, porque, na vingança, a vontade de quem vinga é causar uma ofensa maior naquele que considera o culpado pela ofensa recebida. O conflito não era superado, porque a vingança autorizava novo agravo, ainda maior, a quem a sofria; e, no final, as perdas aumentavam exponencialmente, com prejuízo coletivo e sem perspectivas de apaziguamento.

Se realmente houve um momento da trajetória humana marcado pelo padrão da vingança como forma de tratar os conflitos de interesses, ele ainda não deve ser considerado civilização. É própria da vingança a supremacia do mais forte. O mais fraco nunca se vinga, por não ter fisicamente como provocar danos no mais forte, muito menos danos que superem os que sofreu.

Eficiência relativa da lei de talião

Se, para nós, a lei de talião é violenta, estúpida e cruel, quando a comparamos com a lei da natureza, que orientava os conflitos antes do Direito, percebemos o verdadeiro salto civilizatório que ela trouxe.

A lei de talião é um freio àquele que cogita impor a sua vontade com o uso da violência. Quando a sociedade se organiza para assegurar a retribuição do ofendido proporcionalmente à ofensa recebida, quem estava acostumado a impor seus interesses com o uso da força passa a refrear os ímpetos. Podendo ter o olho furado como reação da sociedade a uma conduta agressiva, quem pensara em fazer valer o próprio interesse ferindo o outro acabava contido por um cálculo racional: valeria a pena o risco?

Contudo, a eficiência da lei de talião na neutralização da lei do mais forte é visivelmente limitada. Apenas acena com um tênue desestímulo ao uso da força pelo agressor, por receio de experimentar o mesmo dano causado a alguém. É muito pouco, sem dúvida, quando pensamos no extraordinário arsenal de padrões de tratamento de conflitos de interesses que a humanidade viria a adotar.

Mas, ao olharmos para o que ocorria antes do surgimento da lei de talião, a diferença para melhor é notável. A espécie humana passa a se organizar, nos agrupamentos que paulatinamente observam a lei de talião, de modo um pouco mais racional, desestimulando timidamente os ímpetos naturais dos indivíduos na disputa pelos sempre escassos meios de sobrevivência.

Complexidade: o carma do Direito

A estratégia da espécie humana, de pôr freios à agressão entre indivíduos do mesmo agrupamento, introduziu um ingrediente de racionalidade nas relações entre eles. A lei de talião, embora bastante tosca, é mais racional do que a lei do mais forte. Quando é eficiente no desestímulo do uso da força, gera economia de energia e de recursos de sobrevivência.

E, acompanhando a pitada de racionalidade que vem com a lei de talião, surgem o Direito e a própria civilização. A espécie humana realmente se distingue, então, das demais. E, além do Direito e da civilização, algo de que nunca iremos nos livrar aparece em meio à diminuta racionalidade da lei de talião: a complexidade. Mais do que isso: o crescente aumento da complexidade.

No estado de natureza, tudo é simples. Os seres vivos comem uns aos outros, de acordo com uma cadeia que reflete as estratégias de cada espécie para sua sobrevivência e reprodução – a sobrevivência e a reprodução da espécie, e não necessariamente de todos os seus indivíduos. Na disputa direta entre dois indivíduos (da mesma espécie ou não) por um recurso de sobrevivência, o resultado será a prevalência do mais forte, exceto nas poucas ocasiões em que o mais fraco é astucioso ou sortudo.

A lei de talião vai afastar a simplicidade do estado de natureza. Se, numa disputa por determinado recurso de sobrevivência entre dois indivíduos do mesmo agrupamento, um fura o olho do outro, o agredido tem assegurada, pela organização social, a chance de retribuir a agressão na mesma medida. Mas esse padrão de tratamento de conflitos suscita novas questões. Quem foi o primeiro a agredir? Quando, na disputa, não se furou nenhum olho nem se quebrou nenhum dente ou osso, mas aconteceu uma agressão semelhante, ainda assim cabe a retribuição por parte de quem o recurso de sobrevivência foi tomado pela força? Se cabe, é racional que a retribuição seja uma nova agressão? O primeiro sujeito a formular publicamente essas questões pode ser considerado o inventor de uma profissão: a advocacia.

Sempre que tentamos ser mais justos e racionais no tratamento dos conflitos em torno dos meios de sobrevivência, enveredamos por um emaranhado de questões inexistentes na simplicidade da lei do mais forte.

A complexidade (a rigor, o constante aumento da complexidade) é o preço que tivemos de pagar para deixar o estado de natureza e ingressar na civilização. E, quanto mais civilizados somos, mais complexos nos tornamos. É assustadoramente inexorável.

Compare mais uma vez a lei de talião com os direitos do consumidor: a lei surge junto com a civilização; o consumerismo data dos anos 1960. Nesse intervalo, cresce exponencialmente a complexidade dos padrões adotados no tratamento dos conflitos de interesses. É um intervalo considerável, embora relativamente pequeno se considerarmos a duração, até aqui, da espécie humana.

Limites da lei de talião

A lei de talião tratava os conflitos de interesses no interior do agrupamento em que era adotada. Mesmo assim, em poucos casos. Somente os conflitos entre os iguais da classe alta eram tratados de acordo com a reciprocidade.

Tampouco se devia ver sentido em buscar a reciprocidade nas agressões ocorridas em disputas entre agrupamentos. Nas inúmeras batalhas que Hamurábi empreendeu para a construção do seu império, os vencidos com certeza não recebiam nenhuma consideração, muito menos tinham a oportunidade de retribuir as agressões sofridas. Na guerra, naquele tempo e ainda hoje, o mais forte impõe sua vontade, tal como no estado de natureza.

Mesmo o soberano e seus auxiliares mais próximos não se percebiam exatamente sujeitos às mesmas regras ditadas aos súditos. Num conflito entre Hamurábi e outro babilônio, não devemos acreditar que as coisas se resolveriam pela lei de talião. Era sem dúvida a lei do mais forte que imperava. A noção de que o soberano também está sujeito às regras que ele próprio edita é muito, muito mais recente.

A civilização começa com o surgimento de um padrão diferente da lei natural no tratamento dos conflitos, mas isso não significa de forma nenhuma o completo afastamento do padrão da lei do mais forte. Não significa nem mesmo a predominância da lei de talião e dos padrões racionais que a sucederão. A civilização é um longo e hesitante processo. Estamos imersos nele sem sabermos com exatidão o ponto do percurso, isto é, o quanto já nos distanciamos do início. Nem sequer podemos ter certeza de que, um dia, ingressaremos no estado plenamente civilizado, sem nenhum resquício do ambiente de violência característico do estado de natureza.

O limite crucial da lei de talião não está na sua incapacidade de afastar de modo decisivo a lei do mais forte. Está, na verdade, no esgotamento de sua contribuição para o essencial da civilização como estratégia evolucionista da espécie humana. Ela será paulatinamente substituída por outros padrões de solução dos conflitos que se mostrarão mais eficientes na economia de energia para os seres humanos em meio à disputa pelos recursos de sobrevivência.

Irracionalidade econômica da lei de talião

A lei de talião quer impedir a violência ameaçando com mais violência.

Quando é eficaz nesse objetivo de pôr freios ao uso da força, realmente a exclui no tratamento do conflito. Mas, quando a lei de talião não consegue conter de modo eficaz o uso da violência, ela a dobra: uma vez na ação do agressor, outra na retribuição do agredido.

A duplicação da violência por um padrão destinado a conter a violência é um paradoxo, com boa dose de irracionalidade econômica. Quando não consegue conter a violência e necessariamente a duplica, a lei de talião mostra-se incompatível com o objetivo da estratégia da civilização de economizar energia na competição por bens escassos.

Ao salto civilizatório da lei de talião vão se seguir outros. Um deles, que vale a pena mencionar aqui, é representado pela difusão do cristianismo, principalmente a partir do fim da perseguição aos cristãos decretada pelo imperador Constantino, de Roma, no século III.

À pena de talião, Jesus contrapôs o querigma "*oferece a outra face*". O Evangelho atribuído a Mateus narra: "*Ouvistes que foi dito: olho por olho e dente por dente. Mas eu vos digo que não vos oponhais a quem vos faz mal.* [A] *quem te bater na face direita, vira-lhe também a outra*" (5:38-39).

No salto civilizatório da difusão do cristianismo, introduz-se a noção do *perdão* no repertório dos padrões de tratamento dos conflitos de interesses. Ela também está nos fundamentos de importantes padrões jurídicos contemporâneos. Por exemplo, a reeducação e ressocialização do criminoso como o principal objetivo da pena ecoam o "*oferece a outra face*", de Jesus.

A difusão do islamismo, a partir do século VII, também é outro salto civilizatório sobreposto à irracionalidade econômica da lei de talião. O Alcorão Sagrado limita a pena de talião da Torá, também por meio da valorização do perdão. Aliás, a religião islâmica é até mais contundente na importância do ato de perdoar, porque considera *injusto* quem insiste na retaliação: "[na Torá] *temo-lhes prescrito: vida por vida, olho por olho, nariz por nariz, orelha por orelha, dente por dente e as retaliações tais e quais; mas quem indultar um culpado, isto lhe servirá de expiação; aqueles que não julgarem conforme o que Allah tem revelado serão injustos*" (5ª Surata – Al Máida, 45).

No plano dos padrões especificamente jurídicos, cabe menção à Lei Aquiliana, do século III AEC, que substitui por um pagamento em dinheiro o direito de o agredido ver causado o mesmo dano no agressor. Ela universaliza a orientação que, na Estela de Hamurábi, tratava alguns conflitos envolvendo pessoas de classes diferentes. A Lei Aquiliana, fruto do direito romano, é o ponto de partida do direito à indenização pelos danos experimentados pela vítima de uma agressão e, desde a Revolução Industrial, também pelos danos provocados por um acidente.

Complexidade da Lei Aquiliana

Com a Lei Aquiliana, temos a oportunidade de perceber o constante aumento da complexidade na trajetória do Direito. E ainda estamos no início. Muito mais complexidade virá pela frente.

A Lei Aquiliana introduziu o que viria a se consolidar como uma das divisões fundamentais do Direito: de um lado, o direito civil, destinado ao tratamento de conflitos de interesses individuais; de outro, o direito penal, que trata de conflitos em que muitas pessoas se veem atingidas indiretamente, em especial em sua segurança física.

A sanção típica de um delito civil é a indenização, que o infrator é condenado a pagar à vítima. É certo que será admitida a prisão por dívida ainda durante muito tempo. Mas, na Idade Contemporânea, tornou-se repulsivo restringir a liberdade de alguém só por ter deixado de pagar uma obrigação em dia. A Convenção Americana de Direitos Humanos, assinada em São José da Costa Rica, em 1969, admite uma única hipótese de prisão por dívida: a do devedor de "alimentos" não pagos aos filhos ou a outro familiar que dependa deles para o sustento.

Por sua vez, a sanção peculiar do delito penal é atualmente a privação da liberdade do infrator. A supressão da liberdade é presumivelmente destinada à reeducação e ressocialização do criminoso, como propõe a moderna teoria da pena. Os penalistas não aceitam mais a associação entre prisão e vingança da sociedade.

Por outro lado, como o custo, a eficiência e o fundamento moral da privação da liberdade são duvidosos, o direito penal contemporâneo tem tratado os conflitos da sua alçada com "penas alternativas" (trabalho comunitário ou doação de cestas básicas para entidades assistenciais). E, de uns tempos para cá, já se estuda até mesmo a eliminação das prisões, que ficariam reservadas aos condenados que realmente põem a sociedade em sério risco. Vou voltar a esse assunto.

A responsabilidade subjetiva

A Lei Aquiliana condena o responsável pelos danos a pagar uma indenização. Quem não teve intenção, nem foi indesculpavelmente descuidado não comete nenhum delito civil e, portanto, não tem que ressarcir os prejuízos alheios. O padrão jurídico é sintetizado na fórmula "*nenhuma responsabilidade sem culpa*".

A pessoa fica obrigada a indenizar os danos porque os causou praticando um delito, ou seja, ela incorreu num ato ilícito: atropelou o pedestre porque desrespeitou o semáforo; quebrou o equipamento de ginástica do condomínio por usá-lo sem observar os cuidados recomendados; é médico-cirurgião e cometeu erro primário ao operar o paciente; assassinou a mãe de família, deixando sem provedora os seus filhos menores. Nessas situações, o responsável por indenizar os danos fez o que não deveria fazer, ou deixou de fazer o que deveria fazer, sendo assim culpado pelos prejuízos ocasionados. Atualmente, chamamos a responsabilidade civil com culpa do agente de "subjetiva".

Acidentes não são delitos

A primeira Revolução Industrial, em meados do século XVIII, tornou um bocado mais complexa a questão da responsabilidade civil. Alguns danos começaram a acontecer sem que ficasse muito claro de quem tinha sido a culpa.

Pense no acidente de trabalho numa fábrica têxtil. O operário, envolvido numa estafante e repetitiva tarefa na operação do tear mecânico, distrai-se por uma fração de segundo e tem a ponta dos dedos decepada pela máquina. Vamos imaginar que o dono da fábrica havia adotado todas as medidas preventivas e ensinado seus empregados a usar com segurança o equipamento (hoje, diríamos que dispunha de um bem estruturado programa de treinamento). Em resumo, o tear não estava com defeito e ninguém fizera nada de errado. Como todos haviam feito o que deveriam ter feito, parecia até mesmo que a única causadora do infortúnio teria sido a máquina.

Pela fórmula "nenhuma responsabilidade sem culpa", o acidente de trabalho era carimbado como "caso fortuito ou de força maior". Quer dizer, uma fatalidade sem nenhum culpado. E, então, o trabalhador amargava sozinho o prejuízo.

A situação começou a ser vista como mal resolvida por alguns juristas na virada do século XIX para o XX. A fórmula da Lei Aquiliana mostrava-se inadequada para o tratamento dos conflitos de interesses da Idade Contemporânea, visivelmente bem mais complexos que os da Roma Antiga.

Novas diferenciações foram propostas, e os juristas passaram a cogitar a hipótese da responsabilidade sem culpa, que chamaram de "objetiva".

A responsabilidade objetiva

No início, a reação não foi boa. Temia-se a multiplicação dos acidentes e até mesmo uma grave desorganização no tecido social. Se as pessoas pudessem ser responsabilizadas mesmo sem qualquer culpa, deixariam de tomar os cuidados mínimos que evitam os danos. Se tanto faz sermos prudentes ou imprudentes, se teríamos que pagar por prejuízos de qualquer modo, descartar a culpa como fundamento da responsabilização serviria de perigoso desestímulo à prudência. Chegaram a acusar de imoral a proposta de atenuar o padrão "nenhuma responsabilidade sem culpa".

Mas as pessoas em geral não orientam suas condutas em função das sanções prometidas pelo ordenamento jurídico. A maioria faz o que acha certo e não faz o que considera errado, de acordo com seus valores (e com a hierarquia que estabelece entre esses valores). Desse modo, não aconteceu a catástrofe antevista pelos críticos da responsabilidade objetiva. Aos poucos, minguou a resistência à responsabilização de quem não havia cometido nenhum delito.

Fundamento da responsabilidade objetiva

A responsabilidade civil subjetiva é imposta a quem fez o que estava proibido ou não fez o que era obrigatório (praticou um ato ilícito), e a responsabilidade objetiva é imposta a quem fez exatamente o que estava obrigado a fazer e não fez nada que era proibido (agiu de modo lícito).

Não temos dificuldade em justificar a responsabilidade subjetiva. O sujeito obrigado a ressarcir os danos foi o causador deles. Se tivesse cumprido com seus deveres, não teria prejudicado ninguém. Mais que isso. Ele provocou os danos com culpa, isto é, quis intencionalmente prejudicar alguém (dolo), fez o que não deveria (imprudência), deixou de fazer o que deveria (negligência) ou falhou gravemente no exercício de sua profissão ou numa tarefa técnica (imperícia). Todos concordam que, nessas circunstâncias, uma pessoa tem o dever de indenizar a vítima.

Para concordar, no entanto, com a responsabilidade de quem não agiu de forma incorreta, precisamos de uma explicação mais bem elaborada. Sem uma argumentação convincente, não conseguimos aceitar com facilidade que alguém totalmente obediente à lei seja obrigado a indenizar outra pessoa pelos danos sofridos.

Acidentes de consumo

Para entender o fundamento da responsabilidade objetiva, vamos tomar o exemplo das empresas. Elas respondem por acidentes de consumo mesmo sem ter nenhuma culpa.

A empresa tem que indenizar os danos sofridos por um consumidor causados por acidentes com os produtos que vende no mercado. E precisa pagar a indenização, mesmo quando fez tudo que devia, com a maior diligência, empregando a mais avançada tecnologia e com pleno respeito aos seus consumidores. Ela responde, em suma, mesmo se não tiver culpa nenhuma pelo acidente. O que justifica isso?

Todos sabem que os humanos são seres falíveis. Por mais competentes que nos tornemos em determinada tarefa, nunca conseguimos alcançar a perfeição. Assim acontece também quando os humanos fabricam produtos. A fábrica de refrigerantes, por mais que invista com seriedade e competência nos mais avançados meios de controle de qualidade da produção, inevitavelmente colocará no mercado algumas garrafas com maior concentração de gás, que irão explodir nas mãos de consumidores. Não há culpa da empresa. Ela fez o que estava obrigada a fazer, de modo diligente e honesto. O acidente aconteceu apenas por causa da insuperável imperfeição humana ao fazer qualquer coisa. Não acontece de essa imperfeição dar uma trégua quando são fabricados refrigerantes. Foi apenas a falibilidade inerente às ações humanas que causou os danos aos azarados consumidores feridos pela explosão daquelas poucas garrafas defeituosas.

O que faz a empresa responder sem ter tido culpa pelo acidente não é simplesmente a clara injustiça de um consumidor sem sorte ter que arcar com as despesas de tratamento médico demandado pela explosão da garrafa. O fundamento da responsabilidade objetiva está na "repartição" dos custos da indenização entre todos os que estão expostos ao mesmo risco de acidente de consumo.

A empresa calcula o risco estatístico do evento (explosão da garrafa devido ao excesso de gás) e repassa ao preço do refrigerante uma parte do custo das prováveis indenizações a serem pagas aos que terão o azar de estar segurando as garrafas defeituosas no momento da explosão. Com esse mecanismo de repasse aos preços, a empresa reparte o valor dos prejuízos dos consumidores sem sorte entre todos os consumidores do refrigerante.

Quer dizer, todos os consumidores de certo produto, expostos ao mesmo risco, são os que arcam, no fim das contas, com a indenização dos danos causados por acidentes de consumo. No preço do produto, alguns reais ou centavos estão sendo cobrados para que a empresa possa indenizar os prejuízos que acontecerão inevitavelmente, sem discutir a culpa.

É essa *socialização* de custos relativos à indenização entre consumidores expostos ao mesmo risco de acidente de consumo que justifica a responsabilidade objetiva. Ter que indenizar prejuízos sofridos por outra pessoa deixa de ser, desse modo, sempre uma espécie de punição por algo que se fez de errado. A indenização adquire também a função objetiva de instrumento de alocação de custos na economia.

Indenização por danos morais

A Lei Aquiliana, que nasceu como uma alternativa economicamente mais racional à lei de talião, tornou mais complexo o sistema de tratamento de conflitos de interesses. Percebemos o quanto expressivo é o incremento quando partimos do embrião da diferenciação entre delito civil e penal e seguimos até o aparecimento da responsabilidade sem culpa.

O que surge como uma consequência mais racional para o tratamento dos conflitos de interesses percorre um tortuoso trajeto, de constante incremento de complexidade, até se bifurcar: de um lado, preservando a vocação original de punição de um ilícito (responsabilidade subjetiva); de outro, afastando-se inteiramente dessa vocação, servindo de instrumento para a alocação de custos (responsabilidade objetiva).

Não para por aí. A complexidade prossegue com a introdução da indenização por danos morais. A vítima pode ter experimentado, além de prejuízos patrimoniais, também uma extraordinária dor. Se o atropelado ficou tetraplégico, o atropelamento não acarretou para ele apenas as despesas com tratamento médico-hospitalar e psicológico, as relativas à adaptação da casa às suas novas necessidades especiais e a devida compensação pela redução da capacidade de trabalho. Ao lado desses danos materiais, o atropelamento causou uma extrema dor à vítima, um sofrimento muito grande. Essa dor passou a ser considerada também como merecedora de uma compensação em dinheiro.

É a indenização por danos morais.

Mais diferenciações jurídicas e mais complexidade depois, a indenização por danos morais ganha autonomia, passando a ser dada em favor de quem não sofreu nenhum dano material. Mais um degrau acima na escala das complexidades, concebe-se que não apenas as pessoas físicas podem receber compensações em dinheiro pelo sofrimento de uma dor, mas também as pessoas jurídicas, que são totalmente imaginárias e abstratas, podem ser indenizadas por danos morais.

Indenização pela perda de uma chance

E, elevando ainda mais o grau de complexidade, discute-se hoje o cabimento da indenização pela *perda de uma chance*. Se o atropelado estava a caminho de uma prova de concurso público para a magistratura, é inquestionável que o acidente o impediu de fazer a prova e, em consequência, ele perdeu a chance de ser juiz, pelo menos naquele concurso. Foi um dano que reclama ressarcimento.

Como traduzir em dinheiro (quantificar) o prejuízo da perda de uma chance? A indenização, no exemplo dado, não pode ter por parâmetro o que um juiz ganha ao longo da vida, porque não há garantia nenhuma de que, se tivesse feito aquela prova, o atropelado teria sido aprovado; e de que, nas provas subsequentes do mesmo concurso, também teria obtido aprovação; e, por fim, de que teria se classificado em posição suficiente para ser nomeado juiz.

Pela mesma razão, não parece apropriado fixar a indenização em função dos vencimentos mensais pagos aos magistrados no período entre o encerramento daquele concurso e a data, no futuro, em que aquele candidato finalmente se tornaria um juiz. O quanto ele ainda teria que dispender na preparação para o próximo concurso talvez pudesse ser uma base, mas aplicando-se um redutor, em vista da incerteza da aprovação.

A diferenciação entre as vítimas que perderam uma chance (ficaram impossibilitadas de fazer a prova de um concurso público) e as que não perderam nenhuma chance (estavam somente passeando numa ensolarada manhã de domingo) conduz as discussões jurídicas a um grau tão elevado de complexidade que elas se tornam de muito difícil solução. Do ponto de partida da Lei Aquiliana, no direito romano, até o emaranhado da responsabilidade civil contemporânea, a trajetória do Direito é um somatório de diferenciações que inescapavelmente vai tornando cada vez mais complexo o sistema social de tratamento dos conflitos de interesses.

Aumento da complexidade do Direito

O Direito precisa criar diferenciações para tratar os conflitos com mais justiça. Ele não conseguiria atender as vítimas de acidentes de trabalho ou de acidentes de consumo se não dividisse a responsabilidade em subjetiva e objetiva, isto é, se não diferenciasse as duas modalidades: *com* e *sem* culpa do devedor da indenização. Mas, curiosamente, a supressão de diferenciações não reduz a complexidade. Ao contrário, aumenta-a. Primeiro, só as pessoas físicas tinham direito a indenização por danos morais, porque somente elas podem sofrer uma grande dor. Ao se eliminar essa diferenciação e dar também às pessoas jurídicas o direito à indenização moral, surgem as dificuldades de identificar em que situações uma entidade imaginária "sofre" uma grande dor.

A crescente complexidade na obrigação de indenizar os danos é apenas um exemplo. Em todas as áreas, o Direito é progressivamente mais complexo. E nada indica, no horizonte visível, que esse constante aumento de complexidade irá cessar. Ao contrário, deparando com conflitos de interesses cada vez mais intrincados, o Direito não se livra de gerar e suprimir diferenciações.

A própria legitimação do Direito mudou em função da vertiginosa ascensão da complexidade. No passado, quando tudo era mais simples, sua legitimidade estava no respeito à tradição.

4. Tradição

A lei de talião representou uma mudança substancial no tratamento de conflitos quando comparada à lei do mais forte. Ela é o ponto de partida da trajetória do Direito e o tímido início da civilização. Quando o agrupamento humano se organiza para conceder ao agredido a chance de infligir ao agressor um dano proporcional ao sofrido, o recurso à violência na disputa pelos meios de sobrevivência por vezes é contido pela ponderação acerca do risco de ricochete. Se não quero ter o olho furado, preciso pensar bem antes de furar o de alguém. De qualquer modo, mesmo incipiente e bastante limitado, o padrão da lei de talião é o acanhado começo de uma alternativa à prevalência da pura força nos conflitos internos aos agrupamentos.

A trajetória do Direito prossegue, com o surgimento de outros padrões igualmente contrapostos ao da lei do mais forte. E, como fiz com a Estela de Hamurábi, seleciono um marco temporal para auxiliar o desenho do trajeto, mas que não corresponde a nenhum momento de repentina erupção, de pronta difusão e aceitação do novo padrão. Ao contrário, o surgimento e o desaparecimento dos padrões de tratamento dos conflitos de interesses são processos dinâmicos, de extraordinária riqueza.

Nem todo novo padrão é marcante. Na verdade, poucos serão significativos o suficiente para sinalizar etapas na trajetória do Direito. Uma quantidade menor ainda pode ser vista como saltos civilizatórios, isto é, uma substancial reorientação do tratamento dos conflitos de interesses que torna o mundo mais justo. O padrão seguinte à lei de talião, que vale um destaque nessa trajetória, é a lei escrita. Escolho a Lei das Doze Tábuas como marco temporal. A narrativa de sua criação ilustra bem o salto civilizatório dado graças ao padrão escrito.

A influência do direito romano

Importante legado das conquistas e do domínio da cidade de Roma sobre um vasto território nas duas margens do Mediterrâneo foi o direito romano. Muitos conceitos jurídicos atuais são criações dele: usufruto, hipoteca, posse, contrato e outros.

Uma clara revelação da forte influência do direito romano está no frequente uso de expressões em latim por juízes e advogados. Todos já viram caricaturas dos profissionais jurídicos identificadas por *data venia* ou *data maxima venia*. As expressões em latim constituem, ainda hoje, a identidade simbólica dos encarregados do tratamento dos conflitos de interesses; elas e peças de vestuário um tanto pomposas, usadas no exercício da profissão, são a aura do Direito.

A influência é grande, mas existe um traço importante do direito romano que já se perdeu. O seu padrão essencial de tratamento dos conflitos consistia no respeito à tradição, e não na aprovação de leis. Cabia aos encarregados da justiça da época simplesmente repetir o que sempre tinha sido Direito desde "o início", isto é, desde a fundação de Roma.

É consenso entre os historiadores que Hamurábi, ao mandar instalar as suas estelas em espaços públicos num punhado de cidades do seu império, não estava inovando os padrões de tratamento dos conflitos, mas apenas dando forma solene a práticas já arraigadas entre os povos da Mesopotâmia. Na estela, Hamurábi praguejou os futuros reis que se atrevessem a mudar os padrões, vocacionados a perdurarem pela eternidade.

Já disse de passagem (e vou aprofundar) que a aprovação de leis (ou positivação) é recente na história do Direito. Também no direito romano não houve positivação. As Constituições Imperiais, os éditos pretorianos e os *codicis* não eram normas positivadas, ou seja, não eram *postas* por uma autoridade no exercício do poder de decidir como os conflitos de interesses deveriam ser tratados, em padrões abstratos. Eram meros repositórios da tradição.

As Constituições Imperiais não se pareciam em nada com as constituições contemporâneas. Não eram documentos escritos, formais, aprovados com certa solenidade por um colegiado investido excepcionalmente da competência para definir os poderes do Estado e proclamar os direitos fundamentais dos cidadãos. Muito longe disso, eram diretrizes e princípios sobre a organização política de Roma, transmitidos por tradição oral, que, de tempos em tempos, mudavam por causa de disputas ou negociações entre os que exerciam de fato o poder.

Os éditos, por sua vez, eram escritos divulgados anualmente pelo responsável pela administração da justiça (pretor) com o objetivo de estabelecer quais reclamações ele aceitaria ouvir. Equivalia ao que hoje poderíamos chamar de "programa de governo". Ao admitir uma reclamação, dentro das mencionadas no édito, o pretor escolhia alguém do povo como árbitro e o encarregava de decidir o conflito. Percebe-se que o édito não orientava o julgamento a ser proferido pelo árbitro. Este devia se guiar pela tradição, resolvendo a pendência do mesmo modo como presumivelmente sempre tinha sido resolvida no passado.

O famoso Código de Justiniano, do século VI, é algo mais próximo do que contemporaneamente denominamos de precedentes do que das leis. O *Justinianus Codex*, que mil anos depois passaria a ser chamado de *Corpus Juris Civilis*, resultou de trabalho encomendado pelo imperador bizantino Justiniano I a um grupo de sábios. Eles selecionaram e consolidaram o conteúdo de vários documentos, como os pareceres dos jurisconsultos, os éditos pretorianos e os textos didáticos mais importantes. Esses documentos, quando foram elaborados, também não pretenderam inovar nada, mas simplesmente registrar o que sempre (afirmava-se) tinha sido o Direito, por tradição. O objetivo do Código de Justiniano não era criar um Direito novo, mas recuperar, preservar e dar continuidade ao direito romano de sempre.

Não foi apenas no Império Romano do Oriente, com Justiniano, que se conservou a poderosa tradição. Também a compilaram alguns povos chamados de bárbaros pelos romanos. O rei visigodo Alarico II, em 506, compilou o repertório do direito romano para continuar a ser observado na Península Ibérica.

Mesmo após a queda do Império Romano do Ocidente, em 476, o direito romano continuou servindo de repositório da tradição imemorial de como os conflitos de interesses deveriam ser tratados.

A fundação de Roma

O mito diz que Roma foi fundada por um homem que era filho do Deus Marte e de uma descendente da Deusa Vênus. A linhagem da família da mãe remontava à elite troiana dispersa pelo mundo após a derrota ante os gregos. Esse homem, chamado Rômulo, sobreviveu quando era bebê mamando numa loba junto com o irmão gêmeo Remo. Rômulo matou Remo antes de criar uma cidade às margens do Rio Tibre, no centro da Península Itálica.

O mito de fundação de Roma, na verdade, nada tem de especial. Os povos de diversas outras cidades mediterrâneas também narravam, na Antiguidade, mitos semelhantes, com fundador semi-Deus descendente da diáspora troiana.

O nada especial mito de fundação de Roma tornou-se, com o tempo, a narrativa de um fato extraordinário. Para isso, certamente foi decisivo o domínio que Roma exerceu sobre muitos povos conquistados, por um tempo maior que o de qualquer outro império. A ressignificação do mito fundacional acontece por volta do século I AEC, no contexto da legitimação do principado.

Não se sabe, porém, quando Roma, a Cidade Eterna, foi fundada. Mas definir a data desse fato histórico não tem nenhuma importância quando se fala na "*tradição iniciada com a fundação de Roma*". O importante, nesse contexto, é a reafirmação de que os padrões de tratamento dos conflitos de interesses observados no direito romano eram vistos como imutáveis, eram iguais aos de sempre, existiam desde o início.

O Direito como tradição

Atente para mais uma armadilha das simplificações que fazemos para nos entender.

Não se pode afirmar que, antes da positivação, os padrões de tratamento dos conflitos de interesses não eram alterados, de maneira nenhuma, em sua substância. Na verdade, eles mudaram, e com frequência. Claro que as alterações não tinham, nem de longe, o frenético ritmo das atuais, porque as relações sociais de então eram bem mais simples. Mas, até mesmo para poder cumprir sua função de orientação do tratamento dos conflitos de interesses, os padrões não podiam ser totalmente imutáveis.

Um exemplo dessas mudanças no direito romano vamos achar na sucessão de três tipos diferentes do que hoje chamamos de "processo judicial". No período arcaico (século II AEC), exigia-se extremo rigor formal, a ponto de se decidir o conflito contrariamente ao interesse de um cidadão romano só por ele ter usado na queixa um sinônimo, e não a palavra exata que constava do édito daquele ano. No período clássico (do século II AEC ao século IV), o processo mudou para um novo padrão, denominado "formular", dividido em duas fases. Na primeira, o pretor verificava se havia um pleito admitido pelo édito daquele ano; na segunda fase, admitida a queixa, ele nomeava alguém do povo como árbitro. E, por fim, no período tardio (séculos IV a VI), a decisão do conflito era delegada a agentes ou conselheiros do soberano.

Mudanças no Direito, portanto, aconteciam. Elas apenas não eram vistas, compreendidas e apresentadas como inovações. Não se considerava que uma autoridade investida da competência de "baixar leis" (legislar) havia escolhido uma alternativa, entre duas ou mais igualmente possíveis, para dar nova orientação ao tratamento dos conflitos de interesses *a partir de então*. Primeiro, porque não havia essa autoridade. Segundo, porque o modo de legitimar os padrões do Direito daquele tempo era o apelo à tradição imemorial, ao que sempre existiu (ou melhor, sempre teria existido). As mudanças eram apresentadas como uma forma de aperfeiçoamento do registro da tradição, para que ela pudesse ser respeitada com maior rigor.

Antes da positivação, legitimavam-se as mudanças nos padrões de orientação dos conflitos de interesses como se fossem melhorias no registro dos costumes para assegurar sua repetição com maior fidelidade. Após a positivação, a legitimação é outra: a autoridade investida de poder para escolher o padrão considerou oportuno alterá-lo. Na legitimação pela tradição, as alterações são negadas e ocultadas; na legitimação pela positivação, elas são expressas e valorizadas.

Legitimação e ocultação

É difícil saber o quanto os pretores romanos, ao baixarem seus éditos, ou os sábios reunidos por Justiniano, ao compilarem o *Corpus Juris Civilis*, tinham consciência de que mudanças realmente aconteciam mas ficavam encobertas pela ideia de continuidade de uma longínqua tradição. Adotavam uma forma de pensar o Direito que escondia qualquer percepção de inovação.

Hoje, a maioria dos operadores do Direito acredita que os juízes julgam os conflitos aplicando as leis aprovadas pelos legisladores, sem se darem conta do quanto esse é apenas um discurso de legitimação do sistema contemporâneo de tratamento dos conflitos de interesses.

Podemos, então, razoavelmente supor que a maioria dos encarregados do sistema de tratamento dos conflitos de interesses dos tempos pré-positivação também acreditava que revivia a tradição imemorial repetindo as soluções que haviam se mostrado acertadas no passado, mas isso não sendo verdade.

Direito e conservadorismo

Ainda hoje, é forte o respeito à tradição nos meios jurídicos. A maioria dos profissionais do Direito, aliás, tende a ser formada por pessoas conservadoras, avessas a mudanças no dia a dia.

Nos argumentos desenvolvidos em petições, arrazoados de recursos, sentenças e outras decisões judiciais, fazer referência a um ou mais julgados anteriores, que teriam adotado o entendimento igual, é uma técnica corriqueira. Esse conjunto de julgados se chama jurisprudência no Brasil; em outros países, é chamado de precedentes. Pois bem. Quem apela à jurisprudência ou aos precedentes está dizendo, em outros termos, que uma interpretação da lei é correta por ter sido considerada correta no passado. E, se essa interpretação funcionou bem antes, não há razão para mudarmos o rumo e corrermos o risco de estragar o que vem se revelando acertado. O melhor é simplesmente repetir o entendimento anterior para que tudo continue dando certo. Você consegue imaginar um argumento mais conservador do que esse? Mas, acredite, é muito eficiente, mesmo no Direito atual, argumentar com razões que embutem esse puro conservadorismo.

Como se vê, a ideia de Direito como respeito à tradição não desapareceu completamente com a positivação. Mudou o "início", isto é, o marco tomado como inaugural da tradição. Se, no direito romano, entendia-se que o Direito era o que vinha sendo desde a fundação de Roma, no mundo pós-positivação argumenta-se que o Direito é o que vem sendo desde a aprovação da última lei sobre o assunto.

A Lei das Doze Tábuas

A cada etapa da trajetória que descrevo nesta biografia não autorizada, indico um marco histórico, ou seja, algo que os historiadores e os estudiosos do Direito aceitam que aconteceu. A lei de talião insculpida na Estela de Hamurábi pode ser conferida pessoalmente numa visita ao Louvre. Os tratados da Paz de Vestfália, o Código Civil dos Franceses outorgado por Napoleão e o julgamento do caso Lebach da justiça alemã, que usarei para marcar etapas da trajetória, também são passíveis de confirmação por consulta direta a fontes primárias. Para esta segunda etapa, contudo, escolhi uma lenda como marco temporal.

Os estudiosos conhecem a narrativa do surgimento da Lei das Doze Tábuas e concordam que ela (a narrativa) era bastante disseminada entre os romanos. Cícero, por exemplo, gabava-se de saber de cor as Doze Tábuas desde jovem. No entanto, há sérias dúvidas sobre se um dia realmente teriam existido padrões escritos em doze tábuas de marfim (ou bronze?) expostas permanentemente no Fórum Romano. Os que consideram plausível a sua existência cogitam que elas teriam se perdido num incêndio durante o saque de Roma de 387 AEC, empreendido pelos gauleses, sob a liderança do celta Breno.

Que diz a lenda? Em meados do século V AEC, a classe baixa da sociedade romana (plebeus) se revoltou contra a classe alta (patrícios). Uma das queixas era a falta de um documento escrito consolidando todas as regras que, desde tempos imemoriais, orientavam a solução dos conflitos. Reclamavam que os guardiões dessa tradição oral eram somente os pontífices, sacerdotes arregimentados na classe alta. E desconfiavam que esses guardiões não seriam inteiramente confiáveis, porque, ao ser chamados a informar o padrão imutável para solucionar determinado conflito, ajustavam-no segundo os seus interesses do momento. Escrever a lei evitaria essa desonesta manipulação.

Os plebeus estavam tão determinados que se retiraram de Roma para que os patrícios pudessem perceber a falta que eles faziam para a economia e a vida cotidiana da Cidade Eterna. Retornaram depois que os patrícios concordaram com a elaboração da lei escrita. Para dar conta da tarefa, constituiu-se um decenvirato, isto é, uma comissão de dez homens. Mas, aparentemente, ninguém em Roma sabia como fazer uma lei escrita. Alguns dos decênviros foram encarregados de ir a Atenas, na Grécia, para aprender técnicas de redação legislativa. Ao regressar, em 450 AEC, apresentaram a consolidação das leis romanas em dez tábuas. A essas se acrescentaram duas, redigidas no ano seguinte. O conjunto foi aprovado pelo Senado depois de os plebeus se impacientarem com a demora.

A lenda não faz nenhum sentido. Os plebeus eram iletrados. Não teriam como ler as leis, muito menos confrontar a interpretação do sacerdote patrício com o texto escrito. O mais provável é que tenha havido realmente um momento em Roma em que se percebeu a inconveniência da falta de registro escrito dos padrões da tradição. Difícil é a hipótese de a lei escrita ter sido uma resposta a uma rebelião popular; tampouco é crível que os revoltosos tenham concordado em esperar uma expedição de aprendizagem à Grécia porque os romanos não saberiam escrever leis.

Na verdade, se o registro escrito não mudava muita coisa nos conflitos interclasses em razão do analfabetismo dos plebeus, ele era extremamente útil na solução de conflitos de interesses entre os patrícios. A inexistência de um assentamento fiel da tradição tornava as coisas relativamente imprevisíveis e um tanto inseguras, além de dar demasiado poder aos pontífices. Os patrícios, sim, que eram alfabetizados, poderiam se beneficiar do registro escrito dos padrões até então preservados apenas por meio oral. Cercar tudo isso de uma bela narrativa lendária é deliciosamente romano.

Padrões orais e escritos

Todos percebem a aproximação entre as palavras latinas *lege* (lei) e *legere* (ler), embora a etimologia ainda não tenha certeza sobre o enraizamento de uma em outra. Essa aproximação é, de qualquer modo, útil: o padrão de orientação dos conflitos de interesses é registrado numa lei para que se torne, antes de tudo, legível.

O registro dos costumes por escrito parece dar a garantia da certeza que faltaria aos padrões orais. Se a informação do ancião não pode ser conferida, quem assegura a sua veracidade? Como aceitar que um conflito de interesses seja resolvido segundo determinado padrão, sob o fundamento de que "sempre foi assim", se não há meios de confirmar isso?

A escrita parece a solução definitiva para essas incertezas. Uma vez registrado por escrito o padrão, não haverá mais dúvidas sobre como deve ser tratado o conflito de interesses a que ele se refere. Basta que os envolvidos no conflito conheçam a língua em que a lei foi escrita para entender quem tem razão de acordo com o direito. E se um deles estiver de má-fé, e continuar opondo-se à solução orientada pela lei escrita, um terceiro independente poderá, sem dificuldade, arbitrar o conflito, bastando para isso também apenas que ele conheça a língua adotada no registro escrito.

Os padrões orais não conseguem dar a mesma segurança. Um dos envolvidos no conflito ouviu certa informação de um ancião, enquanto o outro recebeu informação diversa sobre o mesmo assunto de outro ancião. O conflito, então, passa a ser sobre qual dos anciões está mais bem informado. Isso se não tiver ocorrido algum ruído no entendimento do que ouviram. O árbitro, por sua vez, pode ter conversado com um terceiro ancião, que lhe passou informação diferente das colhidas pelos envolvidos no conflito. Sendo todos letrados na mesma língua, essas incertezas e desentendimentos desapareceriam por completo graças ao registro escrito de como aquele conflito vem sendo tratado desde sempre. Bastaria o escrito para simplesmente repetir o mesmo padrão nos conflitos que surgissem.

Só que não.

Interpretação da lei escrita

A lei escrita pareceu aos romanos a solução definitiva para impasses relativos ao conteúdo do padrão de orientação do tratamento dos conflitos de interesses. Nós, que vivemos cercados de leis escritas, sabemos que não é assim.

Por que razão se perdeu a certeza inicial depositada na lei escrita? Os advogados de uma parte interpretam a lei de um modo; os advogados da outra parte dão à mesma lei interpretação diversa;

chega o juiz e surpreende a todos com uma terceira interpretação... E todos conhecem, falam e leem sem dificuldade a língua em que a lei foi escrita. Onde estará o problema? Não podemos jogar toda a culpa do desencontro nas costas de imperfeições na redação das leis, porque também as leis bem redigidas às vezes são interpretadas de maneira diferente por advogados e juízes.

Escrever a lei não dissolve todas as incertezas no tratamento dos conflitos de interesses. O escrito precisa ser entendido, e as pessoas precisam chegar a acordo sobre como entendê-lo. Vamos voltar a esse ponto. Por enquanto, porém, deixo de lado as limitações da escrita como instrumento de veiculação dos padrões do Direito.

Lei escrita nem sempre é positiva (positivada)

Deve-se ter o cuidado de não confundir a escrita de padrões orais já existentes, legitimados pela tradição secular, com a mudança nos próprios padrões, legitimada pela vontade de alguém investido no poder de legislar. A possibilidade de mudança nos padrões por decisão legitimada da autoridade é, como já mencionei, chamada de positivação, um fato histórico recente.

A positivação pressupõe a lei escrita. A decisão do soberano de alterar o padrão de orientação dos conflitos de interesses é comunicada aos súditos necessariamente por meio de um documento escrito. Mas não basta o registro para caracterizar, desde logo, a lei como positiva (isto é, escolhida e aprovada por uma autoridade). Toda lei positiva é escrita, mas nem toda lei escrita é positiva.

Na Antiguidade, o que chamamos de lei era, em geral, a *compilação* dos costumes observados desde a origem dos tempos. Os governantes determinavam o registro desses padrões para os expor publicamente. Esses registros eram somente um símbolo de poder. Como apenas pequena parte da elite sabia ler, o escrito não tinha como servir à difusão do padrão do Direito.

Fazer o registro escrito dos padrões não é algo que se inicia com a Lei das Doze Tábuas. A Estela de Hamurábi, que a antecedeu em cerca de 1.200 anos, era o registro dos padrões observados na Mesopotâmia. Na verdade, foram os sumérios, povo reinante entre o Tigre e o Eufrates, que começaram a prática de exibir as leis em público, insculpidas em pedra, pelo menos 1.500 anos antes de Hamurábi.

Mas há uma diferença sensível entre os registros em pedra dos sumérios e a lei escrita romana, alegadamente inaugurada com a Lei das Doze Tábuas. No primeiro caso, exibir em público padrões de comportamento que muito poucos conseguiam ler (talvez nem mesmo o próprio rei) tinha mais a função de um símbolo de poder que a de repositório para fins de consulta. A Lei das Doze Tábuas tem apenas esta última função, de possibilitar a conferência do padrão, que se acreditava ter vindo do tempo da fundação de Roma. A lenda, ao dar protagonismo à rebelião popular, esvazia a Lei das Doze Tábuas do simbolismo da afirmação do poder.

Suporte das leis escritas

Os sumérios escolheram a pedra como suporte para o registro das leis. Para outros registros, porém, eles adotavam um suporte diferente. Anotavam doações ao templo, acordos entre os comerciantes, orientações de rotas aos viajantes e outras informações úteis em pequenos tijolos feitos com argila (tabletes). Nos dois casos, usavam os símbolos cuneiformes típicos de sua comunicação escrita.

O meio já era a mensagem. A pedra denotava a imutabilidade e perenidade da lei. Já o tablete sugeria a precariedade e transitoriedade dos demais registros. Uma vez cumprida a função para a qual tinham sido feitos os registros nesses frágeis suportes, eles eram borrados com o derretimento da argila.

Na Estela de Hamurábi, encontramos um padrão de orientação de conflitos de interesses observado ainda hoje, quase 4 mil anos depois. Quando acontecem fatos imprevisíveis, os devedores podem ser liberados das dívidas. Se, entre o momento do fechamento do contrato e o do cumprimento das obrigações, a situação dos devedores se altera inesperada e substancialmente, eles ficam dispensados de pagar o contratado. Na Babilônia, o desaparecimento da obrigação era feito com o umedecimento da argila do tablete em que o contrato estava insculpido. O § 48 da Estela de Hamurábi dizia: "*Se um* awīlum *tem sobre si uma dívida e Adad inundou seu campo, ou a torrente carregou, ou por falta de água não cresceu grão no campo: naquele ano ele não dará grão a seu credor, ele umedecerá sua tábua e não pagará os juros daquele ano*". Não se poderia utilizar a argila para registro de padrões que se presumiam imemoriais e, mais que isso, eternamente aptos a orientar o tratamento dos conflitos de interesses. Claro, estou falando do *símbolo* conferido ao solenemente sólido basalto, contraposto à docemente maleável argila. Faço essa ressalva porque, de fato, aconteciam também algumas mudanças nos registros dos padrões. A Estela de Hamurábi exposta no Louvre, por exemplo, tem sete colunas de texto raspadas, não se sabe por quem nem quando. É no plano da legitimação, da aceitação, que se evoca uma imaginada longínqua tradição pela qual percorriam inalteráveis e vigorosos os padrões registrados na pedra – os quais, por seu acerto, deveriam continuar orientando a solução de conflitos de interesses para sempre. A inalterabilidade e a perenidade dos padrões nunca foram fatos históricos, mas, durante muito tempo, foram a justificativa para que as pessoas aceitassem que os conflitos de interesses fossem tratados de acordo com eles.

Drácon e a positivação prematura

A tradição legitimou o Direito por um longo período, iniciado na Antiguidade. As pessoas deviam aceitar o tratamento dos conflitos de interesses segundo certos padrões, pela razão de que sempre teria sido assim. A legitimação pela tradição fazia das leis escritas meras compilações, ou seja, a reunião de padrões orais já existentes antes do registro. Quando se mudavam as leis, o objetivo não era alterar o padrão, mas aprimorar o seu registro.

Até a positivação, o Direito se legitimava assim. Como veremos numa das próximas etapas desta trajetória, a partir de determinado momento a legitimidade deixou de ser dada pela tradição. Agora, ela decorre da pertinência de uma decisão tomada por quem tem autoridade para tanto: um soberano único (no início) ou um colegiado escolhido pelo povo (depois). Somente a partir da positivação é que as leis passaram a ser vistas como mutáveis, adaptáveis às circunstâncias do tempo, destinadas a tratar conflitos de interesses antes inexistentes.

Na história, porém, nada é estanque ou linear. Pode ter ocorrido de alguns governantes, acreditando que conseguiriam neutralizar a legitimação pela tradição, tentarem impor mudanças na organização política e na sociedade por meio de leis de caráter inovador.

No século VII AEC, após uma séria instabilidade política, Drácon elaborou as primeiras leis escritas de Atenas. E tudo indica que errou na mão. Provavelmente, num arroubo de positivação prematura, desviou-se dos costumes retratados nos padrões da tradição oral e fixou outros, excessivamente mais rígidos. Roubos e assassinatos eram punidos com pena de igual severidade: a morte do criminoso. Até hoje, aliás, em homenagem ao ditador ateniense, advogados falam em "lei draconiana" quando argumentam que a solução legal seria por demais rigorosa, a reclamar uma justa modulação pelo juiz.

Mais uma indicação de que Drácon deve ter se afastado dos padrões vigentes pela tradição oral ao fazer o registro escrito das leis está na brevidade com que elas foram substituídas. Em menos de trinta anos, Sólon, outro governante investido de poderes extraordinários, elaborou uma nova lei escrita. Na lenda da Lei das Doze Tábuas, os sábios romanos viajaram à Grécia exatamente para conhecer a experiência desse "legislador" ateniense.

Salto civilizatório das leis escritas

Quando a Assembleia Nacional, em 1789, ainda no calor da Revolução Francesa, aprovou a "Declaração dos Direitos do Homem e do Cidadão", a ideia foi fazer o registro escrito dos direitos naturais dos seres humanos, um registro que os revolucionários franceses consideraram necessário, porque os governos facilmente se esqueciam desses direitos, não os reconheciam ou até mesmo os ignoravam. Era preciso relembrar aos governantes e governados, trazer dos recônditos da memória para o consciente a lembrança de que os cidadãos têm direitos, e os têm pelo simples fato de serem homens e mulheres. Do mesmo modo, também era necessário relembrar-lhes os deveres dos mesmos cidadãos e cidadãs.

Diz o preâmbulo da "Declaração dos Direitos do Homem e do Cidadão" que "*os representantes do povo francês, constituídos em Assembleia Nacional, considerando que a ignorância, o esquecimento ou o desprezo dos direitos do homem são as únicas causas das desgraças públicas e da corrupção dos governos, resolveram expor em declaração solene os direitos naturais, inalienáveis e sagrados do homem, a fim de que esta declaração, constantemente presente em todos os membros do corpo social, lhes lembre sem cessar os seus direitos e os seus deveres*". O registro por escrito, em "declaração solene", dos "direitos naturais, inalienáveis e sagrados" de homens e mulheres tem a finalidade de constantemente lembrar esses direitos (e os deveres) aos "governos" e a "todos os membros do corpo social", para que não ocorra sua "ignorância, esquecimento ou desprezo". O que a Assembleia Nacional da França revolucionária proclamou, como finalidade da Declaração, serve também para qualquer outra lei escrita. Nela, todos têm um registro comum para conferir o padrão de tratamento dos conflitos de interesses. Partes e árbitro compartilham o mesmo ponto de partida. As dúvidas sobre o padrão podem ser dissipadas consultando o registro escrito.

A lei escrita representa um salto civilizatório em relação à tradição oral dos padrões de tratamento dos conflitos de interesses. A oralidade é porosa. Não há como saber se o guardião do padrão imemorial é rigorosamente fiel à tradição quando chamado a esclarecer como deve ser tratado determinado conflito de interesses. A dúvida pode surgir tanto por receio de perda da acuidade mental do guardião, em geral recrutado entre os anciões, como também por desconfianças de manipulação. Nas tradições orais, não há nada com o que se possa confrontar em tais momentos de dúvida.

Em especial contra guardiões da tradição mal-intencionados, a lei escrita representa maior segurança para os envolvidos. Ela torna o padrão algo impessoal, não dependente dos atributos e interesses da pessoa encarregada de memorizá-lo e esclarecê-lo quando solicitado.

Relembrar o padrão, trazê-lo do fundo da memória para a consciência dos advogados das partes litigantes e do juiz, é uma operação mental indispensável para a civilização tratar os conflitos de interesses. A lei escrita é instrumento dessa operação. Ela é a memória por assim dizer *objetiva*, que alimenta, mobiliza e, quando necessário, corrige a memória *subjetiva* das pessoas encarregadas do tratamento dos conflitos de interesses.

A lei escrita nos distancia um pouco mais do estado de natureza. O conflito de interesses não é decidido pela imposição da vontade do mais forte, mas por um padrão diverso que todos podem conhecer consultando um repositório impessoal.

Claro, como tudo no Direito, a lei escrita resolve um problema, mas cria outros. Cada nova solução desencadeia mais complexidade. Todos têm um ponto de partida comum, que é o registro do padrão constante de um repositório reconhecido como legítimo: da pedra de basalto na praça pública até o *Diário Oficial*, impresso em papel ou disponibilizado na internet. Mas a compreensão do sentido do texto também deve ser compartilhada. Se uma parte lê no registro uma norma totalmente distinta do que a outra lê, o juiz deverá decidir quem está fazendo a leitura correta.

O conflito de interesses ganha um componente abstrato. Além da disputa concreta pelo mesmo bem de sobrevivência, os seres humanos passam também a disputar, no plano da abstração, qual é o conteúdo da lei que orienta o tratamento do conflito.

Em outros termos, a lei escrita transfere o conflito de interesses do concreto (a luta pelo bem de sobrevivência) para o abstrato (as argumentações em torno da interpretação do padrão). O conflito real será decidido de acordo com a diretriz ideal fixada na lei escrita. E, ao situar o conflito de interesses no etéreo ambiente da abstração, ela neutraliza por completo a vantagem que o mais forte tinha quando o embate se localizava no mundo concreto. De que vale a força se o bem de sobrevivência disputado será entregue a quem o merece, de acordo com a impessoalidade de uma lei escrita?

O Direito na Idade Média

Esta trajetória do Direito dará um enorme salto sobre a Idade Média. Do século V AEC vou direto ao século XVII. Durante esses 2.200 anos, nada aconteceu com o Direito que tenha sido tão marcante a ponto de justificar uma nova etapa.

Isso não significa que o Direito não tenha passado por nenhuma mudança durante os anos da Idade Média. A justificação da tradição, que legitima o tratamento dos conflitos de interesses a partir de padrões alegadamente imemoriais ("tratamos assim hoje porque sempre foi assim"), atravessou dois grandes percursos. Na Antiguidade, nos lugares pelos quais o direito romano se disseminou, a fundação de Roma era considerada o início dos tempos civilizados. Alegava-se que o padrão repetido desde então no tratamento dos conflitos de interesses era a orientação geral para o Direito. Na Idade Média, permaneceu a noção de um direito imutável, mas essa maneira de legitimar a tradição perdeu todo o sentido: a Cidade Eterna caíra nas mãos de povos considerados bárbaros.

A referência principal da tradição deixa de ser a fundação de Roma, e a nova legitimação é buscada na noção de um direito natural, inicialmente de origem divina, depois de origem racional. Falarei disso com mais vagar ao abordar a etapa da positivação, quando a tradição deixa de ser o fundamento último do Direito. Por enquanto, aterrisso, do longo salto sobre a Idade Média, no noroeste da atual Alemanha, na cidade de Münster. Em 30 de janeiro de 1648, diplomatas de diversas partes da Europa lançaram suas assinaturas num calhamaço de papel. Muitas outras pessoas já haviam feito algo parecido, desde a Antiguidade, para evitar ou encerrar conflitos armados, mas dessa vez o gesto teve um significado bastante diferente.

5. Estado

A terceira etapa da trajetória do Direito é marcada pela criação do Estado Nacional. O marco temporal é 1648, ano da Paz de Vestfália, um conjunto de tratados entre Estados europeus que puseram fim à Guerra dos Trinta Anos, fixaram algumas fronteiras em benefício dos vencedores (França e Suécia) e reconheceram novos países (Suíça e Países Baixos). Mas esses tratados sobretudo consolidaram um conceito jurídico muito importante, o de soberania estatal. De acordo com esse conceito, cada Estado está sujeito apenas ao seu próprio direito, tanto no plano interno (Constituição e leis) como no externo (tratados e convenções). Por ser o momento da consolidação da soberania, 1648 é referido, pela maioria dos estudiosos, como o ano do nascimento do direito internacional público, o ramo jurídico que cuida do tratamento dos conflitos de interesses entre os Estados.

Ao contrário das etapas precedentes (lei de talião e lei escrita), essa etapa não corresponde a nenhum salto civilizatório. Na verdade, é o caso de se pensar até mesmo numa estagnação ou num retrocesso da civilização. A Idade Moderna assistiu ao genocídio dos amerindios, à escravização dos africanos e às monarquias absolutistas. E, embora o Direito, a essa altura da trajetória, já dispensasse um tratamento bastante civilizado aos conflitos de interesses internos aos grandes agrupamentos, com relação aos conflitos externos ainda permanecia vigoroso o tratamento orientado pela incivilizada lei do mais forte.

A diferenciação entre nacionais e estrangeiros impregnou a ideologia ao ser respaldada pela noção de soberania dos Estados Nacionais. Longe de criar um padrão diverso, o respaldo reforçou a lei do mais forte no tratamento dos conflitos de interesses entre esses agigantados agrupamentos, os Estados Nacionais. Está aí a explicação para o retrocesso civilizatório. Na terceira etapa da trajetória, há guerra por todos os lados!

Historicidade dos Estados Nacionais

Estamos muito acostumados com a ideia de que cada metro quadrado de chão pertence a um Estado, que sobre ele exerce sua soberania e jurisdição. Olhando o mapa-múndi contemporâneo, essa ideia é reafirmada pelo colorido espalhado em porções diferentes pelos vários continentes, sem deixar nenhum espaço livre. Jogando *War* também temos a mesma impressão, porque, pelas regras do jogo, nenhum território pode ficar sem um exército o ocupando.

A ideia é correta. Atualmente, só a Antártida não é de ninguém. O Tratado Antártico, de 1959, suspende qualquer reivindicação territorial, proíbe a militarização e limita as ações no continente apenas às pesquisas científicas e à proteção do meio ambiente. Em 1991, os princípios do Tratado Antártico foram reforçados pelo Protocolo de Madri, que proíbe a mineração e a exploração de petróleo pelo menos até 2048.

Na verdade, a ocupação de toda a extensão dos continentes por Estados é algo recente em termos históricos. Durante muito tempo, ninguém exercia sobre vastas áreas do globo o que chamamos atualmente de poder político.

Isso não quer dizer que humanos não vivessem nas áreas sem jurisdição estatal. Pense nos povos que habitavam originariamente o território hoje denominado Brasil durante o século XV.

Eles dominavam a agricultura, viviam em coletivos já numerosos e faziam trocas comerciais. Falavam diferentes línguas, tinham narrativas mitológicas, divertiam-se em celebrações dançantes e conheciam os poderes de cura da flora ao seu redor. Caçavam e pescavam. Teciam redes de dormir e cestos, erguiam tabas e tomavam saudáveis banhos diários. Sobretudo, guerreavam, para realizar vinganças e se tornarem mais fortes e corajosos, comendo, em alongados rituais antropofágicos, os mais bravos adversários que haviam aprisionado. Tudo isso acontecia por aqui sem que houvesse uma estrutura minimamente comparável à dos Estados Nacionais que apareceriam na Europa.

Os Estados Nacionais europeus

No fim do século XIII, formou-se Portugal e, no final do século XV, a Espanha, no embalo das vitórias nas guerras de expulsão dos muçulmanos da Península Ibérica. Portugueses e espanhóis chamaram de Reconquista a guerra que venceram.

Mais ou menos na mesma época, consolidaram-se a Inglaterra e a França. Na Inglaterra, a vitória dos Tudors na Guerra das Rosas, em 1485, pôs fim às acirradas disputas pelo poder central e consolidou a pacificação entre os ingleses. As guerras que continuaram nas Ilhas Britânicas levaram à formação de outros Estados Nacionais, como o do Reino Unido da Grã-Bretanha, em 1707. Na França, o Estado Nacional resultou de vitórias em sucessivos enfrentamentos bélicos com os ingleses, de que saiu fortalecido o poder real. Um território unificado muito semelhante ao de hoje já existia no início do século XVI, com a incorporação da Bretanha ao Reino da França.

As histórias da formação desses primeiros Estados europeus em torno de uma identidade nacional são diferentes, mas têm sempre a guerra como ponto em comum. E a história se repete: os Países Baixos (Holanda) se constituem no século XVII como Estado ao vencerem a guerra de independência contra a Espanha; a tardia formação da Alemanha, no século XIX, deve-se à vitória dos prussianos na guerra contra franceses e austríacos, e assim por diante.

As cidades e suas alianças

Quando, há cerca de 9 mil anos, os seres humanos criaram as primeiras cidades, precisaram se organizar para administrar o novo tipo de agrupamento social, o maior e mais diversificado até então.

Nas cidades, conviviam pessoas que não compartilhavam necessariamente as mesmas crenças e não se consideravam unidas por laços de sangue nem descendentes do mesmo animal retratado num totem. E, apesar disso, tinham que se entender sobre vários assuntos: divisão da água, limpeza interna e externa às moradias, organização dos espaços comuns e outros.

A administração dessas cidades foi a primeira organização dos humanos que mais se aproxima, pelas suas características, do Estado que conhecemos hoje. Na Grécia Antiga, a proximidade é tanta que os historiadores chamam Atenas, Esparta e outros agrupamentos semelhantes de cidades-Estados.

Logo surgiram alianças entre cidades para a colaboração em caso de guerra. Eufemisticamente, para fins de "defesa". Uma aliança importante, por exemplo, foi a Liga Albana, que, antes da fundação de Roma, associou cidades da região central da Península Itálica, chamada naquela época de Lácio. Na Península Balcânica, onde hoje é a Grécia, ocorreu uma prolongada guerra no século V AEC, a primeira com confronto de grandes forças terrestres e navais. Ela exigiu um planejamento e uma coordenação bem mais sofisticados do que os embates anteriores, em que contavam apenas o entusiasmo e a força física dos guerreiros. A Guerra do Peloponeso (século V AEC) marca o surgimento da estratégia militar. Nela, a Liga do Peloponeso, liderada por Esparta, enfrentou a Liga de Delos, sob a liderança de Atenas.

Também não demorou muito para se perceber a superioridade das alianças permanentes sobre as de existência efêmera nos tempos de guerra. Nas alianças permanentes, as cidades aliadas repartiam os custos da manutenção do exército. É certo que nem sempre havia simetria nas alianças, ou seja, nem todas surgiram propriamente de um livre entendimento, derivando, na verdade, da imposição do soberano da cidade aliada mais rica e poderosa.

As alianças, porém, não implicavam uma administração comum das cidades aliadas. Mesmo quando permanentes e assimétricas, elas não eram o Estado de hoje um tanto menos crescido. Cada cidade continuava cuidando de si. Somente nos assuntos militares, querendo ou não, elas obedeciam às decisões tomadas pela cidade-líder. E pagavam tributos a ela, como cota-parte das despesas de manutenção do exército ou simplesmente em decorrência da dominação.

Os Impérios Antigos

Roma foi bem mais do que a cidade-líder de uma imensa aliança. Seu domínio projetou-se além, com elevado grau de influência sobre a cultura, a religião, a economia e as leis dos povos conquistados. Os romanos construíram um império, dominando uma vastíssima extensão territorial, em todas as margens do Mar Mediterrâneo. O Império Romano durou mais tempo do que qualquer outro da Antiguidade.

O Império Antigo e o Estado Nacional são duas enormes estruturas administrativas e políticas, mas é importante pontuar as diferenças entre eles. Isso porque, às vezes, se oculta a historicidade do Estado Nacional, numa alusão aos Impérios Antigos, como se fossem meras variantes de uma constância histórica, como se o Estado que conhecemos hoje sempre tivesse existido de algum modo embrionário.

A primeira diferença é interna à estrutura administrativa e política. Está relacionada à sua formação. No Império Antigo, o conquistador submetia ao seu domínio os povos que encontrava nas vizinhanças e, se tivesse chance, tentava eliminar, aos poucos, as características que os singularizavam. Nem sempre conseguia, como no caso da assimilação da cultura dos gregos conquistados pelo conquistador romano, mas essa é uma exceção. Na maioria das vezes, o conquistador tentava suprimir as especificidades locais, que poderiam servir de gatilho para a sublevação dos povos conquistados.

Foi o que aconteceu, por exemplo, com os nabateus, um povo de ricos comerciantes que construíram Petra, a fantástica cidade de moradas e monumentos esculpidos nas pedras, localizada ao sul da atual Jordânia. Os conquistadores romanos incorporaram o costume local de esculpir os mausoléus dos governantes. Mas, com a conquista romana, perdeu-se não só uma requintada arte ceramista. A igualdade de direitos hereditários entre homens e mulheres, característica da cultura nabateia, foi pouco a pouco suprimida, à medida que Roma impunha as regras discriminatórias de gênero do direito romano.

É uma equação delicada e tortuosa. De um lado, respeitar a religião e os costumes locais é importante para manter o poder sem despender energias excessivas usando constantemente a força; de outro, deixar a cultura local inteiramente livre pode atiçar a insubmissão dos conquistados. O segredo dos Impérios Antigos é chegar ao sutil equilíbrio entre esses dois vetores.

Na formação do Estado Nacional, dá-se o contrário: acontece a unificação dos nacionais, e não a conquista de estrangeiros. Identidades no compartilhamento de língua, religião, história e destino são ressaltadas, inventadas quando necessário, romantizadas e glorificadas. Mesmo se a guerra originária do Estado Nacional é de disputa do poder central por nacionais, como na Inglaterra, vencedores e perdedores não se veem como conquistadores e conquistados: é diferente ser, desde o início, um igual competindo pelo poder com outro igual (Estado Nacional) ou ser um estrangeiro conquistado ao qual o conquistador até pode conceder, depois de algum tempo de dominação, uma cidadania parcial (Império Antigo).

Enquanto o Estado Nacional é a reunião dos iguais, o Império Antigo é a submissão dos diferentes.

A segunda diferença é externa e diz respeito ao reconhecimento recíproco do direito de todas as nações de constituírem seus próprios Estados, ideário que recebeu a denominação de *princípio da autodeterminação dos povos*. No Império Antigo, os povos não conquistados eram apenas povos a se conquistar. Os romanos consideravam bárbaros (isto é, incivilizados) todos os que habitavam além das fronteiras do seu império. Eles estariam apenas à espera do dia em que seriam dominados e incorporados à civilização.

A grande novidade da Paz de Vestfália foi o reconhecimento mútuo da soberania dos Estados Nacionais. Por mais diferentes que fossem em termos de poderio militar e econômico, os Estados passaram a se igualar no plano jurídico como entes soberanos. A soberania é a submissão exclusiva ao seu próprio ordenamento jurídico, isto é, às leis que edita com independência (direito interno) e às convenções e tratados que assina de modo voluntário (direito internacional). Esse atributo só é reciprocamente reconhecido pelos Estados Nacionais europeus.

Não é correto, portanto, ver nas grandes estruturas administrativas e políticas dos Impérios Antigos uma forma originária do Estado que conhecemos hoje.

De qualquer modo, com a queda do Império Romano do Ocidente (século V), a portentosa estrutura organizada pelos romanos desaparece e, com ela, deixa de existir, no continente europeu, um poder central com controle sobre vasta base territorial onde vive uma quantidade expressiva de pessoas. Na Europa da Idade Média, o poder se pulveriza.

Poder descentralizado na Idade Média

Com o desaparecimento do Império Romano do Ocidente, em 476, deixou de existir na Europa, e por um bom tempo, qualquer estrutura política de administração centralizada com domínio sobre vastas extensões territoriais. Durante a Idade Média, o poder estava distribuído em agrupamentos locais, os feudos. Estradas rudimentares ligavam os feudos atravessando terras de ninguém, vácuos de poder em que se escondiam e atuavam bandos de salteadores.

A economia na Europa deixava de ser a escravista antiga, e surgia o feudalismo. A mudança é significativa. O feudalismo é um pouco menos injusto do que o escravagismo. O servo não era um escravizado, não era considerado propriedade do senhor feudal. Tinha uma vida miserável, de sacrificado trabalho na lavoura, e as suas condições econômicas e sociais praticamente eliminavam a liberdade de se desligar dos mesmos vínculos de servidão que tinham atado seus pais e avós ao senhor do feudo em que nasceram. A terra em que penava trabalhando não era dele. O servo também não era o operário – que surgirá com o capitalismo –, porque não recebia pagamento em dinheiro pelo seu trabalho.

O característico da condição de servidão no feudalismo está na destinação do produto do trabalho do servo vassalo na terra do senhor feudal. O que se produzia na maior parte do ano era do senhor, ficando para o servo a produção de alguns dias.

Cada feudo era comandado pelo seu suserano, que se ocupava basicamente da guerra. E, como sempre, alianças eram feitas, desfeitas e refeitas. Na Europa da Idade Média, quem ostentava o título de "rei" era, na verdade, um dos suseranos que coordenava um conjunto de senhores feudais. Sua posição era similar à do soberano da cidade-líder das alianças da Antiguidade. Ele cobrava tributos dos feudos de seu reino a pretexto de custear a força armada que os defenderia de agressões externas. Não tinha, porém, os outros poderes associados hoje ao Estado. Não editava normas nem administrava a justiça, a não ser em seu próprio feudo. Também não tinha o poder de mudar ou interferir nas decisões dos demais suseranos de seu reino quando a questão não fosse militar. Nos assuntos locais, o senhor feudal dava a última palavra. O rei medieval, em suma, não dirigia uma estrutura política e administrativa presente em todo o território. Continuavam as terras de ninguém separando os feudos, mesmo quando um rei reinava sobre elas.

Claro, o rei sempre quis estender seu poder sobre os assuntos locais, e os senhores feudais naturalmente resistiam. Nesse confronto, pouco a pouco o poder real se fortaleceu, paralelamente ao processo de formação do Estado Nacional.

A diferenciação da nacionalidade

Os Estados europeus formados na Idade Moderna são os primeiros que buscam se legitimar como o robustecido agrupamento de pessoas portadoras de um conjunto de identidades associadas à ideia de nação: língua, hábitos e tradições comuns, crença numa mesma religião, ocupação de determinado território e compartilhamento de uma narrativa histórica plena de personagens admiráveis, feitos heroicos e propósitos nobres. O pertencimento a uma mesma história e destino, ainda que imaginários, agrupou os humanos em nações.

A nacionalidade é uma das mais fortes diferenciações que criamos. Atendeu à necessidade de legitimação dos Estados modernos. E era algo novo. Os romanos não se consideravam parte de um agrupamento maior que a cidade de Roma, por mais identidade que houvesse de língua e costumes com outros povos da Península Itálica. Em Roma e nos vastos territórios conquistados, durante algum tempo conviveram dois direitos diferentes. De um lado, o direito civil (*ius civile*) para os cidadãos romanos; de outro, o direito das gentes (*ius gentium*), destinado aos não romanos.

O direito civil era rigorosamente formal. Por muito tempo, quando o cidadão romano reclamava que outro cidadão romano o tinha prejudicado porque havia destruído sua plantação de uvas, deveria usar especificamente a palavra empregada no édito daquele ano na definição das queixas que podiam ser admitidas. Se a palavra fosse "árvore" e ele reclamasse de prejuízo devido ao corte de suas "videiras", perdia a razão. A maior complexidade e formalidade do direito civil era uma eloquente maneira de acentuar a superioridade do conquistador e não dar chance a qualquer unidade com os povos conquistados.

Na Idade Média, o sentimento de pertencimento do europeu tinha por referência agrupamentos como o feudo, o burgo, a corporação de ofício e outros. Os agrupamentos em torno da identidade linguística já eram reconhecidos e denominados, mas sem ainda se considerarem uma "unidade nacional". E foi preciso primeiro que cessassem os conflitos armados entre divisões dos falantes da mesma língua para surgirem, no início da Idade Moderna, a nacionalidade e suas diferenciações.

Motivação de disputas de toda ordem, desde as normalmente inofensivas provocações entre torcidas em campeonatos de futebol até as violentas guerras mundiais, o nacionalismo mais prejudica do que contribui para o incremento civilizatório da sociedade humana. Mas cumpriu e vem cumprindo, para o bem e para o mal, a função de elemento aglutinador dos gigantescos agrupamentos nascidos na Idade Moderna.

Invasão das Américas

Os Estados Nacionais nutriram um atávico anseio expansionista dos seus territórios até a metade do século XX. A razão disso está na insaciável sede de mercados do capitalismo. Tão logo consolidados, os primeiros Estados europeus olharam para o Oceano Atlântico e decidiram partir para ocupar terras de cuja existência nem tinham tanta certeza.

Invadiram as Américas, dividindo-as de modo razoavelmente estável. *Grosso modo*, a Inglaterra e a França ficaram com o norte, Portugal com o Brasil e a Espanha com o restante. Aqui ou ali, de vez em quando, uma escaramuça ameaçava a estabilidade dessa divisão, como a ocupação holandesa de Pernambuco no século XVII. E, claro, há enclaves nessa repartição geral, como as ilhas no Caribe ocupadas por franceses ou holandeses, as Malvinas dos ingleses e as Guianas, de que essas três nações se apropriaram.

Os processos de dominação, ao lado dos elementos comuns do genocídio e da exploração colonial, apresentaram umas tantas diferenças.

Portugal foi a única metrópole a zelar pela preservação da unidade territorial de sua imensa colônia americana. Houve duas tentativas de repartição territorial, mas não frutificaram: a das capitanias hereditárias, no século XVI, que logo fracassou, e a breve experiência de criação de um novo "Estado" no norte do Brasil (Grão-Pará e Maranhão), no século XVII.

A Espanha, desde o início, reservou a duas grandes porções de suas possessões americanas o estatuto de vice-reino: os atuais México e Peru. Essas porções, não por acaso os centros das grandes civilizações pré-colombianas (astecas, maias e incas), eram consideradas extensão das Espanhas Ibéricas. E instalou as capitanias de Cuba, Guatemala, Venezuela e Chile – onde havia mais risco de rebeliões indígenas ou ataques de piratas. No século XVIII, desmembrou do Vice-Reino do Peru mais dois vice-reinados: o do Rio da Prata (atuais Argentina, Bolívia, Paraguai e Uruguai) e o de Nova Granada (Colômbia e Equador). A divisão do vasto território em unidades de diferentes status foi o modo encontrado pelos espanhóis para facilitar a administração de seus territórios americanos.

Também franceses e ingleses optaram por retalhar suas possessões na América em colônias autônomas, que se reportavam diretamente às metrópoles europeias, sem a intermediação de um poder local centralizado.

Entre 1776 e 1828, uma poderosa onda de independência alastrou-se pelo continente. Em grandes extensões, apenas no atual Canadá continuaram a existir colônias francesas e inglesas por quase mais um século. A vaga independentista, no entanto, não foi igual em todos os lugares. As treze colônias inglesas, por exemplo, se uniram numa federação a que chamaram de Estados Unidos da América. Já as unidades coloniais espanholas mantiveram-se divididas, apesar dos sonhos de Bolívar de construção de um único grande país. O Brasil preservou a integridade territorial, sufocando várias rebeliões separatistas ao longo do século XVIII. E surgiram unidades políticas em territórios pequenos, como o Haiti, em que a independência, em 1804, veio junto com a abolição do trabalho escravo.

De qualquer modo, os Estados das Américas, emergidos da vaga separatista do fim da Idade Moderna e início da Contemporânea, já nasceram *nacionais*.

Os caminhos abertos pelos comerciantes

Os comerciantes sempre encontraram caminhos para fazer negócios, ultrapassando ou contornando as fronteiras erguidas pelas estruturas administrativas e políticas, quaisquer que fossem elas: Impérios Antigos, feudos ou Estados Nacionais. A Rota da Seda se mantém ativa por meio de redes comerciais ligando o Ocidente e o Oriente, sempre com relativa indiferença à sucessão dos Impérios da Antiguidade, às Cruzadas, à tomada de Constantinopla pelos turcos otomanos, às expansões territoriais de mongóis e outros povos das estepes, aos movimentos enxadrísticos novecentistas de ingleses e russos e, enfim, à Guerra Fria. Outro exemplo da parcial independência do comércio em relação às fronteiras religiosas ou políticas vê-se nas Cruzadas, que, ironicamente, impulsionaram as trocas entre cristãos e muçulmanos. É certo que, em momentos marcantes, as tensões geopolíticas podem inibir os negócios. Mas, assentada a poeira, os comerciantes retornam à cena, acenando com exuberantes ganhos para todos.

Durante a Idade Média na Europa, a falta de um poder central dificultava os negócios. Cada senhor feudal cunhava a própria moeda, com circulação normalmente restrita ao seu feudo. Além disso, não havia nenhuma autoridade central para garantir a segurança nos deslocamentos entre os feudos e burgos (cidades). Não seria racional nem prudente que os comerciantes andassem Europa afora com os baús repletos das mais variadas moedas. Para contornar essas dificuldades, eles começaram a usar instrumentos jurídicos ainda hoje importantes para a mobilização de crédito: a letra de câmbio e os bancos.

Quando estava de partida do feudo ou burgo em que tinha feito lucrativos negócios e recebido várias moedas locais em pagamento, o comerciante as entregava a um colega da localidade, que escrevia uma carta ao correspondente estabelecido no local para onde aquele mercador estava indo. Nela, pedia ao correspondente do local de destino que pagasse ao portador da carta determinada quantidade em dinheiro. Ela era, então, entregue ao comerciante.

Empreender a viagem sem transportar valores, mas um pedaço de papel, em geral era mais seguro, ou pelo menos diminuía os prejuízos em caso de assalto. Ao chegar ao destino, o comerciante apresentava a carta ao correspondente e recebia dele a quantia indicada em moeda local para começar a fazer os seus negócios.

Isso se deu na Península Itálica. Por isso, a carta ficou conhecida como *lettera di cambio*, um instrumento de troca de moedas distintas. O remetente e o destinatário da carta, um dia, serão os banqueiros.

A criação dos Estados Nacionais eliminou parte dessas dificuldades, unificando a moeda e instituindo o policiamento das estradas. Mas trouxe novos entraves, como controle de fronteiras, impostos, proteção aos negociantes nacionais e disputas bélicas por mercados. Os comerciantes invariavelmente procuram meios para ultrapassar ou contornar os novos entraves em prol de lucrativos negócios. O anacrônico bloqueio econômico imposto pelos Estados Unidos a Cuba em 1958, por exemplo, nunca conseguiu impedir totalmente os negócios entre os dois países.

Os Estados Nacionais ajudaram bastante o desenvolvimento do comércio e, em consequência, de toda a economia. Foram agentes indispensáveis da expansão comercial da Idade Moderna. Mas, a partir do término da Segunda Guerra Mundial, em 1945, essas gigantescas estruturas legitimadas pela noção de identidade nacional passaram mais a prejudicar do que a ajudar os negócios. De novo, o comércio encontra os seus caminhos, e as fronteiras nacionais começaram a ser pouco a pouco neutralizadas para fins econômicos, num processo histórico de grande envergadura e complexidade: a *globalização*.

A insaciável sede de mercados do capitalismo

O capitalismo tem sede de mercados, e ela é insaciável.

Até meados do século XX, os Estados Nacionais europeus asseguravam insumos a preços controlados e mercados cativos para os negócios de seus cidadãos por meio de um sistema de limitação das trocas comerciais denominado "pacto colonial". Por esse sistema, a colônia só podia vender seus recursos naturais à metrópole e não podia comprar produtos manufaturados de nenhuma outra procedência. A denominação é absurda, porque de pacto (acordo livre entre iguais) não tinha nada.

Nas duas grandes guerras mundiais, as "potências" europeias lutaram, na verdade, por colônias. A América já era praticamente toda independente, mas na África e na Ásia elas ainda existiam. Em alguns lugares, o pacto colonial estava disfarçado em concessões comerciais extremamente vantajosas para uma empresa concessionária sediada num país europeu.

As melhores colônias, no entanto, estavam nas mãos dos Estados Nacionais formados no começo da Idade Moderna, principalmente nas da Inglaterra e da França. Alemanha e Itália, que somente conseguiram se constituir como Estados Nacionais na segunda metade do século XIX, queriam uma porção mais generosa do espólio colonial.

Os alemães se atrasaram no processo de constituição do Estado Nacional porque prussianos e austríacos disputavam a liderança, sem que nenhum deles conseguisse se sobrepujar ao outro. Foi apenas com a vitória prussiana na guerra de 1866 que os austríacos perderam completamente a influência sobre os povos de língua alemã, abrindo caminho para a unificação sob a liderança da Prússia. Já os italianos atrasaram, entre outros motivos, porque estavam "divididos", bem ao meio da Península Itálica, pelos Estados Vaticanos. No *Risorgimento*, o Reino da Itália foi declarado em 1861, mas a unificação nacional somente se concluiu com a tomada de Roma dos Estados Vaticanos, dez anos depois.

O fim do colonialismo

Durante a Primeira Guerra Mundial (1914-18), os laços coloniais se enfraqueceram. A economia dos países europeus concentrou-se no esforço de guerra e os mercados coloniais temporariamente se abriram. Industriais norte-americanos não demoraram a identificar a oportunidade de bons negócios, ampliando sua produção para vender ao desabastecido mercado europeu e aproveitando a fragilização do pacto colonial para fazer lucrativas vendas às colônias.

Terminada a guerra, aos poucos as empresas dos países da Europa se reorganizaram, voltaram a atender ao mercado interno e foi restabelecido o pacto colonial. As fábricas norte-americanas não haviam ajustado suas produções, e sobreveio a crise de superprodução (quando se investe na fabricação de produtos que acabam não sendo adquiridos pelos consumidores). Os prejuízos na economia norte-americana foram enormes, estando na raiz da quebra da Bolsa de Valores de Nova York, em 1929.

Com a Segunda Guerra Mundial (1939-45), a história se repetiu. Empresários norte-americanos viram mais uma vez abertas as oportunidades para expansão de seus negócios: de um lado, o esforço de guerra na Europa deixava o mercado consumidor europeu desabastecido; de outro, nova fragilização do pacto colonial possibilitava o comércio direto com as colônias europeias. Mas a dura lição tinha sido aprendida. Em 1944, quando já podiam antever a vitória, os Estados Unidos chamaram os aliados para uma conferência na cidade de Bretton Woods com o objetivo de desenhar a ordem econômica mundial do pós-guerra. Lá, os Estados Unidos forçaram os aliados europeus a abrir os mercados das colônias, pondo fim aos obstáculos do colonialismo.

Era séria a determinação dos Estados Unidos de encerrar de vez o anacrônico sistema colonial de restrições comerciais. Ingleses e franceses perceberam isso quando, em 1956, ameaçaram reabrir à força o Canal de Suez, nacionalizado pelo Egito. Só não levaram a cabo a intempestiva empreitada colonialista de dar uma lição exemplar ao atrevimento do país africano porque os Estados Unidos ameaçaram entrar no conflito ao lado dos egípcios.

Findo o colonialismo, as potências europeias tiveram que buscar novos caminhos para satisfazer a sede de mercado do capitalismo. Em gesto absolutamente impensável algumas décadas antes, França e Alemanha se sentaram à mesa de negociações para integrar as suas economias. Criou-se, então, uma alternativa de ampliação de mercados muito mais civilizada do que a exploração de colônias.

A globalização

No século XX, a globalização consistiu em integração econômica de países vizinhos. É um processo que compreende quatro fases.

A primeira fase é a da zona de livre comércio. Eliminam-se impostos de importação e exportação dos produtos fabricados em um país e comercializados em outro país integrante da zona. A segunda é a união aduaneira, em que os países do bloco passam a adotar as mesmas tarifas externas na importação de produtos fabricados fora da união. A terceira é o mercado comum, quando se admite a livre circulação de produtos, pessoas, bens e capital entre os países do bloco regional. E a quarta fase é a comunidade econômica, momento em que os países envolvidos na integração uniformizam suas políticas econômicas, criando as condições para a adoção de uma moeda única.

A Europa percorreu com sucesso esse processo desde o Tratado de Roma (1957) até o de Maastricht (1992).

No século XXI, a integração econômica entre países vizinhos deixou de ser o único instrumento de globalização. Agora, primeiro se identificam as cadeias globais de valor, as colossais redes de fornecedores de insumo, financiadores, fabricantes, comerciantes, designers e demais empresas que, embora sediados em diferentes países, dedicam-se a um produto de expressivo valor agregado. Um automóvel de marca alemã projetado nos Estados Unidos com financiamento inglês será montado no México com autopeças feitas em vários países asiáticos, visando a sua comercialização maciça no Brasil.

Uma vez identificadas as cadeias, os países nelas envolvidos fazem os acordos necessários para garantir o seu desenvolvimento, livres de amarras e vantagens competitivas não econômicas.

A globalização elimina diversos entraves para o desenvolvimento econômico, mas, para além da economia, tem impactos consideráveis. Quando a guerra civil iniciada em 2011 expulsou imensos contingentes de sírios de seu país, a inexistência de fronteiras internas na União Europeia possibilitou uma imigração em massa que nem todos os europeus aceitaram. O medo de a onda migratória alcançar o solo britânico foi um dos motivos que levaram ao Brexit (2016 a 2020), um dos duros golpes sofridos pela globalização.

Mas, para os problemas da globalização, parece haver só uma solução: mais globalização.

O medo do mercado global

O objetivo final da globalização é a criação do mercado único planetário. Quem pode temer isso? Várias pessoas, na verdade, e por diferentes razões.

Entre elas, os empresários avessos à competição econômica. Aqui no Brasil, eles são muitos e capturaram importantes entidades empresariais. Reclamam que os impostos minam a competitividade de seus produtos no exterior, mas querem que o Estado brasileiro feche o quanto for possível a nossa economia, mantendo os concorrentes a distância.

Esses empresários não competitivos lançam apelos a um tosco nacionalismo. Mas a exacerbada complexidade dos conflitos sociais da atualidade desafia: o que convém mais aos brasileiros? Poupar as empresas nacionais da competição econômica com as empresas globais ou ter acesso a produtos e serviços mais baratos e de melhor qualidade, graças ao aumento da concorrência? Na primeira hipótese, acabaremos com menos desenvolvimento econômico, menos empresas e menos postos de trabalho, mas garantindo lucros aos empresários já estabelecidos no Brasil; na segunda, teremos mais desenvolvimento, empresas e empregos, à custa, porém, da inevitável redução dos ganhos desses empresários. Em qual dos dois cenários os interesses da nação brasileira estão mais bem atendidos?

Não se pode, claro, abrir a economia de modo abrupto. Deve-se combinar a maior abertura do mercado nacional a empresas estrangeiras com os estímulos adequados para que elas venham investir aqui. Quando os empresários brasileiros que não souberam se ajustar para enfrentar os desafios do cenário competitivo forem à falência, é necessário que os novos investimentos estejam maduros o suficiente para poder absorver os recursos humanos das empresas falidas.

É preciso ficar atento: o apelo ao nacionalismo pode, na verdade, ser o oposto da defesa dos interesses dos brasileiros e ocultar a manutenção de nossa economia fechada, garantindo o mercado interno "cativo" às empresas aqui instaladas. Quer dizer, não se pode tomar o interesse dos empresários nacionais avessos à concorrência global como sendo o de todos. É o contrário: à maioria dos brasileiros hoje aproveitaria muito mais o aprofundamento da inserção do país na economia global.

China isolada e globalizada

A globalização não é uma questão de vontade. Não é algo que se possa escolher ter ou não ter, fazer ou não fazer. É, na verdade, a única resposta para o fluxo inevitável de ampliação de mercados depois do esgotamento do colonialismo. A opção de não se globalizar não existe.

A China foi uma potência econômica e tecnológica durante muito tempo. Foram os chineses que inventaram coisas que usamos até hoje no mundo todo, como o papel e a pólvora. Suas expedições marítimas, no início do século XV, mobilizavam pessoas e embarcações em quantidade muito superior à das expedições europeias daquela época. Zheng He chegou a liderar uma frota naval de cerca de trezentas embarcações, com quase 30 mil pessoas, e essa foi apenas uma de sete expedições em que os chineses visitaram todo o território banhado pelo Oceano Índico. Quase cem anos depois, Vasco da Gama chegou à Índia comandando uma frota de quatro naus, com 130 pessoas.

A China perdeu a proeminência em razão da política da dinastia Qing (1644-1912), de origem manchu, de acentuado isolamento. Os chineses se consideravam o centro do mundo e chamavam o que hoje é a China de "Reino do Meio". Tinham uma estrutura administrativa e política mais próxima aos Impérios Antigos do que aos Estados Nacionais. Fundou-se na conquista dos povos vizinhos e não pela unificação de etnias em torno de uma identidade nacional.

Na verdade, os chineses viam todos os outros povos como inferiores, mesmo os não conquistados. Isso fica particularmente evidenciado nas negociações protocolares de preparação de encontros entre imperadores chineses e embaixadores de reis ingleses. Demorava-se um tempo demasiado com a exigência chinesa de ser observada a saudação local (que envolvia prostrar-se a ponto de tocar a cabeça no chão) e a recusa dos ingleses, que desejavam fazer apenas a saudação praticada nos palácios reais de sua terra (uma inclinação respeitosa da cabeça). Os chineses, em suma, exigiam que o embaixador reverenciasse o seu imperador como faziam os súditos. Os ingleses contra-argumentavam que eram representantes de um monarca, tão soberano quanto o imperador chinês. Não chegavam a um acordo. A noção de soberania não era assimilável pelos chineses daqueles tempos, e os embaixadores britânicos partiam sem conseguir os seus objetivos comerciais. A completa abertura dos portos da China aos vários produtos ingleses só foi obtida no campo de batalha, nas indecorosas Guerras do Ópio (1839-42 e 1856-60).

A insistência dos chineses na política de isolamento está na raiz da perda da sua proeminência por cerca de duzentos anos. Após a queda da dinastia Qing, o regime maoísta deu continuidade à política isolacionista. A abertura para a economia global começa somente após a morte de Mao, em 1976. Seu sucessor, Deng Xiaoping, ao anunciar o plano de reorganização da economia, advertiu: "Vimos o quanto a China perdeu ao se isolar do mundo".

Brexit e Trump

A inevitabilidade da globalização não significa que o processo consiga ser linear, constante e imune a contradições. Longe disso, a neutralização das fronteiras nacionais para fins econômicos tem como efeito necessário o aumento da competição entre as empresas. Aliás, esse é o objetivo fundamental da globalização: ampliar mercados significa, na maior parte das vezes, abrir para empresas globais aqueles que estão, declarada ou disfarçadamente, cativos de empresas "nacionais". Claro, isso afeta diretamente os interesses de empresários acomodados em mercados com baixo grau de competição. Também contraria os interesses das empresas que não têm condições ou disposição para encarar a concorrência global, disputando a preferência dos consumidores com concorrentes enxutos, capitalizados e tecnologicamente mais bem aparelhados.

A globalização sofreu dois duros golpes em 2016, com o plebiscito no Reino Unido sobre o Brexit e a eleição de Donald Trump para presidente dos Estados Unidos.

O plebiscito sobre o Brexit foi um enorme erro. Para muitas questões, não há dúvida de que a vontade popular é decisiva. Na escolha dos governantes e parlamentares, por exemplo, a decisão da maioria, apurada em eleições livres, é o melhor método de lidar com o tema. Mas há várias questões que simplesmente não devem ser submetidas a consulta popular. Se indagarmos, num plebiscito, se quer continuar pagando impostos, o povo consultado responderá com a acachapante vitória do "não". Como ficaríamos então? Aboliríamos os impostos em respeito à vontade popular? Como seriam custeadas a segurança, a saúde, a justiça, a manutenção das cidades? Teríamos que eliminar o Estado junto com os impostos. Percebe-se que o assunto não é tão simples que possa ser resolvido na base do "quero" ou "não quero".

Assim como pagar impostos, a globalização não é uma questão de vontade. O longo e exaustivo processo de saída foi desgastante e prejudicial para o Reino Unido, e o rompimento, três anos e meio após o plebiscito, promete causar-lhe ainda mais prejuízo. Meu palpite: o reingresso do Reino Unido na União Europeia é questão de tempo.

E a eleição de Trump golpeou a globalização porque, em seu segundo dia de trabalho como presidente, ele abortou a adesão dos

Estados Unidos à Parceria Transpacífica e, em seguida, suspendeu as negociações com a União Europeia em torno da Parceria Transatlântica. Mais que dois ambiciosos acordos de livre comércio, essas parcerias são marcos da nova etapa na globalização, focada não mais na vizinhança territorial, e sim na participação em cadeias globais de valor. Meu palpite: no futuro, os Estados Unidos ingressarão na Parceria Transpacífica (os demais países não desanimaram com o recuo norte-americano e a constituíram) e retomarão as negociações com a União Europeia.

Faço essas apostas porque não há como manejar a sede insaciável do capitalismo por mercados isolando as economias nas amarras nacionais. Como todas as questões humanas, a formação do mercado único planetário é cheia de avanços e recuos, atalhos e estagnações, certezas e hesitações, ganhos e perdas. Se, num exercício de imaginação, for totalmente zerada a integração econômica global e todos os Estados Nacionais fecharem por completo suas economias, no dia seguinte os comerciantes (banqueiros, seguradores, industriais e demais empresários) voltarão a encontrar caminhos que ultrapassem ou contornem as barreiras para os negócios, e o processo de globalização será retomado.

Bons negócios são irresistíveis.

É possível uma "teoria geral" do Estado?

Os cursos de direito oferecem, em geral, nos primeiros semestres, uma disciplina chamada "Teoria Geral do Estado". Os alunos a chamam pela sigla TGE. Nunca foi uma disciplina obrigatória, mesmo no tempo em que a lei concedia ao Ministério da Educação poderes para definir o currículo mínimo das diversas áreas da formação superior. Na única deliberação do Conselho Federal de Educação sobre o tema em que se menciona a TGE, ela é apenas conteúdo do Direito Constitucional, e não uma disciplina autônoma.

Em TGE, o Estado é apresentado aos alunos como algo bastante antigo, cuja origem exata não se conhece. Está presente quando combinados três elementos: população, território e governo. Identificando o Estado a partir dessa combinação, ele é apontado em estruturas muito diferentes, como as cidades-Estados gregas, o Império Romano, os feudos medievais, as monarquias absolutistas e os Estados-nação. E acreditam ser possível extrair uma "teoria geral" desses agrupamentos tão díspares.

A empreitada, na verdade, só vinga se são desconsideradas as muitas diferenças entre eles. E, descartadas as diferenças, só se consegue chegar a um modelo abstrato, sem referência histórica. Na formação dos profissionais jurídicos, o espectro fantasmagórico do Estado tem o mesmo sentido da negação da história do Direito. Legitimam-se Direito e Estado como são atualmente por meio da falsa informação de que sempre foram assim.

O Estado Nacional na trajetória do Direito

A etapa da trajetória do Direito referenciada pela formação do Estado Nacional não correspondeu a nenhum salto civilizatório, mas deixou um importante legado para as etapas seguintes: o Direito se institucionaliza graças a essas portentosas estruturas administrativas e políticas.

A institucionalização do Direito pressupõe a diferenciação entre uso legítimo e ilegítimo da força.

Cunha-se, aos poucos, a noção de que o Estado detém o monopólio da força. Somente ele pode organizar e manter aparatos armados: os exércitos para os conflitos externos e as polícias para os internos. Para nós, hoje, isso parece bastante óbvio e natural, mas não era assim no passado. Em Roma, o cidadão nomeado general recebia o poder de recrutar seus soldados e oficiais. Havia, por assim dizer, tantos exércitos quanto generais, e os recrutados juravam fidelidade pessoal ao seu comandante. Antes de Otávio Augusto, não existia um corpo único, permanente e impessoal de força armada mantido pelo Império Romano. Na Idade Média, cada senhor feudal tinha o seu próprio exército, e até mesmo as universidades contavam com uma força armada.

O uso legítimo da força é uma diferenciação jurídica que gera um sem-número de outras diferenciações. Para definir os momentos em que os aparatos armados podem ser acionados legitimamente pelo Estado, lança-se mão de documentos escritos solenes. Neles são registrados os padrões de superação de conflitos de interesses que justificam o uso legítimo da força. É ilegítimo o emprego da força para resolver um conflito que esteja em desacordo com tais registros. Em outros termos, a institucionalização do Direito demanda a produção de muitas leis. Chega a hora da profunda mudança que a positivação traz ao Direito.

6. Positivação

A trajetória do Direito chega agora à quarta etapa, na qual dá mais um salto civilizatório, desta vez impulsionado pelo Iluminismo. Em resposta à complexidade das sociedades humanas, que cresce cada vez mais rapidamente, acontece uma radical transformação no modo como elas se organizam para a gestão dos conflitos de interesses. É uma revisão racional nos padrões de orientação do tratamento dos conflitos.

Essa alteração, que referencia a penúltima etapa da trajetória do Direito, é a positivação. Estabeleço o marco temporal em 21 de março de 1804, quando foi ratificada, na França, uma lei de grande importância para o direito em todo o mundo: o Código Napoleão.

Positivação

Antes da positivação, os padrões orientadores do tratamento dos conflitos eram aceitos como se proviessem de uma longa tradição. O conflito deveria ser "solucionado" por meio de uma dada "solução" porque "sempre tinha sido assim". Se, desde tempos imemoriais, vinha se mostrando acertado resolver um conflito de determinada maneira, o melhor a fazer seria repetir a fórmula. Era esse o jeito de procurar assegurar que tudo continuaria dando certo.

O Direito, então, era compreendido como imutável. Os encarregados de tratar os conflitos deviam saber o que haviam feito os seus antecessores, diante de conflito igual, para simplesmente dar o mesmíssimo tratamento.

A rigor, antes da positivação não havia leis no sentido em que entendemos a palavra hoje. Quando se escreviam textos similares às leis contemporâneas, estavam-se apenas registrando os costumes, isto é, as soluções para os conflitos de interesses tradicionalmente adotadas. Não havia o propósito de disciplinar algo novo, melhorar a disciplina existente ou alterá-la; o objetivo era simplesmente facilitar a memorização da tradição.

As ordenações portuguesas de Dom Afonso V (1446), Dom Manuel (1521) e Dom Filipe I (1603) foram compilações do direito vigente, sem nenhum intuito de inová-lo. Quando uma ordenação mudava o texto contido numa das antecedentes, entendia-se a alteração como um aprimoramento, ou seja, a melhoria do registro daquilo que era Direito desde sempre.

Com a positivação, isso muda por completo. Os padrões orientadores do tratamento dos conflitos deixam de ser os que vinham se repetindo desde "o início" em homenagem à tradição e passam a ser o produto de uma *decisão*. Cada conflito deve ser "resolvido" de acordo com a "solução" que o soberano "escolheu" para os casos daquele tipo.

O Direito não mais como tradição revivida, mas como decisão do soberano: eis uma enorme transformação exigida pela Idade Contemporânea. Torna-se perceptível que a tradição não dá conta de tratar conflitos exponencialmente mais complexos, os quais os antepassados nem de longe tinham experimentado ou poderiam antever.

A palavra "positivação"

"Positivação" denota o ato de decidir quais devem ser os padrões de gestão dos conflitos. O soberano "põe" o padrão, e escolhe uma entre duas ou mais alternativas possíveis. Dito de outro modo, o padrão é posto pelo soberano, é positivado.

Positivação não é sinônimo de positivismo. Esta outra palavra define categorias da teoria do conhecimento e possui significados bem diferentes na filosofia geral e na filosofia do Direito. Vou falar disso quando tratar da "ciência jurídica" (capítulo 11) e retomarei o assunto no exame dos "valores" (capítulo 15).

Soberano

O soberano é quem tem o poder para escolher os padrões que orientarão o tratamento dos conflitos de interesses. Ele é o exercente da soberania, mas esta não pertence a ele, e sim ao Estado, de cuja estrutura o soberano participa.

Dependendo do regime de governo, o soberano pode ser uma só pessoa ou um órgão colegiado composto por várias pessoas. A expressão "soberano" não se refere, portanto, apenas à figura do sujeito que concentra poderes totalitários de administração do Estado, como o monarca absolutista ou o ditador. Também o colégio de legisladores eleitos pelo povo, onde existe democracia representativa, é o soberano, no contexto da positivação.

Direito natural

Após a positivação, quem quiser saber as razões que justificam determinado padrão do Direito deve investigar o que motivou o legislador a aprovar a lei que aprovou, e não outra. Quando o Direito deixou de ser legitimado como *respeito à tradição* e passou a ser legitimado pelo *respeito à decisão* de uma ou mais pessoas com autoridade para escolher os padrões, estes adotaram a forma de uma lei.

E sempre será possível pesquisar os objetivos que os legisladores tinham em mente ao aprovar a lei, consultando os registros feitos na oportunidade. Na democracia representativa, os anais do Poder Legislativo fornecem os elementos para se conhecer a finalidade da lei.

Ao apresentar um projeto de lei (ou uma emenda a projeto de lei de autoria de outro parlamentar), um senador ou deputado deve escrever uma *justificação*. Espera-se que, nela, revele os motivos que recomendam a aprovação, pelos demais deputados e senadores, do que ele propõe. Do mesmo modo, os projetos de lei apresentados pelo presidente da República são acompanhados de uma *exposição de motivos* explicando a alteração pretendida. Na tramitação dos projetos de lei, um senador ou deputado fica incumbido de redigir um *relatório* a seus pares indicando as razões pelas quais considera pertinente a aprovação integral, a aprovação parcial ou a rejeição da proposta. Depois de aprovada a lei, qualquer interessado em descobrir sua justificação terá um bom ponto de partida consultando esses documentos (justificação, exposição de motivos e relatório).

Hoje, portanto, é presumivelmente muito fácil investigar as razões de um padrão de orientação de conflitos de interesses. Mas, antes da positivação, quem quisesse saber por que exatamente aquele padrão vinha sendo adotado desde tempos imemoriais não tinha como esclarecer sua dúvida consultando um documento. Se o padrão repetido é tão antigo quanto a cidade de Roma, ele foi estabelecido e transmitido inicialmente apenas por via oral.

Como fazia, então, antes da positivação, quem queria descobrir a razão de um padrão adotado na solução de um conflito de interesses?

Na verdade, é muito provável que não houvesse essa preocupação. Só pesquisa a justificação de uma lei quem hesita em compreendê-la ou considera que ela seria melhor se fosse diferente. Para desfazer a hesitação ou reforçar o questionamento é que se buscam, nos documentos de sua discussão e votação parlamentar, os propósitos que os legisladores tinham em mente ao aprovar a lei.

Em Roma, não havia leis no sentido da positivação, mas havia os padrões legitimados pelo respeito à tradição. Não se conseguiria pôr em dúvida a pertinência de um padrão sem questionar a própria civilização romana. Por isso, devem ter sido muito raras as vezes em que os romanos se questionaram: "*Afinal, por que é assim?*"

Na Idade Média, porém, certamente apareceram questionamentos como esses, demandando a justificação do padrão adotado no tratamento dos conflitos de interesses. E esses questionamentos não podiam ser ignorados. Afinal, o Império Romano do Ocidente não existia mais e Roma quase foi destruída. Como a fundação dessa cidade e a tradição que esse fato ímpar deflagrou poderiam continuar servindo de legitimação para os padrões de orientação do tratamento dos conflitos de interesses?

A resposta foi buscada na natureza. Se em Roma o mesmo padrão vinha sendo adotado desde a fundação da Cidade Eterna, a explicação para isso não se encontraria propriamente nesse extraordinário fato histórico, mas na natureza dos seres humanos. O que era Direito sempre tinha sido Direito, porque a natureza humana o impunha. E foi também por causa dessa mesma natureza que, após a queda do Império Romano do Ocidente, o direito romano continuou a servir de importante referência na solução de muitos conflitos de interesses na Idade Média.

Na base dessa forma de compreensão das coisas estava a ideia de um direito natural, que trouxéssemos em nossa natureza, que se podia conhecer e estudar, mas nunca contrariar ou alterar. Considerado natural, isto é, da nossa natureza, o Direito se impunha necessariamente, desde sempre. Afinal, o ser humano nunca pode fugir à sua natureza, também nas questões jurídicas.

Direito natural de origem divina

Quando surgiu a ideia de direito natural, o mundo era compreendido na Europa por uma abordagem predominantemente religiosa. Mais que isso, pelas lentes do catolicismo, a primeira formulação orgânica do cristianismo. A natureza do ser humano só podia ser a dada por Deus, ao criar Adão. O direito natural terá, depois, uma versão racional, mas de início será entendido como originado da vontade divina.

Enquanto a cultura jurídica cultivou a teoria do direito natural divino, os conflitos de interesses foram tratados sob a orientação de padrões resultantes da *revelação* dos planos de Deus para a humanidade. Se o ladrão sofria punição, isso acontecia porque, em última instância, era essa a vontade de Deus. Aliás, Moisés tinha recebido diretamente dele alguns mandamentos quando da migração dos hebreus do Egito para as margens do Rio Jordão. E, entre os mandamentos, estava "não roubarás". Na primeira versão da teoria do direito natural, a revelação do divino no humano justificava os padrões orientadores do tratamento dos conflitos de interesses.

É facilmente perceptível a associação entre a primeira versão da teoria do direito natural e a ideologia de legitimação do poder pela origem divina. Se alguém era o senhor de um rico feudo e desfrutava dos privilégios de suserano, isso só tinha uma explicação naquela época: era a vontade de Deus que fosse assim. A mesma razão irremovível explicava por que muitas outras pessoas eram desprivilegiados vassalos desse suserano.

As inovações nas leis como potência se tornando ato

Na Idade Média, havia certa dificuldade em lidar com as inovações e as transformações. Mas elas aconteciam. Foi nessa era que se inventaram o moinho e o arado de roda. A Baixa Idade Média presenciou uma exuberante revolução agrícola graças a essas invenções. Mas como entender o desenvolvimento tecnológico e as melhorias da técnica se o mundo criado por um Deus perfeito tinha que ser perfeito também? Se a transformação conduz o mundo a uma situação melhor, por que Deus já não tinha, desde o início, colocado os humanos nessa condição melhorada?

Em busca de uma resposta para indagações como essa, Tomás de Aquino (Santo Tomás de Aquino), um dos principais formuladores da doutrina católica, vai reinterpretar Aristóteles, o influente filósofo da Grécia Antiga. Em 1231, o Papa havia suspendido a proibição do estudo da filosofia aristotélica, desde que fossem suprimidas as passagens incompatíveis com a doutrina católica. Um ano antes, o pequeno Tomás havia começado os seus estudos na Abadia de Monte Cassino, no centro da Península Itálica.

Para entender a reinterpretação tomista, precisamos nos familiarizar primeiro com o Deus aristotélico. E, para tanto, entender dois conceitos fundamentais do pensamento de Aristóteles: potência e ato. Todo movimento, para ele, consiste em ir da potência ao ato. A semente é a potência, a árvore é o ato: lançada a semente ao solo fértil e nutrida adequadamente, ela se transforma em árvore, realizando o ato que já se encontrava nela e para o qual estava destinada em potência.

As transformações são atos "causados" por potências, que por sua vez foram atos "causados" por outras potências, numa longa cadeia de "causas". Essa cadeia, porém, não é infinita; ela teve um início, e esse início é Deus.

O movimento contínuo de potência a ato acontece com todos os seres, exceto com Deus. Como ser perfeito, ele é puro ato. Não pode haver nele nenhuma potência, porque isso significaria uma imperfeição, algo que ainda não se realizou como ato. Aristóteles entende Deus como o *primeiro motor*, que move os seres sem se mover. O resultado é um Deus absolutamente imóvel. Se fizer algo, terá ido da potência ao ato, revelando uma imperfeição que não poderia ter. Aristóteles não acredita num Deus que, como o judaico-cristão, criou o mundo e continua interferindo nele. O Deus aristotélico percorre a eternidade totalmente imóvel, apenas contemplando as essências das coisas.

Tomás de Aquino reinterpreta o filósofo grego partindo do mesmo Deus que é puro ato. Admite também um Deus imóvel, mas diferente do aristotélico, dotado de vontade, que tem e realiza (por exemplo, a de criar os humanos). Ter e realizar vontades, em Tomás de Aquino, não tira Deus da imobilidade.

O enquadramento de Aristóteles na doutrina católica tomou, então, o seguinte formato pelas mãos de Tomás de Aquino: Deus é ato, nós somos potência. Por isso, tudo que o ser humano inventou e inventará esteve desde sempre nos planos de Deus. A invenção do moinho foi uma transformação de potência em ato, realizando uma diminuta parcela da vontade divina. Realizar a invenção já antevista por Deus nos tornou um pouco mais ato do que potência e, assim, nos aproximou mais dele. De certo modo, não há transformação, mas somente o implemento do que Deus desde sempre planejara para acontecer em determinado momento.

Esse modo de entender as inovações tecnológicas pela lente religiosa também explicará as mudanças nas leis jurídicas no ambiente medieval. Se uma lei é alterada, isso também é a passagem de potência a ato, nesse processo de contínua aproximação do ser humano a Deus. Desde sempre, a "nova" lei já estava na nossa potência, apenas aguardando o momento certo, pela programação divina, para se tornar ato.

Direito natural de origem racional

Tomás de Aquino foi um dos primeiros pensadores a relativizar o argumento de autoridade como fonte de conhecimento. Quando um pensador afirma que determinada ideia é verdadeira porque um ou mais pensadores de prestígio a endossam, sem apresentar outros fundamentos ou comprovações, ele utiliza o que se chama de "argumento de autoridade". Claro que todo conhecimento novo se alicerça no conhecimento consolidado, mas a partir do conteúdo proposto por pensadores anteriores, e não simplesmente dos nomes deles. Um texto sagrado podia também ser uma "autoridade do conhecimento" naqueles tempos de domínio do catolicismo. Se o pensador europeu medieval transcrevia um versículo da Bíblia, já estava dispensado de aprofundar o assunto ou fazer qualquer demonstração de sua pertinência.

Tomás de Aquino valia-se de fontes como o Antigo e o Novo Testamento, Aristóteles (a quem chamava de "Filósofo") e alguns outros pensadores. Mas as citava usualmente ao término da exposição de seu argumento, e muito raramente como ponto de partida. As fontes vinham apenas confirmar o que ele havia defendido com seus próprios argumentos.

A compreensão do Direito é outro tema em que ele foi precursor. Tomás de Aquino se situa numa singular transição entre a primeira e a segunda versões da teoria do direito natural. Singular porque antecipa, em pelo menos quatro séculos, a versão racionalista. Não é uma transição temporal, mas na trajetória do pensamento.

Para Tomás de Aquino, Deus não poderia ser irracional. Ele não poderia nem mesmo mudar a razão, ainda que tivesse vontade. Não haveria, para o pensamento tomista, como diferenciar as duas versões da teoria do direito natural. Se é vontade divina, é racional; se é racional, é vontade de Deus.

Direito natural racional

Por volta do século XVII, a ideia de que o mesmo Direito vinha sendo observado desde tempos imemoriais, por corresponder à natureza do ser humano, passa por uma significativa mudança. O direito natural deixa de ser a revelação da vontade divina e passa a ser a conclusão de um estudo guiado pela razão.

Passou-se a considerar que homens e mulheres estão sujeitos às leis de conduta da mesma forma que estão sujeitos às leis da matéria. Eles não podem sair voando por si mesmos porque, faltando-lhes asas, ficam atados ao solo pela lei física da gravidade; do mesmo modo, não podem matar outro ser humano por estarem atados a uma lei racional de proteção da vida. E assim como os físicos descobrem, com o uso da razão, a lei da gravidade e a enunciam, os juristas igualmente descobrem, também com o uso da razão, as leis jurídicas e as enunciam.

Um pensador muito importante nesse contexto é Samuel Pufendorf, que viveu no século XVII. Ele foi o primeiro a inverter o ângulo de abordagem do Direito. Em vez de tratar os seres humanos como titulares de direitos naturais, ele os considera sujeitos a deveres naturais. O dono da casa não tem o direito natural de receber o pagamento do aluguel, mas o inquilino tem o dever natural de pagar.

Pufendorf considera que três deveres naturais são absolutos, enraizados na natureza humana: não causar danos, tratar os demais como iguais e trabalhar como uma forma de contribuir fraternalmente para o bem comum. Os demais deveres naturais dependem das leis baixadas pelo soberano. Elas estabelecem os deveres a serem cumpridos e que punição sofrerá quem não os cumprir.

E, aqui, Pufendorf faz mais uma *inversão*. A natureza racional humana deixa de ser a justificação da imutabilidade sugerida pelo apego à tradição (Direito é assim porque sempre foi assim) para passar a justificar as periódicas mudanças na lei (Direito é assim apenas enquanto for essa a melhor maneira de ser). Ele talvez tenha sido o primeiro a buscar a justificação do Direito fora do sedimentado ambiente da tradição arraigada. O soberano, afirma, pode mudar de vontade e alterar a lei que havia baixado; pode depois mudar novamente de vontade e retornar à lei anterior, ou adotar uma terceira alternativa. É de Pufendorf, assim, a formulação do conceito germinal de positivação.

O irromper do Iluminismo

O século XVIII é conhecido como a Era das Luzes. É uma referência a uma mudança extraordinária, no pensamento europeu, no modo de compreender o mundo.

Qual seria exatamente a lista dos pensadores iluministas e a dos anti-iluministas é objeto de controvérsia entre historiadores e filósofos. Na verdade, o Iluminismo não é uma corrente de pensamento ou uma abordagem (como a fenomenologia, o existencialismo, o marxismo etc.). Os pensadores reputados iluministas discordam muito entre eles em questões fundamentais. Há os obsessivamente antirreligiosos (Voltaire) e há os que consideram a religião essencial (Montesquieu). Alguns dão primazia à educação sobre a natureza e entendem que a educação pública e gratuita pode neutralizar diferenças (Adam Smith), ao passo que outros pensam o oposto, considerando que as "barreiras insuperáveis" da natureza determinam a "função" de cada um na divisão do trabalho (Diderot). Enquanto o Iluminismo britânico se preocupava mais com o grau de propensão dos seres humanos à benevolência, o francês admirava-se com o poder da razão e o americano ansiava pela atuação prática.

Grande legado do Iluminismo foi o debate progressivamente livre das ideias. A discussão aberta entre diferentes pontos de vista, para além das balizas religiosas de interpretação do mundo, só começaria a ter alguma presença na construção do conhecimento a partir do Iluminismo. E debatia-se muito; aliás, frequentemente com acirramentos grosseiros, que nada ficavam a dever, em termos de virulência e descortesia, aos das redes sociais do nosso tempo. A situação política ainda poderia continuar a constranger o livre debate, e o faria sem dúvida; mas nenhuma ideia poderia mais ser excluída *a priori* das discussões a pretexto de contrariar algum preceito religioso ou outra autoridade do conhecimento. Permanecia, por assim dizer, o risco de constrangimentos externos ao saber recomendando prudência, mas o Iluminismo desqualificou os constrangimentos internos.

Conhecemos tudo?

Antes do Iluminismo, nutríamos a arrogante impressão de *conhecermos tudo*. A abordagem religiosa da Idade Média não deixava margem para a pesquisa de novos conhecimentos. É bom ressaltar que a arrogância medieval do conhecimento completo não excluía a existência de coisas incompreensíveis. Ela pressupunha, na verdade, que sabemos tudo o que precisamos saber. Se Deus quisesse que conhecêssemos determinado objeto, Já nos teria revelado. Se não revelou, é porque não precisamos saber, ou a vontade dele é que continuemos na ignorância.

Adão e Eva foram expulsos do Paraíso porque, contrariando a ordem de Deus, comeram o fruto da *árvore do conhecimento*. O pecado original, na narrativa cristã agostiniana, foi passar a compreender coisas que Deus não queria que compreendêssemos. Pois bem. Não pequemos mais ainda procurando saber o que não nos foi revelado, advertia a abordagem católica da Europa medieval. Com essa visão, a Igreja assentou a sua autoridade no campo do conhecimento. Somente ela podia dizer se uma ideia nova estava de acordo com a revelação divina ou era pecaminosa. De 1559 a 1966, a Igreja Católica publicou, de tempos em tempos, a lista dos livros proibidos (*Index Librorum Prohibitorum*).

O Iluminismo marca o momento em que o conhecimento começa a se desapegar abertamente da autoridade. Mais que isso, inaugura uma nova premissa para o saber: a de que *não conhecemos tudo*. Pelo paradigma iluminista, ainda há muito a descobrir e inventar, e apenas a razão deve nos guiar no percurso em busca de novos conhecimentos. A fé eventualmente tem a sua importância, mas não pode impedir ou retardar a ampliação do conhecimento, que deve se alimentar apenas da razão.

A abordagem racional é o grande legado do Iluminismo. O desconhecido deixa de ser um mistério que convém não procurar desvendar para não se cometer mais pecados, e passa a ser uma questão a ser investigada e esclarecida com método.

A arrogância do "conhecemos tudo" da Idade Média deu lugar ao cauteloso "não conhecemos tudo". Mas é bom atentar para o fato de que o rearranjo do Século das Luzes nada tinha de humilde. O novo paradigma, de modo mais preciso, seria sintetizado por "não conhecemos tudo, ainda" (com bastante ênfase na última palavra). A substituição de paradigma veio acompanhada pelo otimismo do "podemos conhecer tudo". A filosofia e a ciência questionarão a presunçosa capacidade ilimitada do nosso conhecimento de modo mais assertivo somente no século XX.

Iluminismo e Direito

Pensadores associados ao Iluminismo semearam uma ambição que alimentará o conhecimento das humanidades por mais de cem anos. Os estudiosos dessa área do saber olharam para Newton e suas fantásticas descobertas no campo da física, derivadas da observação criteriosa do objeto, e se perguntaram: será que também nós, que estudamos as relações entre os humanos, podemos alcançar semelhante grau de precisão e rigor em nossas conclusões se usarmos o mesmo método da observação criteriosa? Conseguiríamos construir uma ciência da sociedade que pudesse entregar resultados tão exatos e eficientes como os da física newtoniana?

O Iluminismo foi uma época de otimismo e de grandes projetos. Na França, Diderot editou a *Enciclopédia*, portentosa publicação com 28 volumes em que se buscava reunir nada menos que todo o conhecimento humano, em seus mais de 70 mil verbetes e quase 3 mil ilustrações. O mais ambicioso de todos os projetos, porém, foi o de construção de uma ciência vigorosa e precisa dedicada às humanidades: a criação das *ciências humanas* (que, um dia, seriam chamadas de sociologia, antropologia, história etc.). O Direito não poderia ficar de fora do grandioso projeto das ciências humanas.

Foi o Iluminismo que criou as condições para se repensar, sem nenhum constrangimento, a pertinência dos padrões de orientação dos conflitos de interesses que vinham sendo adotados (alegadamente "desde sempre"). Como vimos, os padrões jurídicos pré-positivados se legitimavam por um apelo à tradição, como se dissessem: sempre funcionaram bem assim, vamos continuar a usá-los. Já os padrões jurídicos pós-positivação (as leis) se legitimam por uma decisão do soberano, como se ele dissesse: decidi que será melhor fazermos de um jeito diferente.

Há uma associação imediata e intuitiva entre, de um lado, o "conhecemos tudo" do ambiente pré-iluminista e o "sempre funcionou bem assim, não devemos mudar" da legitimação pré-positivação, e, de outro, o "não conhecemos tudo, ainda" do ambiente iluminista e "o direito pode e deve ser melhorado" da legitimação dada pela positivação.

Claro, acontece com muita frequência de a comunidade jurídica ter forte resistência inicial às mudanças de paradigmas. Por isso tais associações não coincidem no tempo: o Iluminismo antecede a positivação em quase um século. As associações apontadas são feitas em função do paradigma. Num mundo em que o conhecimento possível já teria sido totalmente assimilado, não é de estranhar que os padrões de orientação dos conflitos de interesses fossem vistos como igualmente imutáveis desde a "origem dos tempos". Já num mundo em que há muito por descobrir e todos estão otimistas com as melhorias que a ciência pode proporcionar, é bastante estranho repetir os padrões de antigamente apenas por apego à tradição.

A positivação é o Iluminismo irradiando-se sobre o Direito.

O Código Napoleão

A Revolução Francesa sepultara de vez o mundo moderno, mas estava tendo imensas dificuldades em organizar o mundo contemporâneo. Perdera-se numa era de terror e instabilidade política. A burguesia estava feliz com o fim do feudalismo, mas nada satisfeita com a situação bastante anárquica, e prejudicial aos negócios, dos anos seguintes à tomada da Bastilha. Em 1799, com amplo apoio dos franceses, Napoleão Bonaparte tomou o poder e paulatinamente impôs a ordem. Governou sempre de modo ditatorial e centralizador, embora, nos primeiros cinco anos, fosse formalmente apenas um de três cônsules. Em 1804, coroou-se imperador, mais uma vez com amplo apoio popular.

Como hábil estrategista, liderou o exército francês em vitórias retumbantes por toda a Europa e mesmo na outra margem do Mediterrâneo. Afirma-se que essas guerras expansionistas teriam contribuído para a disseminação do ideário burguês. Entendê-las dessa maneira é obscurecer, de algum modo, o tanto de violência, saques e destruição que Napoleão deixou por onde passou.

Há dúvidas sobre o quanto as guerras napoleônicas ajudaram ou não a consolidação do mundo contemporâneo projetado pela burguesia francesa. Mas outra decisão de Napoleão, bem mais pacífica, assegura-lhe um papel proeminente nessa consolidação. Seis meses antes da autocoroação em Notre-Dame, ele outorgou aos franceses o Código Civil.

Chamado inicialmente de Código Civil dos Franceses, foi, três anos após a ratificação, renomeado Código Napoleão. Atente à sutileza: não é Código *de* Napoleão, nem Código *Napoleônico*. É comum chamarmos as codificações pelo nome do principal jurista envolvido na sua elaboração. Nosso Código Civil de 1917 é chamado de "Código Beviláqua", em referência a Clóvis Beviláqua, redator do anteprojeto, e o de 2003 chama-se "Código Reale", em homenagem a Miguel Reale, coordenador da comissão de juristas que redigiu o anteprojeto. Napoleão, ao mudar a designação do código em 1807, queria ser lembrando como o seu autor, embora a redação do texto tenha sido comissionada a quatro advogados.

O Código Napoleão serviu à disseminação do projeto burguês de sociedade de mais de uma maneira. Primeiro, pelo seu conteúdo. Ele protege a propriedade privada de forma absoluta, assegurando ao proprietário o ilimitado poder de usar, explorar economicamente e alienar os bens do seu patrimônio. A liberdade de contratar é igualmente ilimitada. Ele também institui o casamento civil, com celebração e validade independentes do religioso. São institutos jurídicos inspirados na concepção burguesa de mundo. Em segundo lugar, por ser o resultado racional de uma decisão técnica, adotada com o objetivo de organizar a sociedade de acordo com determinado ideário. As decisões judiciais prometem ser previsíveis, porque os juízes devem conhecer profundamente o *Code Napoléon* e não podem deixar de aplicá-lo em seus julgamentos. As pessoas podem contratar e investir sem receio, porque as regras do jogo estão claramente estabelecidas. Os negócios contam com a segurança necessária para o seu desenvolvimento.

Além disso, o Código Napoleão serviu como uma demonstração palpável de que o mundo contemporâneo poderia ser modelado ao gosto da burguesia, por meio das leis. O monumental documento jurídico mudou várias vezes de nome: Código Civil dos Franceses (1804-07), Código Napoleão (1807-15 e 1852-70) ou simplesmente Código Civil (1807-52 e desde 1870), mas sobreviveu, de modo geral, às sucessivas mudanças políticas. Nunca se levou adiante qualquer proposta de substituí-lo por um novo código. Parece que paira insigne e indiferente sobre os governos, mundanos e instáveis, assegurando as bases racionais para a sociedade igualitária, livre e fraterna do ideário da Revolução Francesa.

Por fim, o código inovou os padrões de orientação do tratamento dos conflitos de interesses. Não era apenas a consolidação de preceitos que remontavam a priscas eras, mas a edição solene de novos padrões, mais adequados ao nascente mundo contemporâneo. Ora, como inovação que rompe com o apego à tradição por meio de uma decisão racional, o Código Napoleão não pode escapar à possibilidade da própria mudança por meio de outras tantas decisões que venham a se mostrar igualmente racionais. Ele tem, assim, a flexibilidade compatível com o aumento da complexidade, que, na Idade Contemporânea, alcança patamares inéditos, a um ritmo alucinante.

A lei como instrumento de positivação

Com a positivação, a expressão "lei" ganhou um sentido diferente. Antes, denotava o registro documental de uma tradição. Algo para ser lido, lembra? Como os padrões de tratamento dos conflitos de interesses eram legitimados pela noção de repetição da solução que sempre tinha dado certo, para garantir que o mundo continuaria igual e ajustado, as leis apenas reuniam os costumes existentes num único documento (compilação). Antes da positivação, não se queria fazer, com uma nova lei, nenhuma inovação, nenhuma mudança.

Com a positivação, a lei passou a ser vista como o meio de produzir transformações na sociedade. A Revolução Francesa, afinal, não tinha o objetivo de pôr fim aos privilégios feudais, assegurar a liberdade de organização e manifestação, a igualdade e fraternidade entre os homens? Ela não tinha sido feita, em suma, para revolucionar o mundo, enterrando o velho e abrindo as portas para o novo? É com esse espírito mais ou menos "revolucionário" que as leis passam a ser elaboradas a partir de então.

Elas não mais se prestam a simplesmente registrar o que sempre teria sido Direito num documento formal para ajudar a memorização da tradição. Agora, as leis passam a ser o meio para melhorar o mundo. Se antes documentavam o justo, agora são a própria justiça.

Estamos tão acostumados a entender a lei nesse sentido de inovação, preferencialmente na direção do aperfeiçoamento da sociedade, que precisamos evitar aquela armadilha da simplificação de olhar o passado com as lentes do presente. Antes do século XIX, não havia lei no sentido contemporâneo da expressão, isto é, como a formalização de uma decisão destinada a orientar o tratamento dos conflitos de interesses a ser dado por juízes, uma decisão racional adotada pelo soberano.

Positivação e liberdade

A positivação, ao superar o apego à tradição, amplia a nossa liberdade.

Em princípio, com a legitimação do Direito por meio da positivação, os únicos obstáculos para qualquer inovação na lei se encontrariam na materialidade da nossa condição física e biológica. Não podemos obrigar as pessoas a não adoecerem, por exemplo. Mas, dentro do limite do materialmente possível, temos como engendrar absolutamente qualquer solução para um dado problema. Se nem tradição nem natureza nos constrangem, somos livres para estabelecer a orientação para o tratamento de conflitos de interesses. Qualquer padrão pode se tornar jurídico, desde que não esbarre numa impossibilidade material.

Mas as coisas não são assim tão fáceis. Há soluções materialmente possíveis, mas que não se consegue traduzir numa lei. Os valores e suas valorações modelam a sociedade, balizando o campo do que pode ser decidido pela autoridade com poderes para positivar as leis.

Positivação e evolução do Direito

Quando os padrões de orientação do tratamento dos conflitos de interesses passaram a ser formalizados numa lei (no sentido contemporâneo da expressão), descartou-se de vez a ideia de um Direito imutável, isto é, de algo que nos acompanha sem variações significativas desde o início dos tempos por retratar a nossa essência moral, expressando a natureza mesma dos seres humanos.

Com a positivação, o que sempre tinha sido Direito podia deixar de ser a qualquer momento. Bastava que uma nova lei dissesse o contrário. As mulheres não têm direito a voto? Vamos mudar a lei e admitir seu alistamento eleitoral. As crianças estão sendo exploradas nas fábricas, submetidas a jornadas de trabalho extenuantes? Mudemos a lei para proibir o trabalho infantil e tornar obrigatória a educação primária. As fábricas estão poluindo a atmosfera? Aprovemos nova lei obrigando a utilização de filtros eficientes e punindo severamente as fábricas que não se adaptarem.

No século XIX, a positivação trouxe para o Direito, na verdade, o ideal de evolução, típico do pensamento europeu daquele tempo, quando o otimismo despertado pelas ideias iluministas só se ampliou, no embalo do expressivo desenvolvimento das ciências. Acreditava-se que a sociedade muda constantemente, e muda, em geral, para melhor. As pequenas ou grandes modificações nos textos das leis vigentes seriam os motores de impulso desse progresso presumivelmente benéfico.

Ao ser compreendida como o instrumento de evolução da sociedade, a lei deixou de servir apenas como padrão orientador do tratamento de conflitos de interesses. Manteve, sem dúvida, essa função, mas passou a ser ela mesma objeto de conflitos. As pessoas começam a ter interesses conflitantes também em relação à preservação ou mudança das leis. Diverge-se sobre quais devem ser os padrões que dariam a orientação mais adequada ao tratamento dos conflitos de interesses. E algumas pessoas se unem para buscar o prevalecimento do seu interesse no momento em que for adotada a decisão de escolha dos padrões. No início da positivação, faziam isso por meio de gestões junto ao monarca ou seus ministros; mais recentemente, fazem pela atuação de *lobbies* profissionais abordando parlamentares.

Quando não era o produto de uma decisão, mas a revivescência da tradição imemorial, o padrão do Direito apenas orientava o tratamento de conflitos de interesses. Com a positivação, ele passou também a ser objeto de novos conflitos. O padrão se tornou questionável. De um lado, isso representou um salto civilizatório, porque criou as condições para a constante evolução dos padrões de tratamento dos conflitos de interesses em resposta aos anseios de mudança por um mundo mais justo. Mas, de outro, gerou um novo problema de legitimação. Sem Deus e sem a natureza para justificá-los, os padrões jurídicos vão buscar se legitimar na própria ideia de evolução. Para isso, porém, a lei precisa ser entendida como a modelagem das condutas em sociedade. Evolução social e aperfeiçoamento das leis devem parecer a todos como dois lados da mesma moeda. Esboça-se a teoria do Direito-ordenação, que ainda hoje legitima o sistema social de tratamento dos conflitos de interesses e oculta o seu verdadeiro funcionamento.

Positivação e salto civilizatório

Até a positivação, pensava-se que os padrões orientadores do tratamento dos conflitos provinham de uma longínqua tradição. O conflito deveria ser "solucionado" de certo modo porque "sempre tinha sido assim". Se desde sempre mostrava-se acertado resolver o conflito daquele modo, repetir a fórmula era o melhor a fazer para assegurar que tudo continuaria dando certo. Percebe-se facilmente que ver o Direito por esse ângulo (conservador ao extremo) é procurar excluir qualquer mudança nas relações entre os humanos. Como assim "vinha dando tudo certo" e, por isso, convinha reproduzir as "soluções" surgidas em tempos imemoriais? "Vinha dando certo" para quem? Ao substituir a tradição pela positivação, o Direito se revoluciona, porque descarta a imutabilidade dos padrões antigos e supostamente corretos.

A etapa da positivação pode ser, por isso, associada a mais um salto civilizatório. A pessoa investida de autoridade na estrutura do Estado tem o poder de inovar os padrões de tratamento dos conflitos de interesses. Libertos da tradição e do direito natural, podemos sempre melhorar esses padrões em direção a um mundo cada vez mais justo.

Claro que, durante muito tempo ainda, as inovações na lei teriam alcance bastante restrito. O monarca não tinha outra preocupação senão defender e otimizar os próprios interesses e os dos seus asseclas; também os legisladores, nas democracias contemporâneas, nem sempre estão genuinamente atentos ao interesse público. Mas um passo decisivo havia sido dado: a positivação abriu uma porta pela qual passaram primeiro os que se encontravam próximos ao umbral; com o tempo, vieram outros, cada vez mais resolutos.

Foi graças à substituição do "apego à tradição" pelo direito "decidido pela autoridade" que, aos poucos, a sociedade pôde passar a se organizar para que os interesses de mulheres, crianças, idosos e trabalhadores fossem mais bem assegurados nos padrões de tratamento de conflitos. Pudemos nos distanciar mais ainda da lei do mais forte, que norteava os conflitos no estado natural, à medida que deixamos de ter compromisso com os padrões jurídicos do passado, de considerá-los melhores e imutáveis. Na próxima e derradeira etapa da trajetória aqui traçada, a figura de um juiz independente e poderoso criará as condições para o reconhecimento dos direitos das minorias.

Defesa do Iluminismo

O Iluminismo deve ser defendido de um injusto e obtuso ataque que setores das humanidades alimentam contra ele. Amplificando a coincidência, no tempo, entre o Iluminismo e práticas do colonialismo europeu que são hoje merecida e radicalmente repudiadas (genocídio, escravização e usurpação de terras dos povos originários), o ataque propaga que elas não teriam acontecido sem o irromper do Século das Luzes.

No que diz respeito à trajetória do Direito, o Iluminismo está na base do salto civilizatório representado pela positivação. O Direito passa a ser muito mais protetivo quando abandona a blindagem dos padrões de tratamento dos conflitos de interesses, que estava sob a armadura da alegada imutabilidade da tradição, e admite o seu aperfeiçoamento por meio de uma decisão. Alterável, aperfeiçoável e substituível, um padrão de orientação do tratamento de conflitos pode prestigiar qualquer interesse, mesmo aquele no qual o Direito não havia prestado atenção anteriormente.

O civil law e o common law

A positivação não eliminou o respeito à tradição no Direito. É verdade que ela deixou de ser o padrão essencial de tratamento dos conflitos de interesses, mas ainda hoje cumpre um papel: serve de importante referência, na forma de precedentes.

Na Inglaterra, aliás, a positivação aconteceu em menor extensão. Deu-se mais relevância aos precedentes lá do que na Europa continental. Naturalmente, essas duas maneiras de processar a positivação foram transpostas para as colônias. Surgiu, então, a diferenciação entre dois grandes sistemas jurídicos: o *civil law* e o *common law*.

No Reino Unido e nos países de colonização britânica (Estados Unidos, Austrália e Nova Zelândia, por exemplo), os conflitos de interesses eram tratados majoritariamente a partir de precedentes, reservando-se às leis editadas pelo Estado um papel secundário. Falava-se na filiação desses países ao sistema do *common law*. Já nos demais países europeus e em suas ex-colônias, a positivação foi mais intensa, com a edição, pelo Estado, de leis a serem aplicadas pelos juízes. São os filiados ao sistema do *civil law*.

Até meados do século XX, essa diferenciação era crucial. Mas a globalização tem reduzido a sua importância. A integração econômica, sobretudo na fase do mercado comum, demanda a harmonização dos direitos vigentes nos países de um bloco. A neutralização das fronteiras nacionais para fins econômicos ocorre paralelamente à eliminação das chamadas vantagens competitivas institucionais. E isso depende de leis que alterem o direito dos países envolvidos com a integração econômica. Se eles continuarem apegados às suas tradições, reproduzindo o que sempre tomaram como Direito, nenhuma alteração acontece, mantendo-se as vantagens competitivas institucionais que impedem a formação do mercado global.

Quero explicar melhor essa questão. Quando duas empresas concorrem pelos mesmos consumidores, tende a vencer a que está mais bem aparelhada ou, em outras palavras, a que consegue obter mais vantagens. Tais vantagens podem ser de duas espécies: as econômicas, relacionadas ao modo de cada empresa se organizar, como as diferenças na redução de custos, desenvolvimento tecnológico, melhoria da qualidade etc., e as institucionais, relacionadas às obrigações que as empresas devem cumprir em razão da lei, como o pagamento de impostos, o atendimento a formalidades burocráticas, os direitos trabalhistas, as regras de proteção ao meio ambiente, a propriedade intelectual etc.

Em geral, duas empresas sediadas no mesmo país vão concorrer valendo-se apenas de suas vantagens econômicas, porque estão sujeitas às mesmas leis. Isso pode ter exceções: no Brasil, por exemplo, as menores obrigações tributárias das empresas sediadas na Zona Franca de Manaus representam uma importante vantagem institucional não acessível às sediadas no restante do país. Mas, como dito, no geral valem apenas as vantagens econômicas na competição entre as empresas instaladas num único país, porque elas devem obedecer ao mesmo ordenamento jurídico.

Quando a concorrência envolve empresas sediadas em países diferentes, além das vantagens competitivas econômicas, têm grande importância as institucionais. Vários produtos chineses são mais baratos do que os equivalentes norte-americanos em razão das significativas diferenças entre as leis a que as empresas devem obedecer na China e nos Estados Unidos – leis trabalhistas, ambientais e de proteção à propriedade intelectual, principalmente.

Todo o processo de globalização poderia até mesmo ser resumido como a paulatina supressão das vantagens competitivas institucionais. Seu objetivo último seria descrito, de modo sintético, como a construção de um mercado em que a concorrência entre as empresas de todas as partes do mundo fosse ditada apenas pelas vantagens que cada uma conseguisse obter no plano exclusivamente econômico (organização da produção, redução de custos, tecnologia etc.). No mundo plenamente globalizado, nenhum empresário terá vantagens competitivas tão somente em razão da maior frouxidão da lei trabalhista, tributária, ambiental ou comercial vigente no seu país.

A globalização, assim, depende de mudanças no direito que somente podem ser alcançadas por meio de novas leis. Os países do *common law*, na medida em que se engajam em processos de integração econômica, cada vez mais têm que se valer de uma positivação intensiva de seu direito.

Mas não é só nessa direção (positivação mais intensiva nos países do *common law*) que os dois sistemas estão se aproximando. Também nos países do *civil law*, a valorização dos precedentes tem crescido. Esse crescimento não se verifica nas leis que afetam a produção e a circulação econômica, por causa da necessidade de eliminação das vantagens competitivas institucionais, mas está presente nas demais (direito penal, de família etc.). A aproximação entre os dois sistemas nessa outra direção (positivação menos intensiva nos países do *civil law*) deve-se a razão diversa: a desconfiança de que o ser humano não consegue controlar inteiramente as relações em sociedade. Essa percepção aflora na quinta e última etapa da trajetória do Direito que estou traçando. Seu marco temporal é uma decisão tomada pela justiça alemã nos idos de 1970.

7. Juízes

Onde estamos mesmo em nossa trajetória? Convém resumir, antes de seguirmos em frente.

Os seres humanos, antes de adotarem o Direito como estratégia de sobrevivência da espécie, resolviam seus conflitos por meio da disputa física direta. O mais fraco perdia todas para o mais forte, a menos que conseguisse ter sorte ou ser suficientemente astuto. Com o Direito, a lei do mais forte foi substituída por padrões diferentes para lidar com os conflitos de interesses. Esses padrões foram se tornando progressivamente mais complexos. Num determinado momento, a complexidade era tamanha que o sistema de tratamento dos conflitos só podia ser manejado por um conjunto de pessoas suficientemente familiarizadas com os padrões jurídicos. Passou a ser necessário até mesmo que uma parte dessas pessoas compusesse um corpo permanente, com autoridade para gerir o sistema e dedicado com exclusividade à tarefa de tratar os conflitos de interesses. Surgem os juízes.

No início, o juiz era um delegado do titular do poder político (cônsul, príncipe ou ditador romano, rei medieval, monarca absolutista, imperador moderno etc.) e seus poderes não eram restritos aos cuidados dos conflitos de interesses. Ele também tinha delegação para resolver todas as questões de coordenação de um agrupamento (área, cidade, região etc.), inclusive o comando das armas. Numa figura de linguagem atual, poderíamos dizer que esse delegado do titular do poder político era uma espécie de prefeito-general-juiz.

Nos últimos duzentos anos da trajetória, aconteceu a tripartição de poderes.

Na Inglaterra, bem antes disso, já haviam se separado os poderes em dois: de um lado, o que hoje chamamos de Legislativo, encarregado de definir os padrões; de outro, o rei, incumbido de administrar os assuntos gerais, incluindo o tratamento dos conflitos de interesses. Foi somente em 1788, com a Constituição dos Estados Unidos, que os poderes do Estado Nacional se dividiram positivamente em três: Legislativo, Executivo e Judiciário. A partir da disseminação desse modelo por outros países, o juiz deixou de ser um delegado do titular do poder político para se tornar uma autoridade independente.

Na divisão dos poderes, o Judiciário fica com o poder de "resolver" os conflitos de interesses por meio do julgamento de processos judiciais. Em certo sentido, mais amplo, também os outros dois poderes administram interesses conflitantes. O poder próprio do Judiciário é o de "dar a última palavra" no tratamento dos conflitos de interesses; ele tem o poder de "dizer o direito". É independente, porque não age mais como delegado do titular do poder político, mas investido de um poder próprio, outorgado pela Constituição.

Afirma-se, entretanto, que o poder do juiz é limitado, porque ele não pode julgar como bem quiser. Deve, ao contrário, aplicar as normas jurídicas criadas pelo titular de outro poder do Estado.

Aqui também o processo não foi linear, nem isento de contradições. A independência dos juízes muitas vezes foi (e ainda é, em alguns lugares) mais formal do que efetiva. Está escrita na Constituição, mas há entraves de diversas ordens a impedir o pleno exercício, pelos magistrados, do poder de tratar com autonomia os conflitos de interesses.

De qualquer forma, nos seus passos lentos, cambaleantes e hesitantes, a trajetória do Direito sobe mais um degrau.

Independência dos juízes

A última etapa desta trajetória do Direito é a da independência dos juízes. Temos aqui mais um salto civilizatório.

O marco temporal que escolho para esta etapa é 1973, ano em que o Tribunal Constitucional da Alemanha julgou um caso emblemático que envolvia o conflito de interesses entre um criminoso preso e uma rede de televisão. Falo do caso Lebach. Antes, porém, de examinar esse famoso julgamento mais detidamente, precisamos nos familiarizar com o conceito de "normas jurídicas".

Os instrumentos de positivação: normas jurídicas

Até agora temos falado em leis como o instrumento da positivação do Direito. Os padrões de orientação do tratamento dos conflitos de interesses deixam de ser vistos como a revivescência de uma imemorial tradição e passam a ser o resultado de uma decisão traduzida por uma lei. Num primeiro momento, na Europa, quem decide tais padrões é o soberano único, como no caso do Napoleão Bonaparte ao outorgar o Código Civil dos Franceses. Mas, do outro lado do Atlântico, desde 1776, com a independência dos Estados Unidos, o soberano único é substituído por um colégio de representantes do povo. São os legisladores, escolhidos por eleição popular, que decidirão os padrões a serem observados pelos magistrados no julgamento dos processos judiciais.

Essa diferenciação jurídica vem associada à tripartição dos poderes e está atualmente disseminada nos países democráticos. Como se espera, ela aciona novas e crescentes complexidades. Uma delas está na profusão de instrumentos de definição de padrões orientadores do tratamento dos conflitos de interesses. A lei continua sendo um deles, mas aparecem outros instrumentos, como a Constituição e o decreto.

A Constituição, apelidada de Lei Fundamental, inicialmente apenas organiza os poderes do Estado (Legislativo, Executivo e Judiciário). A partir do século XX, irá tratar de outros temas, como os direitos fundamentais. O decreto, por sua vez, é o instrumento pelo qual o Poder Executivo regulamenta a lei aprovada pelo Poder Legislativo, quer dizer, detalha aspectos da decisão dos legisladores que ficaram em aberto, à espera de novas definições.

A lei mesma será distinguida em categorias: lei complementar, lei ordinária, lei delegada e outras. Também receberá, em algumas ocasiões, designações diferentes, como código, lei orgânica ou estatuto. As diferenciações são técnicas demais para nos ocuparmos delas aqui. O que interessa enfatizar é o aumento da complexidade nesses meios de veicular as escolhas de padrões, no contexto da positivação.

Criaram-se, ainda, instrumentos de positivação de mudanças na Constituição (*emendas constitucionais*), de regulamentos baixados por vários órgãos estatais (*instruções, portarias, deliberações, resoluções* etc.), de decisões do Poder Executivo com força temporária de lei (*medidas provisórias*). O arsenal da positivação é imenso.

Quando Napoleão outorgou o Código Civil dos Franceses, não havia nenhuma Constituição limitando os seus poderes. O golpe de Estado que dera em 1799 tinha invalidado a Constituição de 1791. Tampouco se poderia imaginar algo como um decreto detalhando o código, cuja pretensão era a de ser suficiente e completo. As coisas eram bem mais simples na França de 1804, e o conceito de lei era suficiente à instrumentalização da positivação.

Os novos e variados instrumentos de positivação têm um traço comum: são atos que veiculam a decisão de uma autoridade relativamente à escolha dos padrões que irão orientar o tratamento de conflitos de interesses – uma autoridade que pode ter sido dada a uma pessoa ou a um grupo. Podemos deixar de lado todas as tecnicalidades que distinguem os diversos instrumentos de positivação, porque nos interessa aqui apenas esse traço comum. Precisamos, contudo, de uma expressão para fazer referência ao conjunto.

O conceito criado pelos juristas para abarcar toda essa variedade de instrumentos de positivação é o de "norma jurídica". Leis,

Constituição Federal, medidas provisórias, decretos, portarias, constituições estaduais, códigos, leis orgânicas, regulamentações e instruções normativas são alguns dos exemplos de *normas jurídicas*.

A institucionalização do Direito pelo Estado Nacional

Há várias espécies de animais que se agrupam para unir forças na busca pelos recursos de vivência. Formam, porém, grupos pouco numerosos em comparação com os dos humanos. Quando a quantidade de indivíduos nesses grupos animais aumenta a partir de determinado patamar, eles se dividem. Bandos de chimpanzés costumam reunir de vinte a cinquenta indivíduos. Além dessa quantidade, não conseguiriam manter a coordenação necessária à existência do grupo.

O *Homo sapiens* consegue a façanha de se reunir em agrupamentos gigantescos. A sua capacidade de abstração, muito mais apurada que a de qualquer outro animal, possibilita a coordenação de um número imenso de pessoas. O Estado Nacional é um agrupamento que chega atualmente a agregar dezenas ou centenas de milhões e até mesmo mais de 1 bilhão de indivíduos. Desde o seu início, na Idade Moderna, mesmo quando ainda estava muito longe dessa ordem de grandeza, o Estado Nacional já podia ser considerado o maior agrupamento jamais construído por mamíferos.

Um dos elementos essenciais e mais importantes para se obter a coordenação necessária à constituição de um coletivo (tribos, clãs, cidades, nações etc.) é o tratamento dos conflitos de interesses. Os humanos conseguiram o fantástico intento de viver em agrupamentos tão numerosos porque desenvolveram um sofisticadíssimo sistema para esse tratamento.

A aglutinação de humanos num agrupamento de dimensões robustas como o Estado Nacional demandava naturalmente uma organização mais bem estruturada e racional para a administração da convivência entre uma quantidade elevada de seres humanos, num grau de sofisticação nunca antes experimentado ou tentado.

E, convenhamos, o nacionalismo, embora legitime o Estado-nação, não é suficiente para assegurar a plena harmonia, o fraternal desprendimento e a voluntária cooperação entre as pessoas de mesma nacionalidade. A invocação da identidade nacional não faz desaparecer os conflitos de interesses entre credor e devedor, entre vizinhos, entre familiares, entre empregador e empregado etc.

Por essa razão, a formação do Estado Nacional ampliou o repertório de novas diferenciações jurídicas para o tratamento dos conflitos de interesses. A complexidade, como sempre, aumentando. Para dar conta das diferenciações, o Estado Nacional criou estruturas permanentes, isto é, um corpo de burocratas encarregados das multiplicadas tarefas administrativas. Entre essas tarefas, incluíam-se as relacionadas ao tratamento dos conflitos internos de interesses.

Surge a Justiça como uma das estruturas permanentes do Estado Nacional.

No início, não se considerava que o tratamento dos conflitos era um assunto apartado dos demais de que se encarregava o titular do poder político, diretamente ou por meio de agentes. A divisão dos poderes e a independência dos juízes ainda vão aguardar novas etapas da trajetória do Direito. A complexidade das diferenciações, contudo, tinha alcançado tal grau que os encarregados de tratar os conflitos de interesses já precisavam ser especialistas treinados. A função passou a demandar um plantel de burocratas suficientemente familiarizados com os cada vez mais emaranhados padrões orientadores a se adotar.

Desse modo, mesmo antes da independência dos juízes já podemos falar em institucionalização do Direito. Ela respondeu a duas questões. De um lado, o grau já muito elevado de complexidade a exigir um corpo de especialistas, de preferência permanente, encarregados de tratar os conflitos; de outro, a afirmação e o fortalecimento do Estado Nacional por meio da reivindicação da exclusividade do uso legítimo da força. Após a institucionalização do Direito, qualquer outra pessoa ou agrupamento que imponha os seus interesses pela força age sem legitimidade.

O Estado Nacional europeu aos poucos tornará o tratamento dos conflitos de interesses uma tarefa exclusiva dele, consolidando o monopólio do uso legítimo da força. A institucionalização do Direito significa que ninguém pode mais resolver seus conflitos de interesses mediante confrontos físicos, mais ou menos violentos. Não somente isso. Quem quer ver o seu interesse prevalecer, mesmo que à custa da imposição de um constrangimento físico, não tem outra opção a não ser a disponibilizada pelo Estado Nacional: a Justiça.

A institucionalização do Direito pelo Estado será uma luta arrastada. Na Idade Média, uma miríade de agrupamentos (feudos, burgos, corporações de ofícios etc.) adotava seus próprios padrões de tratamento dos conflitos de interesses surgidos entre os seus membros; alguns deles tinham também um braço armado para impor as soluções para os conflitos. Clérigos católicos se submetiam ao direito canônico, estudantes de uma universidade e mesmo os seus familiares podiam ser presos por ordem do reitor, comerciantes resolviam os seus conflitos nas suas corporações, cada senhor feudal dispunha do próprio exército etc.

A França, por exemplo, já existia desde o século XVII, mas apenas com o fim das regalias da aristocracia, na Revolução de 1789, é que conseguiu concluir o processo de centralização do tratamento dos conflitos no Estado. Claro, na época atual alguns agrupamentos ainda podem ter suas próprias regras e procedimentos. Um padre católico, por exemplo, ainda deve obediência ao direito canônico. Mas nenhum desses sistemas específicos de tratamento de conflitos de interesses pode excluir o sistema estatal. Nenhum deles pode fazer uso das armas para tentar pôr fim aos conflitos entre os seus membros.

Magistrados no Império Romano

Hoje, "magistrado" é uma designação exclusiva dos juízes, que são funcionários permanentes do Estado Nacional, integrantes do poder autônomo encarregado de decidir os conflitos de interesses. Na Roma Antiga, porém, a expressão tinha um significado completamente diferente. Era expressão genérica para quem exercia o poder.

Não podemos olhar o Império Romano como se ele tivesse uma organização tão racional como o Estado Nacional costuma ter hoje. A sua estrutura administrativa e política era confusa, múltipla e bem desorganizada para os padrões contemporâneos. Havia uma miríade de figuras investidas de poderes não inteiramente claros e privativos: cônsules, procônsules, governadores, questores, pontífices, magistrados com *imperium*, magistrados apenas com *potestas*, ditadores, pretores peregrinos, pretores urbanos, juízes, procuradores, edis, prefeitos, tribunos, censores etc. Atente: muitas dessas designações ainda hoje são utilizadas, mas há pouquíssima ou nenhuma equivalência entre as funções dos agentes da Roma Antiga e as dos atuais.

Não se encontra nenhum integrante da estrutura administrativa e política do Império Romano permanentemente encarregado apenas de decidir conflitos de interesses como os juízes atuais. Os juízes (*iudices*) eram administradores similares aos nossos prefeitos. Entendia-se que decidir conflitos de interesses era parte das funções de administrar a cidade ou região. E, quando incumbidos também de comandar expedições militares, eram chamados de pretores (*praetoris*, ou seja, "os que vão na frente"). Havia a figura do prefeito-polícia (*praefectus vigilum*), que cuidava do policiamento noturno e do combate a incêndios. Quando prendia o autor de um delito ocorrido à noite ou um incendiário, era o mesmo prefeito-polícia que os julgava e condenava.

Vamos perceber essa enorme variação de formatos também nas relações entre Roma e os povos conquistados. Adotavam-se vários estatutos, como os de município *optimo iure*, município sem sufrágio, colônias romanas ou latinas, províncias consulares ou pretorianas, províncias senatoriais ou imperiais etc. O grau de autonomia de cada um dos povos conquistados variava muito. Provavelmente, a história específica da guerra de conquista determinava o estatuto do conquistado. Se havia enfrentado mais resistência do que gostaria, Roma tendia a reduzir a autonomia local; se a resistência tinha sido pequena e o domínio romano se sentia estável, tendia a conceder mais autonomia ao povo conquistado.

Do mesmo modo, nenhuma instância legislativa se encontra no Império Romano. Pelo menos não no sentido contemporâneo da expressão, de órgão do Estado investido do poder de decidir quais serão os padrões (enunciados abstratos) que julgadores deverão observar ao arbitrar os conflitos de interesses. O Senado era o conselho dos anciões, guardiões da tradição iniciada com a fundação de Roma, e não um colegiado que aprovava leis.

Durante o primeiro período histórico da Roma Antiga (Realeza, século VII a 510 AEC), além do Senado, instância consultiva, havia grandes assembleias populares, os comícios; neles, discutiam-se problemas concretos, em geral relacionados com as diferenças de classes em Roma. Nem todas as decisões tomadas nos comícios eram formuladas em abstrato, como as leis atuais. No segundo período (República, 510 a 27 AEC), o Senado começou a dispensar os cidadãos de obedecerem às decisões dos comícios quando as considerava incompatíveis com os costumes romanos. No terceiro (Principado, 27 AEC a 285), o Senado é chamado a referendar algumas iniciativas do príncipe em relação ao registro dos padrões do Direito (os *senatus-consulto*). Por exemplo, a proposta feita por Tertuliano que definia quem eram os herdeiros.

Mas, como não havia ainda institucionalização do Direito, isto é, a monopolização do uso legítimo da força pelo Estado, o mais provável é que comícios, Senado, magistrados e os inúmeros outros agentes com atribuições na estrutura administrativa e política tivessem que disputar o poder no dia a dia. Sem uma precisa delimitação de atribuições, a instância mais forte a cada momento fazia prevalecer a sua decisão.

Alguns estudiosos ficam tentados a identificar uma delimitação objetiva de competências, como as existentes no nosso tempo. Frustram-se, porque essa estrita racionalização do poder não existia na Roma Antiga. Querem ver uma organização formal numa aglomeração em que só havia pequenas e grandes disputas, acomodações, negociações e enfrentamentos.

Organização dos poderes na Inglaterra

Na Inglaterra, de modo geral, sempre houve um razoável equilíbrio entre os poderes do Parlamento e do monarca. Desde o século XI, existia um conselho, com papel impreciso na aprovação das leis. No início do século XIII, um rei bastante enfraquecido viu-se forçado pelos barões desse conselho a limitar os seus poderes. Ele ficou conhecido como João sem Terra. Em documento assinado em 1215, a Magna Carta, o rei se comprometeu a não fazer mais julgamentos arbitrários e, principalmente, não instituir novos tributos para pagamento por parte da nobreza sem o consentimento do conselho. Não demorou muito, João sem Terra pediu ao Papa a anulação do documento. Os barões ingleses foram às armas. A segunda versão da Magna Carta, menos constrangedora para o poder real, foi assinada após a morte do rei. O novo documento manteve a prévia concordância dos senhores feudais como condição necessária para a criação ou o aumento de impostos. A Magna Carta é considerada o embrião das Constituições modernas e contemporâneas.

Esse equilíbrio entre o Parlamento e o monarca que perpassa a história da Grã-Bretanha deu origem à bipartição de poderes, que sem dúvida serviu de forte inspiração para a tripartição. E, embora o juiz inglês seja de fato bastante independente, o Poder Judiciário não era claramente um terceiro poder, no plano formal.

Os juízes ingleses eram delegados do poder real. Historicamente, chegaram a desempenhar papel de grande importância no processo de centralização do poder. Para se fortalecer diante dos centros pulverizados de poder, o rei criou um aparato judicial próprio. O juiz real disputava com os barões o tratamento dos conflitos de interesses locais. Inicialmente, o *common law* foi a referência às decisões da justiça real, isto é, ao direito "comum" a todos os ingleses, que lutava para se sobrepor aos direitos de cada baronato.

A jurisdição real foi um instrumento de afirmação do poder central sobre o local. Os juízes contribuíram para a formação do

Estado Nacional concedendo ordens específicas (denominadas *writ of right*), em que anulavam as decisões adotadas localmente pelos barões feudais e, com isso, os enfraqueciam.

Até 2005, no Reino Unido, os magistrados eram formalmente agentes do poder real, nomeados pela rainha a partir de indicações de uma comissão de juízes previamente aprovadas por alguns membros do governo. Somente a partir de 2006 a seleção passou a ser feita por meio de provas aplicadas não apenas no nível inicial da carreira, mas também para ingresso nas cortes de apelação. Antes, uma comissão de juízes escolhia os novos magistrados entre os advogados mais experientes.

Além da participação do governo e da rainha na nomeação dos juízes, a mais alta instância da justiça (Câmara dos Lordes) era, até o início do século XXI, uma das casas do Parlamento. Nem todos os lordes participavam dos julgamentos, que ficavam a cargo de uma comissão composta por alguns deles, com formação jurídica.

O Act of Settlement, baixado pelo Parlamento em 1701, é considerado o marco histórico da afirmação da independência dos juízes britânicos. Os principais objetivos desse decreto foram excluir os católicos da sucessão do trono e unificar os Parlamentos inglês e irlandês, formando a Grã-Bretanha (o da Escócia só seria absorvido seis anos depois). Antes dele, ocorria mesmo de o juiz ser demitido pelo rei (ou rainha) quando adotava decisão que o desagradasse. Desde o século XVIII, contudo, um juiz estável (*senior*) só podia ser removido pelo poder real a pedido das duas casas do Parlamento.

De fato, embora não tivesse um Poder Judiciário nos moldes criados pela Constituição norte-americana, o Reino Unido, há séculos, já prestigiava a independência dos juízes em relação ao poder real e ao Parlamento. Em 2005, quando ainda integrava a União Europeia, aprovou uma lei para criar a Suprema Corte como órgão independente do Parlamento e suprimir a competência da Câmara dos Lordes e do lorde chanceler em matéria judicial.

Montesquieu e a tripartição dos poderes

Aconteceu algo único e muito curioso com Montesquieu. A obra a que ele dedicou muitos anos de sua abonada e tranquila vida de aristocrata francês tinha o objetivo de compreender como as leis da natureza do homem acabavam se traduzindo em normas jurídicas positivas de conteúdos tão diversos, variando de país para país e de acordo com a época. Por exemplo: por que, sendo os homens todos da mesma natureza, alguns países admitiam a escravidão e outros não? Compreender as diferenças entre os direitos dos diversos países é a questão fundamental do seu livro *O espírito das leis*. Publicado em 1748, desfrutou de sucesso desde o início e enfrentou acirradas polêmicas, a ponto de ter sido incluído no INDEX da Igreja Católica.

Para Montesquieu, as leis positivadas (aprovadas pelo Estado) deviam ser compatíveis com um conjunto de fatores relativos à geografia, à geologia e ao clima do lugar e aos costumes e às crenças do povo que o ocupa. Uma de suas conclusões, por exemplo, é que nenhum país com clima quente conseguiria se ajustar à monarquia, que ele considerava o melhor regime de governo; outra conclusão é que a república só conseguiria se estabelecer em países de território pequeno.

A importância de *O espírito das leis* está no método empregado. Fiel ao ambiente de seu tempo, o Iluminismo, Montesquieu considerava a observação criteriosa e racional do objeto como o único meio de conhecer a verdade. Rejeitava o antigo método, centrado na autoridade de textos sagrados do cristianismo ou, subsidiariamente, na releitura de alguns filósofos gregos. Isso foi realmente novo e marcante, justificando o merecido prestígio de que desfruta a obra.

Mas as conclusões que Montesquieu formulou a partir desse método são, hoje, simplesmente desacreditadas. Por meio de uma delas, a teoria do clima, o filósofo concluiu que a democracia tende a ser possível somente em territórios pequenos, com clima ameno e onde as pessoas possam cultivar sem muito esforço um solo generosamente fértil. Ele também reputava contrário à razão e à natureza que a mulher tivesse poder de mando dentro da família, embora admitisse que ela poderia governar um vasto império. A explicação para o descompasso? Na casa, acreditava Montesquieu, sua fraqueza impede a proeminência, mas, à frente de um império, a mesma fraqueza permite à mulher que faça um bom governo, por lhe proporcionar virtudes como suavidade e moderação.

Mesmo se formos condescendentes com o homem em razão de seu tempo, é repulsivo o que Montesquieu pensa sobre a escravização dos africanos. Suas palavras em *O espírito das leis*: "Se eu tivesse que defender o direito que tivemos de escravizar os negros, eis o que diria: tendo os povos da Europa exterminado os da América, tiveram que escravizar os da África a fim de utilizá-los no desbravamento de tantas terras. O açúcar seria muito caro se não se cultivasse a planta que o produz por intermédio de escravos". Você não se enganou na leitura: para o filósofo iluminista, o fundamento do direito dos europeus de escravizarem os africanos estaria na contenção dos custos da produção açucareira. Os africanos podiam ser legitimamente escravizados para que a aristocracia europeia não gastasse muito dinheiro ao comer doces (!?).

E o argumento de Montesquieu prossegue ainda mais repugnante: "Aqueles a que nos referimos são negros da cabeça aos pés e têm o nariz tão achatado que é quase impossível lamentá-los. Não podemos aceitar a ideia de que Deus, que é um ser muito sábio, tenha introduzido uma alma, sobretudo uma alma boa, num corpo completamente negro."

Não devemos julgar ninguém abstraindo os valores cultivados em seu tempo. Condenar Aristóteles por aceitar a escravidão não parece inteiramente justo, porque a base da produção, no tempo em que ele viveu (século IV AEC), era o trabalho escravo. Ele não conheceu outros modos de organizar a economia. Mas Montesquieu viveu no tempo do ressurgimento da escravidão para viabilizar a ocupação e a exploração econômica das Américas pelos europeus. Foi contemporâneo de pensadores que não aceitavam essa forma abjeta de exploração. Assim, mesmo julgando Montesquieu como um homem do seu tempo, não há como perdoá-lo por ter defendido a escravização, nem pelo modo repugnante como a defendeu.

Apesar de estar hoje inteiramente desacreditado em suas conclusões, Montesquieu é celebrado, na comunidade jurídica, como o revolucionário criador da teoria da tripartição dos poderes. E, o mais espantoso, a celebração se deve a umas poucas observações, inteiramente marginais e contraditórias, lançadas no capítulo VI do livro XI de *O espírito das leis*.

Quais são os três poderes que Montesquieu identifica? São dois: Legislativo e Executivo; chega-se a três pelo desmembramento do Poder Executivo, de um lado, no das "coisas que dependem do direito das gentes" e, de outro, no "das que dependem do direito civil". É verdade que ele associa este último ao poder de julgar e afirma mesmo não haver "liberdade se o poder de julgar não estiver separado do Poder Legislativo e do Executivo"; mas também é certo que, para ele, "dos três poderes dos quais falamos, o de julgar é, de algum modo, nulo, [restando] apenas dois".

Bem lido *O espírito das leis*, percebe-se que, na rápida abordagem da repartição dos poderes, a questão que verdadeiramente preocupa Montesquieu é bem outra: quem teria poderes para julgar os nobres como ele? Conclui que esse poder só poderia ser conferido à parcela do Poder Legislativo composta por aristocratas. Nisso, porém, não se encontra nenhum privilégio da nobreza. Também um homem do povo deveria, segundo Montesquieu, ser julgado por homens do povo. O filósofo estava convencido de que cada um mereceria apenas o julgamento de seus pares. Mas, exatamente por conta dessa equação de castas, é incompatível com o pensamento de Montesquieu a existência de um Poder Judiciário independente.

Admirador confesso da monarquia britânica, em que, como vimos, os poderes eram repartidos entre o Parlamento e o monarca, Montesquieu está longe de ter formulado uma teoria política propondo a tripartição dos poderes tal como a concebemos atualmente, isto é, com um terceiro braço independente, composto por magistrados imparciais, estáveis e profissionais, com a atribuição de julgar crimes e demandas civis de acordo com a lei. Dar esse crédito a quem tangenciou levemente o tema, em alguns poucos parágrafos de um alentado livro sobre assunto diverso, é uma aberrante simplificação.

Como dito, aconteceu com ele algo único e muito curioso. Pergunte a qualquer estudante de direito quem foi o formulador da teoria da tripartição dos poderes, e a resposta virá sem vacilações: "Montesquieu". Na verdade, esqueceram ou toleraram as estapafúrdias conclusões sobre a influência de fatores geológicos na viabilidade da democracia, a fraqueza natural das mulheres e a falta de humanidade nos africanos para enaltecê-lo por uma teoria que ele não elaborou, tampouco se propusera elaborar.

Há juízes em Berlim

Houve um tempo em que se pensou na viabilidade de concentrar todo o poder nas mãos de um rei sem cair no extremo autoritarismo das monarquias absolutistas. Muitos iluministas eram fãs dessa alternativa, chegando até mesmo a preferi-la em detrimento de modelos baseados na representação popular. A ideia agradou bastante a alguns monarcas europeus, que não tiveram pudores de a encampar. Foram os déspotas esclarecidos.

O terceiro rei da Prússia, entre 1740 e 1786, ajustou-se perfeitamente ao figurino. Amante das artes, amigo de filósofos e zeloso curador de uma autoimagem de intelectual, Frederico II atuou tão bem no papel de déspota esclarecido que, ainda hoje, chamam-no de "o Grande". Entre seus caprichos, construiu um palácio rococó nas proximidades de Berlim, mais exatamente em Potsdam, e, admirador da língua e da cultura francesas, batizou-o *Sanssouci* ("sem preocupação").

Mas nenhum déspota seria suficientemente esclarecido sem algumas narrativas lendárias confirmando o extremo espírito público de quem, tendo todo o poder em suas mãos, o exercia com uma racional e admirável autocontenção. Uma das mais difundidas lendas aparece em "O moleiro de Sanssouci", texto ficcional do advogado, poeta e dramaturgo François Andrieux, Escrito em versos uns cinquenta anos após a morte de Frederico II, rima "Frederico segundo" com "pensador profundo".

A narrativa é a seguinte: o rei planejava ampliar os jardins em torno de seu palácio em Potsdam. Deslocou-se até a morada do vizinho, que era dono de um moinho, e lhe propôs comprar o terreno por preço justo. Quando o moleiro se recusou a vender, Frederico II se esqueceu por um instante de que era um moderado sujeito esclarecido e indagou ameaçador, como um déspota vulgar: "Você sabe que posso ter o seu moinho sem pagar?". E ouviu como resposta: "Poderia, se não houvesse juízes em Berlim" ("*Oui, si nous n'avions pas des juges à Berlin*"). Frederico II, feliz em ver um súdito com tamanha confiança na justiça prussiana, desistiu de seus planos de ampliação dos jardins de Sanssouci.

Advogados e juízes gostam de contar essa história como se ela realmente tivesse acontecido na Alemanha. Não estranham nem mesmo a muito improvável situação de um poderoso monarca europeu do século XVIII negociando pessoalmente a compra de um terreno. Se isso já seria bastante inverossímil para qualquer rei, no caso de Frederico beira o impossível. Como alguém enlevado pelas artes e pela filosofia, com poder de incumbir burocratas da enfadonha tarefa, teria preferido cuidar pessoalmente de algo tão prosaico? Tampouco desconfiam da hipótese de um rei visitando o moleiro em vez de convocá-lo à sua presença. Esquecem-se, por fim, que a Alemanha só existirá uns oitenta anos depois de Frederico II morrer. Têm o senso crítico amortecido pelo fortíssimo imaginário que a narrativa mobiliza nas pessoas da comunidade jurídica.

Quando desistiu de tomar à força o moinho, Frederico II queria prestigiar os juízes de Berlim ou temia a derrota quase certa num processo judicial? Nós, da área jurídica, gostamos quando as pessoas se fazem essa pergunta. E gostamos mais ainda quando elas se convencem de que a desistência do déspota esclarecido foi motivada pela segunda alternativa: os juízes, aplicando as leis, são fortes o suficiente para deter até mesmo os tolos caprichos de um poderoso monarca.

Um advogado francês no século XIX pôde criar essa narrativa, e ela se tornou lendária, porque já estava suficientemente disseminado o conceito de juízes independentes, exercentes de um dos poderes do Estado. Não fosse a assimilação geral da autonomia dos magistrados, o poema soaria muito despropositado ou até mesmo incompreensível. "Que tipo de rei é esse que teme a decisão de um juiz?" – todos se indagariam se já não estivesse amadurecendo o conceito de Poder Judiciário fortalecido e autônomo.

O assassinato dos soldados de Lebach

Lebach é uma cidadezinha da Alemanha situada no sudoeste do país, próximo à fronteira com a França. Tem cerca de 20 mil habitantes (densidade populacional de trezentos habitantes por quilômetro quadrado). Não possui nenhuma atração turística, mas desfruta de certa fama porque nela, na noite de 19 para 20 de janeiro de 1969, foi cometido um latrocínio (matar para roubar) que impactou enormemente a sociedade alemã daquele tempo e ficou conhecido como "o assassinato dos soldados de Lebach".

Dois jovens invadiram um quartel das Forças Armadas alemãs e mataram quatro soldados e feriram outro para roubar armas. Nada havia de político na motivação dos criminosos. Queriam apenas fazer um bom dinheiro praticando assaltos com as armas roubadas ou vendendo-as, para desfrutar uma vida tranquila nos mares caribenhos. Um terceiro jovem, sem nenhuma participação direta nos assassinatos, deu cobertura à fuga. Em alguns meses, a polícia localizou-os e deteve-os. Julgados, os dois assassinos foram condenados à prisão perpétua e o terceiro criminoso, chamado W. (o nome é mantido em sigilo), recebeu a pena de seis anos de cadeia.

Em 1972, quando W. estava prestes a ter a liberdade condicional, a rede de televisão ZDF começou a produzir um documentário sobre o assassinato dos soldados de Lebach. Nomes e rostos dos criminosos seriam explicitamente mostrados na televisão. W. entrou com um processo judicial para impedir a ZDF de veicular o documentário. Alegou, resumidamente, que teria enormes dificuldades para se ressocializar após o cumprimento da pena enquanto sua participação no crime continuasse a ser relembrada. Se, ao cumprir a pena, ele nada mais "estaria devendo à sociedade", não era justo que sua participação no crime continuasse a ser relembrada. Perdeu a causa nos dois primeiros julgamentos, mas conseguiu suspender o documentário no Tribunal Constitucional.

Hoje, o caso Lebach é estudado no que chamamos de "direito ao esquecimento". Mas o interesse em adotá-lo aqui como um marco temporal da última etapa na trajetória do Direito não está relacionado a essa nova diferenciação jurídica. O caso Lebach é emblemático em virtude dos sutis caminhos pelos quais o Poder Judiciário vem se fortalecendo.

Independência dos juízes como salto civilizatório

Não dá para saber se estamos ou não no limiar de um novo regime político. Mas já se pode dizer que a independência dos juízes foi um salto civilizatório.

Na Antiguidade, decidir conflitos de interesses era uma das muitas atribuições do dia a dia do administrador local (o prefeito de hoje). Não era raro, além disso, que esse administrador fosse também o comandante militar. Já havia, aqui e ali, a delegação do poder de decidir os conflitos a árbitros, mas não ainda um corpo de especialistas dedicados exclusivamente à tarefa.

Na Idade Média, isso não muda muito, embora o aumento da complexidade dos padrões jurídicos já demandasse uma preparação específica. O primeiro curso da primeira universidade europeia, em Bolonha, foi de direito (século XI).

Na Idade Moderna, os Estados-nação institucionalizam o Direito, reivindicando o monopólio do uso legítimo da força. Nas gigantescas estruturas administrativas e políticas então criadas, já há um departamento composto por profissionais especializados e dedicados exclusivamente ao trabalho de decidir conflitos de interesses. Eles são, porém, delegados do titular do poder político.

Na Idade Contemporânea, os juízes passam paulatinamente a constituir um poder do Estado. Em geral, é o único poder constituído por profissionais com determinada formação superior, selecionados em razão de seus conhecimentos e méritos. Salvo em alguns poucos lugares, eles não são eleitos, como os integrantes dos outros dois poderes. São funcionários do Estado, mas desfrutam de liberdade até mesmo para tomar decisões contrárias ao Estado que os emprega e remunera.

A independência do Poder Judiciário é um salto civilizatório por assegurar maior imparcialidade e impessoalidade no tratamento dos conflitos de interesses em relação às etapas anteriores. Mais que isso. Enquanto os Poderes Executivo e Legislativo, constituídos por eleições periódicas, tendem a representar os anseios e interesses da maioria, o Poder Judiciário pode dar voz às minorias.

8. Instituições

Estou adotando, até aqui, a divisão clássica dos tempos históricos: Antiguidade (da invenção da escrita até a queda do Império Romano do Ocidente, em 476), Idade Média (até a troca do nome de Constantinopla para Istambul, em 1453), Idade Moderna (até a Revolução Francesa, em 1789) e Idade Contemporânea (até o presente). Essa divisão foi estabelecida com o início da historiografia, no século XIX, por historiadores europeus, que viviam um tempo de encantamento com o grande desenvolvimento científico e tecnológico. Ela reflete a sensação da época de que o triunfo da classe burguesa na Revolução Francesa seria definitivo, perenizando a sociedade que ela idealizara.

Esse contexto permite entender o sentido de chamar de "contemporâneo" o período histórico iniciado com a Revolução Francesa. Ao dividir a história nesses tempos, os historiadores pensavam que não haveria, desse fato histórico em diante, nenhuma grande transformação na sociedade que pudesse inaugurar novas eras. Tudo o que acontecesse a partir de então seria mero prolongamento do tempo reiniciado em 1789, e os historiadores do futuro estariam sempre no mesmo ambiente "contemporâneo" aos seus colegas que criaram a divisão clássica dos períodos históricos. Os vencedores sempre ficam tentados a dar fim à história.

O nosso tempo, que não compartilha mais o mesmo entusiasmo dos pensadores de duzentos anos atrás, já pensa numa revisão da divisão dos períodos históricos. Nela, desaparece a Idade Contemporânea. E a Idade Moderna se estende até 1989, ano da queda do Muro de Berlim. Desde então, vivemos a pós-modernidade.

De acordo com essa nova divisão, a modernidade corresponde ao período histórico em que a humanidade acreditou na possibilidade de organizar racional e cientificamente a sociedade. O derradeiro esforço nessa direção foi o marxismo. A União Soviética e seus países-satélite abrigaram a mais abrangente experiência norteada por essa crença. A queda do Muro de Berlim marcou a falência do ambicioso projeto moderno da espécie humana.

Na trajetória do Direito, não temos como abandonar a distinção entre a Idade Moderna e a Contemporânea. Ela tem importância porque a positivação, um dos fatos cruciais na modelagem do Direito, é típica da Idade Contemporânea, mas não da Moderna. Curiosamente, também precisamos, em nossa trajetória, diferenciar a Idade Contemporânea da Pós-Moderna. E pela mesma razão: há um fato importante para a compreensão do Direito dos nossos dias, que pode ser associado ao tempo da pós-modernidade, mas não ao da Idade Contemporânea. Refiro-me à transformação da democracia, impulsionada pela ampliação dos poderes dos juízes.

A democracia pós-moderna

Os fundamentos da democracia moderna foram assentados no século XVIII por alguns iluministas que defendiam a predominância da "vontade geral" sobre as "vontades individuais".

Não falavam propriamente na "vontade da maioria" como soma das vontades individuais do maior número de pessoas. Advogavam a vontade geral, à qual deviam se submeter as vontades individuais. Cada um precisava abdicar do seu interesse egoísta e se associar ao esforço de atender ao que interessava à generalidade das pessoas.

Os iluministas, porém, não encontraram o meio de definir a vontade geral, a não ser pela apuração da vontade da maioria por meio de instrumentos como eleições periódicas e plebiscitos. O voto do maior número de pessoas chamadas a participar da decisão mostrou-se o único instrumento para a definição do interesse geral. Desse modo, embora sejam diferentes, no plano teórico, os conceitos de "vontade geral" e "vontade da maioria", na prática acaba-se tomando um pelo outro.

De qualquer modo, as reflexões iluministas germinaram o formato de um regime político no qual se busca o prevalecimento do interesse geral, ainda que reduzido à noção de vontade da maioria. Em eleições periódicas, o voto majoritário dos habilitados como eleitores escolhe os legisladores e as pessoas encarregadas de administrar o Estado. Os legisladores e governantes, eleitos como representantes da maioria, recebem poderes para decidir as regras de organização da sociedade. Os juízes, embora não eleitos, também devem respeito à vontade da maioria, porque a eles cabe aplicar as regras aprovadas pelos legisladores, sem alterá-las.

A independência dos Estados Unidos, em 1776, inspirou-se fortemente nesse ideal de democracia moderna que se espalhou mundo afora. Há 75 democracias, plenas ou imperfeitas, contra 53 países totalitários, adotando os demais, no total de 167, um regime híbrido.

Nas últimas décadas do século XX, o conceito de democracia como expressão da maioria começou a ser questionado. Uma democracia madura, ponderou-se, não poderia ser sempre a vontade da maioria. Se o objetivo é a construção de um mundo igualitário, justo e tolerante, a minoria não pode ter os seus interesses escanteados ou menosprezados. Democracia não é a tirania da maioria, em que a minoria nunca tem vez.

Princípios e regras

O aumento da complexidade das relações sociais gera, inevitavelmente, novas diferenciações jurídicas. Também faz desaparecer outras tantas diferenciações, embora as que são postas no lugar das desaparecidas costumem ser ainda mais complexas.

Durante muito tempo, a diferenciação entre os gêneros masculino e feminino foi bastante importante. Definir com precisão o gênero de cada pessoa era necessário para saber quem tinha direito de votar, quem necessitava de autorização do cônjuge para exercer qualquer profissão, quem poderia casar com quem etc. Atualmente, essa diferenciação está perdendo o sentido. No Brasil, ela só serve para decidir se a pessoa tem direito à licença-maternidade ou à licença-paternidade, saber quem está sujeito ao serviço militar obrigatório e definir quanto tempo deve-se contribuir para o Seguro Social para se ter direito à aposentadoria por idade.

Como visto, os padrões de tratamento dos conflitos de interesses foram chamados de leis a partir da Idade Moderna, quando se queria fazer uma referência genérica. Com o tempo, foram definidas com mais precisão as categorias de Constituição e decreto, a de lei se desdobrou em complementar, ordinária, orçamentária etc. Vimos também que, para fazer referência genérica aos padrões de tratamento de conflitos de interesses, deixou-se de lado a palavra "lei" e foi adotada a expressão "normas jurídicas". Isso aconteceu no século XX, quando também apareceu uma nova diferenciação destinada a distinguir duas espécies de normas jurídicas: a diferenciação entre princípios e regras.

Há normas jurídicas que são "princípios" e há normas jurídicas que são "regras". No primeiro caso, temos padrões que cuidam de grandes temas jurídicos; no segundo, os padrões dizem respeito a temas pontuais.

Livre-iniciativa e licenciamento ambiental

As normas se dividem em duas espécies: princípios e regras. A livre-iniciativa é um princípio. Já a obrigatoriedade de licenciamento ambiental para as atividades poluidoras é uma regra.

Pelo princípio da livre-iniciativa, todos têm o direito de explorar atividades econômicas visando lucrar com a venda de produtos ou serviços aos consumidores. Como se vê, é assunto bastante abrangente, que diz respeito à organização da própria economia.

Já na regra que obriga o licenciamento ambiental nas atividades poluidoras, estamos cuidando de assuntos pontuais. A atividade de lavanderia oferece qual grau de risco ao meio ambiente, para sabermos se o licenciamento é necessário ou dispensável? E o estacionamento de veículos? E a academia de ginástica? E a indústria petroleira? E o hotel à beira-mar?

Tanto o princípio como a regra são padrões gerais, isto é, nenhum deles se refere a um assunto específico, concreto. Uma norma jurídica nunca estabelecerá, por exemplo, que o senhor João pode abrir uma escola de línguas na Rua Primavera, 35, da cidade *x*. Como normas jurídicas, os princípios e as regras são sempre gerais, mas os seus objetos variam de acordo com a amplitude. As normas jurídicas do tipo princípio versam sobre temas mais abrangentes (no meu exemplo, a organização da economia com base no livre mercado) e as normas jurídicas do tipo regra falam de assuntos pontuais (atividades econômicas classificadas de acordo com o grau de poluição ambiental que podem causar).

A obrigatoriedade do prévio licenciamento ambiental para as empresas poluidoras é uma regra compatível com o princípio que libera todas as iniciativas empresariais. Como isso é possível? Afinal, ou temos toda a liberdade para organizar as empresas, como diz o princípio da livre-iniciativa, ou não temos. Como se justifica a aplicação desse princípio de modo parcial? De fato, levada ao pé da letra, a livre-iniciativa impediria o Estado de exigir licenciamento para qualquer empresário que desejasse se estabelecer, mesmo que a sua atividade pusesse em risco o meio ambiente.

Para entender a diferença entre princípios e regras – um assunto, aliás, bastante difícil também para os estudantes e profissionais do direito –, precisamos partir da constatação de que nenhuma norma jurídica é ilimitada. Por definição, a norma jurídica aplica-se a alguns conflitos e necessariamente não se aplica a outros. E existem duas maneiras de limitação das normas jurídicas. A maneira pela qual ela é limitada dirá se estamos diante de um princípio ou de uma regra.

Colisão de princípios e antinomia de regras

Por vezes, ocorre a sobreposição de duas normas jurídicas. Isso acontece quando temos um único conflito que pode ser visto pelo ângulo de uma delas ou da outra. Isso não é problemático se as duas normas orientam o tratamento do conflito de interesses na mesma direção. Pelo ângulo da primeira ou da segunda norma, será atendido sempre o interesse de determinado sujeito. Em situações como essa, as duas normas sobrepostas podem ser aplicadas simultaneamente, sem dificuldade.

Veja um exemplo. Se a norma *1* diz que os impostos devem ser criados por lei e a norma *2* estabelece que os impostos criados num ano só podem ser cobrados a partir do ano seguinte, as duas normas estariam sobrepostas no caso de o governo baixar um decreto criando imposto para cobrança imediata. Não há nenhum problema na sobreposição, porque, aplicando-se a norma *1* ou a norma *2*, o resultado é igual: o tal imposto não será mesmo devido. Foi instituído por decreto, quando deveria ter sido por lei, contrariando a norma *1*; e, como pretendia a sua cobrança imediata, e não no ano seguinte, opõe-se à norma *2*. O interesse do contribuinte será atendido, no conflito com o do fisco, se for aplicada qualquer uma dessas normas, ou as duas.

A sobreposição é problemática quando as normas sobrepostas orientam tratamentos opostos ao mesmo conflito de interesses. Pelo ângulo da primeira, atende-se ao interesse de uma parte; pelo da segunda, é a outra parte que tem o seu interesse atendido. Nesse caso, não se consegue aplicar as duas normas simultaneamente. Elas estão em "choque".

Quando duas normas jurídicas se chocam porque não podem ser aplicadas ao mesmo tempo, aplica-se uma e afasta-se a outra. Ao choque de princípios damos o nome de colisão; o choque de duas regras sobrepostas chamamos de antinomia. As designações são diferentes porque precisamos acentuar modos distintos de limitar a norma jurídica de acordo com a sua espécie. Princípios se limitam por um modo, e regras, por outro.

Pois bem. A colisão entre princípios se resolve pela aplicação da norma principiológica com mais peso. No julgamento pelo STF do caso da Vaquejada, de que falarei em breve, os ministros com votos vencedores deram mais peso ao princípio constitucional de proteção ao meio ambiente, enquanto os que deram voto vencido entenderam o princípio da proteção das manifestações culturais como tendo mais peso.

Por sua vez, a antinomia entre regras se resolve pela definição de qual delas é vigente, válida e eficaz. Existem três critérios para resolver as antinomias, mas, para simplificar, vou falar apenas de um deles: o cronológico. De acordo com esse critério, a norma posterior revoga a anterior. Presume-se que o legislador sempre está aperfeiçoando o ordenamento jurídico e, desse modo, a aprovação de uma lei nova faz que a velha deixe de existir. Tecnicamente, a lei anterior perdeu a vigência, o vigor, a suposta "força vinculante". Desse modo, a antinomia entre duas regras surgidas em momentos diferentes é resolvida com a obediência à mais recente. A mais antiga deixou de compor o ordenamento.

A diferença entre a colisão (de princípios) e a antinomia (entre regras) pode, então, ser resumida assim: o princípio não aplicado continua pertencendo ao ordenamento (ainda é vigente); já a regra que deixou de ser aplicada não mais o compõe (não vigora mais).

Quando, no julgamento da Vaquejada, a maioria do STF deixou de aplicar o preceito constitucional de proteção às manifestações culturais, isso não significa que esse princípio deixou de existir no direito brasileiro. Ao contrário, ele continua vigente e poderá vir a ser aplicado, no futuro, se for sopesado de outra maneira pela maioria dos ministros. Numa colisão, os dois princípios têm vigência. Aplica-se o que tiver mais peso em cada caso. Se no caso *x* aplicou-se o princípio A, no caso *y* pode-se aplicar o princípio B, com A e B continuando a vigorar, mesmo nos casos em que não foram aplicados.

Veja como é bem diferente na hipótese de antinomia entre regras. A regra antiga deixa de ser aplicada porque, com o surgimento da nova, não pertence mais ao ordenamento jurídico. Não haverá, no futuro, outro caso em que poderá ser aplicada a regra anterior em detrimento da posterior. A antiga ficou definitivamente ultrapassada e não serve mais de orientação para o tratamento dos conflitos de interesses.

O caso Lebach de novo

O caso do assassinato dos soldados de Lebach é comumente lembrado quando ensinamos os jovens estudantes de direito a operar com as duas categorias de normas jurídicas. O Tribunal Constitucional da Alemanha deparou com uma colisão entre dois princípios: de um lado, o que assegura ao prisioneiro as condições para a ressocialização após o cumprimento da pena (posteriormente, foi chamado de "direito ao esquecimento"); de outro, o da liberdade de imprensa e de livre manifestação do pensamento. Quando esse tribunal atendeu ao pedido de W. e impediu a ZDF de veicular o documentário, sopesou os dois princípios e deu mais peso ao primeiro, isto é, ao direito do prisioneiro ao esquecimento.

Mas alguém poderia dizer que, no dia seguinte ao julgamento, não haveria mais liberdade de imprensa e de livre manifestação do pensamento na Alemanha? Evidentemente, não. O princípio continuou vigente e válido no direito alemão. Deve ter sido aplicado muitas outras vezes na proteção do interesse geral pela livre circulação de ideias e informações.

Aliás, aconteceu um segundo caso Lebach. Em 1999, o Tribunal Constitucional da Alemanha julgou o pedido de um dos criminosos, identificado por D., que tinha participado diretamente do assassinato e fora condenado à prisão perpétua. Ele queria a suspensão de uma série intitulada *Crimes que fizeram história*, produzida pela SAT, um serviço de transmissão televisiva via satélite por assinatura. O primeiro episódio da série era justamente sobre o assassinato dos soldados de Lebach. Mas, diferentemente do documentário da ZDF, dos anos 1970, a SAT não identificava nenhum dos três criminosos, nem pelo nome verdadeiro, nem pela sua imagem ou qualquer outro meio. D. tinha pleiteado o abrandamento da pena de prisão perpétua e, se o obtivesse, um dia poderia ser solto.

Em Lebach II, como nomes e rostos verdadeiros não eram mostrados no filme, o tribunal teve que decidir se a eventual ressocialização de D. poderia estar em risco pela recordação do crime em si. As pessoas que já haviam se esquecido das identidades e das imagens dos autores do delito deveriam agora se esquecer do próprio acontecimento para que o criminoso pudesse se ressocializar se e quando fosse posto em liberdade? Essa era a questão a ser decidida a partir da sobreposição dos dois princípios.

Dessa vez, o pedido do criminoso para censurar o filme não foi acolhido. No caso Lebach I, o Tribunal Constitucional da Alemanha deu mais peso ao princípio de proteção aos direitos da personalidade (direito ao esquecimento) e menos peso ao da liberdade de imprensa. Agora, no caso Lebach II, o mesmo tribunal inverteu o sopesamento, dando mais peso ao princípio da liberdade de imprensa e menos ao de proteção aos direitos da personalidade.

Princípios que não são princípios

A noção de que os princípios são espécies de normas jurídicas ainda não foi adequadamente compreendida por boa parte dos profissionais brasileiros. Muitos deles cometem o deslize de chamar de princípios certos primados orientadores do tratamento de conflitos de interesses que nunca poderiam ser classificados como normas principiológicas. Quer dizer, ouvem-se com frequência nos meios jurídicos expressões como "princípio da proporcionalidade" ou "princípio da dignidade humana", mas esses princípios não existem. São primados do Direito, sem dúvida, mas não são princípios.

Quem usa tais expressões ainda não se familiarizou inteiramente com a teoria dos princípios. Ainda não introjetou que, se princípios são normas, há ocasiões em que eles não serão aplicados. Note: nas democracias do nosso tempo, nunca poderá haver uma decisão judicial desproporcional (vale dizer, injusta), tampouco uma decisão indigna para as pessoas envolvidas no litígio. Desse modo, esses primados sempre estarão presentes em todo e qualquer julgamento. E se um padrão está presente em todas as decisões judiciais, ele é qualquer coisa menos uma norma jurídica (que se aplica em alguns casos e necessariamente não se aplica em outros). E o que não pode ser uma norma jurídica não pode ser um princípio.

Há diversas designações para esses pressupostos de qualquer decisão judicial que são chamados de princípios mas não são. A minha preferida é "imperativo". A dignidade da pessoa humana e a proporcionalidade são imperativos jurídicos.

É difícil mesmo

Não se preocupe se você teve dificuldade para entender ou não entendeu completamente a intrincada diferenciação entre princípios e regras. É uma diferenciação extremamente complexa, difícil até mesmo para profissionais experientes.

O essencial para você reter, e podermos prosseguir, é a existência de algumas normas jurídicas de natureza especial, as normas que são chamadas de princípios. Elas existem no ordenamento jurídico do país e são válidas, mas podem ou não ser aplicadas, de acordo com a decisão do juiz.

No caso das regras, compete ao Poder Legislativo decidir a norma que deve ser aplicada nos julgamentos; no caso dos princípios, no entanto, cabe ao próprio Poder Judiciário, ao julgar os processos, decidir qual norma jurídica deverá ser aplicada.

Embaralha-se, desse modo, a teoria da tripartição dos poderes.

Vaquejada

Dois vaqueiros montam belos cavalos quarto de milha. São animais caros, arrematados em leilões concorridos. Apresentam-se no início da pista assim que chamam sua senha. Os que atrasam só podem competir no final do dia seguinte, no "rabo da gata". Pela porteira, examinam o boi que está no brete, nome da pequena jaula em que o animal é açoitado e atiçado. Ele precisa ficar estressado para entrar no espírito competitivo. Os vaqueiros procuram avaliar o tamanho do rabo. Se acharem pequeno, podem pedir a substituição do animal.

Milhares de pessoas lotam as arquibancadas da arena. Deslocaram-se de lugares remotos para assistir aos três dias da competição. Em torno do parque, ganham dinheiro comerciantes, hospedagens, bares e comedores. Os melhores peões de vaquejada são populares e fazem um bom dinheiro não somente com os prêmios, mas explorando comercialmente a sua imagem. Por isso aqueles dois vaqueiros estão ansiosos. Ganhar do boi não lhes trará apenas o inebriante sabor da vitória.

Acenam, sinalizando que aprovam o boi. Abre-se a porteira. O primeiro objetivo é fazer o animal correr em linha reta pela pista. Para isso, cada vaqueiro deve posicionar seu cavalo de modo a ladear o boi, um à esquerda, outro à direita, o que já fará o desorientado e amedrontado bovino tentar fugir correndo. Os vaqueiros têm os primeiros dez metros da pista para conseguir isso. O boi pode retornar até duas vezes. Se driblar os vaqueiros pela terceira vez, acontece o "zero boi", isto é, a competição termina sem vitória dos cavaleiros.

Vaqueiros em seus cavalos e boi correm pela pista, numa frenética formação coesa. No solo de areia, foram pintadas duas faixas de cal. São noventa metros até alcançar a primeira. Antes de chegar lá, o vaqueiro "puxador" deve pegar o rabo do boi. É o outro vaqueiro, o "esteira", que alcança o rabo e lhe entrega. Fazem isso acelerando o ritmo da corrida, para delírio do público. Assim que cruzarem a primeira faixa, e antes de chegarem à segunda, o vaqueiro puxador deve derrubar o boi, puxando-o pelo rabo. Como as quatro patas do animal devem ficar para cima, não basta puxar com força. É preciso torcer o rabo de modo que o bovino gire e caia de costas. Ao se levantar, o boi não pode colocar nenhuma das patas em cima das faixas ou fora do espaço demarcado, senão o alto-falante vai sentenciar "zero boi". Se, de tão ferido, ele não conseguir se levantar, a comissão julgadora vai tentar imaginar onde o animal estaria caso tivesse se levantado.

A vaquejada é importante fonte de negócios, entretenimento e congraçamento social, principalmente no Nordeste brasileiro. O esporte (é como chamam a prática) movimenta cifras elevadas, chegando algumas estimativas a 800 milhões de reais ao ano.

A Ação Direta de Inconstitucionalidade 4983

Em janeiro de 2013, no Ceará, foi aprovada uma lei estadual regulamentando a vaquejada. Quatro meses depois, o Procurador-Geral da República entrou com um processo no STF para que a lei cearense fosse declarada inconstitucional.

Tal como no caso Lebach, a questão não era fácil de se resolver porque envolvia uma "colisão de princípios". De um lado, a nossa Constituição proíbe a crueldade com os animais, como uma medida de defesa do meio ambiente; mas, de outro, a mesma Constituição protege as manifestações culturais. Pois bem, uma lei estadual oficializando a vaquejada estaria afrontando a Constituição na parte em que ela proíbe a crueldade com os animais ou estaria de acordo com a Constituição na parte em que ela protege as manifestações culturais?

Em suas argumentações, tanto a Procuradoria-Geral da República (PGR) como os ministros do STF fizeram o devido sopesamento dos dois princípios em conflito: defesa do meio ambiente *versus* defesa das manifestações culturais. Em outubro de 2016, prevaleceram, por 6 a 5, os votos dos ministros que deram mais peso ao princípio da defesa do meio ambiente, que proíbe a crueldade com os animais. A lei cearense, decidiram, era inconstitucional.

O resultado apertadíssimo revelava a complexidade da questão. Não somente isso. Intrometia-se na apertada maioria certa mudança nas tendências da Corte. Quando o plenário do STF julgou a "briga de galos", em 2000, e a "farra do boi", em 2005, a unanimidade condenou as práticas cruéis. A nenhum ministro, naquelas oportunidades, pareceu que o eventual aspecto cultural dessas práticas poderia ter mais peso a ponto de se tolerar as crueldades sofridas pelos animais. Somente num julgamento de 1997, feito no âmbito da turma, e não no plenário, um voto vencido considerou a "farra do boi" uma manifestação cultural, digna de proteção pela Constituição.

A Emenda Constitucional 96

O debate acerca da vaquejada não se encerrou com o julgamento da Ação Direta de Inconstitucionalidade 4983. Em 6 de junho de 2017, no plenário do Senado lotado de vaqueiros, foi promulgada uma Emenda à Constituição Federal. Inseriu-se nela uma norma dizendo que não existe crueldade com os animais quando a prática é declarada, por lei, patrimônio cultural.

Foi, evidentemente, uma reação do Congresso Nacional ao julgamento do STF, proferido menos de um ano antes. Adotou-se uma artificiosa saída formal. Se a lei diz que determinada prática é patrimônio cultural brasileiro, fica juridicamente definido que ela não é cruel para os animais envolvidos. Deixe-se de lado qualquer exame da realidade e dos maus-tratos que eventualmente ocorrem. Se a lei afirma que uma prática é "bem de natureza imaterial integrante do patrimônio cultural brasileiro", ponto final: que não há crueldade.

A Emenda Constitucional foi apresentada menos de quinze dias depois do julgamento do STF. A autoria coube a 28 senadores de todas as regiões do país e dos mais variados partidos, percorrendo o espectro político completo, da esquerda à direita. Ela tramitou muito rapidamente. Em fevereiro de 2017, foi aprovada no plenário do Senado (55 votos a favor e 8 contra no primeiro turno; 52 votos a favor e 9 contra no segundo) e remetida à Câmara dos Deputados. Nela, a tramitação também foi célere e a aprovação, em 31 de maio de 2017, se deu por margem folgada (336 votos a favor e 50 contra no primeiro turno; 373 votos a favor e 50 contra no segundo).

Ao promulgar a Emenda Constitucional, o presidente do Senado estimou que ela preservava 700 mil empregos no Nordeste. Isso considerando apenas a vaquejada; ainda precisariam ser contados os muitos milhares de empregos em torno dos rodeios, outra competição de domínio e subjugação de animais. Constitucionalizaram-se os maus-tratos declarando-os legalmente culturais.

A vontade da maioria e da minoria nas democracias pós-modernas

A contraposição entre os Poderes Legislativo e Judiciário, no caso da Vaquejada, é reflexo, na verdade, do embate entre dois conceitos de democracia: o moderno e o pós-moderno, com o Poder Legislativo fazendo o papel de porta-voz da maioria, e o Poder Judiciário, da minoria.

A vaquejada só movimenta muito dinheiro e cria empregos porque atrai o interesse de um público considerável. Para os aficionados, nada há de errado no modo como o boi é subjugado. Levas de espectadores comparecem semanalmente às arenas de vaquejada apenas para se divertir vendo os bichos, torcidos pelo rabo enquanto correm, caírem dolorosamente de costas.

Infelizmente, é ainda uma minoria que se sente incomodada com o espetáculo, sensível ao sofrimento a que os indefesos bois são submetidos. É muito novo o valor associado à noção de que também os animais não humanos têm direitos. Poucas pessoas o cultivam, e nenhuma delas depende da vaquejada para entretenimento ou sustento.

Ao aprovar rapidamente uma mudança na Constituição, deputados federais e senadores ecoaram os anseios da maioria em contraposição aos da minoria, que tinham se expressado por meio dos votos vencedores dos ministros do STF.

O casamento entre pessoas do mesmo sexo

Em outras oportunidades, o mesmo embate aflorou. Veremos adiante, com mais detalhes, a história da admissão no Brasil do casamento entre pessoas do mesmo sexo. Ela revela também a contraposição entre os dois conceitos de democracia, o moderno (prevalecimento da vontade da maioria) e o pós-moderno (reconhecimento dos direitos da minoria). Como o Poder Legislativo relutava em legalizar o casamento entre pessoas do mesmo sexo, o Judiciário deu um jeito de atender aos anseios de uma significativa parcela dos brasileiros.

Não foi somente no Brasil que o casamento entre pessoas do mesmo sexo se tornou juridicamente possível por decisão do Poder Judiciário. Nos Estados Unidos, o protagonismo coube também à Suprema Corte. Em 26 de junho de 2015, uma sexta-feira, ela declarou inconstitucionais as proibições (ao casamento entre pessoas do mesmo sexo) que, de maneira expressa ou velada, existiam nas Constituições de alguns dos Estados norte-americanos. Naquela noite, a Casa Branca foi iluminada pelas cores do arco-íris em celebração ao histórico julgamento. O presidente era Barack Obama.

Também em outros países coube ao Judiciário a legitimação do casamento entre pessoas do mesmo sexo, algumas vezes em embate com os demais poderes, como nas Bermudas, Nepal, Costa Rica, Israel e Equador.

A independência dos juízes brasileiros

O Poder Judiciário no Brasil é formalmente independente desde a Constituição Imperial, de 1824. Contudo, somente a partir da atual, de 1988, a sua independência pode ser entendida como o salto civilizatório da democracia pós-moderna, em que a vontade da maioria deixa de prevalecer quando se trata do reconhecimento dos direitos da minoria.

Começamos mal nesse aspecto. Quando nos declaramos um Estado-nação, em 1822, seguimos na contramão da republicana tripartição dos poderes que se espalhava pelos movimentos de independência das demais colônias americanas. Vivemos uma situação institucional única, em que os poderes do Estado foram divididos em quatro, os quais, a rigor, eram apenas *um*. Foi uma invencionice do nosso jovem defensor perpétuo.

Um poder para chamar de seu

O Brasil nasceu como Estado Nacional em meio a uma enorme ambiguidade. Nenhuma outra colônia teve a independência liderada pelo filho do rei da metrópole, alguém que um dia poderia ocupar o trono do pai. À ambiguidade objetiva da inusitada situação somou-se a ambiguidade do ambicioso príncipe. Ele não renunciou à pretensão ao trono português logo em seguida à sua coroação como imperador do Brasil, como seria esperado. A desconfiança, então, surgiu legitimamente entre os brasileiros: se Dom Pedro I não abrira mão de poder ter as duas coroas em sua cabeça, que garantia ele poderia lhes dar de real independência?

Nosso primeiro imperador era mesmo um sujeito bastante ambíguo. Assinou, em 1825, o Tratado de Paz e Amizade com Portugal para o reconhecimento da nossa independência. Nesse documento, os brasileiros ganharam dois soberanos, porque Dom João VI condicionou a assinatura do documento ao reconhecimento de sua condição de imperador do Brasil. As desconfianças aumentaram, e com razão: se Dom João VI podia ser simultaneamente rei de Portugal e imperador do Brasil, nada impediria o filho de seguir o mesmo caminho. E aconteceu mesmo de ele ter as duas coroas na cabeça por alguns meses após a morte de seu pai, em 1826.

A maior das ambiguidades, no entanto, foi ter pagado um bom dinheiro para ser livre. Para ter a independência reconhecida, o Brasil pagou uma despropositada indenização a Portugal. Compramos a liberdade, não a conquistamos com braço forte. A indenização era uma cláusula secreta do tratado de 1825. Nossa independência não foi bem um ato de heroica bravura, às margens de um mítico rio. Ela foi negociada por 2 milhões de libras esterlinas.

Uma das mais curiosas ambiguidades associadas à figura de Dom Pedro I diz respeito ao tipo de monarca que ele seria. Os portugueses o viam como liberal e progressista; os brasileiros o consideravam um anacrônico absolutista. E a história dá razão aos dois povos. Em Portugal, liderou a guerra civil contra o irmão Dom Miguel, um tradicionalista com incontestáveis inclinações totalitárias; no Brasil, fechou a Assembleia Constituinte e, em 1824, impôs a nossa primeira Constituição.

A Constituição Imperial Brasileira divide os poderes do Estado não em dois ou três, mas em quatro. Ao lado do Legislativo, do Executivo e do Judiciário, o criativo imperador brasileiro concebeu o Poder Moderador. E, como se poderia antever, era mais uma iniciativa ambígua. Dom Pedro I queria propagar pelo mundo a imagem de um monarca liberal. E, para isso, comprometera-se a "jurar uma Constituição". Mas queria, ao mesmo tempo, mandar e desmandar no Estado recém-criado, como um genuíno monarca absolutista.

A ambiguidade se expande: a profusão de poderes da Constituição de 1824 tenta disfarçar a existência de apenas um. O inusitado Poder Moderador era exercido unicamente pelo imperador. De acordo com a Constituição, sua pessoa era inviolável, Sagrada (com *s* maiúsculo) e irresponsável (no sentido de não estar sujeita a nenhuma responsabilidade jurídica). Titular do quarto poder, que inventou para si, Dom Pedro I se imiscuía nas esferas de atribuições dos três outros: determinava quem seriam os senadores, escolhendo-os entre listas tríplices; tinha competência para dissolver a Câmara dos Deputados; escolhia livremente os ministros para se ocuparem das competências do Poder Executivo; suspendia juízes.

O que mais nos interessa, porém, é um detalhe da Constituição de 1824. O imperador brasileiro tinha a competência para nomear os magistrados, mas isso não decorria do seu Poder Moderador. A autoridade para escolher os juízes era atributo do Poder Executivo, de que ele também estava investido. Justificou-se o Moderador como o instrumento de harmonização dos demais poderes. Se a escolha dos juízes decorresse desse poder do imperador, poderíamos concluir que, pelo menos no plano conceitual, o Judiciário era poder tanto quanto o Legislativo e o Executivo. Mas, sendo a nomeação de todos os juízes de competência do Poder Executivo, o Judiciário não desfrutava de efetiva autonomia.

Quer dizer, no Brasil imperial, os nossos juízes ainda eram tratados como meros agentes do soberano. O imperador não nomearia como magistrado um adversário político. A magistratura brasileira, assim, era composta apenas de juízes afinados com ele. Além disso, Dom Pedro I e, depois, Dom Pedro II tinham nas mãos o poder de suspender preventivamente qualquer juiz se houvesse uma "queixa". A independência da magistratura era mínima no tempo da nossa intempestiva monarquia.

Independência dos juízes e aumento da complexidade

Princípios são normas jurídicas que continuam aplicáveis (vigentes) mesmo se deixarem de ser aplicadas num caso; regras são normas que não podem mais ser aplicadas depois de revogadas pelos legisladores.

Essa diferenciação entre princípios e regras é uma decorrência da independência dos juízes. Antes dessa etapa da trajetória do Direito, cabia ao Poder Legislativo aprovar as leis, em termos abstratos, e ao Poder Judiciário julgar os casos de acordo com as leis aprovadas pelo Poder Legislativo. Era assim que se distribuíam as competências.

A introdução da diferenciação entre princípios e regras foi, de um lado, exigência do aumento da complexidade das relações sociais. Hoje em dia, há vários conflitos de interesses altamente complexos. As regras não dão conta deles. Como resolver questões nebulosas como as dos casos Lebach I e Lebach II a não ser por meio da argumentação principiológica, na busca do princípio que tiver episodicamente mais peso? Se a favela cresce numa área de manancial, deve-se urbanizá-la ou remover a população? Se uma prática esportiva que integra o patrimônio cultural brasileiro acarreta maus-tratos a bois, cabe proteger a cultura ou os animais? Se somos todos iguais, por que a lei não menciona o casamento entre pessoas do mesmo sexo? A política de cotas raciais para ingresso nas universidades é compatível com o princípio da igualdade? Pessoas penalmente condenadas no âmbito do tribunal devem imediatamente iniciar o cumprimento da pena, mesmo antes do julgamento final do processo? Se as pessoas podem ter outros gêneros além do masculino e do feminino, por que elas são classificadas apenas como homens ou mulheres? Questões como essas, que surgiram nas últimas décadas, não se consegue resolver facilmente a partir de regras. Elas dependem de padrões mais amplos e versáteis, como são os princípios.

Mas, de outro lado, a complexidade da diferenciação entre princípios e regras é o meio de ampliar o leque de liberdade dos juízes na busca dos fundamentos para as suas decisões, principalmente naqueles processos em que não é simples encontrar o padrão apropriado de orientação.

Os princípios são necessariamente amplos e, por isso, vivem se colidindo. Não é difícil o juiz argumentar que está diante de uma colisão de princípios e, com isso, abrir a porta para ele definir qual tem mais peso no caso em julgamento. A definição do princípio aplicável cabe aos juízes, sem nenhuma participação dos legisladores.

O Poder Legislativo aprovou os dois princípios que o Poder Judiciário identifica como colidentes. Ao sopesá-los, o juiz está, em última análise, ao mesmo tempo decidindo qual é o padrão de orientação do conflito de interesses (o princípio ao qual deu mais peso) e aplicando-o ao caso em julgamento. O Poder Judiciário tem autoridade constitucional para isso, sem dúvida. Mas veja em que pé ficamos: ao aplicar uma regra, é formalmente muito claro que o Poder Legislativo decidiu o padrão de orientação do tratamento dos conflitos de interesses e o Poder Judiciário está adotando-o; ao aplicar um princípio, o Poder Judiciário acaba concentrando as duas autoridades, ao mesmo tempo decidindo o padrão orientador e adotando-o num mesmo julgamento.

A juristocracia

Isso é ruim? A rígida separação entre o poder de escolher o padrão (Legislativo) e o de julgar a partir dele (Judiciário) corresponderia à forma final e definitiva, inteiramente acabada, do sistema social de tratamento dos conflitos de interesses? A tripartição dos poderes do Estado é um primado inegociável que teria posto fim à história do Direito?

Talvez as indagações a fazer sejam outras:

O sistema social de tratamento dos conflitos de interesses, diante da elevadíssima complexidade do nosso tempo, conseguiria cumprir sua função sem a ampliação dos poderes dos juízes? É racional, ainda hoje, a alternativa surgida no início da Idade Contemporânea de um juiz dedicado apenas à interpretação e aplicação das regras definidas pelo legislador?

Essas questões ainda não têm resposta. Mas é um erro ignorá-las, tanto quanto é errado apegar-se ao modelo adotado há cerca de duzentos anos pelo sistema social de tratamento dos conflitos de interesses como se fosse definitivo e inalterável.

"Juristocracia" é o nome sugerido por alguns para identificar o ponto de chegada da transformação em curso. No fim dessa travessia, marcada pela ampliação do poder dos juízes, ela substituiria a democracia.

IMAGENS

Olho por olho – O Museu do Louvre, em Paris, exibe uma das estelas de diorito, em que Hamurábi mandou insculpir padrões para o tratamento dos conflitos, por volta de 1700 AEC.

Jonas Pereira/Agência Senado

"Cala a boca já morreu" – Frase da ministra Cármen Lúcia, do STF, durante o julgamento que liberou as biografias não autorizadas no Brasil.

Reuters/Alamy Stock Photo/Fotoarena

Takanakuy – Festival de fim de ano nas comunidades andinas de Chumbivilcas, no Peru, em que se procura resolver os desentendimentos com socos e pontapés.

Alte Nationalgalerie, Berlim

Dano sem culpa – Com as Revoluções Industriais (1750 e 1850) surgiram os acidentes de trabalho, pelos quais ninguém era culpado. Os juristas precisaram enfrentar o dilema moral da responsabilização sem culpa.

Negação da história – Os juristas introjetam a ideia de que sempre teriam existido Estado, leis e juízes. Olham para o direito romano com as lentes da Idade Contemporânea.

Globalização – Em 1957, Alemanha Ocidental, Bélgica, França, Itália, Luxemburgo e Países Baixos assinam, em Roma, o tratado que deu origem à Comunidade Europeia.

National Gallery, Londres

Direito natural – Na Idade Média, a alegada imutabilidade dos padrões jurídicos de solução dos conflitos era vista como imposição da natureza humana, criada por Deus. Tomás de Aquino (1225-74) propõe outra origem para o direito natural: a razão.

National Gallery, Londres

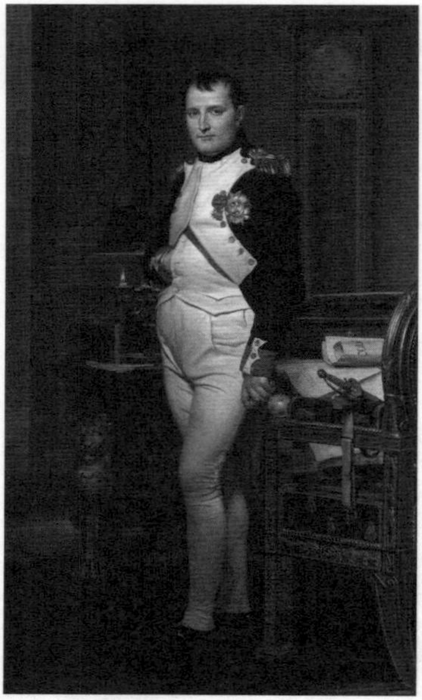

Código Napoleão – É possível instaurar uma nova sociedade a partir de leis editadas pelo soberano? Quando Napoleão Bonaparte outorgou o Código Civil dos Franceses, no início do século XIX, acreditava-se que sim.

Cortesia do Rijksmuseum, Amsterdam

Dois ou três poderes? – Atribui-se a Montesquieu a teoria da tripartição dos poderes, mas isso é um equívoco. O juiz independente integrante de um poder autônomo do Estado é criação da Constituição norte-americana de 1787.

dpa/picture-alliance/Album/Fotoarena

Direito ao esquecimento – O criminoso que já cumpriu a sentença tem direito à censura, pelo Estado, da divulgação de notícias sobre o crime que praticou? O assassinato de soldados ocorrido na cidadezinha de Lebach, na Alemanha, em 1969, vai colocar o Direito diante desse dilema.

Adrovando Claro/Fotoarena

Animais não humanos – O que é mais importante: evitar o sofrimento e os maus-tratos em bois ou permitir uma atividade que é o ganha-pão e o principal entretenimento de milhares de pessoas? O STF enfrentou o dilema no julgamento da vaquejada, em que protegeu os animais. O Congresso não gostou e emendou a Constituição Federal para desqualificar a decisão judicial.

Cursos jurídicos – Os primeiros cursos jurídicos no Brasil foram criados em São Paulo e Olinda, em 1827. A Faculdade de Direito do Largo de São Francisco, em São Paulo, foi incorporada à USP em 1934.

Luis Macedo/CD/Agência Senado

A família na Constituição – Nelson Carneiro, em 1988, defende o grande acordo, na Constituinte, em torno das normas fundamentais relativas à família. Nenhuma palavra sobre casamento entre pessoas do mesmo sexo.

Luiz Costa/Fotoarena

Judiciário porta-voz das minorias – O STF, em 2011, decidiu que a união estável entre pessoas do mesmo sexo não podia ser discriminada. Com isso, tornou válido o casamento entre pessoas do mesmo sexo no Brasil.

akg-images/Album/Fotoarena

Organização científica da sociedade? – Com a queda do Muro de Berlim, em 1989, colapsam não apenas o regime soviético como também o ambicioso projeto da espécie humana de reorganizar cientificamente a sociedade.

Melhor calar – A filosofia, no século XX, duvida da capacidade humana de conhecer e dominar tudo. Wittgenstein (1889-1951) alerta: “Sobre aquilo de que não se pode falar, deve-se calar”.

Bernardo Esteves/Revista Piauí

Legiões de opinativos irracionais – A internet deu voz a opinativos irracionais. A ciência tem dificuldade de convencer as pessoas de que a pílula do câncer (fosfoetanolamina) não cura o câncer.

United States Holocaust Memorial Museum, cortesia de Fela e Chaïm Perelman

Argumentos retóricos – Nos anos 1960, Chaïm Perelman propõe a "nova retórica". Não existe uma interpretação da lei que seja a verdadeira em detrimento das interpretações falsas. O conhecimento dos juristas não é lógico e científico; ele é retórico e tecnológico.

SALVAGUARDAS

9. Ordem

Na noite de 27 de junho de 1979, na sala contígua ao Salão Nobre da Faculdade de Direito do Largo de São Francisco, prestativos funcionários vestem as becas nos professores. A posição na carreira docente é marcada pela cor da faixa. A vermelha só pode ser usada pelos catedráticos, os que estão no topo. Um deles está particularmente ansioso. É a primeira vez que o funcionário se curva sobre seus braços levantados para envolver a beca, na altura da barriga, com uma faixa vermelha. Aliás, os outros estão se paramentando para prestigiar a sua posse numa cátedra, conquistada por concurso, em que defendeu tese sobre um ponto muito específico do conhecimento jurídico.

Enquanto são vestidos, os professores conversam. E é difícil imaginar que não falem do assunto do momento: a anistia dos crimes políticos, imprescindível para a redemocratização do país. É o grande tema do debate público daquele 1979. Provavelmente comentam a edição daquele dia de *O Globo*, que traz, na primeira página, o projeto de lei da anistia preparado pelo governo. É um furo do jornal carioca. O documento frustrou o movimento de redemocratização, que lutava por uma anistia ampla, geral e irrestrita.

Todos já estão vestidos com suas becas e a solenidade pode começar. Não falariam mais de anistia naquela noite.

Complexidade no Direito

A trajetória do Direito que descrevi está centrada na Europa. A razão disso é muito particular e subjetiva. Como professor de direito nascido no Brasil em 1959, tenho muito mais informações e reflexões sobre o que poderia se chamar de civilização de raízes europeias do que sobre as demais. Conheço muito pouco do direito muçulmano, chinês, africano e dos demais para me propor traçar uma trajetória deles.

Desconfio, no entanto, que quem se lançasse à empreitada de descrever trajetórias para esses outros direitos certamente elegeria marcos temporais diferentes e identificaria outros saltos e recuos civilizatórios, mas chegaria a duas conclusões iguais às que apresento aqui. A primeira é a de que a trajetória do Direito narra uma crescente complexidade, uma sucessão de diferenciações feitas, desfeitas e refeitas, cada vez em maior número, para orientar o tratamento dos conflitos de interesses. A segunda, que o Direito não consegue ser um instrumento de modelação dos comportamentos das pessoas, ou seja, de conformação da sociedade a um modelo ideal racionalmente concebido.

Minha desconfiança de que chegaríamos, por trajetórias diferentes, a esses mesmos resultados deve-se ao que penso sobre a complexidade da sociedade e de seu controle racional.

A complexidade não caracteriza somente o Direito. Espalha-se feito praga por todos os recantos das relações sociais (economia, família, religião, ciência, cultura, educação etc.). Por mais peculiar que seja a história de uma cultura, ela consistirá na narrativa de circunstâncias cada vez mais complexas. Por outro lado, a civilização de raízes europeias primeiro acreditou, arrogante, na capacidade ilimitada de os humanos dominarem a natureza, pondo-a a seu serviço; depois, quis estender igual domínio sobre a sociedade, e então se deparou com os seus limites e falibilidades. Mesmo não passando pela ilusão da capacidade ilimitada, os *Homo sapiens* de qualquer cultura são igualmente limitados e falíveis.

Se for acertada a minha suspeita, as reflexões que se seguem podem ser universalizadas para qualquer Direito. Se não for, são pertinentes apenas ao de raízes europeias.

Lei orgânica dos municípios

Daqui a pouco, vou falar das duas maneiras de sistematizar o ordenamento jurídico, mas, para se compreender o exemplo que utilizarei, preciso explicar antes o que é a lei orgânica do município.

A estrutura do Estado brasileiro é federalista. Quer dizer, é um Estado que reúne algumas unidades políticas com autonomia para aprovar as próprias leis nos assuntos que lhes dizem respeito. E a nossa Federação tem a característica própria de ser composta por três entes: a União, de que cuida o governo federal; os estados, administrados pelos governos estaduais; e os municípios, sob a administração das prefeituras (estou deixando de lado o Distrito Federal para simplificar um pouco o assunto).

A Constituição Federal é a norma jurídica mais importante do ordenamento jurídico brasileiro. A ela se submetem a União, os estados e os municípios. Além disso, cada estado tem a sua Constituição estadual, aprovada pela Assembleia Legislativa (que recebeu poderes constituintes para isso). E cada município, por sua vez, tem a sua respectiva lei orgânica, aprovada pela Câmara Municipal de Vereadores. Por exemplo, a Lei Orgânica do Município de Belo Horizonte está para o município de Belo Horizonte assim como a Constituição Estadual de Minas Gerais está para o estado de Minas Gerais.

Desse modo, em razão do nosso peculiar federalismo, cada estado e cada município brasileiros aprovam as suas próprias normas, dentro da competência que a Constituição Federal dá a cada um desses níveis da Federação. Por isso existem, no Brasil, além do ordenamento jurídico federal, aplicado em todo o país, também os ordenamentos jurídicos estaduais e municipais. Cada estado e cada município brasileiro têm as suas próprias normas jurídicas. E elas são igualmente hierarquizadas, umas valendo mais do que as outras.

Pois bem. Lembra-se daquele raro recurso gráfico que os professores apresentam aos alunos para ensinar-lhes a hierarquia das normas no ordenamento jurídico, a pirâmide? No capítulo 1, mostrei a figura retratando as normas federais. As figuras das normas estaduais e municipais são as que se seguem.

Esquema 2 – Hierarquia das normas estaduais

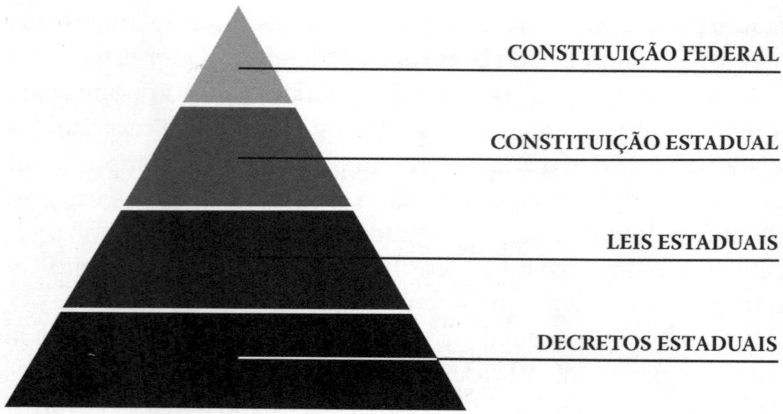

Esquema 3 – Hierarquia das normas municipais

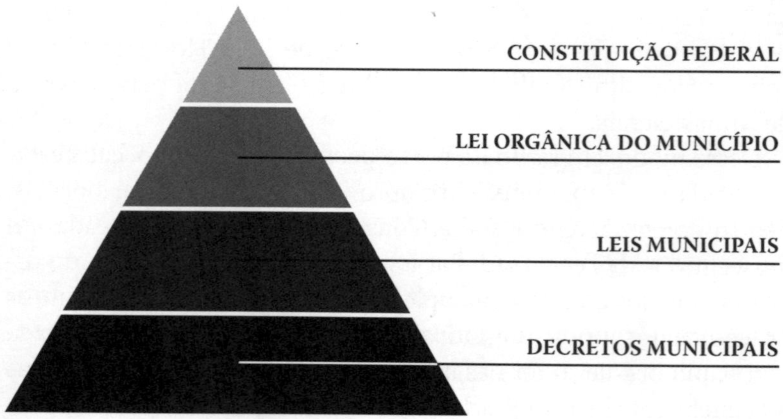

Sistematização estática e dinâmica do ordenamento

O Direito costuma ser definido como um conjunto de normas, ou seja, um ordenamento. Esta biografia não autorizada considera errada tal definição, embora reconheça que é a mais corrente entre doutrinadores, advogados, juízes e demais profissionais da área.

Mas identificá-lo com o ordenamento está longe de ser uma solução simples para a definição do Direito. Um dos indicadores das dificuldades dessa saída teórica está na sistematização do ordenamento por mais de um modo.

As normas jurídicas do ordenamento em vigor hoje foram feitas por uma quantidade muito grande de pessoas, a maioria delas já morta. São cerca de quinhentos deputados federais, oitenta senadores, mais de mil deputados estaduais e 57 mil vereadores, se considerarmos apenas os legisladores vivos. Se incluirmos na conta os decretos dos presidentes da República, governadores e prefeitos, além das inumeráveis normas das autoridades com competência para elaborar regulamentações (Banco Central, conselhos de patrimônio histórico, agências sanitárias, Corpo de Bombeiros etc.), o número de pessoas que fizeram e fazem as normas jurídicas em vigor se multiplica estonteantemente. Não se pode imaginar que essa tropa tão diversificada consiga produzir sempre normas jurídicas congruentes e lógicas. É necessário, por isso, organizar o ordenamento, sistematizá-lo. A doutrina se encarrega da tarefa de pôr congruência no ordenamento.

Há duas alternativas de sistematização: a estática e a dinâmica. No ordenamento sistematizado pela via estática, as normas jurídicas se relacionam pelos seus conteúdos. No sistematizado pela via dinâmica, elas se relacionam por meio da autoridade competente para aprová-las. Vai ficar mais claro com um exemplo.

Imagine que você pediu licença à prefeitura para construir uma casa num terreno de sua propriedade. Quando você vai à repartição municipal saber do andamento do pedido, é informado de que a licença para a construção foi negada.

Surpreso, você indaga: "Por que devo obedecer à negativa e deixar de construir a casa que eu quero no meu terreno?"

Você teve a sorte de ser atendido por um funcionário que é um aplicado estudante de direito. Ele responde: "Deve obedecer porque o Código de Edificações deste município determina que ninguém pode construir aqui sem licença da Prefeitura".

E se você indagar: "Por que devo obedecer ao Código de Edificações?", ele redarguirá: "Porque a lei orgânica do município estabelece que as construções só podem ser licenciadas se estiverem de acordo com o Código de Edificações".

Você respira fundo e prossegue: "Por que devo obedecer à lei orgânica do município?" O funcionário também respira fundo e esclarece: "Porque a Constituição Federal estabelece que cada município terá uma lei orgânica para dispor sobre as matérias de interesse local".

Nesse caso, o funcionário sistematizou o ordenamento jurídico de forma estática. Ligou o Código de Edificações à lei orgânica do município e esta à Constituição, levando em conta o que determinam essas normas jurídicas, o conteúdo delas.

Existe, contudo, outro meio de o diligente funcionário responder à sua primeira indagação, "Por que devo obedecer à negativa e deixar de construir a casa que eu quero no meu terreno?"

Ele poderia dizer: "O senhor deve obedecer porque quem negou a licença foi o diretor do Departamento de Edificações". E caso você replicasse: "Por que devo obedecer ao diretor do Departamento de Edificações?", ele retrucaria: "Porque ele foi investido pelo prefeito da competência de decidir os pedidos de licença". Caso você insistisse: "Por que devo obedecer ao prefeito?", o funcionário esclareceria: "Porque o prefeito foi investido de autoridade para nomear o diretor pelos vereadores que aprovaram a lei orgânica deste município em 1989".

E você: "Por que devo obediência aos que eram vereadores há mais de trinta anos?" E ele: "Porque os constituintes, em 1988, deram competência para esses vereadores aprovarem a lei orgânica".

Nesse segundo caminho, o ordenamento jurídico brasileiro foi sistematizado de forma dinâmica. O conteúdo das normas jurídicas nem sequer foi mencionado. Elas foram ligadas umas às outras pelas autoridades competentes que as aprovaram. O diretor do Departamento de Edificações recebeu poderes do prefeito, que os recebeu dos vereadores daquele município titulares de mandato legislativo no ano de 1989, que, por sua vez, receberam seu poder dos constituintes de 1988.

Contar com duas vias de sistematização do ordenamento não é mero exercício de erudição, tolo e infértil. Ao contrário, elas nada têm de inocente. Permitem acomodar muitas incongruências que salpicam no Direito.

Quando um juiz decide contra o conteúdo da lei e o tribunal confirma a decisão de forma definitiva (transita em julgado), isso pode ser incongruente com o ordenamento estático, mas é congruente com o mesmo ordenamento dinâmico. Explico.

Como o sistema dinâmico "organiza" o ordenamento deixando de lado o conteúdo das normas e empregando apenas as distribuições de competência, ele faz que a decisão do Poder Judiciário deva ser obedecida somente porque os juízes têm competência para decidir. Em outras palavras: como o Poder Judiciário recebeu a competência de "dizer o direito", tudo que ele decidir é o que "diz o direito".

Quando se afirma que Direito é ordenamento, a maneira como ele é sistematizado dá certa coerência para decisões judiciais que contrariam as leis em vigor. Veremos adiante que esse é um dos vários repertórios de flexibilização de que o Direito necessita para cumprir a sua função.

Questões jurídicas são questões normativas

Você notou? Até chegarmos à Constituição (sistema estático) e aos constituintes (sistema dinâmico), todas as indagações do tipo "por que devo obedecer?" foram respondidas apontando-se uma norma jurídica. Mas as perguntas "por que devo obedecer à Constituição?" e "por que devo obedecer aos constituintes?" não encontram resposta em nenhuma norma jurídica. Por isso, os profissionais do Direito não as consideram questões jurídicas. São perguntas, dirão, que você deve dirigir a outros "cientistas", como sociólogos ou historiadores. Afinal, enfatizam, os profissionais do Direito são conhecedores de normas jurídicas. Como não há nenhuma norma positivada a determinar a obediência à Constituição Federal ou aos constituintes, saber a razão pela qual você deve obedecer a eles não é questão jurídica.

O mundo do dever ser

Os estudantes de graduação em direito logo são convidados a fazer uma viagem. E todos embarcam. A grande maioria não retorna. É uma viagem de iniciação: faz parte da preparação dos futuros responsáveis pelo sistema social de tratamento dos conflitos de interesses. É uma experiência necessária para poderem cumprir alguma função na extensa engrenagem jurídica, como advogados, juízes ou outros profissionais. É uma viagem para um universo paralelo: o mundo do *dever ser*.

No século XVIII, um filósofo escocês iluminista constatou a impossibilidade de definir as regras morais a partir da realidade observável dos seres humanos. A condenação da mentira, por exemplo, não pode ser formulada como a conclusão de um metódico processo de observação de como são os homens e as mulheres. Também o respeito à vida, à liberdade e à propriedade não pode ser "descoberto" por observação empírica. Não se enunciam regras de conduta do mesmo modo que se formula a lei da gravidade.

Com essa reflexão, David Hume lançou as sementes de uma ideia que a teoria do Direito cultivou e colheu à sua maneira. Na verdade, ela deturpou o postulado humeniano relativo à fundamentação da norma ou do valor, para segmentar a realidade em dois planos.

Uma concepção bastante ouvida nas faculdades de direito separa o mundo do ser do mundo do dever ser. O que poderia constituir apenas mais uma metáfora com fins didáticos, acaba se introjetando como a descrição fiel da realidade. A maioria dos profissionais jurídicos acredita que de fato existem dois mundos paralelos, relativamente independentes.

Tente questionar um profissional jurídico sobre a ineficácia das leis. Aponte os crimes não investigados. Indague sobre a corrupção desenfreada. Fale dos sonegadores de impostos impunes. Alerte para o desmatamento criminoso da Amazônia. Reclame dos funcionários burocratas e preguiçosos. Mostre, em suma, que o Direito não funciona!

A resposta é um movimento reflexo, adquirido nos anos de formação: o Direito cuida do que deve ser; se o que deve ser acontece ou não, isso não muda nada o que deve ser. Na lei está dito que o criminoso *deve ser* punido. Se alguém comete um crime e não sofre punição, isso não muda a regra de que ele deveria ter sido punido. O Direito funciona porque as normas jurídicas não dependem de sua efetiva aplicação para existir e valer. A crença no mundo do dever ser leva a essa esquizofrenia.

Causalidade e imputação

O mundo do ser é o da "causalidade". Se a água é aquecida a cem graus Celsius, ela evapora. O aquecimento causa a transformação da água do estado líquido para o gasoso. Já o mundo do dever ser é o da "imputação". Se alguém intencionalmente provoca danos ao patrimônio de outra pessoa, deve ser condenado a pagar a indenização. Imputa-se a consequência da indenização à conduta de provocar danos. A conduta não *causa* a indenização, tampouco a lei causa o dever de indenizar. Não há, nessas hipóteses, causa e efeito ligando dois eventos, mas a definição em abstrato de consequências atribuídas (imputadas) a determinadas ações. Por isso, os dois mundos são autônomos. Nada do que acontece no plano da causalidade interfere nas imputações e vice-versa.

Os profissionais jurídicos são estimulados, desse modo, a abstrair questões ligadas à efetividade do Direito. Isso não é com eles. Se deve acontecer alguma consequência porque a lei assim dispõe, não há dúvida de que todos ganham se isso realmente acontece. O mundo do ser, aqui, reproduziria o do dever ser. Mas, se nada acabar acontecendo, essa será uma questão para políticos, economistas, sociólogos ou assistentes sociais resolverem, e não para os juristas.

Estudo e expertise

Os profissionais do Direito pensam que estudam as normas jurídicas vigentes (editadas pelo Estado), os ensinamentos dos juristas (doutrina) e as decisões dos principais tribunais (jurisprudência). Eles não sabem, mas, na verdade, estudam o altamente complexo sistema de tratamento dos conflitos de interesses organizado pela sociedade em que vivemos.

Eles acham que sua expertise é a interpretação das normas do ordenamento jurídico. Porém, a expertise dos profissionais do Direito consiste em saber avaliar a eficácia retórica de diferentes argumentos e construir o que se mostra mais convincente diante de um objetivo. Se for advogado, o objetivo é defender o cliente; se for juiz, sustentar que adotou a decisão mais adequada.

Aversão ao consequencialismo

Um dos problemas de viver no universo paralelo do dever ser se percebe na resistência a levar em conta as repercussões de decisões judiciais para além das pessoas diretamente envolvidas no processo. Se a lei prevê determinada solução, presumem os profissionais jurídicos que alguém fez, em algum momento, o cálculo dos custos de colocá-la em prática. Se, por exemplo, o governo tiver que instituir novos impostos para arcar com o custo do cumprimento de uma decisão judicial, isso não preocupa, em geral, os julgadores.

Em 2007, o estado do Rio Grande do Norte interpôs recurso ao STF contra a condenação de pagar os elevados custos de um remédio experimental para tratar uma única paciente. O remédio não constava da lista do SUS, nem tinha sido aprovado pela Agência Nacional de Vigilância Sanitária (Anvisa).

A questão é altamente controversa, porque condenações desse tipo consomem recursos orçamentários destinados a prover serviços e medicamentos para toda a população. O preço de um medicamento experimental pode, em alguns casos, equivaler ao da totalidade das vacinas de uma campanha de vacinação. Não sendo infinitos os recursos do Estado, a decisão judicial em benefício de um único doente pode prejudicar o atendimento básico à saúde de milhares de pessoas.

Além disso, nesses julgamentos não está em jogo somente a intrincada questão moral sobre se é justificável tentar salvar uma única vida consumindo os recursos destinados à saúde de multidões. Ganha-se um bom dinheiro vendendo drogas experimentais porque não existe um mercado que regule os preços por meio de concorrência entre indústrias farmacêuticas.

O medicamento experimental, naturalmente, não consta da lista do SUS, tampouco está registrado na Anvisa ou mesmo em órgãos de vigilância sanitária de outros países. Afinal, ele ainda encontra-se em experimentação. São apresentados aos juízes estudos e laudos, mas eles não têm a menor condição de avaliar sua pertinência científica. Não conseguem, por absoluta falta de conhecimento farmacológico, médico e científico, sequer fazer uma apreciação superficial da razoabilidade do que esses documentos afirmam ser o objeto da experimentação. E tudo é feito sob a pressão da urgência, com apelos dramáticos pela preservação da vida de um sofrido paciente, o que impede a nomeação de peritos imparciais e o devido exame aprofundado do caso. No final do processo judicial, se vier a ser provada a completa inutilidade e ineficácia do tratamento experimental, o paciente (ou seu espólio, se ele morreu) não terá recursos patrimoniais para restituir ao SUS o valor desperdiçado.

O STF decidiu que o recurso do Rio Grande do Norte continha matéria de repercussão geral. Isso significa que todos os processos judiciais em curso no país, referentes ao mesmo tema, ficaram suspensos até ser aprovada, pelo STF, uma tese para orientar o julgamento de casos semelhantes pelos demais juízes brasileiros.

Em 2016, quando alguns ministros já tinham apresentado os seus votos e outros pediam vista para refletir sobre a sensível questão, a presidenta do STF, em evento público, disse: "Estamos aqui para tornar efetivo aquilo que a Constituição nos garante. A dor tem pressa. Eu lido com o humano, eu não lido com o cofre."

Juízes não lidam com o cofre! O desdém pela questão econômica não foi uma manifestação isolada. Na verdade, corresponde ao que realmente pensa a maioria dos profissionais jurídicos sobre as repercussões econômicas das decisões judiciais, mesmo quando tais repercussões são a essência da matéria em julgamento. Nos casos de judicialização da saúde relacionados aos medicamentos experimentais, não se discute a saúde, apenas o modo mais pertinente de gastar os recursos públicos.

Vive-se mesmo num universo paralelo, onde é suficiente ler na Constituição que "a saúde é direito de todos e dever do Estado" para aparecer o dinheiro.

Consequencialismo na teoria jurídica

Algumas palavras têm sentido muito diferente quando empregadas como conceito jurídico ou filosófico. "Positivismo" é uma delas. Na teoria jurídica, significa o estrito apego às normas do ordenamento jurídico na solução dos conflitos de interesses. Já na filosofia a palavra ganhou mais de um significado. Falarei de um deles mais adiante.

"Consequencialismo" é outra palavra com sentidos diferentes para os juristas e para os filósofos. Na teoria jurídica, é o apelo para que os juízes levem em conta, em suas decisões judiciais, não somente as consequências para as pessoas que litigam naquele processo específico que estão julgando, mas também as repercussões gerais que o julgamento poderá ocasionar. Na filosofia, é referência a uma reflexão ética em que a moralidade das condutas é medida por suas consequências. Devemos nos comportar de modo a fazer feliz o maior número de pessoas possível. O dilema moral que os consequencialistas costumam usar para ilustrar sua concepção é a situação em que se deve escolher entre a morte de uma pessoa ou de várias. Eles dizem que se deve optar pela primeira alternativa, porque contribui para a felicidade do maior número de pessoas.

Curiosamente, a questão do financiamento público de tratamentos experimentais também serviria para uma discussão ética norteada pelo consequencialismo. Mas quero deixar claro que a minha intenção foi discutir, com esse exemplo, somente o conceito jurídico, e não o filosófico. Ao falar em "aversão ao consequencialismo", tenho em mente apenas o primeiro.

A cerimônia de posse do catedrático

Por volta das oito e meia, o secretário da faculdade convida os professores a se dirigirem ao Salão Nobre para o início da cerimônia. Da sala de becas, o acesso se faz por uma porta discreta, bem abaixo do enorme retrato de Dom Pedro II. Obedecendo à rígida hierarquia da titularidade e da antiguidade, os professores se sentam nas cadeiras dispostas à direita da mesa central. Os alunos, colegas e familiares do novo catedrático também ocupam seus assentos no imenso auditório. A monumentalidade do salão, patrimônio histórico tombado, dá o tom grave ao breve momento de silêncio em que todos ocupam os seus lugares.

A graduação oferecida pela Faculdade de Direito do Largo de São Francisco, na cidade de São Paulo, é um dos dois cursos jurídicos mais antigos do Brasil. Foi criado em 1827. Instituição ciosa de suas tradições, conserva a de dar posse aos professores titulares numa sessão solene da congregação. As cátedras tinham sido extintas, por lei, havia mais de dez anos, mas, naquele final dos anos 1970, ainda se chamava o "professor titular" de "catedrático".

A cerimônia transcorre como dita o protocolo. Os aplausos são polidamente calorosos e acontecem nos momentos esperados. Após os atos burocráticos de leitura e assinatura da ata de posse, ouve-se o discurso de saudação, feito por um dos pares que leciona a mesma disciplina. O empossado deve ter ficado merecidamente orgulhoso ao ouvir propalados, no Salão Nobre da faculdade à qual tinha ligado a vida, os seus inúmeros méritos de jurista, professor, advogado, humanista, homem público e chefe de família.

Em seguida, coração um pouco acelerado, é chamado à tribuna para proferir o discurso de posse. Vai devagar, respirando fundo, numa tentativa de disfarçar a ansiedade. Já na tribuna, limpa a garganta, acomoda os papéis em que seu discurso foi datilografado e saúda a audiência com o olhar sério e o semblante grave.

A teoria do Direito-ordenação

Na biografia autorizada, o Direito é retratado como a modelagem dos comportamentos e da própria sociedade. Nela, descreve-se assim a formatação da sociedade pelo Direito: *o Estado, por meio de algumas pessoas com o poder de legislar (legisladores), decide, por normas abstratas, o que é proibido, obrigatório ou permitido e as punições que devem receber todos os que as desobedecerem; e o mesmo Estado, por meio de outras pessoas investidas do poder de julgar (juízes), aplica as sanções aos desobedientes, depois de um processo racional de escrutínio do caso concreto. Por isso, de um lado, o medo de ser punido faz a maioria das pessoas obedecer às normas abstratas; de outro, os desobedientes recebem uma punição e, tendo sofrido com isso, passam também a obedecer às normas abstratas. No final, pelo medo dos obedientes ou o arrependimento dos desobedientes, a sociedade acaba tendo a forma que os legisladores idealmente conceberam.*

A explicação de como o Direito modela a sociedade baseia-se em três elementos: Estado, leis e juízes. Vou chamar essa descrição de Direito-ordenação. Ela é bastante convincente. Tudo parece se encaixar de modo lógico, razoável e coerente. Por isso, ela é aceita como a explicação adequada para o Direito.

Mas ela está errada.

Historicidade do Direito-ordenação

Uma coisa que a teoria do Direito-ordenação oculta é a sua historicidade. Mesmo que fosse verdadeira a descrição do Direito que ela faz, o retrato seria fiel apenas para uma época bem recente. Como vimos, a positivação tem um pouco mais de duzentos anos. Seu marco temporal é o Código Napoleão, de 1804. Se o Direito-ordenação explicasse corretamente algo, explicaria somente o Direito da Idade Contemporânea.

A teoria do Direito-ordenação não consegue fornecer uma explicação para o Direito pertinente a todos os períodos históricos porque, como também vimos, nem sempre houve normas abstratas, decorrentes de uma decisão das pessoas investidas de poder para aprová-las. Antes da positivação, lembro, os casos eram tratados do mesmo modo como vinham sido resolvidas as questões semelhantes desde sempre; pelo menos era nisso que acreditavam as pessoas quando aceitavam a solução dada aos conflitos.

Há mais uma historicidade, em geral ocultada, que impede o Direito-ordenação de explicar todo o Direito. O Estado Nacional nem sempre existiu. Na Europa, os primeiros só foram criados entre os séculos XIII e XV. Estruturas administrativas e políticas de dimensões equivalentes, como o Império Romano, foram exceções. E a equivalência fica apenas nas dimensões, porque não havia legisladores e da administração da Justiça não estava encarregado um agente especializado e com dedicação exclusiva.

Na verdade, como temos a tendência a olhar o passado com as lentes do nosso tempo, enxergamos a presença do Estado em todas as épocas. Enganamo-nos encaixando forçadamente xamãs e caciques num arremedado "embrião do Estado". É uma armadilha que temos de evitar.

Em resumo, tomando a trajetória de quase 3.800 anos, o Direito-ordenação só consegue explicar o Direito dos últimos duzentos anos. Arredondando os números, dos quatro milênios do Direito, o Direito-ordenação só é capaz de descrevê-lo como foi no quinto final do último milênio. Apenas nos anos correspondentes a 5% da trajetória do Direito ele poderia ser descrito do modo indicado anteriormente (*"o Estado, por meio [...] idealmente conceberam"*).

Como eram as coisas antes da Ordem?

A concepção do Direito-ordenação poderia dividir o tempo histórico em duas grandes eras: "antes da Ordem" e "depois da Ordem". Como põe em suspenso a história, ao descrever o Direito, essa concepção sugere uma antropologia bastante simplória. Num tempo remoto, não havia Estado, leis e juízes, e vivia-se fora da Ordem. Às tantas, criaram-se os Estados, aprovaram-se leis, os juízes começaram a trabalhar e, então, fez-se a Ordem.

É difícil que tenha acontecido uma repentina irrupção da civilização. Mas isso não é propriamente uma preocupação do Direito-ordenação. Ele não se ocupa do mundo do ser, assunto para os antropólogos e historiadores. Interessa-lhe conhecer o mundo das normas.

Como teria sido, então, a passagem do estado de natureza para a civilização? Não parece plausível que os humanos tenham dado um salto no processo de evolução da espécie. O mais provável é que a estratégia civilizatória tenha mostrado aos poucos as suas vantagens para a economia de energia na luta pela sobrevivência e pela perpetuação da espécie. Mas, qualquer que tenha sido o ritmo, é consenso que, em algum momento, os *Homo sapiens* deixaram de resolver os conflitos internos aos grupos apenas pela lei do mais forte, e diversos padrões passaram a ser observados.

Talvez, no princípio, os humanos nem tivessem plena consciência de que estavam passando por uma mudança no modo de tratar os conflitos de interesses. Os padrões se alteravam não por vontade ou escolha. Eles mudavam porque a espécie estava inaugurando uma estratégia evolucionista. A consciência do surgimento de novos padrões, quando aconteceu, contribuiu para o fortalecimento da mesma estratégia.

E então? Como éramos no estado de natureza? Teríamos sido o sereno selvagem de Rousseau, que não adoecia e tinha as necessidades atendidas com facilidade? Ou teríamos sido o obstinado guerreiro de Hobbes, que vivia cercado pela insegurança e sempre tinha que lutar com outros humanos para conseguir satisfazer as suas necessidades?

Para mim, uma terceira hipótese deve ser investigada. Talvez sempre tenham existido, em nossa espécie, dois tipos de indivíduos, que lidam de formas diferentes com o conflito. Pode ser que sejamos uma espécie composta de indivíduos razoáveis (apaziguadores) e de indivíduos irrazoáveis (confrontadores) desde os tempos em que começávamos a deixar o estado de natureza.

Os razoáveis e os irrazoáveis

Nem todo mundo lida da mesma forma com os seus conflitos de interesses. Há aqueles com tendência a negar a existência do conflito, fugindo ao primeiro sinal de qualquer potencial embate ou disputa. Também há os que enfrentam cotidianos conflitos imaginários e vivem à sombra das perseguições e tramas que eles mesmo criam.

Reagimos de diferentes maneiras às ações daqueles que estão à nossa volta. Recebemos a mesma mensagem ora como ofensa, ora como brincadeira, dependendo de quem fala. Muda também o nosso humor no dia ensolarado e no chuvoso. No amplo mapa das variações de atitudes diante dos conflitos, proponho distinguir dois tipos, com base nas posturas opostas das pessoas diante de um conflito de interesses que as envolve. De um lado, há os indivíduos que enfrentam os conflitos tentando, pelo menos de início, uma composição, um entendimento ou um acordo; de outro, existem aqueles que lidam com os conflitos acirrando a beligerância. Os primeiros desejam prevenir os conflitos, os últimos querem alimentá-los.

Chamarei as pessoas que apostam na eliminação dos conflitos por via da negociação como razoáveis, e as que estimulam a exacerbação dos conflitos como irrazoáveis. Encontram-se razoáveis e irrazoáveis em todos os recortes sociais.

Por características psicológicas ou atentas experiências de vida, certas pessoas acabam se habituando a se pôr no lugar do outro sempre que se avizinha algum tipo de conflito. São pessoas empáticas, altruístas, conscientes de que, em qualquer acordo, necessariamente irão ceder em suas expectativas e posições. Estão convencidas, sobretudo, de que a economia de dinheiro, tempo e energia com o abortamento precoce do conflito vale muito a pena. São ponderadas e buscam uma composição em que todos ganhem, ainda que não ganhem tudo que desejam.

De outro lado, também por características psicológicas ou desatenção às experiências de vida, outras pessoas se sentem atraídas pelo conflito e, ao vislumbrarem-no, focam apenas seus próprios ganhos e perdas. São egocêntricas, egoístas e sentem como humilhante a perspectiva de renunciar a qualquer pretensão, ainda que modesta. Estão convencidas, assim, de que qualquer gasto de dinheiro, tempo e energia será recompensado pelo inexcedível gozo de impor derrota à arrogância alheia. São "donas da verdade", e simplesmente não lhes passa pela cabeça a possibilidade de não vencerem o conflito.

O mais adequado, todavia, é falarmos em posturas predominantes, deixando de lado modelos rígidos de interpretação do rico universo da psicologia. Há pessoas razoabilíssimas na maioria das vezes, mas que se tornam enfurecidas e irrazoáveis quando o conflito surge em determinadas situações, como acidentes de trânsito. Também há os irrazoáveis contumazes que, apesar de sua propensão atávica ao embate, em alguns casos buscam desde logo a composição amigável.

A razoabilidade e a irrazoabilidade não dependem de nível de renda, escolaridade, gênero ou faixa etária.

Os razoáveis são, em geral, racionais, assim como os irracionais predominam entre os irrazoáveis. Mas uns e outros podem acertar ou errar em seus cálculos e estratégias. Age de modo irracional a pessoa razoável que insiste na composição com quem já demonstrou não ter o menor interesse nela; age de modo racional a pessoa irrazoável que identifica o momento mais propício para turbinar o conflito latente.

Tudo é extensamente variável nesse campo. É, porém, definitivamente certo que, se todos fossem pessoas razoáveis, a quantidade de advogados seria muito, muito menor, e que, quanto mais irrazoáveis forem as pessoas, mais rentável será a advocacia. Num mundo de pessoas razoáveis, eu seria arquiteto ou biólogo.

Apaziguamento e confronto

Se hoje podemos identificar dois tipos de indivíduos de acordo com as diferentes maneiras como costumam lidar, na maioria das vezes, com os conflitos, devemos considerar a hipótese de que a diferença já existia quando estávamos prestes a sair do estado de natureza.

Há muito tempo nos acostumamos a pensar que somos diferentes dos outros animais. Mas os diferenciais que nos afastariam deles não têm resistido às pesquisas. Dividimos o planeta Terra com vários animais inteligentes, dotados de linguagem, criadores de ferramentas, sensíveis e com consciência da própria finitude. É hora, penso, de aceitar que somos muito mais animais do que gostaríamos de admitir. E trazemos conosco, em plena civilização, muitos dos traços dos ancestrais que viviam no estado de natureza.

Na pré-civilização, disputas por alimento, água e pela prioridade na transmissão dos genes às novas gerações resolviam-se com a prevalência da vontade do mais forte. Isso só não acontecia quando o mais fraco tinha sorte ou astúcia. Contudo, deviam existir humanos fortes e também razoáveis. Pessoas que podiam impor a sua vontade num conflito, mas viam vantagem em não fazer sempre isso. Alianças são preciosas para cada um se posicionar na hierarquia interna do grupo. Optar por alguma forma de divisão amigável de uma caça, mesmo podendo tirá-la do mais fraco à força, deve ter se mostrado um modo perspicaz de economia de energia na luta pelos escassos recursos de sobrevivência. Como os grupos de humanos com mais indivíduos razoáveis deviam se adaptar mais eficientemente aos desafios do meio ambiente, certa dose de razoabilidade pode ter se revelado uma interessante estratégia evolucionista.

É sensato pensar que trouxemos do estado de natureza as duas maneiras fundamentais de lidar com os conflitos, isto é, que mesmo "antes da Ordem" já conviviam indivíduos apaziguadores e confrontadores nos grupos humanos.

Irrealidade do Direito-ordenação

A insubsistência da concepção do Direito-ordenação, contudo, não decorre somente de sua historicidade, do fato de não conseguir descrever de modo adequado o Direito do passado. Mesmo que sempre tivesse existido o Estado Nacional (ou estruturas administrativas e políticas semelhantes) e sempre houvesse normas abstratas decididas por legisladores para serem aplicadas por juízes em casos concretos, ainda assim o Direito-ordenação seria uma falsa representação do Direito. Primeiro, porque nem todas as desobediências às proibições, obrigações e permissões contidas nas normas abstratas são punidas. Segundo, as pessoas não conhecem todas as normas jurídicas para poder obedecer a elas receando sofrer sanções. A maioria age como age em razão dos valores que cultiva, e não por causa das leis. Terceiro, o cumprimento da pena não tem levado à ressocialização de um número expressivo de criminosos. E não parece que a sanção civil da perda de bens esteja transformando devedores contumazes em pagadores pontuais.

Mas, sobretudo, o Direito-ordenação é falso porque não há como fazer o juiz aplicar, com fidelidade e precisão, a norma que foi decidida pelo legislador. Não há meios, em suma, de assegurar que o juiz será obediente ao legislador.

Salvaguardas do Direito-ordenação

Como assim não há meios de forçar a obediência do juiz ao legislador? Ele não deveria ser o primeiro a obedecer, até mesmo para poder punir os desobedientes?

Para evitar incômodas perguntas como essas, o Direito-ordenação se antecipa e dispara alguns factoides. São as salvaguardas, que servem de tapume, de biombo, de obstáculo à compreensão do Direito como ele realmente é.

A primeira dessas salvaguardas é a força da lei. A produção da norma abstrata que o juiz deve aplicar está cercada de procedimentos formais e solenidades, além de controles públicos e transparentes de sua adequação ao documento fundamental (Constituição Federal). Desses pressupostos a lei extrai a sua força vinculante, que a todos submete, em especial aos juízes, que lhe devem obediência.

A segunda salvaguarda é a ciência. Quem quer ser juiz deve começar cursando a formação superior em direito e, depois, estudar muito mais do que a média dos seus colegas para passar no duríssimo concurso da magistratura. Um juiz, portanto, é um profundo conhecedor da "ciência do direito". A certeza científica é, pois, uma garantia de que os juízes aplicam as normas jurídicas tal como estabelecidas pelo legislador.

Relacionada a essa salvaguarda, há a terceira: a lógica. A aplicação da lei é apresentada como uma simples operação mental de raciocínio lógico: *se quem mata deve ser preso, e João matou, então João deve ser preso*. Os juízes não têm como errar ou se desviar: conhecem as leis e apenas devem verificar se o caso em julgamento se enquadra numa delas.

A quarta salvaguarda é o sistema de revisão das decisões por juízes mais experientes ou, pelo menos, com mais autoridade. Se o juiz singular (primeiro grau de jurisdição) decidir de forma contrária à lei, ou lhe der uma interpretação errada, essas distorções serão corrigidas no julgamento do recurso apresentado pelo advogado por pelo menos três outros juízes, chamados de "desembargadores", integrantes do tribunal (segundo grau de jurisdição). Se os desembargadores também errarem, serão corrigidos pelos ministros do STF ou do Superior Tribunal de Justiça – STJ (cortes superiores).

A quinta é a justiça. Desde sempre, o objetivo do Direito tem sido o equilíbrio, a proporcionalidade, a equidade nas relações sociais. Os juízes são encarregados de distribuir a justiça. Se deixarem de aplicar as normas abstratas ou as interpretarem em sentido diverso do determinado pelo legislador, farão o oposto do que a sociedade espera deles, incorrerão em injustiça em vez de promover a justiça.

Com essas salvaguardas, o Direito-ordenação explica como conseguiria assegurar a modelagem da sociedade pelo arcabouço de normas abstratas estatais aplicadas por juízes a casos concretos; ao mesmo tempo, obscurece o real funcionamento do Direito. Insisto que nada, absolutamente nada, consegue forçar um juiz a interpretar qualquer lei exatamente da forma pretendida pelo legislador ao editá-la; nada também consegue impedir que o juiz julgue um caso de modo oposto ou diferente do previsto na lei. Vamos nos ocupar de cada uma dessas salvaguardas para mostrar que elas não entregam e não podem entregar o que prometem.

O discurso de posse

O catedrático do Largo de São Francisco, em sua posse em junho de 1979, opta por evitar completamente o grande tema do debate nacional do momento. Ele escolhe algo que lhe parece ter maior transcendência. A anistia acontecerá ou não, com esta ou aquela extensão; o Brasil se redemocratizará ou não – tais questões são menores, acidentais, pontuais, diante de outra muito mais importante.

Tendo já entrado na casa dos sessenta anos, vê urgência em combater uma ameaça muito mais séria que a agonizante ditadura. O Direito que conhece, que estudou com afinco ao longo de exitosa carreira do magistério, está irreconhecível, cada vez mais sinuoso, flexível e logicamente desgrenhado.

Concentra o discurso na lamentável perda de "rigor conceitual" e de "congruência interna" do direito brasileiro. Põe a culpa dos "desconsertos" na "aceleração da mudança social". Conclui conclamando uma "aliança de juristas" ao "disciplinamento da mudança" que restaure "o prestígio do conceito jurídico rigoroso e do discurso tecnicamente ordenado à luz da lógica".

A *ordem* visivelmente se desmantela, e é preciso reagir.

10. Lei

O Direito tem sido entendido, no nosso tempo, como a modelagem dos comportamentos em sociedade. Por essa maneira de ver o Direito, senadores e deputados federais, representantes da vontade da maioria da população brasileira, aprovam leis por meio das quais decidem como devemos nos comportar. Para garantir que as leis sejam cumpridas, os juízes as aplicam sempre que provada a desobediência num processo judicial.

Essa visão do Direito considera que, por meio desse mecanismo, a sociedade fica organizada do modo como foi racionalmente desenhada nas leis. Quando a maioria das pessoas obedece à lei e os poucos desobedientes sofrem as punições e se emendam, o resultado é uma sociedade com a exata forma em que foi idealmente concebida. Essa é a ideia básica da teoria do Direito-ordenação.

Apresentei duas objeções a essa maneira de explicar o Direito. Primeira: o Direito-ordenação não tem mais de dois séculos de existência. O Direito vinha funcionando de forma bem diferente até pouco tempo. Segunda: não existe nada capaz de forçar os juízes a aplicarem exatamente as normas aprovadas pelos legisladores.

Os defensores do Direito-ordenação se contrapõem à primeira objeção por meio da negação da história. Reinterpretam o passado, procurando nele os mesmos ingredientes que consideram essenciais no Direito: um órgão estatal deliberativo, normas positivadas e processos judiciais em que julgadores as aplicam. E se contrapõem à segunda objeção por meio de instrumentos que poderiam assegurar julgamentos de acordo com as normas jurídicas. As pessoas acreditam no funcionamento desses instrumentos, ou pelo menos de alguns deles, e o Direito atualmente se legitima pela disseminação dessa crença. Chamei esses instrumentos de "salvaguardas".

O primeiro desses instrumentos que vou examinar é a "força da lei". Há quem acredite que a lei tenha força suficiente para impedir o juiz de distorcê-la nos julgamentos.

A força da lei

Há formalidades e solenidades cercando a elaboração das leis. Começam pela forma característica como são redigidas. Preâmbulo, ementa, disposições, artigos, parágrafos e incisos: todos reconhecem quando estão diante de um texto normativo, mesmo não sendo iniciado nas nuances da formação jurídica. Os debates parlamentares e o momento decisivo da votação representam rituais, muitas vezes transmitidos ao vivo pela televisão aberta. Para aprovar uma norma que altera a Constituição Federal, nossa lei mais importante, são feitas duas votações (turnos) em cada casa legislativa (Senado e Câmara dos Deputados), e a sua formalização (promulgação) é um ato solene. As formalidades culminam com a publicação do texto num repositório público: o *Diário Oficial*.

Essas circunstâncias e a reverência que elas inspiram fazem da lei um fetiche. Quer dizer, as pessoas passam a tratá-la como se fosse uma coisa; mais que isso, uma coisa poderosa. A norma deixa de ser vista como uma decisão adotada por determinadas pessoas para servir de resposta a certa situação conflituosa e ganha ares de algo independente, com vida própria. E, para além disso, algo que manda em todos nós, que nos impõe condutas, limitações e deveres.

Reificação da lei

Uma das primeiras noções ensinadas aos alunos nas faculdades de direito é a distinção entre a vontade do legislador e o texto da lei. Para fortalecer os conceitos, usam-se expressões latinas: *mens legislatoris versus mens legis*. Os futuros bacharéis aprendem que, se o legislador quis dizer uma coisa mas acabou dizendo outra, prevalece o que disse, e não o que queria ter dito.

A discussão que opõe o desejado ao escrito só existe devido ao fetiche da norma jurídica. Ninguém discutiria se ela deve ser aplicada de acordo com o seu texto final ou se deve ser respeitada a vontade original de quem o redigiu e aprovou se a lei não fosse, desde logo, vista como um produto autônomo do processo legislativo, uma coisa em si.

Pode-se falar, assim, em "reificação da lei", no sentido de "coisificação da lei" (*res*, em latim, significa "coisa"). Ela se torna, por essa via, um fetiche com força bastante para vincular os juízes.

Onde estão as normas jurídicas?

Você já sabe que, até pouco tempo atrás, "lei" era a única expressão usada para designar o padrão abstrato de orientação do tratamento dos conflitos de interesses aprovado por legisladores. Com o aumento da complexidade, outros padrões foram criados, como a Constituição, decretos, instruções etc. Desde então, cunhou-se o conceito geral de "norma jurídica", que engloba todos os padrões.

Pois bem. Onde estão as normas jurídicas? Essa é uma indagação muito raramente feita pelos profissionais do Direito. Proponho-a para começarmos a discutir se existe algo assim como a "força da lei".

Onde estão as normas jurídicas? Alguns estudantes e profissionais prontamente responderão: "Ora, elas estão no *Diário Oficial*". Mas essa não é a resposta certa.

As normas jurídicas estão em outro lugar: na memória de algumas pessoas. O registro no *Diário Oficial* serve apenas para a recuperação da informação memorizada. Uma belíssima página do direito brasileiro nos permite entender isso.

A 274ª Sessão da Assembleia Constituinte

As normas sobre a família da nossa Constituição foram aprovadas pela Assembleia Nacional Constituinte (ANC) em 26 de maio de 1988. Nesse dia, os eleitos para aprovar o documento jurídico fundamental da sociedade brasileira (os constituintes) discutiram um grande acordo em torno de um texto único para o tema. O acordo, que reuniu os 24 constituintes que haviam apresentado propostas isoladas acerca da família, foi chamado de "fusão das proposições".

Antes de qualquer votação na Constituinte, sempre dois oradores se manifestavam, um a favor e o outro contra a aprovação da matéria. Quem falou a favor do amplo acordo sobre a família foi um parlamentar fluminense muito respeitado. Tinha se notabilizado na aguerrida luta pela introdução do divórcio no Brasil. Havia liderado, em 1977, a mudança da Constituição anterior para a supressão da regra da indissolubilidade do casamento. Em seu pronunciamento na 274ª Sessão da ANC, ressaltou a participação da bancada das mulheres e da bancada evangélica na fusão das propostas sobre a família. Acerca do conteúdo das normas, limitou-se a enaltecer o amparo do Estado à união estável e à mãe solo.

Um constituinte paulista foi escalado para encaminhar contrariamente à aprovação da fusão das proposições. Político experiente, não se desgastaria questionando um acordo abrangente e bem costurado. A inimputabilidade penal de crianças e adolescentes tinha sido incluída no mesmo capítulo da família, e ele se opôs unicamente à norma que excluía os menores de dezoito anos de responsabilidade pela prática de crimes. Não tratou de mais nada em seu breve pronunciamento.

Colocada em votação, a fusão das proposições foi aprovada por 435 votos favoráveis, oito contrários e nove abstenções. Tornou-se o texto das normas da Constituição sobre a família.

Seguiram-se, então, as declarações de voto, instrumento pelo qual o parlamentar manifesta a sua reserva sobre um ou mais pontos aprovados. A preocupação é política: explicitar posições, em geral caras à base eleitoral, sempre que se teme a possibilidade de interpretação dúbia do voto.

Um constituinte piauiense declarou ter votado em branco por considerar que a proteção à união estável era incompatível com a estabilidade do casamento. Um petista consignou que votara a favor para seguir a orientação do partido, mas discordava de que o divórcio dependesse da separação prévia por certo tempo (condição que deixou de existir em 2010). Outro constituinte lamentou a inexistência de acordo em torno do direito ao planejamento familiar. Houve declaração protestando contra a inimputabilidade dos menores de dezoito anos. E mais um constituinte petista registrou que, por força de convicções religiosas, não concordava com a falta de expressa proibição do aborto.

Nenhuma palavra sobre o casamento entre pessoas do mesmo sexo.

União estável entre homem e mulher

Entre as normas aprovadas no início da noite daquela quinta-feira, 26 de maio de 1988, está a determinação para o Estado proteger as uniões estáveis. São as famílias formadas por pessoas que não querem ou não podem se casar. Foi, sem dúvida, uma das muitas alterações importantes trazidas pela nova Constituição. Nas Constituições anteriores, a única forma de família reconhecida e amparada era a constituída pelo casamento.

A norma constitucional ficou redigida assim: "*Para efeito da proteção do Estado, é reconhecida a união estável entre o homem e a mulher como entidade familiar, devendo a lei facilitar sua conversão em casamento*".

Desde 1988, a nossa Constituição mudou em muitos aspectos. Mais de uma centena de emendas constitucionais foram aprovadas. Mas a regra sobre as uniões estáveis entre o homem e a mulher permanece inalterada. Continua lá, no art. 226, § 3º, exatamente como foi aprovada pelos constituintes na 274ª Sessão da ANC.

Um ato jurídico inexistente

Em 26 de maio de 1988, na discussão sobre a proteção da família pela nova Constituição, ninguém tocou no assunto das uniões entre pessoas do mesmo sexo. Se foi ventilado em outra ocasião dentro da ANC, não teve fôlego suficiente para chegar até o dia da votação. Esse assunto simplesmente não representava, naquela época, nenhuma preocupação para os constituintes, qualquer que fosse a sua posição a respeito.

O mais provável é que a maioria das pessoas eleitas para escrever a nossa atual Constituição nem sequer tivesse pensado sobre o tema da união estável entre pessoas do mesmo sexo, muito menos sobre o *casamento* entre pessoas do mesmo sexo. Não era uma questão objeto do debate público naquele tempo.

Até mesmo o movimento pelos direitos dos homossexuais não tinha pautado o assunto. Sua reivindicação, na qual concentrou todos os esforços, consistia na expressa proibição de discriminação fundada em orientação sexual na futura Constituição. Mas o movimento não teve sucesso nem mesmo nessa pauta. Os constituintes estavam prontos para condenar explicitamente as discriminações com base em origem, raça, sexo, cor e idade. Quanto às demais, preferiram reuni-las todas na proibição genérica a "outras formas de discriminação".

Eram outros tempos. Para a grande maioria dos constituintes, deve ter parecido que não seria nem ao menos necessário a Constituição afirmar que o casamento era a união de um homem e uma mulher. A ideia da heterossexualidade do matrimônio era por demais óbvia e assentada. Afinal, em 1988, e por muito tempo ainda, nos livros de direito e nas salas de aula, sempre que alguém queria dar um exemplo de "ato jurídico inexistente", não titubeava: casamento entre pessoas do mesmo sexo. Por que a Constituição deveria conter uma norma dizendo que não existe algo que não existe? Essa seria a resposta dos constituintes se tivessem sido perguntados sobre o tema.

A maioria dos constitucionalistas que escreveram sobre a proteção constitucional das uniões estáveis entre homens e mulheres, ao tempo da aprovação da Constituição, não deu muita atenção às uniões entre pessoas do mesmo sexo. Mais uma indicação de que ninguém, em 1988, estava pensando nelas.

A Ação Direta de Inconstitucionalidade 4277

Vinte anos depois, em fevereiro de 2008, o governador do Rio de Janeiro apresentou uma ação no STF. Queria obter respaldo para a sua política de tratar igualmente as uniões estáveis entre pessoas do mesmo sexo em questões relativas ao funcionalismo público. Se morria uma funcionária ou funcionário unido a pessoa do mesmo sexo, o governo fluminense estava agindo corretamente ao pagar pensão à companheira ou companheiro? Era essa a questão que o governador desejava ver esclarecida.

Mas, se fosse vitoriosa a ação proposta (o nome técnico é Arguição de Descumprimento de Preceito Fundamental – ADPF), a decisão teria um efeito muito restrito. Uma vez reconhecida a validade das uniões estáveis entre pessoas do mesmo sexo nessa ação, apenas as companheiras e os companheiros de funcionários públicos do Rio de Janeiro seriam beneficiados, e somente no que dizia respeito aos seus direitos como servidores do estado.

Em julho de 2009, a Procuradoria-Geral da República ingressou no STF com uma ação direta de inconstitucionalidade (ADI). Nela, sustentou a tese de que a Constituição proibia tratar diferentemente as uniões estáveis. Defendeu que tanto as uniões de pessoas de sexos diferentes como as de pessoas do mesmo sexo têm direito à igual proteção da Constituição.

A ADI recebeu o número 4277 e foi processada junto com a ação do governador do Rio de Janeiro (ADPF 132). Estou deixando de lado, aqui, certas minúcias técnicas para destacar o essencial: a

ADI ampliou o alcance do futuro pronunciamento judicial. Se o STF fosse favorável à tese de inconstitucionalidade do tratamento discriminatório das uniões estáveis entre pessoas do mesmo sexo, a decisão beneficiaria todos os brasileiros que constituíram família com base numa relação homoafetiva – e os beneficiaria em todos os seus direitos, patrimoniais e morais.

Em 5 de maio de 2011, o STF, por unanimidade, acolheu a tese da PGR e considerou inconstitucional (e, portanto, inválida) qualquer norma que trate diferentemente a união estável entre pessoas de sexos diferentes e a união estável entre pessoas do mesmo sexo. A decisão foi unânime, embora por fundamentos diferentes.

Havia, na verdade, um grande desafio para a argumentação dos ministros do STF: como lidar com o art. 226, § 3º da Constituição, que falava (e ainda fala) expressamente em união estável "entre o homem e a mulher"?

Argumento a contrario sensu e argumento analógico

Imagine uma norma jurídica qualquer. Ela proíbe, obriga ou permite uma conduta. Em princípio, essa norma orienta o tratamento de conflitos de interesses em torno daquela específica conduta proibida, obrigatória ou permitida. Parece claro que não se pode concluir nada sobre a proibição, obrigatoriedade ou faculdade de outra conduta diferente da descrita na norma. Se, de acordo com a norma jurídica A, fazer *x* é proibido, obrigatório ou permitido, não temos como decidir nada, em vista da mesma norma A, acerca do comportamento *y*.

Vamos pensar em *é proibido fumar*. Se considerarmos esse padrão e outra conduta, como tomar bebidas alcoólicas, nada podemos concluir sobre a proibição, obrigatoriedade ou permissão dela. É bem provável, aliás, que a maioria não saiba como determinar se ingerir bebidas alcoólicas seria proibido, obrigatório ou permitido levando em conta a norma jurídica *é proibido fumar*. Faz sentido, não?

Mas e se não houver nenhuma norma falando da conduta de ingerir bebidas alcoólicas e for necessário resolver um conflito de interesses em torno dela? O juiz não pode simplesmente dizer que não irá decidir porque não existe norma sobre ingerir bebidas alcoólicas, e não teria sentido concluir nada a respeito dessa conduta raciocinando a partir da norma *é proibido fumar*. O conflito simplesmente não pode ficar sem resposta.

Desse modo, apesar de parecer ilógico (e, de fato, não tem lógica nenhuma) examinar a conduta *y* levando em conta a norma sobre a conduta *x*, é exatamente assim que se raciocina para que o conflito não fique sem tratamento.

E o raciocínio jurídico pode seguir dois caminhos, nesse caso.

De um lado, o juiz pode argumentar que, se a norma proíbe fumar, então consumir bebidas alcoólicas não é proibido. Esse é o argumento *a contrario sensu*. Ele tem por fundamento o padrão geral "*o que não é proibido, é permitido*". Se não há proibição de ingerir bebidas alcoólicas, então essa conduta é permitida.

De outro lado, o juiz pode argumentar que existem similitudes entre as duas condutas. Ele pode dizer, por exemplo, que fumar e tomar bebidas alcoólicas são hábitos nocivos à saúde; que tabaco e álcool são drogas; que, se o legislador tivesse normatizado a conduta de ingerir bebidas alcoólicas, certamente a teria proibido, tal como proibiu o fumo. Esse é o argumento analógico. Seu fundamento é a identificação, pelo juiz, de uma lacuna nas normas jurídicas, isto é, algo de que o legislador não tratou, mas deveria ter tratado.

Sob o ponto de vista lógico, os dois argumentos são inconsistentes. Só é válida, para a lógica, a conclusão sobre um tema igual ao das premissas. Mais que isso: não há nenhum critério que indique os momentos em que se deve usar cada um desses argumentos. Pior: sempre se chega a resultados opostos ao argumentar *a contrario sensu* ou analogicamente. Não há conciliação possível. No entanto, os profissionais do Direito vivem argumentando num ou noutro sentido, e sempre com eloquente serenidade e a máxima convicção.

No julgamento da ADI 4277, prevaleceu o argumento analógico.

O Estado deve proteger as uniões estáveis entre pessoas do mesmo sexo?

Basicamente, foi essa a indagação a que os ministros do STF tiveram que responder ao julgar a ADI 4277. A Constituição determina que o Estado proteja as uniões estáveis entre um homem e uma mulher (UEHM). É conduta obrigatória do Estado, de acordo com a Constituição. Mas essa norma constitucional não diz absolutamente nada acerca de outra conduta: o Estado proteger as uniões estáveis entre pessoas do mesmo sexo (UEMS). Como vimos, contudo, isso não é um problema para as argumentações jurídicas. Normas que tratam da conduta *x* também orientam soluções para a conduta *y*.

Para muitas pessoas, inclusive profissionais do Direito, quando a Constituição obriga o Estado a proteger as uniões estáveis "entre o homem e a mulher", isso significa claramente que ele não deveria proteger as demais uniões estáveis, principalmente as estabelecidas entre dois homens ou duas mulheres. Chegam a essa conclusão por intuição ou, se têm formação jurídica mais acurada, por meio do argumento *a contrario sensu*.

Nenhum dos ministros do STF pensou assim, porém. Alguns foram buscar a analogia no arsenal de argumentos. E, claro, só podiam chegar à conclusão oposta à das pessoas que pensaram sobre a questão na linha do argumento *a contrario sensu*. Para os ministros que se utilizaram do argumento analógico, a Constituição tem uma lacuna, porque não tratou da união estável entre pessoas do mesmo sexo (UEMS); mas essa hipótese de união estável não pode ser tratada diferentemente da união estável entre pessoas de sexos diferentes, entre homem e mulher (UEHM), em razão da igualdade perante a lei. Logo, como o Estado tem a obrigação de proteger a UEHM, também deve proteger a UEMS.

Lacuna na Constituição?

O argumento analógico só pode ser usado se houver uma lacuna, isto é, uma ausência injustificável de norma jurídica. Normalmente, essa premissa é identificada pelo juiz quando o conflito de interesses envolve uma inovação tecnológica que ainda não foi considerada pelos legisladores e, assim, não se encontra em nenhuma norma jurídica.

Uma mensagem de WhatsApp pode servir como prova da existência de um contrato jurídico válido? Se, num processo judicial, for preciso resolver essa questão, é muito provável que o juiz não tenha dificuldade para identificar a lacuna. Dirá que o legislador, ao aprovar o Código Civil em 2002, simplesmente não tinha como prever esse tipo de comunicação. Mas, ressaltará, se tivesse previsto, certamente teria admitido a mensagem do WhatsApp como forma válida de contratação.

Acontece que uniões estáveis entre pessoas do mesmo sexo (UEMS) já existiam, havia muito tempo, quando, em maio de 1988, os constituintes aprovaram a determinação para o Estado proteger as uniões estáveis entre o homem e a mulher (UEHM). Como falar em lacuna na Constituição acerca de algo já existente quando ela foi elaborada? Sem a identificação de uma lacuna, não é convincente o argumento analógico.

Em momentos como esse é que se constata a fartura do repertório de argumentos jurídicos. Em geral, as lacunas são decorrentes da impossibilidade de o legislador antecipar as evoluções tecnológicas e os novos hábitos e condutas, bem como os conflitos de interesses que irão gerar. Mas existe um tipo especial de lacuna que não tem a ver com a falibilidade humana em prever as futuras invenções: a "lacuna axiológica".

Por vezes, no momento da aprovação da lei, o legislador até consegue antecipar inteiramente as hipóteses de sua aplicação no futuro. Com o passar dos anos, porém, os valores mudam. O que era considerado errado passa a ser tido como certo e vice-versa. A lacuna nasce, nesse caso, porque os legisladores não conseguiram antever a mudança nos valores sociais. Enquanto não chegavam essas mudanças, nada havia a preencher nas normas jurídicas. Inexistiam lacunas. Uma vez alterados os valores da sociedade, contudo, as mesmas normas mostram-se lacunosas para orientar adequadamente os conflitos de interesses. Essa é a figura da lacuna axiológica. Lembro que "axiologia" tem suas raízes etimológicas na palavra grega *áksios*, que significa "valor" em português.

No julgamento da ADI 4277, parte dos ministros considerou que, na Constituição, havia uma lacuna axiológica. Os votos não aprofundam em particular essa linha de argumentação, até porque a simples referência ao conceito já é suficiente para a devida fundamentação – ele torna tudo imediatamente claro ao interlocutor familiarizado com a noção técnica de lacuna axiológica.

Em resumo, o argumento desses ministros diz que, em 1988, não ocorreu à maioria dos constituintes que seria necessário disciplinar as uniões estáveis entre pessoas do mesmo sexo (UEMS). Não era uma questão a ser tratada no âmbito da Constituição, muito menos mediante uma norma que obrigasse a sua proteção pelo Estado. O argumento analógico pressupõe que a maioria dos constituintes, como representantes da sociedade brasileira daquele tempo, considerava "errada" a união entre pessoas do mesmo sexo (UEMS). Passam-se os anos, mudam os valores, surge a lacuna axiológica. O STF é, então, acionado para preencher o vazio que apareceu nas normas jurídicas.

Lacunas no direito e decisões judiciais

Quando o juiz argumenta ter identificado uma lacuna no direito, a analogia é o primeiro recurso a ser utilizado para "preenchê-la". O juiz deve, assim, encontrar uma norma referente a uma situação análoga, parecida, semelhante àquela que precisa julgar, mas acerca da qual o legislador não se pronunciou. E, então, deve se colocar no lugar do legislador e se perguntar: "Se a matéria tivesse sido tratada numa norma jurídica, receberia o mesmo tratamento?" e deve responder com um "sim" à questão. Claro, se respondesse à própria pergunta com um "não", estaria usando no seu raciocínio o argumento oposto ao analógico, isto é, o argumento *a contrario sensu*.

Pois bem. Depois de responder afirmativamente à indagação se o legislador teria tratado a situação não normatizada do mesmo modo que tratou a normatizada, o juiz aplica analogicamente a norma existente. Desse modo, supre a inexistência de norma específica para o caso em julgamento. Em suma, quando o Poder Judiciário afirma existir uma lacuna na ordem jurídica, é inevitável: ele faz as vezes do Poder Legislativo. E, ao afirmar que a lacuna existe na Constituição, faz as vezes do Poder Constituinte. Não há como escapar dessa sobreposição de poderes. É assim mesmo que funciona o nosso altamente complexo sistema de solução de conflitos de interesses, o Direito da atualidade.

Outros fundamentos na ADI 4277

A votação foi unânime. Todos os dez ministros que votaram (um deles estava impedido) decidiram que a "união estável entre pessoas do mesmo sexo" deve receber, do Estado e da ordem jurídica, o mesmo tratamento dispensado à "união estável entre o homem e a mulher". A UEMS não pode ser discriminada da UEHM. Exatamente os mesmos direitos dos conviventes na UEHM são também titulados pelos conviventes na UEMS. Mas os fundamentos foram diferentes.

Um dos ministros interpretou a expressão "união estável entre o homem e a mulher", constante na norma constitucional, como uma referência à paridade de gêneros no interior da entidade familiar. Para ele, os constituintes teriam se expressado desse modo apenas porque estavam preocupados com os preconceitos, na época, contra a mulher casada "sem papel passado". Concluiu daí que a norma constitucional não veda a proteção do Estado à união estável entre pessoas do mesmo sexo (UEMS). Entendeu que não existia nenhuma lacuna a ser preenchida, nem mesmo a axiológica.

Outros argumentaram que a Constituição levou em conta apenas algumas das muitas espécies de famílias. Se não há menção à união estável entre pessoas do mesmo sexo (UEMS), isso não significa que essa forma de família seja menosprezada pela norma constitucional. Não é um caso de lacuna, porque a Constituição realmente não precisa cuidar de todos os assuntos.

Marcou presença, por fim, em todos os votos, a argumentação principiológica. Os ministros invocaram o princípio da igualdade em suas argumentações. Se todos são iguais perante a Constituição, não se pode tratar de maneira diferente a união estável entre o homem e a mulher (UEHM) da união estável entre pessoas do mesmo sexo (UEMS).

União estável ou casamento?

Não sei se os ministros do STF tinham total clareza do real alcance de sua decisão ao concluir que as uniões estáveis entre pessoas do mesmo sexo (UEMS) não podiam ser discriminadas. Nos votos, não se encontra qualquer referência ao que estaria por vir. Creio mesmo que nenhum deles antevia os imediatos e surpreendentes desdobramentos do histórico julgamento de maio de 2011.

Já no mês seguinte, uniões estáveis entre pessoas do mesmo sexo (UEMS) começaram a ser convertidas em casamento. Sem que houvesse previsão na lei, documentos oficiais certificando o casamento de dois homens ou de duas mulheres começaram a ser expedidos pelos cartórios. Eram certidões expedidas em obediência a ordens judiciais.

Mas como assim? Quem falou em *casamento* na ADI 4277? Estava-se falando somente no tratamento que mereciam receber as *uniões estáveis*. Decidiu-se que, independentemente do sexo, o princípio da igualdade determinava que eles teriam o mesmo tratamento na lei. Decidiram-se temas como: se, na união estável entre o homem e a mulher (UEHM), falecendo um deles, cabia ao outro aprovar doação de órgãos, decidir sobre sepultamento ou cremação, receber a pensão do INSS etc., também na união estável entre dois homens ou duas mulheres (UEMS), as coisas deveriam acontecer rigorosamente do mesmo modo.

O STF em nenhum momento discutiu a figura do casamento entre pessoas do mesmo sexo, muito menos a aprovou ou afirmou que seria válida. De onde teriam surgido, a partir de uma decisão sobre uniões estáveis, os casamentos entre pessoas do mesmo sexo? Com que base vários juízes estavam mandando os cartórios expedirem certidões de casamento de pessoas do mesmo sexo? O que, afinal, estava acontecendo?

Estava acontecendo uma daquelas situações, um tanto constrangedoras, em que a pretensão de controlar as condutas das pessoas, de moldar o mundo de acordo com um pressuposto racional, mostra-se uma desnorteante ilusão.

Voltemos a 1988. Mais uma clara demonstração de que a maioria dos constituintes era conservadora em relação ao tema dos costumes e da família encontramos no final da norma jurídica discutida pelo STF. Vamos relembrar: "*Para efeito da proteção do Estado, é reconhecida a união estável entre o homem e a mulher como entidade familiar, devendo a lei facilitar sua conversão em casamento*". Quer dizer, entre os modos de o Estado proteger as uniões estáveis, deveria existir a fácil transformação delas em casamento. Os casados "sem papel passado" deveriam ser estimulados a mudar essa situação e, enfim, casar "de verdade".

A Constituição de 1988 é mais tolerante do que as anteriores, nas quais só o casamento formava famílias dignas de proteção. Mas, bem vista em seus detalhes, ela é somente um pouquinho mais tolerante do que as Constituições precedentes. É verdade que, além do matrimônio, menciona duas outras maneiras de constituição da família: os casamentos "sem papel passado" e as "mães solteiras" (falava-se assim naquele tempo). Mas também é verdade que ela tem receio de chamar essas situações de "família" e usa o neologismo "entidade familiar". De acordo com a Constituição, o casamento formal constitui uma família, enquanto os casamentos "sem papel passado" criam entidades familiares pela união estável entre o homem e a mulher, e as "mães solo" formam entidades familiares monoparentais.

Do ponto de vista jurídico, assentou-se o entendimento (correto) de que "família" e "entidade familiar" são expressões sinônimas. Mas é impossível não perceber o conservadorismo imiscuído no texto constitucional, na recusa de denominar todas as formas de famílias de "família".

Os nossos constituintes realmente consideravam a união estável uma forma de constituição de família inferior ao casamento. Viam nela uma situação um tanto imoral e desconfortável, que até se podia aceitar temporariamente, mas devia ser corrigida por meio do enlace matrimonial tradicional. Refletiam, com esse conservadorismo na pauta dos costumes, os valores daquele tempo. Assim, só reconheceram as uniões estáveis (entre o homem e a mulher) como forma de constituição de família porque havia a ressalva expressa da facilitação, numa futura lei, de sua conversão em casamento.

Na ressalva da facilitação da conversão estão refletidos preconceitos da época dos constituintes: a inferioridade da família constituída por casamento "sem papel passado" em comparação com a constituída pelo matrimônio formal e tradicional.

Não é curioso? Foi exatamente a ressalva da facilitação da conversão, estabelecida pelos constituintes com indisfarçável propósito conservador, que acabou servindo de via pela qual transitou, vitoriosa e festiva, a aceitação da validade jurídica do casamento entre pessoas do mesmo sexo. Ora, se os membros de uma união estável têm os mesmos direitos, sejam seus sexos coincidentes ou não, então eles podem se casar, tanto na UEHM como na UEMS. Mais que isso, podem se casar pela via rápida da conversão. Simples assim.

A norma que os constituintes aprovaram com o objetivo nitidamente conservador de privilegiar o casamento como a forma superior de família serviu à afirmação dos direitos dos homossexuais. Ninguém consegue pôr ordem na sociedade, quero dizer, a ordem que considera a mais adequada e atemporal em termos morais. Os constituintes são as pessoas que detêm os mais amplos poderes jurídicos imagináveis. Eles podem criar do zero um ordenamento jurídico completamente novo. Mas nem mesmo essas pessoas tão poderosas conseguem encaixar a sociedade no modelo que consideram ideal.

A surpresa

Vasculhando os votos proferidos pelos ministros do STF no histórico julgamento da ADI 4277, não se encontra nenhuma referência à conversibilidade das uniões estáveis entre pessoas do mesmo sexo em casamento como um dos efeitos da sua equiparação com as uniões entre o homem e a mulher.

O assunto não é sequer mencionado, como se não fosse uma decorrência imediata e inevitável da decisão que estava sendo tomada. Na única referência, o casamento entre pessoas do mesmo sexo é tratado como um tema a ser eventualmente objeto de uma futura lei. Como se a tarefa do STF fosse apenas esclarecer que as uniões entre pessoas do mesmo sexo não estavam proibidas na Constituição Federal e, com isso, liberar o Poder Legislativo para aprovar leis a respeito.

Um dos ministros conta que estava em Portugal quando foi aprovada a lei portuguesa do casamento entre pessoas do mesmo sexo e, em seguida, recomenda ao legislador uma pesquisa criteriosa no direito comparado quando decidisse introduzir a figura no Brasil. É dele a única referência, em todo o julgamento, à questão da conversibilidade. Mas ela não aparece como uma consequência necessária e imediata do julgamento da ADI 4277, e sim na forma de uma pergunta que exemplifica a complexidade do tema a ser oportunamente enfrentada pelos legisladores, e não pelo STF.

Em suma, em nenhum dos votos fez-se qualquer menção, direta ou indireta, ao efeito imediato da equiparação das uniões estáveis, consistente na fácil conversão em casamento. Penso haver bons indícios, nesses votos, de que os ministros do STF foram pegos de surpresa pelos acontecimentos que se seguiram ao julgamento da ADI 4277. Tanto quanto o resto do país.

Resolução 175/13 do Conselho Nacional de Justiça

A conversão de uniões estáveis em casamento é feita por um processo judicial. Nele, os conviventes provam que mantêm uma união estável e o juiz manda o cartório de registro civil emitir a certidão de casamento.

Mas, pensaram os oficiais desses cartórios, "se eu posso emitir uma certidão de casamento em razão da conversão da união estável, por que não poderia, desde logo, casar pessoas do mesmo sexo?". Aos poucos, os casamentos entre pessoas do mesmo sexo se espalharam por várias regiões do país. E não eram casamentos feitos por ordem judicial, decorrentes de conversão de união estável. Eram os mesmos casamentos que uniam pessoas de sexos diferentes. As noivas ou os noivos compareciam ao cartório de registro civil, pediam a habilitação para se casar, e o oficial dava andamento ao processo, normalmente.

O Ministério Público participa de toda habilitação de casamento. Ele fiscaliza se a lei está sendo observada. Se considerar que há alguma ilegalidade, o assunto vai para o juiz decidir. Pois bem. Nas habilitações de casamento entre dois homens ou duas mulheres, boa parte dos promotores de justiça deixou de questionar a identidade do sexo como um obstáculo ao casamento. Agiam assim em respeito à decisão do STF e dando tratamento igualitário às famílias constituídas por pessoas do mesmo sexo.

Em algumas regiões do país, porém, os cartórios continuavam se recusando a processar a habilitação entre pessoas do mesmo sexo ou o Ministério Público costumava considerar essa circunstância como impedimento que invalidaria o matrimônio. Também acontecia de alguns juízes indeferirem o pedido de conversão da união estável entre pessoas do mesmo sexo em casamento por entenderem que a decisão do STF não tinha o alcance de permitir isso. O Brasil se dividiu. Os casais de mesmo sexo residentes na metade mais ao sul normalmente não encontravam dificuldades, enquanto os da porção mais ao norte do país deparavam com incompreensíveis dúvidas, cruéis hesitações e dolorosas recusas de cartórios, promotores e juízes.

Em 14 de maio de 2013, o Conselho Nacional de Justiça (CNJ) determinou que nenhuma habilitação ou celebração de casamento civil podia ser recusada pelos cartórios pelo fato de serem os requerentes pessoas do mesmo sexo. Também determinou que o juiz não podia negar a conversão de união estável entre dois homens ou duas mulheres em casamento. Desde então, como a mais que merecida vitória de uma longa luta pela igualdade e dignidade, não tem mais havido nenhuma dificuldade para pessoas do mesmo sexo se casarem no Brasil.

Casamento entre pessoas do mesmo sexo na democracia pós-moderna

Em 2003, o governador que depois iria provocar a manifestação do STF era senador pelo Rio de Janeiro. Em setembro, ele apresentou uma Proposta de Emenda à Constituição (PEC) para "permitir a união estável entre casais homossexuais". Sua iniciativa simplesmente ficou parada, sem nenhuma discussão ou progresso, até que, em 5 de outubro de 2006, ele mesmo solicitou a retirada e o arquivamento. Fez isso na semana seguinte ao primeiro turno da eleição para governador do Rio de Janeiro daquele ano. Ele tinha sido um dos dois candidatos mais votados e enfrentaria, em algumas semanas, o segundo turno.

A retirada da PEC foi decorrência das negociações no contexto da eleição. Ele conseguiu o apoio de políticos de bases evangélicas à sua candidatura. É corrente na política que candidato à chefia do Poder Executivo deve evitar ao máximo se posicionar em relação a temas sensíveis, entre eles o da proteção aos direitos das minorias. É compreensível o cálculo: quem precisa do voto da maioria não pode desagradar a maioria.

Algumas semanas após a decisão do CNJ, almocei com um ministro do STJ e três deputados federais. O propósito do nosso encontro era outro, mas o tema das uniões homoafetivas veio à tona. Um dos deputados afirmou que a maioria de seus eleitores era frontalmente contrária à legalização do casamento entre pessoas do mesmo sexo e, por isso, independentemente da sua opinião pessoal acerca do assunto (que acabou não revelando), ele, representante das pessoas que lhe concederam o mandato popular, não poderia nunca votar a favor de uma proposta legalizando o casamento entre pessoas do mesmo sexo. Os outros dois deputados concordaram que se encontravam na mesma situação.

Eu não costumo ser muito esperto nessas horas. Em vez de me calar, como o nosso anfitrião ministro, fiz ponderações gerais acerca da democracia madura, que não pode dar voz somente à maioria, mas também deve reconhecer os direitos da minoria. Mudaram de assunto.

Talvez nenhum outro tema seja mais representativo da democracia pós-moderna que o reconhecimento do casamento entre pessoas do mesmo sexo. O Poder Legislativo, como representante da maioria, não sente que legislar sobre o assunto seja sua incumbência. O Poder Judiciário se apresenta para dar voz às minorias.

O princípio da igualdade

É bastante conhecido o padrão "*todos são iguais perante a lei*". É o princípio da igualdade, legado da Revolução Francesa para todas as democracias contemporâneas e pós-modernas. Mas o que ele diz não é verdade. As pessoas não são iguais perante a lei.

Não estou falando da existência de igualdade real. Alguns juristas lucidamente questionam o descompasso entre o plano formal do princípio da igualdade e o plano material das efetivas diferenças econômicas, de educação, de acesso ao mercado de consumo etc. É outra discussão muito importante, mas não é dela que estou cuidando aqui.

Ao afirmar que as pessoas não são iguais perante a lei, estou me referindo ao fato de que as normas jurídicas necessariamente tratam as pessoas de modo diferente. Não há como normatizar qualquer questão sem criar uma diferença entre as pessoas, sem estabelecer diferenciações. A cada vez que uma lei é aprovada, a cada vez que se baixa um decreto ou portaria, algumas pessoas passam a ser tratadas de forma diferente de outras. É mentira que todos são iguais perante a lei, porque a norma jurídica, por definição, discrimina as pessoas. Não há como escapar disso. Considere qualquer exemplo. Quando a lei diz que você deve ter pelo menos dezoito anos para responder por um crime, ela está tratando de maneira diferente os menores e os maiores de dezoito anos. Quando determina que os maiores de dezesseis anos, mas menores de dezoito, só podem contratar com a concordância de seus pais, ela diferencia essas pessoas das demais (menores de dezesseis anos e maiores de dezoito). Quando estabelece que as empresas poluidoras devem obter uma licença ambiental antes de começar a operar, está dando tratamentos diferentes às que poluem e às que não poluem. Quando pune o motorista que cometeu várias infrações graves com a suspensão da habilitação para dirigir, está tratando essa pessoa de forma diferente da que trata os motoristas que respeitam as regras de trânsito. Quando prevê o despejo do locatário que não pagou o aluguel, concede-lhe um tratamento diferente daquele dado ao locatário adimplente e pontual. Quem tem renda acima de determinado valor anual e é obrigado a pagar o imposto de renda não é igual, perante a lei, a quem tem renda inferior a esse patamar e está dispensado do pagamento do tributo. E assim por diante.

Legislar é escolher os que estão numa determinada situação e lhes dar um tratamento diferente do concedido às pessoas que não se encontram na mesma situação. Legislar é estabelecer diferenças, é desigualar, é diferenciar. Todos somos desiguais perante a lei.

Se é assim, o que significa o princípio da igualdade?

Os juristas adotam uma fórmula, atribuída a Aristóteles, para caminhar nessa questão: a igualdade consiste em tratar igualmente os iguais e desigualmente os desiguais. Desse modo, haverá desobediência à igualdade se, quando dois motoristas tiverem incorrido na mesma infração, um deles receber multa e o outro perder a habilitação. Nessa hipótese, dois iguais receberão tratamentos diferentes, contrariando o princípio da igualdade. Mas os motoristas que desrespeitam as regras de trânsito podem ser tratados de modo diferente dos que as respeitam, porque não estão na mesma situação. Eles não são iguais, são motoristas desiguais.

Essa fórmula, contudo, não resolve a questão. Afinal, não há duas coisas tão diferentes que não se possa encontrar pelo menos um elemento comum a elas, e não há duas coisas tão semelhantes que não se possa encontrar pelo menos uma característica que as diferencie. Uma jabuticabeira e um elefante têm em comum a característica de "seres vivos". E duas jabuticabeiras, plantadas lado a lado, são árvores individuais, com o desenho dos troncos próprio de cada uma. Portanto, se duas pessoas são iguais ou desiguais é sempre uma questão em aberto.

E é sempre uma questão de valores. A nossa primeira Constituição proclamava: "A lei será igual para todos". Mas houve escravidão no Brasil ao longo de 64 dos 65 anos em que ela vigorou. Os escravizados não eram cidadãos brasileiros, portanto não estavam sob a proteção da Constituição Imperial. Apenas os "libertos" ganhavam o estatuto de cidadãos. Pois bem. Naqueles tempos, a desigualdade entre escravizados e libertos correspondia aos valores correntes entre legisladores, governantes e magistrados. Quer dizer, o princípio da igualdade não servia de freio nenhum à escravização, porque se tratavam desigualmente pessoas que eram vistas como "desiguais".

Mais dois exemplos. De acordo com a declaração de direitos da Constituição de 1891, "Todos são iguais perante a lei". Mas, em 41 dos seus 43 anos de vigência, a mulher não teve direito a voto. Foi somente em 1932, com um decreto do governo provisório chefiado por Getúlio Vargas, que as mulheres puderam votar em todo o país. O princípio da igualdade da Constituição republicana não impedia a proibição de alistamento eleitoral às mulheres, pois, pelos valores da época, elas não eram "iguais" aos homens a ponto de poder participar da escolha dos legisladores e governantes por meio do voto.

A Constituição de 1946, ao listar os direitos e as garantias individuais, assentou no primeiro deles: "Todos são iguais perante a lei". Mas, durante dezesseis dos dezoito anos em que vigorou, a mulher casada era legalmente definida como um sujeito incapaz. Uma mulher solteira com mais de vinte e um anos podia ter qualquer profissão e tomar dinheiro emprestado no banco, mas a casada só podia fazer essas coisas com autorização do marido. Não se via contradição nenhuma entre o princípio da igualdade e o tratamento diferente que a lei dava às mulheres casadas ou solteiras. E não se via porque, segundo os valores da época, a desigualdade entre as situações de ter ou não um marido justificava a desigualdade na lei.

Em resumo, ao aplicarem o princípio da igualdade, os juízes argumentam que duas pessoas são "iguais" e, portanto, a lei que as desiguala não tem validade, ou, ao contrário, afirmam que duas pessoas são "desiguais" e, por isso, a lei que as desiguala é válida. Mas são os mesmos juízes que vão determinar quem são os iguais e quem são os desiguais ao fixar as premissas da fundamentação de suas decisões.

Normas jurídicas estão na memória de algumas pessoas

Imagine que, na manhã de 6 de outubro de 1988, no dia seguinte à promulgação da atual Constituição, um jornalista provocador perguntasse a um constituinte: "Vocês perceberam que aprovaram o casamento entre pessoas do mesmo sexo?".

Certamente, o político iria estranhar e, talvez, bastante preocupado com as chances de reeleição, se apressasse a perguntar: "Onde está escrito isso, pelo amor de Deus?". O entrevistador responderia: "Ora, no princípio da igualdade; se todos são iguais perante a lei, qualquer um tem direito de se casar com alguém do sexo oposto ou do mesmo sexo".

Se acontecesse algo assim, o impertinente jornalista seria ridicularizado. "É claro", responderia o constituinte, confiante e aliviado, "que a Constituição não aprovou o casamento entre pessoas do mesmo sexo. Afinal, o princípio da igualdade assegura tratamento igual aos iguais e desigual aos desiguais, e homossexuais e heterossexuais não são iguais".

Mas, como vimos, não foi esse o entendimento da unanimidade dos ministros do STF quase 23 anos depois. Para eles, o princípio da igualdade, proclamado pela Constituição de 1988, impede o tratamento diferenciado das uniões estáveis entre homem e mulher (UEHM) e das estabelecidas entre pessoas do mesmo sexo

(UEMS). Consequentemente, tanto a UEHM quanto a UEMS podem ser facilmente convertidas em casamento, de acordo com a mesma Constituição.

Essa rica página da história do direito brasileiro permite-nos confirmar que as normas jurídicas não estão no *Diário Oficial*. A redação da norma, que lemos na edição do *Diário da Assembleia Nacional Constituinte*, sempre foi: "*Para efeito da proteção do Estado, é reconhecida a união estável entre o homem e a mulher como entidade familiar, devendo a lei facilitar sua conversão em casamento*".

Não foi mudada nem uma só vírgula no texto entre a data da 274ª Sessão da ANC (26 de maio de 1988) e a do julgamento da ADI 4277 (5 de maio de 2011). Mas o *conteúdo* da mesma norma mudou radicalmente nesse período de pouco mais de vinte anos. Em 1988, ao concordar com a facilitação da conversão em casamento de uniões estáveis entre homem e mulher (UEHM), os constituintes não estavam aprovando o casamento entre pessoas do mesmo sexo. Em 2011, porém, o STF decidiu que estavam aprovando, sim.

A norma jurídica não está no *Diário Oficial*, e sim na memória de um conjunto de pessoas. O conteúdo da norma jurídica não é determinado pelo texto escrito nesse repositório público de normas, nem pelos legisladores que a escreveram e aprovaram. Ele é fixado pelas pessoas em cuja memória repousa. Se eu convencer essas pessoas de que a norma *x* diz *y*, o conteúdo da norma *x* será *y*.

11. Ciência

Estou aqui, acorrentado pelos pés e pelo pescoço, como tantos outros. Não sei quantos somos. Consigo conversar apenas com os mais próximos. À direita, à esquerda, na fila da frente e na de trás. Nesta, na fila de trás, estão companheiros que não vejo; só ouço suas vozes, porque as correntes não me deixam virar a cabeça. Dá para notar que somos muitos, milhares. Não se consegue ver até onde se espalha a multidão. Todos acorrentados, de frente para o mesmo paredão, em que vemos imagens trepidantes em diferentes tons escuros, incessantes. É assim faz muito tempo.

De repente, um tumulto. Alguns riem, outros parecem enfurecidos. Não entendo o que dizem. Pergunto ao acorrentado do lado o que estaria acontecendo. Ele também não sabe muita coisa. Ouviu algo sobre alguém ter conseguido se libertar. E então? Parece que está dizendo coisas incompreensíveis. Fala que estamos numa caverna, vendo apenas sombras. “Deixa pra lá”, respondo, “é um louco.”

Volto às imagens projetadas. Vejo o meu rosto em muitas delas. A cada dia que passa, mais se parecem comigo. A cada trepidação, formas aneladas e acinzentadas se alternam, e meu rosto fica cada vez mais nítido. O tumulto, depois de algum tempo, sossega. Ninguém mais se lembra dele.

Um dia, ao pousar as mãos às costas para admirar o meu rosto desenhado pelas imagens no paredão, noto alguma coisa enterrada na areia. É um pequeno tablete negro. Quando o toco, ilumina-se. É uma fascinante máquina de conversas. Ela me permite ver os outros acorrentados, saber os seus nomes e conhecer as suas ideias. Também eles conseguem me ver com o sedutor tablete luminoso. Conversamos muito, o tempo todo. Quando alguém fala tolices, dá raiva. Se insiste, a gente se une e cancela o idiota. Ninguém mais conversa com ele.

Um dos que cancelamos foi o louco da caverna. Ele repetiu aquela conversa de que vemos apenas sombras. Sombras de coisas que ele, depois de muito esforço, pôde conhecer diretamente quando andou até lá fora. Todo mundo fica irritado, com raiva mesmo. Cravei no perfil do infeliz "Loucos como você merecem morrer!!!!" e subi a hashtag *#cancelaroloucodacaverna*.

Alegoria das três abordagens

Os humanos temem o acaso, o imprevisível, o errático da realidade. Logo que se iniciaram na agricultura, depararam com pragas e mudanças climáticas que punham a perder a dura labuta de muitos meses. Por três ou quatro temporadas, tudo parecia sob controle, e eles colhiam os generosos frutos do seu trabalho metódico. A constância da natureza os animava, com as recompensas esperadas. Animava-os a ponto de se sentirem estimulados a dedicar ainda mais tempo e energia, planejando uma colheita ainda mais abundante. Às vezes, porém, acontecia de tudo se frustrar. A inesperada geada de uma madrugada, uns bolores estranhos ressecando as folhas, um atordoante temporal...

Diante do imprevisível, a primeira abordagem dos humanos consistiu em projetar nela o que conheciam melhor: eles mesmos. Alguém deve ter pensado: "Quando fico com raiva, destruo coisas ao meu redor. Alguém enraivecido deve ter acabado com a minha plantação. Preciso acalmar essa ira, como faz minha mulher comigo quando quebro os potes de argila dela". O acaso era um mistério. Não dava para entender. Mas não custaria nada tentar controlá-lo por meio de rituais apropriados, que deixassem satisfeito o ser que destruíra a lavoura. Um ser invisível, mas poderoso o suficiente para aniquilar de vez toda a plantação. Certamente, alguém a ser respeitado.

Nos anos em que a colheita era farta, os humanos atribuíam o sucesso aos rituais de apaziguamento do ser invisível. Tinham funcionado a contento. Isso confirmava a importância dos rituais. E, nas vezes em que a colheita não tinha sido boa, culpavam a si mesmos: algo no ritual deu errado e não aplacou a raiva do poderoso ser invisível. Essa primeira abordagem do acaso não admitia que algo pudesse ser simplesmente incontrolável.

Alguns humanos, no entanto, começaram a pensar diferente. E se não houvesse ninguém enraivecido? E se os rituais fossem irrelevantes? Quando funcionaram, não teria sido mera coincidência? Para essa segunda abordagem, o acaso era incontornável. Desse modo, o que precisava ser aplacado não era a raiva de alguém de cuja existência nem certeza se tinha, mas a angústia diante do imponderável. Encontrando uma explicação que a sossegasse, renovavam-se as energias para trabalhar na plantação da temporada seguinte.

Tanto faz se a explicação construída para o fracasso da colheita de um ano explicará o sucesso dos anos anteriores ou dos anos seguintes. Interessa apenas dar certo conforto imediato às pessoas frustradas, afastando a tristeza, o desânimo ou o desespero e seus efeitos paralisantes. Se nada é controlável, o melhor a fazer é ter uma atitude pragmática: "Boa parte da plantação se perdeu neste ano por causa da geada, mas tenho certeza de que, no próximo ano, vai dar tudo certo; vamos fazer a nossa parte".

Mas um pequeno grupo de humanos desconfiou das duas abordagens. O acaso podia ser apenas uma forma desconhecida de constância. Descobrindo-a, poderiam mudar algumas coisas no modo como plantavam e colhiam para diminuir as perdas ou aumentar a produção. Foram essas as inquietações que levaram à terceira maneira de abordagem da realidade.

O errático não era um mistério incompreensível, embora controlável, como queria a primeira abordagem; tampouco era um fardo inevitável a ser suportado da forma menos dolorosa possível, como pretendia a segunda. Era, isto sim, um segredo a ser desvendado. Por trás do acaso podiam existir repetições e constâncias a ser descobertas e compreendidas. Seria necessário observar muito, criar explicações diferentes e verificar, fazendo mais observações, se pelo menos uma delas poderia revelar outras constâncias e repetições.

As três abordagens do acaso

Na alegoria das três abordagens que proponho, a primeira é a religiosa; a segunda, a opinativa; e a terceira, a abordagem científica.

A abordagem científica se distingue das outras porque questiona incessantemente. O tempo todo ela diz: "Não sabemos tudo", e as respostas que encontra são sempre provisórias e aproximativas. Já a abordagem religiosa e a opinativa têm respostas definitivas para todas as perguntas. Afirmam: "Sabemos tudo". Mais que arrogância, há fundamentalismo. Tremem de medo das dúvidas que ameaçam suas certezas.

Distingue-se a abordagem opinativa das outras duas pelo seu pragmatismo. Interessa resolver, do modo mais rápido e menos desgastante, questões surgidas no dia a dia. Como se repetisse: "É o que temos para hoje". Por sua vez, as abordagens religiosa e científica buscam explicações que possam nos orientar em meio a todas as adversidades, preparando-nos para lidar com os insucessos: "Não foque na árvore, contemple a floresta".

A abordagem religiosa pressupõe a crença em alguém que pode nos proteger do acaso. Deus está no controle. Não temos como entender por completo seus desígnios, e só por isso estranhamos o que nos parece imprevisível. Ela propõe: "Para quem tem fé, tudo está explicado". De outro lado, a abordagem opinativa e a científica não adotam igual premissa. Embora não excluam necessariamente a existência de Deus, investigam outras possibilidades. Reiteram: "Crença e conhecimento são coisas distintas".

As três abordagens lidam de modo diferente com o acaso. A religiosa nega-o ("sabemos tudo e nada está fora de controle"). A opinativa esconde-o, convocando à ação ("sabemos tudo e mãos à obra"). A científica escrutina-o incansavelmente, tentando acuá-lo ("não sabemos tudo, mas sabemos como saber").

Racionalidade nas três abordagens

A abordagem científica é a mais racional das três. Sempre cuidadosa e obsessivamente precisa no uso da linguagem, incomoda-se bastante com a irracionalidade. E é esse incômodo mesmo que faz o cientista propor e rever perguntas, suscitar e aperfeiçoar teses, e experimentá-las à exaustão. Ele nunca está satisfeito.

A estreita sintonia entre ciência e razão, porém, não significa que as abordagens religiosa e opinativa não possam ter também sua dose de racionalidade.

Entre a crença do grego da Antiguidade em Deuses que moram no Monte Olimpo e a do grego do século XI que acredita num único Deus, místico e fisicamente inacessível, a segunda tem mais racionalidade. É mais racional crer no Deus criador da humanidade, igualmente generoso com todos os povos, do que crer no Deus criador da humanidade que tomou partido de apenas um povo. O protestantismo luterano foi mais racional do que o catolicismo, em 1517, ao questionar a venda de indulgências, isto é, o perdão dos pecados em troca de contribuições pecuniárias para a Igreja Católica.

E, no ambiente da abordagem opinativa, as opiniões bem fundamentadas em informações confiáveis, reflexões críticas e argumentos articulados são mais racionais do que as intuitivas, irascíveis e provocativas. Podem-se defender as cotas de ingresso para alunos do ensino público nas universidades como justa medida visando alcançar a igualdade de oportunidades, mas é possível defendê-las também como a merecida vingança dos pobres contra os ricos. No primeiro caso, a opinião é mais racional.

Convivência das três abordagens

As diferentes abordagens não se excluem. Cada um de nós, no plano pessoal, aborda a realidade pelas lentes religiosa, opinativa e científica, em diferentes graus e situações. Não conseguimos lidar com todos os acasos por apenas uma delas. O mais racional dos cientistas, se for uma pessoa sã, não adotará o método científico para escolher o parceiro ou a parceira; a pessoa extremamente religiosa, a menos que seja muito fanática, irá ao médico quando adoecer; o pragmático, salvo o obtuso imediatista, vive momentos de angústia existencial quando falece alguém que ama, por exemplo.

No plano geral, porém, a convivência dessas abordagens nem sempre é fácil.

A guerra das abordagens

Na Europa medieval, o projeto de consolidação e fortalecimento de poder da Igreja Católica Romana adotou a tática de monopólio da abordagem religiosa. Combateu sobretudo a abordagem científica. Agostinho de Hipona (Santo Agostinho), o mais importante formulador da doutrina católica do início da Idade Média, desqualificava inteiramente a atitude que se tornaria típica da ciência. Considerava doentia a curiosidade. Para ele, ampliar o conhecimento não tinha nenhuma utilidade para os homens. Tampouco via sentido em "saber por saber". Bernardo de Claraval (São Bernardo), mais de setecentos anos depois, foi outro importante formulador da doutrina católica, um "doutor da Igreja". Preocupado em encurralar a abordagem científica, considerava a lógica imprópria e prejudicial no trato de assuntos teológicos. Criticava fortemente Pedro Abelardo, que se propunha compreender os mistérios da doutrina cristã por meio da lógica aristotélica.

A Igreja Católica Romana não se limitava a desdenhar a abordagem científica. Em seus planos, não haveria espaço para uma convivência harmoniosa. Ela não admitia nenhuma outra interpretação da realidade que não fosse a da doutrina cristã, de acordo com o entendimento da hierarquia católica. Tudo que Deus queria que o homem conhecesse já era conhecido. As invenções também eram obra divina. Elas não derivavam dos esforços e da criatividade dos inventores, e só apareciam porque tinha chegado o momento, pelos planos de Deus, de o homem conhecer um pouco mais.

Diversos embates ilustram a guerra de abordagens, em que a religiosa sempre saía vitoriosa. Não pelo mérito de suas interpretações da realidade, mas por causa do poder da Igreja de decidir, naqueles tempos, o que era e o que não era verdade. Nessa guerra, a anatomia estava limitada pela proibição da dissecação de cadáveres humanos, e a astronomia não podia explorar por completo o modelo heliocêntrico.

A abordagem científica estava acuada, mas não desapareceu. O poder da Igreja Católica Romana conteve avanços em assuntos que lhe pareciam mais sensíveis, mas não impediu inteiramente o desenvolvimento da ciência. Lógica e matemática foram algumas das áreas do conhecimento que progrediram durante a Idade Média.

Não há um antagonismo visceral entre as abordagens religiosa e científica. A guerra dessas abordagens foi um momento específico na Europa medieval. Na mesma época, no Oriente Médio, o islamismo adotava uma atitude diferente, de maior tolerância com a abordagem científica. Avicena podia expandir a medicina com maior liberdade, e o astrônomo Abū Rayhān al-Bīrūnī alardeava que a Terra girava em torno do Sol.

De qualquer modo, a Igreja Católica Romana não mais alimenta confrontos constantes com a ciência desde o início da Idade Moderna. Uma eloquente demonstração disso vem da imagem do Papa Francisco dando a bênção *urbi et orbi* no chuvoso 27 de março de 2020 perante uma Praça de São Pedro completamente vazia, obedecendo às diretrizes de isolamento social no enfrentamento da pandemia de covid-19. Ela se poupa para alguns combates mais acirrados, como o da condenação religiosa às experiências com células-tronco embrionárias.

A pós-modernidade tem assistido a uma nova e inesperada guerra de abordagens. Agora, quem tenta desacreditar a ciência é a abordagem opinativa.

O que é a ciência?

A realidade é abordada pela ciência quando se utiliza determinado método. E o mais importante desse método é a observação. Começa-se com a observação atenta de um fato que se repete. Elaboram-se uma ou mais explicações plausíveis para a repetição. Sempre que possível, situações são artificialmente criadas para verificar se nelas o fato se repete ou não. Mais observação atenta e mais tentativas de explicação são acionadas para verificar se a repetição, ou a falta dela, permite conclusões seguras. Quando todas as alternativas foram consideradas e testadas, e o resultado é a firme certeza sobre determinada explicação para um fato repetitivo, ela é enunciada de modo resumido. Por fim – e aqui está o mais importante –, é feito um relato preciso e detalhado por escrito, em linguagem técnica própria, de todo o procedimento, para que qualquer outro especialista possa reproduzi-lo. Se muitas reproduções do procedimento também conduzem os demais especialistas à mesma certeza, a explicação é considerada cientificamente verdadeira.

O trabalho científico é repetitivo, atento, meticuloso, cerebral e, na maioria das vezes, totalmente frustrante. Poucos têm a inteligência, paciência e humildade necessárias para ser um cientista.

O método científico

Dizem que um jovem inglês teria ficado intrigado ao ver uma maçã cair da macieira. Alguns anos mais tarde, ele subiu no ombro de dois gigantes e observou demoradamente a Lua. Depois, soltou muitas coisas no ar só para vê-las caindo. Tomou medidas e conferiu pesos. Quando considerou que era o momento, publicou um livro em que afirmou com segurança: "Dois corpos se atraem com força proporcional às suas massas e inversamente proporcional ao quadrado da distância que separa os seus centros de gravidade". Sempre que as pessoas reproduzem as experiências desse inglês, chegam a explicação idêntica sobre como os corpos se atraem, entendendo por que a Lua gira em torno da Terra e as maçãs caem das macieiras. Ele se chamava Isaac Newton.

Aceitamos como verdadeira a abordagem da realidade pela ciência porque a mesma experiência vivida pelo cientista que a enunciou pode ser reproduzida por outros cientistas. Nas aulas de laboratório no ensino médio, assistimos à reprodução de algumas experiências básicas que físicos, químicos e biólogos fizeram. Nem sempre os professores deixam isso claro ou retemos a informação, mas o mais importante dessas aulas é a demonstração de como funciona o método científico.

Com o uso reiterado e aperfeiçoado desse método, os seres humanos aumentaram de maneira extraordinária o seu conhecimento sobre a natureza. Cada vez mais explicações foram confirmadas e reconfirmadas, e a partir delas os mais criativos entre nós conceberam invenções maravilhosas, que vão desde a máquina a vapor até os computadores. São inovações que melhoraram e continuam a melhorar a condição de vida de bilhões de pessoas, embora em medidas dramaticamente diferentes e injustas.

É típico da abordagem científica o uso de um método baseado na observação atenta da realidade, criação de hipóteses plausíveis de explicação e sua adequada testagem. As abordagens religiosa e opinativa não utilizam nada minimamente parecido com isso. Só a ciência, assim, permite dizer se uma afirmação sobre a realidade, e seus acasos, é verdadeira ou falsa.

Laboratório artificial ou experimento natural

O laboratório é sempre um ambiente artificial, para que os cientistas tenham meios de isolar variáveis visando testar a pertinência de suas hipóteses (explicações plausíveis a serem confirmadas ou não). Se lhes parece possível a existência de duas causas para uma moléstia, no laboratório consegue-se neutralizar a atuação de uma delas para entender o quanto a outra causa é efetiva. A artificialidade do laboratório permite a reprodução das mesmas experiências por outros cientistas, de modo a confirmar (ou não) as mesmas conclusões, mediante a observação de uma experimentação igual.

Mas nem todos os cientistas conseguem submeter suas hipóteses a testes laboratoriais. Um ornitólogo que estuda as correntes migratórias de certa espécie de ave não pode, por razões éticas, impedir que parte delas migre em determinada temporada para medir a redução na taxa de procriação.

Os cientistas que não podem contar com um laboratório artificial utilizam um método diferente. Vão ao "laboratório natural" e fazem observações e medições que podem ser refeitas por qualquer outro cientista. Esse método é chamado "experimento natural".

A ciência é dona das dúvidas

Embora somente a abordagem científica possa nos dizer a verdade, ela tem muito mais dúvidas do que certezas. A abordagem religiosa e a opinativa, ao contrário, só têm certezas. Na ciência, ninguém é "dono da verdade"; na religião e na opinião, ao contrário, há muitos "donos da verdade". Você não encontrará hesitações ou problematizações nas encíclicas papais, tampouco na maioria das postagens em redes sociais.

Apesar de na ciência ninguém ser "dono da verdade", esta só existirá se for científica.

A abordagem do real pela ciência leva a afirmações que sempre podem ser submetidas a experiências metódicas. E pode ocorrer, e muitas vezes ocorre, de a reprodução da experiência não confirmar os resultados anteriores, ou de variações mínimas nas situações artificiais de testes mostrarem inesperados resultados diferentes.

A verdade científica é sempre provisória.

Ciência é o conhecimento que pode ser falseado

Científica é a afirmação *falseável*. Se não for possível demonstrar que certa afirmação é falsa, então ela não é científica.

Aqui estamos num terreno escorregadio em que até mesmo alguns cientistas derrapam. A falseabilidade do enunciado científico não reduz a certeza das conclusões alcançadas pelo método científico, tampouco impede os notáveis progressos na construção de máquinas, na fabricação de medicamentos, na previsão do clima etc. É apenas o critério para distinguir, diante de uma afirmação, se ela é científica ou não.

Científica é a afirmação que pode ser falseada. Isso significa que aquela afirmação cuja veracidade ou falsidade não pode ser verificada pelo método de observação e testes não é científica.

Tome-se o exemplo da teoria da seleção natural de Darwin. Ela é científica porque, realizando observações cuidadosas, uma pessoa pode propor uma hipótese alternativa de explicação e submetê-la a metódicos experimentos naturais. Já a afirmação de que Deus criou o primeiro casal de seres humanos, de quem todos nós seríamos descendentes, não é científica, porque ninguém pode testá-la para confirmá-la ou não. A criação do homem narrada no Velho Testamento não é científica, por não ser falseável.

Estamos todos de acordo que não se pode refazer a experiência da criação de Adão e Eva. Também concordamos que não é possível refazer a evolução das espécies, no planeta Terra, até o surgimento do *Homo sapiens*. Mas podemos observar a configuração genética de nós mesmos e de outros organismos por meio de experimentos naturais. Isso pode indicar se Darwin estava certo ou errado. Assim, a teoria darwinista da evolução das espécies por seleção natural é científica. Mas não conseguiríamos concluir nada fazendo a mesma observação acerca do mito bíblico da criação. Não há estudo genético ou qualquer tipo de experimento natural ou de experiência de laboratório que nos permite concluir que Deus criou Adão e Eva ou descartar essa hipótese. O relato do Gênesis, portanto, não é científico.

Comparando a abordagem científica com a religiosa sobre o mesmo objeto (surgimento do *Homo sapiens*), é fácil perceber, pelo critério da falseabilidade, que a teoria da evolução das espécies é científica e o criacionismo não. Esse critério também permite demonstrar que não são científicas outras abordagens que tomamos como ciência. Retomarei esse ponto ao discutir a natureza do conhecimento jurídico.

Outros conceitos de ciência

Apresentei um conceito de ciência bem preciso: o conhecimento que se testa (falseável) por meio de um procedimento específico baseado em observação de experimentos, artificiais ou naturais, que pode ser repetido por outros cientistas.

Nem sempre, porém, que deparamos com a expressão "ciência", ela está sendo usada nesse sentido bem particular. A maioria das pessoas, incluindo acadêmicos não interessados na teoria do conhecimento, chama de ciência qualquer "saber estruturado", mesmo que os seus enunciados não sejam falseáveis. Não acho adequado fazer assim porque seriam científicas, nesse conceito mais amplo, a filosofia, as humanidades, a tarologia (estudo do tarô como expressão simbólica), a taromancia (leitura do tarô como oráculo), a astrologia, o jornalismo, os protocolos diplomáticos do Itamaraty, a ética, a etiqueta, a pintura, os rituais religiosos, a regência de orquestras e uma infinidade de outros conhecimentos muito diferentes entre si.

Se chamarmos de ciência qualquer saber estruturado, teremos que usar outra expressão para designar o que é falseável por meio do método de observações e testagens replicáveis típico da física, da química, da biologia, da astronomia, da anatomia etc. Mas por que complicar as coisas assim?

Quero fazer um acordo com você, leitor. Vamos chamar de ciência apenas o conhecimento falseável? Muitas vezes, o debate e o entendimento tornam-se irracionais e inconclusos porque os interlocutores simplesmente não se puseram de acordo sobre os conceitos utilizados. Vamos evitar isso, está bem?

Não sabemos tudo

A abordagem científica, na cultura europeia, tem sua raiz na filosofia grega da Antiguidade. Naquele tempo, filosofia e ciência, como abordagens diferentes da realidade e seus acasos, ainda não eram suficientemente diferenciadas. Quando Sócrates, um dos primeiros filósofos, afirmava "Só sei que nada sei", ele estava incursionando pelo terreno em que a ciência florescerá muito tempo depois.

Ainda na Europa, o crescimento do cristianismo e da Igreja Católica Romana durante a Idade Média prejudicou bastante essa atitude cautelosa diante da realidade. A Bíblia e sua interpretação, feita pelo clero, davam as respostas a todas as perguntas. Quando não davam, é porque Deus não desejava que a pergunta fosse feita ou que a resposta fosse sabida. Nessa época, predominava a concepção de que "sabemos tudo".

Com o Iluminismo, a noção predominante mudou para "não sabemos tudo", que corresponde à essência da abordagem científica. O desenvolvimento da ciência pressupõe a possibilidade de conhecer novas coisas, isto é, que existem coisas a ser conhecidas. E aqui é preciso distinguir dois momentos na trajetória da abordagem científica. De início, animada com os imensos progressos da física e de outras ciências naturais, ela viveu um momento de intensa euforia: "Não sabemos tudo, mas um dia saberemos". No século XX, ela se deu conta de seus limites: "Não sabemos tudo, e não temos como saber tudo".

As humanidades e a ciência

As ciências da natureza (física, astronomia, química, biologia, ecologia etc.) apresentam resultados. Elas fazem medições e explicam as constâncias e variações com elevado grau de precisão e eficiência. Têm dúvidas, alimentam controvérsias, discutem, testam, hesitam em aceitar certas conclusões, testam novamente... Apesar dos desafios da falseabilidade, as ciências naturais conhecem o suficiente da realidade para submetê-la de forma eficiente a objetivos racionais ou aos caprichos humanos. Graças à eficiência do conhecimento científico, criamos remédios e vacinas que nos protegem, construímos arranha-céus, conseguimos alimentar bilhões de pessoas e fabricamos satélites, smartphones, aviões e incontáveis máquinas que funcionam como esperado.

Isso despertou uma grande inveja nas humanidades.

Nesse outro grande ramo do conhecimento humano, encontramos a sociologia, a história, a antropologia etc. As humanidades são saberes cujo objeto é o ser humano, mas sem se preocupar com os seus aspectos fisiológicos, biológicos, anatômicos ou, de modo geral, físicos. Mesmo não dispondo de laboratórios em que pudessem criar situações artificiais para testar hipóteses plausíveis, as humanidades insistiram, por muito tempo, em imitar as ciências naturais. Procuravam a mesma eficiência na realização de objetivos racionais ou de caprichos. A sociologia ansiava ser uma ciência social.

A inveja das humanidades não é uma questão de interesse meramente acadêmico. Ela corresponde a um ambicioso projeto da humanidade, que vinha animando os pensadores desde o surgimento da filosofia, na Grécia Antiga, e só foi abandonado no decorrer do século XX. Aparentemente, foi abandonado de modo definitivo, mas nunca se sabe.

Que projeto foi esse? Foi o projeto da reorganização da sociedade de modo científico. Enquanto investiu nele, o homem nutriu a esperança de dominar a sociedade com o mesmo rigor e eficiência com que tem dominado a natureza.

O grande projeto da modernidade

Antes, fiz referência às divisões dos tempos históricos.

Na divisão mais conhecida, a Idade Moderna começa com a tomada de Constantinopla pelos muçulmanos e termina com a Revolução Francesa. Depois disso, vivemos a Idade Contemporânea, cuja designação ("contemporânea") sugere ser a derradeira.

A divisão alternativa, por enquanto acolhida por poucos sociólogos e historiadores, chama de modernidade o período entre o surgimento do Iluminismo e a queda do Muro de Berlim, na noite de 9 de novembro de 1989. Desde então, estamos vivendo a pós-modernidade.

Os marcos temporais de início e fim da modernidade estão diretamente relacionados com o projeto de reorganização científica da sociedade. Os iluministas foram os primeiros a ensaiar o uso de um método de investigação do social baseado na observação. Montesquieu morreu convencido de ter descoberto relações causais entre fatores mensuráveis, como clima ou fertilidade do solo, e os regimes de governo. Não havia, como ainda não há hoje, meios de testar explicações em ambientes laboratoriais ou fazer medições em experimentos naturais, mas a importância dada à observação já era uma tentativa de aproximação ao método científico das ciências naturais.

No marco final, a queda do Muro de Berlim é referência ao fracasso da experiência de planificação econômica capitaneada pela União Soviética. Setenta anos de tentativa revelavam a impossibilidade de reorganizar a sociedade de acordo com os postulados de um conhecimento que se pretendia científico. Marx morreu convencido de ter descoberto a lei científica da história.

Marxismo

O marxismo foi o mais ambicioso e sofisticado projeto da modernidade, o único a ser tentado em larga escala. Orientou a mais ambiciosa tentativa da arrogante vontade humana de controlar a sociedade, disciplinando-a a partir de um centro de planejamento científico e enquadrando todos em determinada ordem.

Segundo Karl Marx – para dizer de modo bastante esquemático e sintético –, a luta de classes era a lei científica da história. Para os marxistas, ele criou a ciência da história partindo dessa lei, assim como Galileu tinha criado as ciências naturais partindo das leis da astronomia.

Em torno da luta de classes, o marxismo distingue três grandes etapas históricas.

Na primeira, teria sido comunitária a propriedade dos instrumentos criados pelos seres humanos para produzir os bens destinados à sua sobrevivência (machado de pedra lascada, lança, pote de argila...). Eles são os rudimentares bens de produção. De acordo com o marxismo, esses instrumentos não eram da propriedade de ninguém em especial. Pertenciam a todos os membros da tribo. É a etapa do comunismo primitivo.

Em razão da propriedade comum dos bens de produção, não existiam classes sociais nessa etapa. Não era necessário, assim, uma organização pretensamente independente para arbitrar conflitos, o Estado. Mas vivia-se em situação de extrema vulnerabilidade. Tribos inteiras morriam no inverno por falta de comida.

Na segunda etapa da narrativa marxista da história, os bens de produção são apropriados por algumas pessoas. Aparece a propriedade privada e, com ela, as classes sociais. De um lado, a classe dos que se apropriaram dos bens de produção (classe dominante); de outro, a dos que trabalhavam na produção (classe explorada). Na Europa, sucederam-se três modos diferentes de produção nessa etapa: escravismo, feudalismo e capitalismo.

No escravismo, as classes em luta são o senhor de escravos e o escravo. O trabalhador, aqui, é visto como um dos diversos bens de produção e, portanto, propriedade de alguém da classe dominante. No feudalismo, lutam o senhor feudal e o servo. O trabalhador não é mais propriedade de ninguém, mas, para sobreviver, precisa trabalhar nas terras do senhor feudal, recebendo em troca uma parcela diminuta da produção. No capitalismo, estão em conflito burguesia e proletariado. O trabalhador só tem a alternativa de vender a sua força de trabalho ao proprietário dos bens de produção, em troca de salário.

Na terceira e última etapa, à qual a luta de classes fatalmente conduziria a humanidade, haveria um retorno ao comunismo. A classe operária tomaria o poder do Estado e expropriaria os bens de produção, pondo fim à propriedade privada de máquinas fabris, terras, armazéns, trens, bancos etc. Seria um retorno à propriedade comum dos bens de produção, mas numa condição muito diferente do comunismo primitivo. Não haveria mais o risco de o inverno dizimar tribos em razão da fome. É a etapa do comunismo superior.

Marx se preocupa com a dialética da anarquia do capitalismo. Dentro da fábrica, a produção é racional e ordenada; fora dela, o mercado é pura desorganização. Como cada fazendeiro ou industrial produz se quiser, o que quiser e quanto quiser, o resultado é uma extraordinária irracionalidade. Produzem-se coisas que não serão consumidas, e não se produzem coisas necessárias.

Com a revolução proletária restabelecendo a propriedade comum dos bens de produção, teríamos como planejar a economia. Saberíamos calcular quanto de arroz seria necessário para alimentar todos no próximo ano e garantiríamos a produção, nem mais nem menos. Assim faríamos com os demais bens de consumo: outros alimentos, vestuário, medicamentos etc. Acabaria a anarquia, tanto no lado do desperdício como no da escassez.

Na utopia marxista, o Estado seria necessário durante algum tempo, para planejar a economia. Contudo, depois de uma evolução do domínio do saber humano sobre a natureza e da criação de novos bens de produção, ele se revelaria inútil e desapareceria. Nesse momento, em que a história termina, o comunismo superior proporcionaria a todos nós trabalharmos, de acordo com nossas capacidades, para produzir bens a serem consumidos por todos nós, de acordo com as nossas necessidades.

O ideário marxista foi experimentado em diversos países, a começar por um gigantesco Estado criado pela Revolução Russa em 1917: a União das Repúblicas Socialistas Soviéticas (URSS). Nele, porém, a planificação centralizada da economia, que poria fim à anarquia na produção e asseguraria o atendimento das necessidades de todos, revelou-se uma fórmula impraticável.

De um lado, a burocracia estatal encarregada do planejamento era muito incompetente. Na URSS, coisas inúteis ainda eram produzidas e coisas necessárias não. O planejamento estatal centralizado, frustrando as expectativas de Marx, piorou a anarquia na economia. Além disso, a produção era distribuída de maneira desordenada e desigual: milhões morreram de fome, enquanto os burocratas do partido comunista se tornaram uma casta privilegiada.

De outro lado, a impraticabilidade do planejamento central ficou patente diante da impossibilidade de se medir a necessidade como um padrão genérico e abstrato. As pessoas são diferentes, necessitam de coisas diferentes, em momentos e volumes distintos. Não somente isso. Depois de atendidas suas necessidades em determinada condição, elas passam a ter outras necessidades. Quem tem fome não reclama da falta de lazer; os que não têm mais fome necessitam de lazer, por exemplo.

Colapso do projeto da modernidade

Não foi somente o marxismo que colapsou junto com o Muro de Berlim, sob a audiência de milhões de pessoas, incrédulas e esperançosas, sentadas em frente de seus televisores no mundo todo. Naquela fria noite de outono, colapsou também a acalentada pretensão da modernidade de reorganizar cientificamente as relações entre as pessoas.

Fracassou o projeto da humanidade (espécie) e das humanidades (conhecimento do humano) de construir uma ciência social tão racional, rigorosa e eficiente quanto as ciências naturais.

Positivismo

No projeto da modernidade também engajaram-se filósofos sem nenhuma afinidade com o marxismo. Augusto Comte foi um deles.

Para Comte, o conhecimento transita necessariamente por três etapas, que chamou de "estados": teológico (ou fictício), metafísico (ou abstrato) e científico (ou positivo). De início, o conhecimento busca suas explicações na ação de seres sobrenaturais; depois, numa fase de transição, substitui-os por noções abstratas de forças; finalmente, no estado positivo, renuncia a entender a origem e o destino do universo e se dedica à observação e compreensão dos fatos.

Para ele, as diversas ciências passam progressivamente pelos três estados, cada qual a seu tempo. Comte pensava que, na época em que formulou essa lei fundamental (primeira metade do século XIX), quase todas as ciências já se encontravam no estado positivo, exceto uma: a física social. E, quando ela se tornasse positiva, a sociedade seria naturalmente reorganizada, pondo fim "*à crise revolucionária que atormenta os povos civilizados*".

Comte não tinha boa saúde mental. Além disso, afetado pela morte de Clotilde de Vaux, escritora a quem devotava amor platônico, engajou-se na criação da religião da humanidade, afastando com isso alguns discípulos. Sua filosofia positiva tinha prestígio entre os militares do movimento republicano brasileiro. Inspira-se nela a insígnia "Ordem e progresso" da nossa bandeira.

No campo da filosofia, um dos significados de "positivismo" evoca as leis dos três estados de Comte. Positivista, nesse contexto, é quem acredita no ilimitado potencial da ciência para compreender qualquer coisa e moldá-la às necessidades humanas. Para o positivista, tudo se resume a mera questão de tempo. Um dia, a ciência desvendará todos os mistérios e controlará os acasos que angustiam a humanidade. Principalmente, a ciência da física social reorganizará a sociedade, e todos seremos felizes.

Da arrogância à humildade

A Igreja Católica, na Idade Média, desdenhava a ciência com o "sabemos tudo". O Iluminismo, na Idade Moderna, reagiu com o "não sabemos tudo". Já o positivismo, de inspiração comtiana, estava convicto: "Não sabemos tudo, mas um dia saberemos."

A ambição do positivismo se espalhou pelas mais diversas áreas da curiosidade humana. A convicção de que a ciência poderia conhecer tudo animou pensadores ocidentais dos mais variados interesses. Até mesmo os espíritos se tornaram objeto de investigações científicas. Era essa a manifesta intenção do pedagogo francês Allan Kardec ao criar o espiritismo na segunda metade do século XIX. Também a antroposofia, proposta pelo educador Rudolf Steiner na virada para o século XX, navegou esses mesmos mares, apresentando-se como a ciência dos espíritos.

Essa convicção será questionada ao longo do século XX. Em 1922, um peremptório Wittgenstein decreta: "Sobre aquilo de que não se pode falar, deve-se calar". Quis dizer que há coisas impossíveis de conhecermos. E, a respeito delas, o recomendável é silenciarmos com humildade. Nada de acionar outras abordagens, nem mesmo a filosofia, para investigar o que a ciência natural não tem condições de compreender.

Ficamos mais humildes ao duvidar do positivismo: "Não sabemos tudo, e não temos como saber tudo".

A ciência como abordagem no plano pessoal

Ao contrário da religião e da opinião, a ciência é uma abordagem ao alcance de pouquíssimas pessoas preparadas. Qualquer um pode ter crenças individuais únicas e, com elas, mobilizar plenamente sua espiritualidade. Da mesma forma, qualquer um pode pontificar sobre todos os assuntos, se não for contido, claro, por um senso crítico ativo o suficiente para protegê-lo do ridículo. Mas com a abordagem científica isso não é possível.

Nem todos são ou conseguem ser cientistas. Na verdade, um número bastante reduzido de pessoas tem as aptidões necessárias para processar intelectualmente a abordagem científica da realidade. Mesmo assim, o cientista compreende cientificamente o compartimento do real de sua especialização, mas não os demais. Em geral, biólogos não entendem de astronáutica, por exemplo.

Por mais racional que eu seja na maior parte do tempo, e mesmo que me encontre bem atualizado no que diz respeito ao desenvolvimento das pesquisas científicas em algumas áreas, não há como dominar por completo a abordagem da realidade pela ciência. As pessoas racionais, reconhecendo seus próprios limites, respeitam os que se dedicaram ao estudo profundo e científico da questão e obedecem. Um cientista pode agir racionalmente por suas próprias conclusões relativamente ao objeto de pesquisa que estudou. Não sendo esse o caso, o modo racional de agir é confiarmos na ciência e observarmos as suas orientações.

Quando um médico me receita um remédio, fixando a periodicidade e a dosagem, minha atitude racional será observar a prescrição, nada mais. Não preciso conhecer as razões por que aquele remédio deve fazer bem ao meu organismo adoentado e me ajudar na cura.

Na verdade, não tenho sequer como entender de que modo age o medicamento que estou tomando. O conhecimento científico não é acessível a qualquer um. Não disponho de repertório, treinamento e tempo de estudo e prática na pesquisa farmacológica para poder cogitar de ter uma compreensão aprofundada sobre como se passarão as coisas dentro de mim após tomar a droga. O conhecimento científico só é assimilável por um seleto grupo de pessoas. Elas dominam conceitos próprios, estão bastante familiarizadas com a história do ramo da ciência em questão e, por trabalhar muito tempo na área, aprenderam e entendem coisas bastante complexas. Tão complexas que não se consegue transmitir senão a quem tenha igual repertório, ou seja, a outro cientista da mesma especialidade.

Não se trata de sonegação de informações ou petulância. Ao contrário, por mais que os cientistas se esforcem, serão sempre muito limitadas as ferramentas de comunicação que possibilitem a compreensão do conteúdo exato dos estudos científicos pelo público não especializado. Não se escapa de certa dose de distorção em qualquer esforço de simplificação de temas necessariamente difíceis.

O desafio da comunicação entre ciência e público não especializado

Comecei o capítulo com uma nova narrativa do Mito da Caverna. Na de Platão, contada em *A República* 25 séculos atrás, o protagonismo era do filósofo que tinha conseguido se libertar das correntes. Ele se percebe numa caverna, caminha para fora e, após se acostumar com a intensidade da luz, conhece a essência das coisas. Ao se dar conta de que seus companheiros estão vendo apenas sombras projetadas no fundo da caverna, volta para alertá-los, mas é tomado por louco e receia que o matem.

Na minha narrativa, fiz duas mudanças. O protagonismo cabe agora a um dos acorrentados. E pus um smartphone na mão deles.

O mito, porém, continua a tratar do mesmo desafio da versão platônica: como comunicar verdades científicas a quem não consegue processá-las?

O desafio se apresenta novamente na questão mais relevante e urgente da atualidade. Há consenso científico, e 100% dos climatologistas sabem que o colapso do meio ambiente é devido ao aquecimento global antropogênico (causado pela ação humana). Se você ouvir alguém falar algo diferente disso, desconsidere. Ou ele está apenas dando uma opinião sem suficiente conhecimento do assunto, ou é mal-intencionado (mesmo sendo um cientista).

Há um enorme conflito de interesses por trás da relativização do consenso científico entre os climatologistas. A indústria do petróleo e a do carvão seriam fortemente prejudicadas pelo engajamento de multidões na radical mudança de hábitos, em obediência às recomendações da ciência que miram a acentuada redução da queima de combustíveis fósseis. A estratégia dessas indústrias, em defesa de seus interesses econômicos, tem sido a de negar o consenso científico, como se houvesse uma parcela significativa de cientistas com dúvidas, metodologicamente pertinentes, sobre as atividades humanas como causa do colapso climático. A relativização ou negativa do consenso entre os climatologistas é uma grotesca inverdade.

Embora haja consenso científico sobre o aquecimento global antropogênico e a urgência da redução da queima de combustíveis fósseis como forma de deter o processo, ele se desfaz na hora de determinar o melhor meio de transmitir essas informações às pessoas. Parte dos cientistas entende que a comunicação deve ser alarmista. A situação não poderia ser mais crítica e urge mobilizar todos em torno da acentuada redução da queima de combustíveis fósseis. Outra parte considera tal abordagem arriscada, porque o alarmismo impactaria de tal modo as pessoas que a maioria, diante da inevitabilidade da catástrofe, poderia concluir que não há mais nada de útil a fazer. Para esses, a recomendação é divulgar o colapso climático sem alarmismo.

Qual é, para mim, a solução correta para o desafio, entre essas duas diferentes visões em que se dividem os cientistas? A resposta é um assertivo "não sei". Mais que isso: não tenho como saber, *não sou uma pessoa preparada para responder* a essa pergunta. Se escrevesse qualquer coisa aqui orientando os cientistas do clima sobre como deveriam comunicar a catástrofe em curso ao público em geral, seria uma evidente opinião irracional da minha parte. Não tenho repertório suficiente para participar do debate. Tampouco conseguiria preparar-me seriamente em pouco tempo. Para dar uma contribuição responsável, calculo que precisaria de alguns anos, reservando pelo menos a metade do meu tempo, atualmente dedicado à advocacia e ao ensino do Direito, ao estudo do clima e da comunicação científica.

Mais uma vez, esperar o consenso entre os cientistas sobre a melhor maneira de tratar publicamente a notícia do colapso climático é o mais racional que nós, que não somos especialistas, podemos fazer. Aguardar, confiar neles e, quando chegar o momento, obedecer.

O Mito de Er

Além do Mito da Caverna, Platão narra mais um em *A República*. Aliás, é com ele que encerra o livro. É o mito das recompensas e punições na vida futura.

O soldado Er foi escolhido para ser o mensageiro da vida pós-morte. Morreu jovem numa batalha, mas o seu corpo não se deteriorou, porque ele tinha sido escolhido para voltar a viver e contar como se distribuíam as premiações e punições na vida futura. O que ele viu? Juízes separam as almas dos mortos: os justos vão para o alto, e os injustos, para baixo. Cada um carrega no peito uma placa mencionando as suas ações em vida, boas ou más. Mas esse não é o destino final. Por mil anos, os justos desfrutarão de prazeres, enquanto os injustos sofrerão castigos, mais ou menos severos. Com exceção dos que cometeram injustiças atrozes, todos voltarão a se reunir numa planície, para escolher a vida futura. Há os que escolhem ser tiranos, percebendo tarde demais que fizeram uma péssima escolha; há os que preferem viver a nova vida como um animal (rouxinol, leão ou águia, por exemplo); e há os que, como Odisseu, o grande herói da Guerra de Troia, que enfrentou dificuldades imensas para retornar a Ítaca, escolhem ser um pacato homem desconhecido. Em seguida, as almas bebem a água de um rio para esquecer a experiência da escolha da vida futura. Alguns bebem uma porção excedente e retornam tolos; outros bebem um pouco a menos e renascem filósofos.

Embora entendesse a alma como eterna, Platão não acreditava que ela escolhia as vidas futuras. É apenas um mito, em que se ligam prêmios e castigos às ações justas ou injustas. O povo acreditar nessa ligação convém à organização da República.

O Mito da Caverna e o Mito de Er devem ser lidos em conjunto. O filósofo corre perigo de morte ao tentar explicar aos acorrentados a essência das coisas que conheceu fora da caverna. Para se salvar, deve traduzir o conhecimento em regras de conduta que os acorrentados consigam compreender. Essas regras serão obedecidas, pelo desejo de recompensas ou pelo medo de punições. Somente assim, de modo transverso e sem compreender os motivos, as pessoas em geral conseguem se beneficiar do conhecimento alcançado pelos filósofos.

Interpretação da norma jurídica não é abordagem científica

O conhecimento do direito se chama doutrina. É o vasto conteúdo que se espera que um graduado num curso superior de Direito assimile. Trata-se de um corpo estruturado de saberes bastante complexo e extenso. A doutrina é produzida por um seleto grupo da comunidade jurídica: os doutrinadores, também chamados de juristas.

Na doutrina, encontram-se algumas informações sobre a história do aparecimento de conceitos jurídicos. Mas predomina largamente outro tipo de informação: a interpretação das normas jurídicas em vigor. Doutrinadores pesquisam com método, argumentam com racionalidade, contextualizam em sistemas, exemplificam e explicam de maneira didática como certa norma jurídica deve ser interpretada. O saber dos doutrinadores, embora seja muito importante para o funcionamento do sistema social de tratamento dos conflitos de interesses, não é científico. A doutrina não é uma ciência.

A interpretação das normas jurídicas não é falseável. Não há observação atenta de fatos, suposições plausíveis, testes realizados em ambientes artificiais ou naturalmente isolados que possam ser replicados... Nenhuma das características da ciência, enfim, pode ser encontrada no conhecimento da interpretação das leis e demais normas jurídicas a que se dedica a doutrina. As dúvidas, hesitações, incertezas e afirmações provisórias dos cientistas não trespassam os ensinamentos sempre dogmáticos dos doutrinadores.

O que os doutrinadores falam não é falseável. Não há como demonstrar, por meio de experiências reproduzíveis, que uma afirmação doutrinária pode ser falsa. Se um penalista afirma "os condenados em segundo grau já podem ser presos, mesmo que ainda não tenha sido julgado o recurso no STF ou no STJ", não há como outros penalistas fazerem experiências controladas, em ambientes artificiais, que desconfirmem essa ideia.

De outro lado, os advogados têm certeza absoluta sobre os direitos de seus clientes quando se manifestam no processo judicial. Qualquer vacilo pode prejudicar a causa. Os juízes também têm toda a certeza sobre os fundamentos da sua decisão. Devem convencer a sociedade a que servem de que não há nenhum outro tratamento mais adequado para aquele conflito de interesses. Uns e outros reproduzem o que encontram na doutrina. Melhor dizendo, o que encontram na doutrina que reforça os seus argumentos. Doutrinadores, como o próprio nome sugere, são peremptórios. A comunidade jurídica, em suma, certamente não transita pelo mesmo campo das incertezas em que a ciência se remói de inquietações.

Nos últimos dois séculos, muitos dos saberes metódicos e racionais têm nutrido inveja do rigor, da capacidade de predição (antecipação) e da eficiência das ciências naturais. Parte das humanidades (em especial a sociologia e a história) ambicionou ser tão precisa quanto a física ou a biologia. A doutrina jurídica também.

Na base dessa inveja estava a pretensão de dominar o comportamento das pessoas do mesmo modo que conseguimos dominar a natureza.

Desde quando tomamos consciência, no século XX, de que não podemos conhecer tudo e nos tornamos mais humildes, perdeu todo o sentido essa inveja da doutrina jurídica em relação ao sucesso das ciências naturais. Falta apenas avisar a maioria dos doutrinadores que não há demérito nenhum em se dedicar a um tipo de saber que, embora estruturado, complexo, metódico e racional, não é e nunca será científico.

Quando se olha a realidade pelas lentes do Direito, não se faz uma abordagem científica. No conhecimento jurídico, a realidade é abordada por opiniões.

12. Lógica

A abordagem da realidade por meio das lentes do Direito não é religiosa, tampouco científica.

Em sociedades fortemente dominadas pela abordagem religiosa, o Direito pode não ser inteiramente diferenciado. Mas, quando isso acontece, a arte, a literatura, o ensino, a medicina, os costumes e o lazer também são fortemente influenciados pelo religioso. De qualquer modo, sempre haverá um meio de a sociedade se organizar para tratar os conflitos de interesses. Mesmo permeado pela religião e relativamente indiferenciado, esse meio é o Direito.

Em relação à abordagem científica, desde logo se percebe o enorme descompasso com os seus elementos típicos. Na doutrina não há experiências empíricas em ambientes criados especificamente para testar a pertinência de explicações plausíveis. Não há falseabilidade nas conclusões. Ao contrário, os juristas argumentam sempre de modo dogmático. De um lado, não problematizam as premissas; de outro, não podem deixar questões em aberto.

Nem religiosa nem científica, a abordagem jurídica é opinativa.

E, aqui, preciso recuperar o modo como a racionalidade trespassa essas três abordagens. A ciência é sempre racional. Já a religião e a opinião podem ser mais ou menos racionais.

O Direito é uma abordagem opinativa racional. E ponha racionalidade nisso. Todos os advogados e juízes argumentam à exaustão, esmiuçando detalhes, enfatizando aspectos discretos da questão, tornando crucial o que parecia irrelevante, cosendo firulas, parafraseando a si mesmos incansavelmente...

A abordagem opinativa é irracional quando não se preocupa em fornecer fundamentos. Suas afirmações são igualmente peremptórias, mas sem nenhuma argumentação. Os contextos costumam ser obscuros, como teorias conspiratórias e vagos interesses econômicos inescrupulosos de maquiavélicas corporações transnacionais. O interlocutor é convidado a tirar suas conclusões a partir de uma ou duas frases de efeito, como se tudo fosse por demais óbvio para quem não se engana facilmente. Argumentos contrários não são examinados, mas quem os expõe é violentamente desqualificado. O dito ontem se desdiz hoje, sem pudores ou justificativas. A realidade é abordada sempre pelo viés maniqueísta, porque o preto-e-branco é muito mais fácil de compreender do que sutilezas coloridas.

Essa espécie de abordagem (opinativa irracional) sempre existiu. Era, contudo, inofensiva e irrelevante. A extraordinária revolução da tecnologia da informação mudou tudo no início do século XXI.

A voz dos imbecis

Umberto Eco falou de improviso ao receber o título de doutor *honoris causa* pela Universidade de Turim em 10 de junho de 2015. Discorrendo sobre cultura e comunicação na atualidade, lamentou que as redes sociais tivessem dado direito a voz a legiões de imbecis ("*i social media danno diritto di parola a legioni di imbecilli*"). Ele estava certamente num mau dia. Três meses antes, entrevistado por um jornal espanhol, havia dito o oposto, isto é, que todos tinham direito à manifestação pública de suas ideias, mesmo os loucos e os idiotas.

As expressões infelizes do desabafo do homenageado prejudicaram o debate sobre o cerne da questão. Antes da internet, havia sempre algum tipo de "tribuna de legitimação" para alguém conseguir ter voz, isto é, meios para expor ideias publicamente e ser ouvido. Ou você era acadêmico com algum renome, jornalista empregado em veículo de imprensa com audiência e reputação, liderança política que sobressaía, sindicalista mobilizando trabalhadores em torno de uma pauta importante etc., ou dificilmente conseguiria apresentar suas ideias ao grande público. Sem ser de algum modo reconhecida como legítima porta-voz de ideias, a pessoa não era levada a sério.

Sem uma tribuna (academia, jornal, partido, sindicato ou outras), as opiniões da maioria das pessoas alcançavam o pequeno e próximo círculo de familiares e amigos. Não era qualquer um que tinha voz antes da internet.

Atente que não estou discutindo o "direito a voz". Está fora de discussão que, na democracia, todos podem expressar livremente suas opiniões. Estou discutindo a "voz", entendida como a possibilidade de levar opiniões a grande quantidade de ouvintes. Mesmo antes da internet, qualquer um tinha direito a voz, e isso era e continua sendo essencial na democracia. Contudo, ter direito não significava conseguir se fazer ouvir. A internet mudou isso.

Umberto Eco estava errado ao dizer que as redes sociais haviam dado "direito a voz" a legiões de imbecis. O que elas deram foi "voz". O que ele chamou preconceituosa e pejorativamente de "legiões de imbecis" é, na verdade, uma enorme quantidade de pessoas que abordam a realidade pelas refratárias lentes das opiniões irracionais.

As opiniões, como algumas outras abordagens da realidade, podem ser mais ou menos racionais. Antes da internet, só as opiniões racionais tinham tribunas de legitimação; as irracionais circulavam no ambiente restrito das relações privadas e, sem potencial de repercussão, nele morriam. A internet, na verdade, deu voz a quem não precisa passar por nenhum processo de legitimação (carreira acadêmica, publicação de livro ou projeção política, por exemplo). É uma tribuna acessível a qualquer pessoa com um smartphone à mão.

Quando a internet ainda era um bebê engatinhando, nós, professores, nos entusiasmamos: víamos nela uma poderosa ferramenta para a democratização do conhecimento. Conseguiríamos levar nossas inquietações, reflexões e conclusões a uma quantidade exponencialmente maior de alunos. Elas chegariam de modo barato e eficaz, disseminando conhecimento por todos os recantos do tecido social. A sala de aula teria o tamanho do mundo. Cedo a desilusão nos sacudiu: a internet democratizou mais ignorância que conhecimento.

Em vez de propagar a abordagem científica da realidade, construída com muito trabalho e seriedade ao longo de séculos, a rede mundial de computadores deu vazão a uma enxurrada de opiniões irascíveis, ingênuas, preconceituosas, estereotipadas, apressadas e irracionais de uma quantidade imensa de pessoas ávidas por se fazerem ouvir.

A crise de confiança na ciência

Na guerra de abordagens do nosso tempo, as opiniões tentam encurralar a ciência.

O aspecto mais patético do embate é o terraplanismo. A ideia de que a Terra é plana, e não esférica, surgiu no século XIX, propagada por um movimento aparentemente charlatão autodenominado "filosofia zetética", que questionava a ciência e o método científico. Em meados do século XX, nos Estados Unidos, ressurgiu ligada a fundamentalismos religiosos. Os terraplanistas de então apegavam-se a determinadas passagens da Bíblia que interpretavam como incompatíveis com a forma esférica do planeta. No nosso século, o despropósito é amplificado pela internet.

É um exemplo de pura abordagem opinativa irracional. A irracionalidade decorre não somente da recusa em aceitar cada uma das muitas evidências científicas da forma esférica, que remontam à Antiguidade, como principalmente do uso de termos obscuros com que o movimento insinua a existência de um gigantesco complô para nos sonegar a verdade. Não chega a ser uma típica teoria da conspiração, por não envolver os *illuminati*, mas mobiliza parte do mesmo imaginário.

De qualquer modo, o terraplanismo é inofensivo. Calcula-se que cerca de 11 milhões de brasileiros seriam adeptos do movimento. É um número nada desprezível de pessoas que desconfiam da ciência. Mas a desconfiança não as prejudica enquanto estiver restrita à discussão sobre a forma do planeta. Bem mais preocupante são outros embates em que a opinião sem fundamento se difunde a ponto de comprometer os enormes benefícios trazidos pela ciência à saúde pública e ao aumento da expectativa de vida. Refiro-me ao crescimento inacreditável do movimento antivacinas, que a Organização Mundial da Saúde (OMS) considerou, em 2019, uma das dez maiores *ameaças* à saúde mundial.

Entre as opiniões irracionais inofensivas (terraplanismo) e as altamente prejudiciais (antivacinas), há as que ganham enorme projeção, fazendo que a irracionalidade passe a consumir tempo, recursos materiais e energia de entidades científicas, políticos, governantes e julgadores. Um gigantesco desperdício devido a sombras projetadas no fundo de cavernas.

Fosfoetanolamina: a pílula do câncer

Um docente da Universidade de São Paulo (USP), da área da química, nos idos de 1990 criou uma forma nova de sintetizar a fosfoetanolamina. Muitos anos depois, afirmou que suas pesquisas teriam confirmado que a substância possuiria efeitos terapêuticos positivos na cura de qualquer tipo de câncer. Com esse objetivo, fornecia-a de graça a quem quisesse. Na imprensa televisiva e nas nascentes redes sociais, ela foi chamada de "pílula do câncer".

Rapidamente, a quantidade de pessoas interessadas em tomar a substância para se tratar superou a dos modestos estoques daquele químico. Correu-se ao Poder Judiciário. Juízes de todo o país concederam ordem para que a USP entregasse a substância. Foram mais de 15 mil processos judiciais, estabelecendo multa diária, em caso de descumprimento, variando entre trezentos reais e 30 mil reais.

A USP requereu, perante o STF, uma ordem de âmbito nacional que suspendesse as ordens judiciais determinando o fornecimento da pílula do câncer. Alegou ser entidade de ensino e pesquisa de nível superior, não estando autorizada a fabricar e comercializar medicamentos. Alegou também a inexistência dos testes farmacológicos e clínicos para a conferência da segurança e eficácia da fosfoetanolamina. Destacou que o fornecimento do produto, sem esses testes, punha em risco a saúde dos pacientes. Mais que isso: seria ilegal o fornecimento do medicamento sem o prévio registro na Anvisa, obrigatório por lei.

Em 4 de abril de 2016, o presidente do STF determinou a suspensão das ordens judiciais em todo o país, bem como concedeu salvo-conduto às autoridades universitárias, para que não fossem presas. Lembrou que nenhum outro país autorizou o uso da substância para fins medicinais, bem como a inexistência de qualquer estudo científico que confirmasse os amplos efeitos terapêuticos que estavam sendo atribuídos à "pílula do câncer". No mesmo despacho, o presidente do STF determinou que a USP continuasse fornecendo o produto até o fim do estoque (a rigor, deixando de lado os fundamentos que havia adotado, nos parágrafos anteriores, para suspender as ordens judiciais contra a universidade).

A Anvisa, médicos famosos e diversos institutos respeitados de pesquisa fizeram pronunciamentos públicos em que chamavam à razão: não está comprovado que a fosfoetanolamina é um medicamento capaz de curar indistintamente as centenas de doenças chamadas "câncer". Não haviam sido feitos testes que certificassem a segurança da substância, nem que mensurassem a dosagem ou o momento do tratamento em que ela seria eficaz.

O governo federal havia até mesmo destinado 10 milhões de reais do combalido orçamento da ciência para uma pesquisa rigorosa sobre o potencial efeito terapêutico da fosfoetanolamina. Também no âmbito do estado de São Paulo, gastou-se dinheiro público para testar a segurança e a eficácia da substância. As pesquisas, conduzidas por entidades de grande reputação na área da farmacologia e da medicina, não conseguiram nem mesmo confirmar os resultados dos testes pré-clínicos em culturas laboratoriais que o químico da USP afirmava serem animadores. Não se passou, portanto, nem à fase dos testes pré-clínicos em animais.

Enquanto a racionalidade parecia retornar à cena no âmbito do Poder Judiciário, a irracionalidade assaltou os outros dois poderes. Em apenas um dia (isso mesmo, um dia!), a Câmara dos Deputados aprovou projeto de lei autorizando a fabricação e a comercialização da fosfoetanolamina, independentemente do registro na Anvisa. O Senado, em doze dias, aprovou o projeto sem alterações. Em 13 de abril de 2016, contrariando os pareceres dos órgãos governamentais da área da vigilância sanitária e da ciência, a lei foi considerada constitucional e oportuna pela presidenta da República, que a sancionou.

Desse modo, num inacreditável momento de prevalência de opiniões irracionais, um medicamento que não tinha sido testado pela ciência podia ser, por determinação da lei, fabricado e comercializado. Como os legisladores não se preocuparam em classificar a pílula do câncer, qualquer pessoa poderia adquiri-la sem receita médica.

Mais uma vez, os dilemas da democracia pós-moderna afloraram. Legislativo e Executivo não conseguiam resistir à pressão da maioria. Nas grandes manifestações populares do ano anterior, na esteira dos protestos deflagrados em 2013 pelo aumento no preço da passagem de ônibus em São Paulo e rapidamente extrapolados para pautas diversificadas em todo o país, alguns saíram às ruas com cartazes pedindo a liberação da "fosfo". Além disso, 2016 era ano de eleições municipais, nas quais costumam concorrer vários deputados e senadores. Outro fator político que deve ter pesado na decisão da presidenta da República foi o processo de impeachment. A Câmara dos Deputados aprovou a instauração do procedimento e a afastou da chefia do Executivo três dias após a sanção da lei.

O Poder Judiciário foi provocado a se pronunciar sobre a disparatada lei. A Associação Médica Brasileira ingressou com ação direta de inconstitucionalidade (ADI), pedindo ao STF que a suspendesse imediatamente. Um dos ministros não pôde comparecer ao julgamento, e, por seis votos a quatro, foi determinada a suspensão da lei. O argumento principal dos votos vencedores baseou-se na previsão da Constituição de que "a saúde é direito dos cidadãos e dever do Estado". Desse modo, só medicamentos cientificamente testados, em sua segurança e eficácia, e depois de obtido o seu registro na Anvisa, podem ser fabricados, comercializados e utilizados no Brasil. Qualquer lei que dispense esse registro na agência de vigilância sanitária põe em risco a saúde das pessoas, sendo, por isso, inconstitucional e inválida.

Opinião irracional e bons negócios

O caso da pílula do câncer mostra quanto desperdício de tempo, energia e dinheiro público pode acontecer por conta de opiniões irracionais. Revela também que a superação da crise de confiança na ciência não depende somente de melhorar a comunicação com o público leigo. Afinal, para trazer o caso ao campo da racionalidade, a ciência acionou os seus melhores recursos institucionais, humanos e metodológicos. Sua conclusão, porém, não convenceu minimamente os opinativos irracionais de que a pílula do câncer era um engodo. O pouco discernimento deles foi prejudicado pela desmedida vontade de contar com a cura milagrosa para centenas de doenças fatais.

A opinião irracional é turrona, cega e autossuficiente. E exatamente em razão dessas características abre oportunidades para frutíferos negócios. Embalada na publicidade gratuita proporcionada pelo (inacreditável) debate público, a fosfoetanolamina é vendida como suplemento alimentar.

Doutrina é opinião racional

A doutrina não é ciência, mas opinião. Não é, porém, uma opinião irracional.

A racionalidade da doutrina é dada por raciocínios que não são rigorosamente lógicos. Podem ser eventualmente, e parecem ser sempre, mas são raciocínios conduzidos por argumentos retóricos. Lógica e retórica são dois modos diferentes de raciocinar.

Aristóteles de novo

Aristóteles criou a lógica. Criou também a retórica.

São dois modos diferentes de raciocinar. Na lógica, o ponto de partida são premissas verdadeiras. Quem raciocina atento às regras da lógica chega necessariamente a uma conclusão também verdadeira. Na retórica, parte-se de opiniões verossímeis. Argumentando-se de acordo com certas regras, chega-se a conclusões igualmente verossímeis.

No pensamento aristotélico, não há nenhuma hierarquia entre lógica e retórica. Uma não é mais importante do que a outra. Dependendo do que se queira conhecer, usa-se a lógica ou a retórica. Esse modo de ver as coisas, contudo, desapareceu por mais de 2 mil anos. Mesmo hoje, difunde-se a ideia de superioridade da lógica e desdenha-se da retórica, como oportunista e vazia.

Foi o cristianismo que fez isso. A expansão do cristianismo pela Europa, no início da Idade Média, foi implacável com a abordagem da realidade por meios diferentes do religioso. Mais que isso, sufocou qualquer outra abordagem, mesmo religiosa, se fosse diversa da pontificada pela hierarquia católica. A arte medieval não se arriscou a desrespeitar esses limites. A ciência também se conteve. A Igreja Católica Romana era o grande mecenas das artes e a principal organizadora de bibliotecas e centros de ensino. O combatido – ou mesmo o não validado – pelo cristianismo buscou esconderijos, reprimiu-se, desapareceu.

A partir do século XIII, a Igreja permitiu o estudo de Aristóteles. Mas a permissão não foi dada com ampla liberdade. O estudo ficou restrito às partes da filosofia do grego que não fossem contrárias à doutrina católica. Por força dessa baliza, a Idade Média resgatou a lógica do pensamento aristotélico e a aprimorou, mas a retórica não recebeu igual consideração. A equivalência que Aristóteles via nos dois modos de raciocinar foi ignorada. Valorizou-se a lógica e condenou-se a retórica.

Na guerra das abordagens na Europa medieval, a religiosa combateu a científica, mas também acuou a opinativa. Para ser a única "dona da verdade", a Igreja Católica Romana não podia permitir a ciência como "dona das dúvidas", com sua mania de questionar tudo e todos, tampouco podia tolerar os "donos de outras verdades" veiculadas nas opiniões.

A lógica demonstra a verdade. A retórica convence o interlocutor da verossimilhança de uma afirmação. Nos dois casos, há racionalidade. A abordagem da realidade é feita por meio de um raciocínio em que premissas fundamentam conclusões. Mas o cristianismo medieval, em sua abordagem religiosa restritiva, não podia admitir a enorme flexibilidade da retórica.

Como assim o racional pode não ser verdadeiro? Essa possibilidade, que alimenta a retórica, introduziria um elemento perturbador no projeto de monopolização da verdade pela Igreja Católica Romana. Era necessário sepultá-la.

O leque de abordagens

Religião, ciência e opinião não são as únicas abordagens possíveis da realidade. Há outras, como a artística, a intuitiva e a onírica.

A arte já abordou o real filtrando a beleza. Hoje, ela é assumidamente uma abordagem destinada a criar ou realçar tensões e fricções, em geral como gatilhos para críticas de costumes ou políticas. A intuição é a abordagem oposta à racional, mas igualmente útil para a tomada de decisões práticas e a geração de autoconhecimento. E sonhando também abordamos a realidade, embora por meio das enigmáticas mensagens do inconsciente.

Abordagens acadêmicas

As humanidades são uma forma de abordar o homem abstraindo sua materialidade (aspectos fisiológicos, físicos, químicos, biológicos e outros). Não abordam seus objetos cientificamente, porque as constatações e os ensinamentos do conhecimento humanístico não são falseáveis, isto é, não podem ser desconstituídos como falsos por meio de uma experiência em laboratório ou de um experimento natural.

O que há de comum entre a abordagem científica e as humanidades é o rigor da racionalidade. Nas duas, tudo que é proposto ou afirmado deve estar devidamente fundamentado, de acordo com um repertório. São abordagens acadêmicas, junto com a filosofia e a teologia. Esta última, aliás, não deve ser considerada uma pura abordagem religiosa, uma vez que adota o mesmo rigor acadêmico das humanidades.

Na academia, convivem verdades e verossimilhanças. As ciências, instigadas por suspeitas verossímeis, constroem o saber verdadeiro. As humanidades se alicerçam em constatações verdadeiras (falseáveis) para construir um saber verossímil.

O verdadeiro e o verossímil

Quem usa o método científico começa por formular explicações plausíveis sobre o objeto que deseja estudar. São as *conjecturas*. Em seguida, submete as explicações plausíveis a testes especificamente concebidos para desafiá-las. Os testes feitos em ambientes artificiais e as observações metódicas feitas em experimentos naturais sempre podem ser replicados por outros cientistas. Enquanto todos, fazendo e refazendo os mesmos procedimentos, chegam a conclusões idênticas, elas são tidas como verdadeiras. Se resultados diferentes são reiteradamente obtidos nos mesmos testes, o que era tido por verdade passa a ser falso. São as *refutações*.

Um elemento importante da ciência, assim, é a replicabilidade da experiência ou do experimento. A explicação que ainda não se confirmou por meio de um teste replicável por outros cientistas é chamada de "teoria", algo a ser conferido.

As humanidades não têm como fazer experiências ou experimentos replicáveis nesses moldes. Há apenas um momento em que seu método se aproxima do científico, correspondendo a algo que pode ser perfeitamente reproduzido por outros estudiosos. Refiro-me à consulta às fontes primárias. Se um arqueólogo descobre uma pedra com signos cuneiformes relatando os feitos de um rei sumério que viveu há milênios, esse documento pode ser lido e relido por qualquer especialista que se interesse em estudá-lo. A Magna Carta, os tratados da Paz de Vestfália, os relatos jornalísticos da Revolução Francesa e uma infinidade de outros documentos são consultados frequentemente por historiadores.

A consulta às fontes primárias permite afirmações que se classificam como verdadeiras ou falsas. São falseáveis porque novas leituras delas ou de outros documentos podem mostrar a impertinência de tais afirmações.

Nas humanidades, parte-se de uma afirmação verdadeira. Mas ela é apenas o ponto de partida. A fonte primária será interpretada pelos acadêmicos. A interpretação não será verdadeira ou falsa, será mais ou menos verossímil.

Um historiador, por exemplo, faz uma afirmação verdadeira ao ensinar que, em 1808, Dom João VI, regente de Portugal, fugindo das tropas de Napoleão, empreendeu uma viagem pelo Atlântico com toda a corte portuguesa e veio morar em terras brasileiras. Essa afirmação pode ser confirmada por quem se dedica ao estudo dos documentos da época (fontes primárias). Em seguida, se ele afirma que a vinda da corte portuguesa para o Brasil foi um dos fatores que impulsionaram nossa independência, está interpretando o fato. Essa afirmativa não é verdadeira nem falsa. Ela é verossímil, mais ou menos, ou inverossímil.

Outro historiador poderia dizer que a vinda da corte portuguesa para o Brasil foi irrelevante para a nossa independência, lembrando que nossos vizinhos romperam os laços coloniais com a Espanha, aproximadamente na mesma época, sem passar por nenhuma experiência semelhante. Para esse historiador, a interpretação do colega é pouco verossímil.

Imagine, agora, que um terceiro historiador conclui que o homem não teria chegado à Lua em 1969 se Dom João VI tivesse permanecido em Portugal e enfrentado Napoleão. Essa também é uma interpretação do mesmo fato histórico, mas, convenhamos, completamente inverossímil.

Verossimilhança na ciência

Em certo sentido, as humanidades são o inverso da ciência.

No método científico, o verossímil é o ponto de partida. Apenas ajuda a identificar supostas explicações que vale a pena testar para se achar a verdade. O verossímil, entre os cientistas, só se aceita enquanto não verificado como verdade ou falsidade. E o verificado é sempre descartado. Será substituído pela verdade no caso de confirmação e pela falsidade no caso de desconfirmação.

A primeira vítima das guerras da ciência

Em 1987, um prestigiado sociólogo português defendeu a tese de que não fazia mais sentido distinguir ciências naturais de humanidades. Mais que isso, sustentou que aconteceria uma síntese entre elas, com os estudos humanísticos absorvendo os científicos. Apontando a incomensurabilidade (impossibilidade de medir) de acontecimentos simultâneos em distância astronômica de um lado, e a do objeto da mecânica quântica de outro, o sociólogo especulou que as ciências naturais estavam ficando cada vez mais parecidas com as humanidades, isto é, deparavam com as mesmas imprecisões e hesitações de um conhecimento que não consegue medir o que estuda.

Sempre que a ciência é objeto de reflexão pelas humanidades, isso incomoda um punhado de cientistas. Eles parecem se sentir ameaçados pelas discussões acerca da influência do poder econômico ou político sobre as pesquisas científicas, os limites da neutralidade dos produtores de ciência, a relativização dos feitos do conhecimento científico, sua elitização e outros temas desconfortáveis.

A sugestão de absorção das ciências naturais pelas humanidades como novo paradigma do conhecimento científico despertou esses sentimentos. Iniciou-se um debate acalorado que ficou conhecido como as "guerras da ciência". Elas não extrapolaram alguns poucos círculos acadêmicos, mas fizeram barulho.

No pano de fundo das guerras da ciência, muitos viram a competição pelo financiamento governamental de pesquisas. Apresentar resultados é o que justifica o gasto do dinheiro público em projetos acadêmicos. Os cientistas da natureza são ciosos do rigor de suas descobertas, e reagem com firmeza às discussões que podem relativizá-las em parte devido ao receio de perder o financiamento público. Como se não bastasse ter que explicar ao gestor a inexistência de desperdício, e sim a mais pura ciência, quando a grande maioria das teses simplesmente não é confirmada por testes experimentais, os cientistas ainda precisam responder aos estudiosos das humanidades, com suas formulações incomensuráveis e críticas abertas e inconclusas. Ô vida difícil...

Do seu lado, se as humanidades admitem que não podem se qualificar como conhecimento científico embora sejam igualmente importantes e úteis, correm o risco de ver ainda mais minguados os recursos que lhes são destinados. Por isso, não será fácil para as humanidades libertar-se da inveja em relação às ciências naturais. Em meio à guerra das "ciências" pela repartição dos sempre parcos orçamentos públicos da pesquisa, a primeira vítima é a teoria do conhecimento.

Conhecimento jurídico e humanidades

O conhecimento jurídico é a doutrina elaborada pelos juristas.

Grande parte dos doutrinadores também exerce outra profissão jurídica. São advogados, magistrados ou membros do Ministério Público. E essa duplicidade de atuação profissional tem se mostrado muito importante tanto para a construção do conhecimento jurídico como para o aperfeiçoamento da prática profissional.

Viu-se que a doutrina não é um conhecimento científico. Na doutrina jurídica, a verdade é o ponto de partida, e a verossimilhança, o de chegada, tal como na história, na geografia política, na antropologia etc.

Em essência, a doutrina diz respeito à interpretação de normas jurídicas. O ponto de partida é, geralmente, a identificação da norma que será objeto de interpretação. Nessa passagem, a afirmação feita pelo doutrinador pode ser checada mediante consulta às fontes primárias. Essa consulta, reforço, não é uma experiência científica, mas uma vivência reprodutível pelos demais estudiosos, de modo que se pode falar da veracidade ou falsidade do ponto de partida.

Quando um constitucionalista enuncia que "o art. 2º da Constituição Federal estabelece que os três poderes são independentes e harmônicos entre si", a pertinência dessa afirmação pode ser conferida por qualquer outro especialista mediante consulta ao jornal em que ela foi oficialmente publicada (*Diário da Assembleia Nacional Constituinte* de 5 de outubro de 1988). Por ser passível de conferência em consulta ao documento oficial, podemos definir se a afirmação é verdadeira (confirmada pela fonte primária) ou falsa (não confirmada). E ela é verdadeira, pode conferir.

Imagine, então, que o constitucionalista pondere a respeito do art. 2º: "O STF pode suspender a nomeação de um ministro, pelo presidente da República, se ela contrariar o princípio da moralidade, e isso não será um desrespeito à independência e harmonia dos poderes". Essa outra afirmação não é verdadeira nem falsa. Não há nenhuma fonte primária em que eu e você poderíamos conferir a pertinência da afirmação.

A interpretação da norma jurídica (Constituição Federal) é verossímil ou inverossímil. Trata-se de opinião do constitucionalista. Uma opinião racional, externada por quem está preparado para falar a respeito, em razão do repertório amealhado e do seu reconhecimento como "autoridade acadêmica" entre os membros da comunidade jurídica. Se solicitado, será externado também o raciocínio que fundamentou a opinião, com argumentos próprios do saber jurídico, compartilhados com os demais profissionais da área.

A racionalidade da opinião, externada por um especialista que articula com método e técnica o repertório jurídico apropriado, aumenta o seu potencial de convencimento. Aumenta a chance de a verossimilhança ser compartilhada por quem recebe a mensagem.

Se alguém posta na rede social "STF pode enquadrar o presidente que escolhe ministro imoral", fala substancialmente a mesma coisa. Mas, aqui, a opinião é irracional, desacompanhada de fundamentos e um tanto agressiva. Por isso, talvez ela não consiga ser tão convincente como a lição do doutrinador.

Comparemos, enfim, com outra afirmação que se poderia externar: "O Poder Judiciário pode escolher os ministros do Poder Executivo quando achar que a escolha do presidente foi imoral, sem contrariar a independência e a harmonia dos poderes previstas no art. 2º da Constituição Federal". É claramente uma opinião inverossímil. Mesmo o mais conceituado dos juristas, caso a externasse, provavelmente não convenceria ninguém.

A doutrina jurídica mescla afirmações que podem ser verdadeiras ou falsas com outras que são verossímeis ou inverossímeis. Ao identificar a norma jurídica a interpretar, a afirmação doutrinária pode ser verdadeira ou não; ao interpretar a norma jurídica, porém, ela só pode ter maior ou menor verossimilhança. Somente as primeiras podem ser conferidas, mediante consulta às fontes primárias. As demais serão mais ou menos convincentes, a depender da argumentação usada para a contextualização no repertório compartilhado pela comunidade jurídica.

Doutrina e dogmática

A doutrina tem uma peculiaridade não encontrada nos demais saberes das humanidades. É uma característica própria do conhecimento jurídico, decorrente de seu sentido prático de contribuir para o tratamento dos conflitos de interesses.

O historiador pode questionar se aquela (hipotética) pedra com o relato dos feitos do rei sumério é registro fiel do acontecido ou uma coleção de mentiras e exageros. E pode, legitimamente, encerrar suas reflexões a respeito com suposições inconclusivas, com indagações não respondidas.

Os doutrinadores não fazem assim. De um lado, não podem problematizar a fonte primária, desqualificando o texto da norma jurídica. De outro, não podem deixar nada inconcluso. A norma jurídica é um ponto de partida inquestionável, e uma interpretação deve ser sempre apresentada como a pertinente.

Essa característica da doutrina jurídica, que não encontramos nas humanidades em geral, é chamada de "pensamento dogmático".

O caráter dogmático do conhecimento jurídico acaba por reduzi-lo a um conjunto de afirmações mais ou menos verossímeis sobre a interpretação das normas jurídicas. Como não cabe eleger outro ponto de partida diferente da norma jurídica, e a fácil consulta ao *Diário Oficial* esclarece prontamente o seu texto, os doutrinadores não discutem qual é a redação da norma jurídica. Discutem, isto sim, qual a interpretação a ser dada a ela.

Falei da interpretação de um constitucionalista acerca do art. 2º da Constituição Federal, no sentido de que "o STF pode suspender a nomeação de um ministro, pelo presidente da República, se ela contrariar o princípio da moralidade, e isso não será um desrespeito à independência e harmonia dos poderes".

Outro constitucionalista, interpretando o mesmo artigo da Constituição Federal, pode concluir que "se o STF suspender a nomeação de um ministro escolhido pelo presidente irá contrariar necessariamente a independência e harmonia dos poderes". Claro, ele irá discutir, e muito, com o seu colega que apresentou a interpretação oposta dessa norma constitucional.

O primeiro constitucionalista interpreta a Constituição no sentido de que o STF tem poder para impedir a nomeação de um ministro pelo presidente quando entende ter havido desrespeito ao princípio da moralidade. O segundo interpreta-a no sentido contrário. Os dois discutem a interpretação mais pertinente da mesma norma. E saem necessariamente de um ponto único de partida, que é a literalidade do dispositivo aprovado pelos constituintes, o art. 2º da Constituição Federal.

Em outros termos, os dois constitucionalistas não perdem tempo discutindo a existência da norma que interpretam. E, como esse seria o único tema que poderiam abordar por afirmações verdadeiras ou falsas, acabam construindo um saber assentado exclusivamente na verossimilhança de seus enunciados.

Por causa do viés dogmático da doutrina, as afirmações que podem ser verdadeiras ou falsas acabam não sendo normalmente elaboradas pelo conhecimento jurídico. Mesmo quando a validade da norma jurídica é objeto de questionamento, permanece-se no campo das afirmações mais ou menos verossímeis. Somente a conferência da redação da norma jurídica pode ser feita por afirmações verdadeiras ou falsas, conferíveis via consulta às fontes primárias.

Para ser válida ou inválida (isto é, constitucional ou inconstitucional), a norma jurídica antes tem que existir, expressando-se por um determinado texto. E, repito, os juristas não vão se deter na questão prévia da existência, porque são dogmáticos, ou seja, para eles, o ponto de partida de qualquer reflexão e discussão (Constituição, leis etc.) já está definido e não pode ser problematizado. A norma jurídica é um dogma.

As fontes primárias da doutrina

Quando um doutrinador diz "o art. 18 da Lei *x* estabelece *y*" transcrevendo o dispositivo legal, qualquer pessoa consegue conferir se a transcrição foi correta. Essa afirmação é verdadeira ou falsa porque pode ser checada consultando-se o *Diário Oficial*, impresso ou eletrônico. Além das normas jurídicas, também a jurisprudência é uma fonte primária. Se o doutrinador afirma "no julgamento do recurso especial *w* decidiu-se *z*", e transcreve a ementa ou a passagem pertinente do acórdão, também essa informação pode ser perfeitamente conferida no site do STJ, e será, de acordo com a conferência feita, verdadeira ou falsa.

São duas, assim, as fontes primárias da doutrina: norma jurídica e jurisprudência. Mas, reforço, quando o doutrinador discorre sobre "o art. 18 da Lei *x*" ou tira suas conclusões do "julgamento do recurso especial *w*", ele já está interpretando as fontes primárias. E, então, não enuncia mais nada de verdadeiro ou falso, mas sim de verossímil ou inverossímil.

Raciocínio lógico

A lógica consiste num conjunto de regras relativas a como conduzir o pensamento. Quem obedece a essas regras e parte de premissas verdadeiras inevitavelmente chega a uma conclusão verdadeira. Se a conclusão for falsa, é porque pelo menos uma das premissas também era falsa ou as regras do pensamento lógico não foram cuidadosamente obedecidas. O raciocínio lógico é também chamado de silogismo.

Sobre a veracidade ou falsidade das premissas nada sabe a lógica. São outros ramos de conhecimento que fornecem as premissas e confirmam que são verdadeiras. A lógica cuida das regras do raciocínio, alertando que a mais sutil desobediência inevitavelmente comprometerá a veracidade da conclusão.

Exemplifico com um silogismo bem simples: "Todos os mamíferos são vertebrados; todos os cães são mamíferos; logo, todos os cães são vertebrados". A biologia confirma que são verdadeiras as duas premissas: a de que todos os mamíferos são vertebrados e a de que todos os cães são mamíferos. Esse raciocínio atende a todas as regras da lógica com rigor, e, desse modo, podemos ter absoluta certeza de que a conclusão também é verdadeira: todos os cães são vertebrados.

Considere, agora, outro silogismo: "Todos os cães são mamíferos; todos os gatos são mamíferos; logo, todos os cães são gatos". A biologia certamente confirmaria a veracidade das duas premissas: cães e gatos são mamíferos. Mas a conclusão não é verdadeira. O que aconteceu? As regras da lógica não foram rigorosamente observadas. Não vou entrar em pormenores, mas, só para constar, esse silogismo descumpre a regra da "obrigatoriedade da distribuição do termo médio em pelo menos uma das premissas".

Mais um silogismo: "Todos os cães são animais voadores; todos os animais voadores são invertebrados; logo, todos os cães são invertebrados". Aqui, as premissas são falsas e, por isso, embora o raciocínio esteja rigorosamente dentro das regras da lógica, não haveria como chegar a uma conclusão verdadeira.

Passando ao campo das questões jurídicas, consideremos o silogismo: "Todo empregado tem direito a salário; João é empregado; logo, João tem direito ao salário". Na primeira premissa, enuncia-se uma norma jurídica. Na segunda, constata-se um fato. A conclusão afirma a consequência da aplicação da norma jurídica ao fato.

Esse raciocínio jurídico parece lógico, mas não é.

A premissa em que se enuncia a norma jurídica apresenta, a rigor, a interpretação de uma norma jurídica. Se afirmasse "a Consolidação das Leis do Trabalho (CLT) assegura o direito ao salário a todo empregado", isso poderia ser conferido em fontes primárias para ser confirmado como verdadeiro ou não. Mas não é disso que trata a premissa que estamos examinando. Ao assentar que todos os empregados têm direito a salário, ela não enuncia o conteúdo, mas sim a interpretação da CLT. Quer dizer, na primeira premissa encontra-se uma afirmação que pode ser mais ou menos verossímil, mas não verdadeira ou falsa.

Na outra premissa, é constatado um fato. De início, pode parecer cabível a investigação de sua veracidade. Mas aqui também se trata de enunciado mais ou menos verossímil. Se João trabalha sem carteira assinada, a sua qualificação como empregado dependerá de provas a serem apreciadas pelo juiz, que pode se convencer ou não da qualificação jurídica de João como empregado. Também a segunda premissa abriga uma afirmação mais ou menos verossímil, mas nunca verdadeira ou falsa.

A doutrina jurídica não tem como fornecer o substrato para um raciocínio lógico. Se as premissas não são verificáveis como verdadeiras, por mais que se observem as regras do raciocínio lógico, a conclusão não será verdadeira.

Argumentos jurídicos são lógicos ou retóricos?

No capítulo 10, sobre a "força da lei", tive a oportunidade de contrapor dois argumentos jurídicos muito comuns: *a contrario sensu* e analógico. Os dois argumentos são utilizados para entender como tratar um conflito não previsto na lei. Viu-se que cada um deles chega a resultados opostos, o que já seria suficiente para revelar a falta de rigor lógico na sua utilização.

Antes disso, porém, é necessário relembrar que, pelas regras da lógica, não se pode concluir nada a respeito da proibição, obrigatoriedade ou permissão de certo comportamento a partir de norma jurídica que não cuida dele, mas de outro comportamento. Na lógica, a conclusão nunca pode ir além das premissas. Se as premissas não fornecem nenhuma informação acerca de um comportamento, qualquer conclusão a respeito dele transgride as regras da lógica.

A despeito de transgredirem a lógica, tanto o argumento *a contrario sensu* como o analógico são convincentes quando devidamente contextualizados no repertório compartilhado pela comunidade jurídica. E é sempre isto o que importa: construir argumentos que convençam pessoas da comunidade jurídica.

Se um jurista, manuseando com competência o repertório jurídico, convencer os demais de que a CLT deve ser interpretada de modo a assegurar salário a todos os empregados, tanto faz se ele respeitou rigorosamente as regras do raciocínio lógico ou não. Se o advogado de João, argumentando com competência no contexto do repertório jurídico, convenceu os juízes da causa de que seu cliente era empregado, também é irrelevante se foram obedecidas ou não as regras do pensamento lógico. Se o juiz de primeiro grau decidiu que João tem direito a salário, fundamentando sua decisão em argumentos que convenceram os desembargadores do Tribunal do Trabalho, ao confirmarem a decisão dele, não interessa se a lógica foi respeitada ou não na fundamentação. O decisivo, em qualquer caso, será a eficácia persuasiva do argumento, sua aptidão para convencer as pessoas certas.

Os argumentos jurídicos não são lógicos. Melhor dizendo, não são necessariamente lógicos. Mas são sempre retóricos. Seu objetivo invariavelmente é convencer o interlocutor.

Argumentos jurídicos visam convencer que uma norma jurídica é constitucional ou inconstitucional; que a falta de norma jurídica deve ser suprida pela analogia ou pelo critério *a contrario sensu*; que a norma jurídica relevante para decisão daquele caso é esta, e não aquela; que a norma a se aplicar deve ser interpretada num sentido, e não em outro; que as provas levadas ao juiz demonstram o acontecimento do fato previsto na norma, ou não demonstram; que se está tomando a decisão mais justa e coerente com o apurado no processo judicial; que está sendo mudada a decisão do juiz para afastar uma solução errada para o caso etc.

Claro, quanto mais aparência de lógica o raciocínio jurídico tiver, mais convincente tenderá a ser. Mesmo sendo totalmente ilógico, se for verossímil e convencer as pessoas certas da comunidade jurídica, ele é "correto".

A nova retórica

Aristóteles, como vimos, distinguiu dois modos de raciocínio. De um lado, o que parte de premissas verdadeiras e, observando as regras da lógica, alcança uma conclusão também verdadeira; de outro lado, o que parte das opiniões geralmente aceitas pelos homens sábios e prudentes e, argumentando retoricamente, alcança uma conclusão verossímil.

Ele considerava, insisto, esses dois modos de raciocinar igualmente pertinentes. Não tomava nenhum deles como superior ao outro. Quando se buscava a verdade, era preciso raciocinar pela lógica. Quando se buscava o verossímil, era preciso argumentar pela retórica.

A dominação do pensamento europeu pela abordagem religiosa do cristianismo procurou, inicialmente, asfixiar a filosofia aristotélica, junto com todos os demais saberes não validados pela Igreja. Depois, recuperou dela o que não era inteiramente inconciliável com a doutrina cristã. Nisso permaneceram sepultadas, de um lado, a retórica e as regras da argumentação a partir de opiniões verossímeis e, de outro, a noção de equivalência entre ela e a lógica. O cristianismo misturou a retórica com o sofismo.

Nos anos 1960, Chaïm Perelman e Lucie Olbrechts-Tyteca recuperaram o pensamento aristotélico original, em que retórica e lógica têm a mesma dignidade. Estudaram e desenvolveram os processos de convencimento por argumentos retóricos. E propuseram a nova retórica. Junto com outros juristas que, na mesma época, refletiram sobre a natureza do conhecimento jurídico, foram os responsáveis por salvar a doutrina da frustrante obsessão do saber científico. Fizeram a revolução anticientificista do conhecimento jurídico.

Apesar disso, ainda há muitos doutrinadores e profissionais do Direito acreditando que, ao interpretar as leis, dominariam e elaborariam uma ciência. Eles estão equivocados.

Retórica e sofística

A filosofia grega não confundia retórica com sofística.

Os retóricos argumentam em torno de opiniões verossímeis para convencer o seu auditório. Obedecem a determinadas regras de argumentação. Como nem tudo é verossímil, de acordo com essas regras, eles se contêm nos limites dos meios de convencimento sérios e responsáveis. O objetivo é convencer, mas apenas por determinados meios. A retórica não é um vale-tudo.

Já os sofistas se empenham em convencer o auditório a qualquer custo. Procuram identificar medos e preconceitos predominantes entre os interlocutores para explorá-los em favor da tese que se propõem defender. O objetivo é exortar o ouvinte a agir, não importa por quais meios. O sofisma é um vale-tudo.

O argumento retórico não desdiz o que havia dito, mesmo que isso até pudesse convencer mais pessoas. O discurso sofista não se inibe de desdizer se lhe parece que isso pode agregar mais adeptos.

Há advogados sofistas, sem dúvida. Mas, como a comunidade jurídica é composta majoritariamente por retóricos, os poucos sofistas são forçados a não se afastar muito das regras da retórica. Afinal, se o objetivo é convencer pessoas da comunidade jurídica, os expedientes sofistas nem sempre funcionam. A utilização irresponsável de argumentos vazios prejudica o convencimento e contribui para a má reputação dos profissionais jurídicos sofistas.

A diferença entre retórica e sofística também havia se perdido, junto com a equiparação entre retórica e lógica. A nova retórica a resgatou.

Doutrina e prática jurídicas

Durante algum tempo, a doutrina jurídica nutriu a mesma inveja que as humanidades devotavam às ciências naturais e quis ser, como elas, também um conhecimento rigoroso. Era o tempo do "não sabemos tudo, mas um dia saberemos", em que pensadores tão diferentes como Comte e Marx podem ser reunidos no ambicioso projeto de reorganizar cientificamente a sociedade. Depois, quando ficamos mais humildes, as humanidades se perceberam como um conhecimento de estatuto não científico, mas nem por isso inútil ou desnecessário. Era o novo tempo do "não sabemos tudo, e não temos como saber tudo". No saber jurídico, espelhando o advento da humildade na teoria do conhecimento, tem início uma ruptura anticientificista nos anos 1960.

Uma das consequências dessa ruptura foi eliminar a distância entre a doutrina e a prática jurídicas. Enquanto se insistiu no caminho da criação da "ciência jurídica", os juristas se percebiam fazendo algo diferente do que fazem os advogados e juízes, algo até mesmo irrelevante para o dia a dia do tratamento dos conflitos de interesses.

Os inconformados com a falta de cientificidade da doutrina exploram a possibilidade de uma ciência deontológica. Quer dizer, o objeto do conhecimento jurídico não seria o "mundo do ser", mas o do "dever ser". O jurista não estudaria as coisas como elas são, mas como deveriam ser.

Numa imaginária ciência deontológica, o jurista se debruçaria sobre as normas positivadas e, estudando-as, concluiria, por exemplo, que "quem rouba deve ser preso". Se alguém objetasse dizendo conhecer muitos ladrões que estão soltos, o jurista encerraria a questão respondendo: "Não cuido do que é, mas do que deve ser; eles estão soltos, é verdade, mas posso lhe dizer, com a mais absoluta convicção, que, em razão de todo o conhecimento que tenho das normas jurídicas em vigor, eles deveriam, sim, estar presos".

A ciência deontológica só tem sentido, na verdade, no contexto da presunção de que podemos controlar cientificamente o comportamento das pessoas. Ela corresponde à teoria do Direito-ordenação. Mas, a rigor, nada explica. Se o sistema de tratamento dos conflitos de interesses realmente operante numa dada sociedade não confirma a teoria do Direito-ordenação, como estamos vendo, dedicar-se ao "mundo do dever ser" é de pouca utilidade.

A nova retórica reúne as duas dimensões (acadêmica e forense), que alternativas como a da ciência deontológica separam. Tanto o doutrinador como o advogado ou o juiz fazem a mesma coisa: constroem argumentos convincentes no contexto do tratamento de conflitos de interesses. O primeiro considera casos abstratos; os outros cuidam de casos concretos. No essencial, teoria e prática são iguais: reúnem argumentos que se pretendem convincentes.

Um dia a doutrina poderá ser uma ciência?

Uma celebração!

Nos laboratórios e institutos, nos congressos e programas de pós-graduação, nos encontros acadêmicos e nas publicações, uma eufórica celebração se alastra, em hiperbólica vaga de excitado otimismo, entusiasmando professores e pesquisadores das várias áreas do conhecimento no mundo todo. Celebram-se os resultados mais rigorosos que vêm sendo alcançados em razão da aliança entre estatística e informática, que abriu ao saber acadêmico uma perspectiva altamente promissora de uma nova etapa de robusto crescimento do conhecimento científico. É uma comemoração merecida.

Tamanho é o entusiasmo pelos resultados obtidos com estatística e tecnologia da informação reunidas que a própria definição de ciência parece ter ficado um pouco mais restrita. Hoje, nenhum pesquisador, no mundo todo, consegue financiamento para o seu projeto se não o fundamentar em estudos estatísticos.

Dizem que Platão mandou escrever na fachada da Academia: "Aqui não entra quem não for geômetra". Se vivesse hoje, escreveria: "Aqui não entra quem não trouxer junto um estatístico e um especialista em informática".

A nova abordagem da ciência despertou um sentimento que parecia estar já amortecido: o complexo de inferioridade das humanidades em relação às ciências naturais. Se na Grécia Antiga invejava-se a matemática e a geometria e, a partir do Iluminismo, invejou-se a física, agora o objeto da inveja são a estatística e a informática.

Uma vez mais, reacende-se o debate que parecia resolvido com a afirmação, pela filosofia do século XX, dos limites do conhecimento humano. O "não sabemos tudo, e não temos como saber tudo" é posto em suspenso. Será que agora, com os poderosos instrumentos da estatística e da informática, não conseguiríamos finalmente saber tudo? Não estaria ao nosso alcance, afinal, o conhecimento que permitiria a reorganização científica da sociedade?

Renovo o meu ceticismo. E renovo também a minha conclamação: há conhecimentos bastante valiosos e úteis, mesmo não sendo científicos. A doutrina jurídica é um saber desse tipo. Não a aproveita em nada o complexo de inferioridade, que a põe a correr atrás de um rigor e de uma certeza que nunca serão alcançados. A doutrina jurídica deve se assumir definitivamente como um saber de estatuto diferente da ciência, o que não pode ser motivo de nenhum tipo de constrangimento. Não deixará de ser proveitosa e relevante. Ao contrário, irá se livrar do pesado estigma que só embaça o seu desenvolvimento.

O impulso da estatística, proporcionado pela revolução da tecnologia da informação, produz realmente avanços admiráveis em todos os saberes acadêmicos, incluindo a doutrina jurídica. É indubitável que os saberes não científicos têm sido enriquecidos com estudos empíricos, mas não se tornam científicos em razão disso.

Tomemos a história como exemplo. No passado, a interpretação coerente com as fontes primárias disponíveis sobre a economia do Brasil no período colonial concluía pela inexistência de um dinâmico mercado interno. Elas subsidiavam a interpretação de que toda a produção no Brasil era vendida a Portugal, sendo o fluxo comercial entre a colônia e a metrópole o único significativo em termos econômicos. Com as ferramentas da informática e as mensurações estatísticas à mão, os historiadores tiveram acesso a mais dados, abrangendo uma quantidade extraordinariamente maior de fontes primárias. Tabularam-se negócios documentados em cartórios e em escriturações mercantis, e não apenas nos assentamentos aduaneiros. Esses novos dados permitiram uma reinterpretação da história econômica do Brasil Colônia, porque revelaram que, além do fluxo comercial com Portugal, havia um considerável comércio interno, no ambiente de mercados dinâmicos.

A história, no entanto, não se tornou mais verdadeira ou falseável em razão dos novos instrumentos de escrutínio das fontes primárias. Ainda é interpretação das informações que se podem extrair de documentos e registros.

Jurimetria

O conhecimento jurídico não ficaria de fora da celebração.

Algum tipo de mensuração estatística dos fatos jurídicos já existia havia algum tempo, mas era feito principalmente por economistas, ou com a participação deles. Mais propriamente falando, era uma econometria sobre as relações entre mercado e instituições jurídicas. Nos anos 2010, um professor da Pontifícia Universidade Católica de São Paulo (PUC-SP) dispensou o economista intermediário e criou um modelo de interação direta entre pesquisadores jurídicos, estatísticos e tecnólogos da informação. Ele criou a jurimetria, conhecimento que tem dado contribuições inestimáveis para a gestão do Judiciário e para políticas públicas na área do Direito. Essa poderosa ferramenta também é útil para advogados, principalmente os que atuam nos chamados processos de massa (grande quantidade de reclamações de consumidores, por exemplo). Terei oportunidade, ainda, de ilustrar uma questão bastante séria na distribuição de justiça, com dados impressionantes revelados por estudos jurimétricos.

Mas, por mais que se desenvolva e se dissemine, a jurimetria não irá transformar o estatuto epistemológico da doutrina jurídica. A interpretação das normas jurídicas continuará sendo um saber retórico e não científico. Afinal, como o Direito não é um meio de organizar a sociedade, mas de tratar conflitos de interesses pontuais, a doutrina é um conhecimento que habita os pequenos números. A estatística transita no ambiente dos grandes números.

A jurimetria pode eventualmente valorizar o uso de variáveis quantitativas nos argumentos jurídicos, algo raro hoje em dia. Mas, mesmo que o advogado afirme e comprove, com dados estatísticos corretamente apresentados, que 100% dos juízes brasileiros, ao se debruçarem sobre a norma *x*, interpretam-na no sentido *y*, isso não obriga nenhum magistrado a adotar a mesma interpretação. Se ele não for convencido por outros argumentos, que dialoguem com os elementos do repertório partilhado pela comunidade jurídica, de que a totalidade de seus colegas estava certa, poderá interpretar a norma *x* no sentido *z*. Aliás, é sempre por um processo mais ou menos assim que ocorrem as mudanças de jurisprudência. O casamento entre pessoas do mesmo sexo não teria sido introduzido no Brasil em 2011 se a unanimidade dos ministros do STF não tivesse sido convencida de que certa norma constitucional devia ser interpretada de modo radicalmente oposto ao da grande maioria dos juízes nacionais que até então haviam julgado a matéria.

A doutrina jurídica, como conhecimento acerca da interpretação das leis, nunca será um conhecimento científico. Conformemo-nos de vez com isso e, com altivez, assumamos as características inerentes ao estatuto próprio do saber doutrinário de interpretação das normas jurídicas. Livremo-nos em definitivo do complexo de inferioridade em relação às ciências naturais e da despropositada inveja que o acompanha.

O ensino e a pesquisa jurídica vão ganhar muito ao classificar a doutrina entre os saberes tecnológicos. É disso que se trata. Tecnologia é o conhecimento de meios para a realização de fins estranhos ao seu objeto. A doutrina não define se um réu específico deve ser condenado com esta ou aquela pena. Isso cabe ao juiz. Mas, uma vez definido o fim (por exemplo, punição daquele réu com tantos anos de privação da liberdade), a doutrina fornece os meios (isto é, os argumentos retóricos) para que essa decisão judicial seja embasada em fundamentos convincentes.

13. Recursos

Em que pé estamos em nossa reflexão?

Ensina-se nas faculdades, repete-se para a sociedade e em geral as pessoas introjetam como sendo a explicação correta para o Direito que ele é o modo de organizar a sociedade justa. Legisladores e governantes eleitos pela maioria aprovam normas gerais que serão aplicadas pelos julgadores. Acredita-se que o concebido abstratamente como uma sociedade ideal pelos legisladores acaba se tornando realidade, em razão das decisões proferidas pelos julgadores na apreciação de casos concretos.

Legisladores decidem que, numa sociedade racionalmente organizada, devedores pagam o que devem no dia do vencimento. Para que a sociedade seja assim, fazem uma lei com esse comando. A maioria dos devedores, obedecendo à lei ou não querendo sofrer as consequências da desobediência, irá pagar pontualmente suas dívidas. E a minoria que desobedecer à lei será punida pelos julgadores. Um juiz determinará a venda forçada de bens do devedor inadimplente para que o credor seja pago com o dinheiro apurado. Por esse "mecanismo", a sociedade acaba se organizando de modo racional, com todos os credores recebendo os pagamentos a que têm direito.

Aqui, chamei esse "mecanismo" de Direito-ordenação. As pessoas em geral o aceitam como explicação para o funcionamento do Direito. Mas, reitero, ele não o explica corretamente.

Tracei uma trajetória sobre como a espécie humana tem se organizado para resolver os conflitos de interesses. Nela não se encontra o mecanismo do Direito-ordenação funcionando o tempo todo. Ao contrário, vamos encontrar essa explicação para o Direito somente há pouco mais de duzentos anos. E afirmei que, mesmo nesse período recente, é ilusório acreditar que o Direito consiga pôr ordem na sociedade por meio do Estado, leis e juízes. O Direito-ordenação não explica o Direito, nem mesmo aquele do tempo histórico em que foi concebido.

Por enquanto, tratei de três questões para demonstrar a inexistência do Direito tal como descrito pela explicação do Direito-ordenação.

Discuti, inicialmente, a força da lei. Nada há nas leis que force os juízes a aplicá-las do modo como foram concebidas pelos legisladores. Tomando como exemplo o casamento entre pessoas do mesmo sexo, falei de como o entendimento dos constituintes, em 1988, e o dos ministros do STF, em 2011, foram diametralmente diversos. Nesses 23 anos, a redação do artigo da Constituição não teve nenhuma mudança, mas o conteúdo modificou-se por completo.

Depois abordei a ciência. É impossível empregar o método científico na interpretação da lei. O conhecimento jurídico, criado e difundido nas universidades há uns mil anos, não é científico. Não há, assim, nenhuma maneira de conferir certeza e rigor metódicos a uma interpretação da lei que possa *forçar* os juízes a descartarem qualquer outra interpretação da norma jurídica que não seja aquela pretendida pelos legisladores.

Em seguida, cuidei da lógica. O raciocínio jurídico não é lógico, embora tenha a necessidade de parecer lógico. Confrontado com as rígidas regras da lógica, vê-se que as desrespeita contínua e despudoradamente. O raciocínio jurídico opera no plano da verossimilhança, partindo de opiniões acerca da norma jurídica a se interpretar para as reforçar ou contestar com argumentos retóricos. O trabalho cotidiano de juristas, advogados, juízes e demais profissionais do Direito consiste apenas na construção de argumentos convincentes no contexto do repertório jurídico. Se os julgadores forem convencidos de que a norma diz *x*, ela passa a dizer *x*, mesmo que esse sentido não tenha ocorrido nem de longe aos legisladores quando a aprovaram.

Em suma, não há força imanente, ciência ou lógica que possa assegurar o estrito respeito, pelos julgadores, à decisão adotada pelos legisladores quando votaram a lei.

Falta agora examinar mais duas questões para demonstrar a inexistência do Direito-ordenação: recursos às instâncias superiores e justiça.

Em relação aos recursos, acredita-se que magistrados mais experientes, ou pelo menos com mais autoridade, deliberando em grupos de pelo menos três, corrigem os erros de interpretação eventualmente cometidos pelo juiz que, sozinho, tomou a primeira decisão. Os recursos salvaguardariam o Direito-ordenação, porque, no final do processo, o julgamento da instância superior corrigiria eventuais desacertos das inferiores. Eles assegurariam a exata aplicação da lei, tal como estabelecida pelos legisladores que a aprovaram.

Mas a existência de recursos para as instâncias superiores realmente funciona como a maneira de se assegurar o estrito respeito, pelo Poder Judiciário, às normas jurídicas aprovadas pelo Poder Legislativo?

Não existe arte, existem artistas

Você com certeza conhece alguém que, entre intrigado e desconfiado diante de uma obra de arte contemporânea, desdenhou: "Isso eu também faço". Não ocorre a essa pessoa, provavelmente, que alguma racionalidade deve existir no fato de aquela obra ser reconhecida como arte. Se está num museu ou exposição, é porque tem alguma coisa que não se encontraria no "eu também faço". Não conseguindo alcançar racionalidade alguma, contenta-se com a própria opinião irracional e segue a vida, sem se esforçar para fruir a experiência artística.

A arte é uma das muitas abordagens da realidade. Ela segue "códigos" diferentes ao longo do tempo. A originalidade, por exemplo, era um código inexistente até o Renascimento. Quando o artista medieval pintava a crucificação de Jesus, imitava as pinturas sobre esse tema feitas pelos demais. Não se esperava dele nenhuma originalidade, nenhuma releitura do objeto retratado ou mudança na forma tradicional de retratá-lo. Ele atendia por completo às expectativas do mecenas que encomendara o trabalho e dos que iriam apreciá-lo simplesmente pintando Jesus pregado à cruz no centro da cena, a mãe Maria e outros seguidores ao redor, todos com as suas auréolas douradas. Se quisesse acrescentar outros elementos, poderia pintar uma caveira em referência à morte ou ao Monte Gólgota, onde a crucificação ocorreu, ou alguns desatinados soldados romanos martirizando o crucificado. Naquele tempo, para ser um pintor requisitado e admirado, bastava o apurado domínio da técnica.

Foi durante o Renascimento que burgueses endinheirados passaram a encomendar retratos seus ou de familiares para exibir como símbolo de riqueza em suas casas. Os artistas deixaram de ter somente a opção de cair nas graças de um mecenas, da Igreja ou da nobreza. Podiam, agora, fazer quadros que despertassem o interesse dos burgueses. Como qualquer outro vendedor, tiveram que competir. E, competindo no nascente mercado da arte, os pintores buscaram formas de se diferenciar. Tornaram-se, então, criativos, originais, inovadores, na disputa por uma clientela orgulhosa da riqueza que havia amealhado com as suas habilidades de negociantes, e não simplesmente herdada por ter tido sorte no jogo de dados do nascimento.

Outro código da abordagem artística surgiu em resposta à invenção da fotografia. O pintor e o escultor passaram a não se entender mais como retratistas da realidade. Tornaram-se seus intérpretes. Cabia-lhes revelar sutilezas escondidas, pois a fotografia podia cuidar muito bem da tarefa de eternização do visível.

Na sequência, veio a arte abstrata. Se a fotografia estava reproduzindo o visível cada vez com mais exatidão, o artista e o escultor se ocupariam de cores e formas em sua pureza, sem preocupações figurativas. Não foi uma transição pacífica, e muitos resistiam em nome da figuração como código essencial às artes pictórica e escultórica.

A arte contemporânea tem o seu próprio código, que muitos reduzem ao plano do proselitismo político. É mais que isso, porém. O artista contemporâneo capta ou provoca fricções, tensões, incômodos, contraposições... Não é qualquer pessoa que faz isso de modo criativo e instigante. Se hoje um pintor genial, tão bom ou ainda melhor do que Leonardo da Vinci, retratasse com perfeição uma pessoa, com obsessiva atenção aos detalhes da perspectiva, técnica exímia no escorço de mãos e pés, além de manuseio cuidadoso da paleta, isso não seria arte. Não seria reconhecido como arte. Por mais apurados que fossem, do ponto de vista técnico, seus quadros só seriam comercializados em praças públicas, porque não respeitariam o código contemporâneo das fricções.

Como assim? Algumas pessoas têm o poder de apontar para uma geringonça disforme e dizer que é arte, do mesmo modo que desdenham a pintura tecnicamente bem-feita exposta na praça? Quem são essas pessoas com autoridade para definir o que é arte?

Um historiador disse: "Não há arte; há artistas". Quis dizer com isso que, ao longo da história, os artistas se reconhecem. Captam diferenciais no trabalho dos antecessores e dos contemporâneos que escapam aos olhos dos leigos. Só é artista o pintor ou escultor que for reconhecido como artista pelos artistas. Sim, é um clube que não admite qualquer um como sócio. De modo mais preciso, os artistas formam uma comunidade. Para ingressar nela, é preciso dominar certas técnicas, e sobretudo os códigos passados e presentes da abordagem artística.

Na verdade, há tempos essa comunidade não é mais composta somente por artistas. Na identificação do que é uma obra de arte contemporânea, a opinião dos principais galeristas, grandes colecionadores, reputados críticos de arte, dirigentes culturais de bons museus e poderosos curadores tem peso igual à dos artistas. Arte é o que a comunidade formada por essas pessoas reconhece como arte.

Não existe física, existem físicos

A ciência é o conhecimento falseável. Há um método para falsear as verdades científicas. Sinteticamente, consiste na replicação da mesma experiência controlada, feita para dar sustentação à afirmação considerada verdadeira. Se os resultados são idênticos aos anteriores, não há falseamento, e todos continuam tomando aquela afirmação como uma verdade. Se, contudo, os resultados da replicação da experiência não são idênticos, ocorre o falseamento, e não se aceita mais aquela explicação como verdadeira.

Quando se trata de experiências simples, como aquelas a que assistimos ou que realizamos nas aulas de laboratório do ensino médio, a replicação não representa nenhum grande problema. Lembra da experiência das velas acesas, em que as cobríamos com copos de tamanhos diferentes e cronometrávamos o tempo até se apagarem? A experiência mostra que o oxigênio é uma das condições da combustão. Qualquer professor de química pode reproduzi-la, e chegará à mesma conclusão de Lavoisier 250 anos atrás.

Mas pense nas experiências feitas no Grande Colisor de Hádrons (LHC), o maior acelerador de partículas do mundo, com 27 quilômetros de circunferência, situado no subterrâneo da França e da Suíça. Em 2013, os físicos fizeram nesse enorme equipamento a comprovação provisória da existência de uma partícula (Bóson de Higgs). Um físico brasileiro que não participou da equipe global responsável pela experiência evidentemente não tem condições de replicá-la para afrontar sua falseabilidade. Claro, ele não dispõe de outro acelerador de partículas tão poderoso. Mas, ao ler os artigos científicos que descrevem a experiência, esse físico se convence da existência do Bóson de Higgs. Ele tem repertório para, primeiro, entender tais artigos e conferir a atenção ao método científico, e, segundo, para acionar o senso crítico que escrutine a plausibilidade (verossimilhança) das premissas e conclusões.

Os leigos em física simplesmente não conseguiriam processar as informações dos mesmos artigos científicos sobre o Bóson de Higgs por falta de repertório ou mesmo de capacidade cognitiva.

Nenhum drama nisso, por favor. Todos nós temos nossos limites. Einstein e outros gênios da física talvez não conseguissem preparar um prato gostoso para o jantar ou tocar cavaquinho. Cada um com suas habilidades e limites, e todos levando a vida felizes.

Pois bem. Como a replicação das experiências nem sempre é factível, o falseamento ou a confirmação das explicações da física decorrem do convencimento de certas pessoas com repertório suficiente para serem convencidas. O que é a verdade na física? É o que os físicos dizem que é.

E quem são os físicos? Ora, eles se reconhecem.

Não existe física, só existem físicos. Mais propriamente, a comunidade dos físicos, integrada por quem eles mesmos reconhecem como pesquisadores da física, combina por consenso as verdades da física. Discutirão muito, com certeza. Mas, principalmente, farão e refarão inúmeras vezes experimentos em ambientes artificiais (laboratórios ou aceleradores de partículas), descreverão tais experimentos em artigos escritos com rigor acadêmico, irão publicá-los em revistas reputadas (se aprovados por revisão criteriosa de outros físicos), questionarão os métodos e as conclusões desses artigos numa infinidade de congressos, seminários e encontros, refletirão sobre eles em suas aulas... e, após muito disso tudo, chegarão ao consenso sobre as verdades da física.

Não existem normas jurídicas, existem intérpretes de normas jurídicas

Assim como acontece com a arte e a física, existe também uma comunidade a quem cabe dizer qual é a interpretação das normas jurídicas.

A comunidade jurídica é um amplo conjunto de pessoas que compartilham um repertório. Nas faculdades de direito, elas são apresentadas aos rudimentos desse repertório. No dia da formatura, os graduados mais empenhados nos estudos o dominam mal e parcamente; os demais só fazem festa. Será ao longo do exercício profissional e de cursos de pós-graduação que todos irão se familiarizar paulatinamente com o repertório de uma área jurídica específica (empresarial, tributário, penal etc.).

Não há, atualmente, nenhum membro da comunidade jurídica que domine todos os repertórios de todas as áreas. Tampouco há qualquer um que conheça de maneira integral todo o repertório de uma área específica. É humanamente impossível assimilar e processar tanta informação. Talvez no passado, quando tudo era mais simples, houvesse alguns indivíduos com capacidade para estudar, compreender e memorizar todo o repertório de uma divisão do Direito. Hoje, são poucos os membros que dominam parte substancial de determinada área jurídica.

Esse repertório compartilhado por certos membros da comunidade jurídica não abriga apenas informações sobre como encontrar o texto do art. 28, § 2º, inciso IV, alínea *b* da lei *x*. Também há informações sobre como fazer uma pesquisa de jurisprudência ou doutrina que possa ter utilidade no tratamento de determinado conflito de interesses. Mas, o mais importante, é um repertório sobre a construção de argumentos e a avaliação de sua eficácia retórica.

Os membros da comunidade jurídica são experts nisso: sabem avaliar se o argumento blá-blá-blá é convincente ou não, e, se for, sabem definir se é muito ou pouco convincente. Essa avaliação é feita tomando por referência o repertório jurídico da área específica em que ele se contextualiza. E, claro, tais argumentos têm sempre o mesmo sentido geral: dizer como deve ser tratado certo conflito de interesses.

Na complexa sociedade dos nossos tempos, as normas jurídicas são o mais importante ingrediente do argumento. A eficácia retórica, o poder de convencimento, depende de se demonstrar que, de algum modo, uma norma jurídica válida ampara o raciocínio desenvolvido e a sua conclusão.

Os membros da comunidade jurídica elaboram argumentos com poder de convencimento diferente (uns convencem mais, outros menos) sobre como as normas jurídicas, as lições da doutrina e os julgamentos dos tribunais devem ser interpretados. Com muita frequência, fazem e desfazem consensos a respeito disso.

Quem são os integrantes da comunidade jurídica? Ora, eles se reconhecem. São os doutrinadores, os magistrados e os melhores profissionais da advocacia e do Ministério Público. Se essas pessoas, ou a maioria delas, se convencerem de que a norma *x* deve ser interpretada como *y*, o conteúdo da norma *x* passa a ser *y*.

A participação dos legisladores na definição das leis

Legisladores têm participação importantíssima na interpretação das leis, porque balizam os argumentos convincentes. Quando aprovam uma lei em que escrevem a palavra "não", é mais difícil para doutrinadores e profissionais construir um argumento convincente de que ela deve ser interpretada como "sim".

Mais difícil, sem dúvida, mas não inteiramente impossível, diga-se de passagem.

Esse também é o quadro em relação às demais normas jurídicas. A autoridade com competência para a aprovar delimita grosseiramente o campo em que os intérpretes profissionais podem mover os argumentos convincentes. Mas as normas que aprovam não lhes pertencem, porque habitam a memória dos integrantes da comunidade jurídica.

Repertório jurídico

Se as pessoas certas forem convencidas, por meio dos argumentos *a*, *b* e *c*, que a norma 1, até então interpretada como *x*, na verdade deve ser interpretada como *y*, o conteúdo da norma 1 deixa de ser *x* e passa a ser *y*. Os argumentos *a*, *b* e *c* não são aleatórios nem arbitrários. São argumentos com os quais precisam estar familiarizadas as pessoas certas, a serem convencidas. Argumentos que, por isso, já devem pertencer ao repertório jurídico, ou pelo menos ser congruentes com ele, para ampliá-lo. As pessoas certas a serem convencidas da pertinência da interpretação *y* são as pertencentes à comunidade jurídica, isto é, os especialistas na área em que a norma 1 está inserida (consumidor, tributário, penal etc.).

Para exemplificar como se opera o repertório jurídico, começo delimitando uma área do Direito. Não há um único e amplo repertório compartilhado pela totalidade dos membros da comunidade jurídica que alcance todas as áreas. E as divisões e redivisões só aumentam: direito do agronegócio, digital, gás e petróleo, *compliance*, processual constitucional e outros.

Escolho o direito do consumidor. O ingrediente mais importante do repertório compartilhado pelos membros da comunidade jusconsumerista é o princípio da vulnerabilidade. De acordo com esse padrão, o consumidor está sempre vulnerável ao adquirir um produto. Ele não tem todas as informações sobre o produto que precisa ou quer comprar. Mais que isso, as informações que ele pode obter são todas fornecidas, direta ou indiretamente, pelo empresário que fabricou ou está vendendo o produto. Se houver conflito, o consumidor tem menos recursos do que o empresário para defender os seus interesses.

Pense na compra de uma geladeira. As informações sobre os diferenciais do eletrodoméstico, quanto consome de energia, as dimensões, o aproveitamento interno, assim como as atinentes ao preço e às condições de pagamento, são todas fornecidas pelas empresas interessadas na realização da venda (fabricante e comerciante). Transmitidas pessoalmente pelo vendedor ou encontradas na internet, as informações têm a mesma procedência. O consumidor tem que acreditar nessas informações. Ele está nas mãos do fornecedor.

O princípio da vulnerabilidade simplesmente não pode ser ignorado por quem pretende construir um argumento convincente numa questão jurídica relativa ao direito do consumidor. Nos dias de hoje, no Brasil, qualquer argumento que negue ou relativize a vulnerabilidade dos consumidores não convencerá absolutamente ninguém da comunidade jusconsumerista, não terá eficácia retórica.

Mesmo o advogado do empresário que o defende no conflito com o consumidor deve argumentar a partir da vulnerabilidade. Uma saída será tentar caracterizar a reclamação daquele consumidor como abusiva, porque lhe teriam sido repassadas, de forma clara e objetiva, as informações que alega não ter recebido. Mas, se for defender o cliente argumentando que "o consumidor devia ter buscado informações por conta própria e é problema dele se não fez uma boa pesquisa", o advogado adotará uma péssima estratégia de negação da vulnerabilidade, certamente fadada ao fracasso.

Cada área jurídica (isto é, cada comunidade jurídica) possui o seu próprio repertório. Usei o exemplo do direito do consumidor. Se fosse ao direito penal, tributário ou comercial, também encontraria em cada um deles os ingredientes essenciais, que não podem ser ignorados ou questionados por quem se propõe elaborar argumentos capazes de convencer os interlocutores.

Em geral, encontram-se no repertório compartilhado as decisões judiciais e doutrinas que dão sustentação aos argumentos. Ao contrário de grande parte dos cientistas, os membros da comunidade jurídica não são neutros perante o objeto de interesse. Quando pesquisam precedentes judiciais ou doutrinas, têm um objetivo muito claro: encontrar premissas que deem amparo a certa conclusão. É tudo meio invertido no Direito. Enquanto na ciência e na lógica, o ponto de partida são as premissas que levam às conclusões, no argumento jurídico tem-se primeiro a conclusão e, a partir dela, buscam-se as premissas.

Assim age o doutrinador ao procurar robustecer seu entendimento doutrinário; o juiz ao reforçar os fundamentos da decisão que tomou; o advogado ao defender os interesses de seu cliente da melhor forma possível; o promotor de justiça na denúncia de alguém como autor de um crime etc.

Ao encontrar uma decisão judicial ou lição de doutrina favorável à tese que sustentam em seu argumento, eles a incluem fazendo elogios esparramados aos magistrados ou doutrinadores citados. Os juízes ou juristas invocados na construção do argumento convincente são sempre eminentes, cultos, prudentes, percucientes, afamados, ínclitos e renomados. E, ao deparar com decisões judiciais ou passagens doutrinárias não inteiramente favoráveis ou mesmo desfavoráveis à tese do argumento que estão construindo, ignoram-nas. Trazê-las à luz, ainda que para rebatê-las, é meio arriscado e pode fragilizar a força retórica do argumento. Deixam-nas de lado e prosseguem a busca por ingredientes do repertório que possam ser úteis para convencer os interlocutores.

É típica de todas as áreas jurídicas a pesquisa necessariamente parcial, feita com propósitos retóricos, tendo em vista o tratamento de um conflito de interesses (posto em tese ou sendo objeto de um processo judicial). E não torça o nariz, por favor. É assim mesmo que funciona hoje o sistema social de tratamento dos conflitos de interesses.

Legiões de opinativos irracionais

No primeiro dia de dezembro de 2016, o STF acolheu a denúncia da PGR e instaurou processo-crime contra o presidente do Senado Federal. Isso provocou uma nova questão: como o réu está na linha sucessória da presidência da República, ele não ficaria impedido de continuar presidindo a Casa Legislativa Alta? O recebimento da denúncia da PGR pelo STF não acarretaria também o impedimento de o réu permanecer à frente do Senado?

A Constituição, relembre, estabelece a linha sucessória do presidente da República. Se ele adoece gravemente, morre, renuncia, viaja para o exterior ou é impedido, primeiro assume o vice-presidente; depois, o presidente da Câmara dos Deputados; em seguida, o presidente do Senado; e, por último, o presidente do STF.

Cinco dias após a instauração do processo-crime, um partido político requereu ao STF que determinasse o imediato afastamento do senador processado do cargo de presidente do Senado, e foi atendido.

Os poderes se confrontaram, mais uma vez, no Brasil. Agora, um tom acima do nível usual de tensão, porque se desobedeceu à ordem judicial. A mesa diretora do Senado determinou que não fosse cumprido o afastamento decidido por um único ministro enquanto não houvesse deliberação de todos os integrantes do STF e a maioria confirmasse o impedimento.

O assunto foi pautado, com nervosa rapidez, para o dia seguinte. No julgamento, a ordem liminar de afastamento do réu do cargo de presidente do Senado caiu por maioria de votos. Para o STF, o impedimento dele permanecia no tocante ao exercício temporário da presidência da República, por estar respondendo a processo criminal. Mas o impedimento na linha sucessória não obriga também o afastamento do cargo de presidente do Senado. Se houvesse a vacância da presidência da República e o presidente da Câmara dos Deputados não pudesse assumir, seria chamado diretamente o presidente do STF enquanto o do Senado fosse réu num processo-crime (não tínhamos vice-presidente naqueles tempos).

As redes sociais reagiram de imediato. Muitos xingaram o STF e os ministros que compuseram a maioria. Legiões de opinativos irracionais tuitaram críticas ferrenhas, como se conhecessem mais direito constitucional do que os seis ministros.

Também as artes e as ciências não escapam da sanha opinativa dos irracionais. Acusações infundadas de pedofilia já levaram à interrupção de exposição de arte sobre questão de gênero e diversidade sexual. Pessoas completamente desinformadas ou ignorantes temem que o acionamento do Grande Colisor de Hádrons possa gerar um incontrolável e enorme buraco negro, com repercussões catastróficas no sistema solar. Mas, de algum modo, essas abordagens estão relativamente protegidas, por não serem opinativas.

Quando se trata de questões jurídicas, os irracionais se consideram sempre aptos a externar a sua opinião. Afinal, tais questões operam invariavelmente no plano opinativo. Um problema bastante sensível, para o qual a Constituição simplesmente não dá resposta clara e direta, exigiu muito esforço argumentativo dos ministros do STF, manuseando os elementos apropriados do repertório jurídico. Trata-se, afinal, de indagação bastante complexa, difícil e de grande importância, sobre a qual ainda não havia reflexões doutrinárias cuidadosas e debates acadêmicos criteriosos por parte dos mais destacados estudiosos do direito constitucional brasileiro.

Por uns dias, porém, legiões de brasileiros opinaram a respeito da extensão do impedimento decorrente da instauração de processo-crime contra quem se encontra na linha sucessória da presidência da República. Encheram as redes sociais com postagens, como se fossem experimentados constitucionalistas. Resolviam a intrincada matéria em menos de 140 caracteres (limite dos tuítes daquela época). Para os opinativos irracionais, nunca há dificuldades: eles sempre sabem a resposta que os especialistas não têm pronta.

Argumentos racionais, não arbitrários

Para ser convincentes, os argumentos jurídicos não podem se distanciar do repertório compartilhado pela comunidade de doutrinadores, magistrados e profissionais destacados da área. Eles apresentam uma interpretação verossímil para as normas jurídicas e para os demais padrões orientadores do tratamento dos conflitos de interesses. E são racionais, porque encontraram elementos desse repertório que fundamentam as conclusões.

Argumentos arbitrários não convencem os membros da comunidade jurídica. O mais afamado doutrinador cairá em total descrédito se escrever: "O legislador criou uma lei tão despropositada que, apesar de ser válida, é melhor aplicá-la ao contrário". Do mesmo modo, o presidente do STF ficaria desprestigiado se despachasse: "Indefiro a ordem liminar solicitada porque já é hora do jantar e estou cansado para ler a petição". Por mais que tais motivos sejam, no espírito deles, realmente determinantes do que afirmam, precisam omiti-los. Devem buscar, no vasto e flexível repertório jurídico, os ingredientes para tornar convincente a sua argumentação. E os encontrarão.

A abordagem da realidade pelas lentes do Direito é uma opinião racional. Opiniões irracionais não contêm aquela mínima carga retórica que as tornem eficazes na defesa de uma interpretação específica para certa norma jurídica, para determinada passagem da doutrina, para um voto do desembargador etc.

Heterogeneidade da comunidade jurídica e flexibilidade do Direito

Houve um tempo em que as pessoas encarregadas do tratamento dos conflitos de interesses eram normalmente recrutadas nas camadas mais altas da sociedade. Magistrados, advogados, promotores e professores das faculdades de direito pertenciam a famílias ricas. Só elas conseguiam custear a cara formação superior. Até 1827, a única possibilidade era mandar o jovem estudar em Coimbra. Mesmo após a criação dos cursos jurídicos naquele ano, em São Paulo e Olinda, era necessário ter dinheiro para bancar a formação jurídica do filho.

Além da arregimentação dos profissionais jurídicos entre os endinheirados, o Direito era bem menos complexo naquele tempo. Não havia a figura do consumidor entendida como um contratante vulnerável; a família constituía-se apenas pelo casamento entre um homem e uma mulher, e o marido tomava sozinho as decisões; via-se a propriedade como um direito absoluto; a poluição ambiental provocada pelas atividades humanas não preocupava; limitações urbanísticas para as pessoas construírem as suas casas praticamente inexistiam; as regras sobre o pagamento de impostos eram simples e não tinham intrincadas exceções; não se imaginava que a prisão deveria reabilitar os criminosos; não existia seguro social; a saúde não era considerada direito de todos; desejos e interesses de animais não humanos e das pessoas das futuras gerações não eram reconhecidos; a impossibilidade de negociação de direitos trabalhistas causava estranheza.

Em razão da origem social comum dos encarregados do tratamento dos conflitos de interesses e da baixa complexidade do Direito no passado, a comunidade jurídica era bastante homogênea. Seus integrantes compartilhavam a mesma visão de mundo, pelas lentes da classe dominante. Por outro lado, dominavam um pequeno repertório para elaborar argumentos convincentes. Inovações na interpretação das leis eram cuidadosas e pouco frequentes, porque não teriam muita eficácia retórica.

Quando passou a ser exponencial o crescimento da complexidade da sociedade e de seus conflitos, bem como o do Direito, vieram para a comunidade jurídica pessoas nascidas em diferentes classes sociais. Fizeram-se porta-vozes de interesses variados, até então desconhecidos ou desprezados por doutrinadores e profissionais jurídicos. Trouxeram com elas novos enfoques acerca de como deveriam ser identificados e tratados os conflitos de interesses. Muitas diferenciações foram criadas para dar conta dos novos conflitos, turbinando a complexidade do Direito.

A comunidade jurídica já não é mais homogênea há tempos. Nela convivem conservadores e inovadores, igualitaristas e liberais, tolerantes e inflexíveis, detalhistas e generalistas, egoístas e altruístas, no meio de uma multifacetada e colorida miscelânea de argumentações. No dinâmico mosaico das argumentações jurídicas, conservadores propõem velhas interpretações para leis novas, e inovadores propõem novas interpretações para leis velhas. E todos são imprescindíveis.

Por uma maior heterogeneidade na comunidade jurídica

No Brasil, a comunidade jurídica já não é mais homogênea, mas ainda não é tão heterogênea quanto deveria. Mantém-se predominantemente masculina e branca. Isso afeta até mesmo o que é identificado como conflito de interesses merecedor de tratamento pelo Direito. Alguns casos de morte de jovens negros durante ações policiais, por exemplo, talvez fossem tratados como genocídio se a comunidade jurídica brasileira fosse menos branca.

A regra do jogo

Na maioria dos jogos, ganha o time que mais acerta. Em algumas modalidades, porém, não é assim. No voleibol masculino, por exemplo, um time pode acertar mais do que o outro e, mesmo assim, perder o jogo. Se ganhar os dois primeiros *sets* por 25 a 20 e perder os outros três por 23 a 25, 23 a 25 e 13 a 15, terá feito 109 pontos, e o adversário, apenas 105. Mas, por ter ganhado apenas dois dos cinco *sets*, perderá o jogo.

Se o Direito fosse um jogo, a vitória também não seria da parte que obteve mais julgamentos favoráveis. Ao contrário, bastaria o último julgamento a seu favor para ganhar o jogo. É como se, no futebol, o vencedor fosse o time que fizesse o último gol da partida.

Quem vence no primeiro julgamento, feito por um único juiz, e também no segundo, por decisão da maioria de três desembargadores do Tribunal de Justiça, mas perde no último julgamento, proferido num dos tribunais superiores sediados em Brasília, sai irremediavelmente derrotado do processo judicial.

A hierarquia dos magistrados pressupõe que a decisão dos desembargadores é melhor do que a do juiz singular, e que a dos ministros das cortes brasilienses é melhor do que a dos desembargadores. Ministros têm mais autoridade do que os desembargadores, e estes, mais do que os juízes. É a regra do jogo: mesmo que o litigante tenha "acertado" nas duas primeiras instâncias, se "errar" na última, sairá vencido do processo judicial.

Os recursos são justificados, em tese, como expedientes destinados a garantir que os magistrados com maior autoridade corrijam os eventuais desacertos dos anteriores na interpretação da lei ou na sua aplicação aos fatos comprovados no processo judicial. O Tribunal de Justiça dá provimento à apelação para mudar a sentença do juiz, quando a considera equivocada; o STJ acolhe o recurso especial quando entende que o Tribunal de Justiça deixou de aplicar corretamente uma lei federal; e o STF provê o recurso extraordinário quando considera que as outras instâncias infringiram a Constituição.

Se a apelação (TJ), o recurso especial (STJ) e o recurso extraordinário (STF) não são providos, é porque a decisão tomada pelo magistrado de menor hierarquia foi considerada correta pelos magistrados de maior hierarquia. Essa é uma maneira apropriada de entender o assunto, apesar de deixar de lado um punhado de particularidades técnicas.

A prevalência da decisão dos níveis superiores da magistratura sobre a dos níveis inferiores, no entanto, não decorre de maior conhecimento, melhor ciência ou mais acurada lógica dos magistrados dos tribunais e das cortes superiores. Os recursos não corrigem nada. Na verdade, não há o que corrigir. Não existe a interpretação "verdadeira", que deva prevalecer sobre a "falsa". Tanto a decisão do recurso como a decisão recorrida são fundamentadas em opiniões racionais, verossímeis, acerca de como a norma jurídica deve ser interpretada naquele caso.

Quando uma parte ganhou nas duas primeiras instâncias e perdeu na última, não foi porque o processo tinha sido inicialmente julgado de modo errado e a corte superior corrigiu. Aconteceu apenas de o advogado de uma parte ter conseguido convencer o juiz singular e pelo menos a maioria dos desembargadores do Tribunal de Justiça de que o seu cliente tinha razão, e o advogado da outra parte ter convencido os ministros da corte superior de que era o cliente dele que tinha razão.

Ao falarmos de julgadores com mais autoridade, estamos nos dando conta de uma estrutura de poder.

Poder e sua dinâmica

Em meio à pandemia de 2020, o ministro da Saúde fazia de tudo para ser demitido pelo presidente da República, e o presidente fazia de tudo para que o ministro pedisse demissão. O impasse foi resolvido por meio de uma "saída de comum acordo".

Quem olha a questão do poder somente pela perspectiva da ordem jurídica não consegue entender isso. Afinal, a Constituição estabelece que o cargo de ministro de Estado é de confiança do chefe do Executivo Federal. O presidente não precisa de motivo para demitir alguém do cargo. De outro lado, ninguém é obrigado a permanecer ministro. E, enfim, juridicamente falando, não há propósito algum na figura da "saída de comum acordo". O ministro de Estado ou é exonerado a pedido dele próprio ou por ordem do presidente.

Olhar o poder pelas lentes jurídicas é uma maneira muito estreita de tentar compreendê-lo. O poder é algo bem mais complexo. As normas jurídicas, da Constituição ou da lei servem apenas como orientação para o tratamento institucionalizado de conflitos de interesses em torno do exercício do poder.

Ficando ainda num plano bastante superficial, a montagem de um ministério envolve negociações com partidos e outras forças da cena política. Se, por causa dessas negociações, coube a certo partido a indicação do titular de determinado ministério, o presidente da República, se não quiser romper com esse partido, só poderá substituir o ministro se houver um motivo relevante. Se o motivo não existe, cria-se um. Por isso, todos os ministros, antes de serem trocados, são enfraquecidos, desprestigiados, desautorizados, isolados... No jargão da área, eles são devidamente "fritados". O processo deve ser violento, para que o partido responsável pela indicação perca as condições políticas de continuar dando apoio ao seu apadrinhado.

Em termos gerais, tem poder quem faz boas alianças. É assim desde o tempo dos impérios antigos, que só se expandiam prestigiando, de algum modo, lideranças locais dos povos conquistados. Ainda hoje, apenas a eleição para a presidência da República não garante o poder, assim como também não garante liderar um golpe de Estado bem-sucedido. Exercer o poder é somar, é agregar sempre mais pessoas ao redor de um projeto. Sem amplas e consistentes alianças, alimentadas e realimentadas cotidianamente, o poder não se faz, ou acaba se desfazendo.

Poder como alianças

Pense num grande ditador. Mesmo ele só tem poder se construir as alianças adequadas. Não existe um grande ditador que não esteja cercado de pequenos ditadores.

Fazer aliança, num processo de construção e manutenção do poder, significa aceitar a limitação ao próprio poder pelo poder de outras pessoas, significa reconhecer que outros também têm as suas esferas de influência, com as quais se consegue conviver. Cada esfera alimenta e é alimentada pela outra.

Alianças dessa natureza entre os eleitos para os Poderes Legislativo e Executivo e para os investidos no Poder Judiciário são indispensáveis para o bom funcionamento da democracia representativa. Os constitucionalistas se referem a essas alianças usando a expressão "sistema de freios e contrapesos".

Além delas, o Poder Judiciário deve construir e manter uma forte aliança com a sociedade. Não sendo legitimado por eleições populares, ele depende diretamente da confiança que as pessoas em geral têm na Justiça. Em outras palavras, o poder do Poder Judiciário depende do cultivo de alianças. E a aliança mais importante é com a própria sociedade. Se as pessoas não estiverem convencidas de que vivem num país em que a Justiça é confiável, o Poder Judiciário não tem poder.

Claro, sempre que o magistrado toma uma decisão, alguém sai descontente. É inevitável. Estamos falando, afinal, de um conflito de interesses. Alguns se sentem tão profundamente injustiçados que chegam a descrer de todos os juízes. Mas a maioria dos descontentes com determinado julgamento não pode perder a confiança na Justiça. Os perdedores em geral, embora possam odiar o magistrado que não atendeu ao seu pleito, precisam continuar aliados do Poder Judiciário.

A argumentação dos magistrados

A aliança entre a Justiça e a sociedade, que garante o poder do Judiciário, é alimentada e realimentada por argumentos jurídicos. O destinatário da argumentação elaborada pelos advogados é o juiz, e o destinatário da construída pelos juízes é a sociedade.

Via de regra, apenas os iniciados no repertório jurídico conseguem acompanhar cada passagem da argumentação que fundamenta a decisão judicial. Mas todos conseguem entender se o juiz condenou ou absolveu o acusado de um crime hediondo, se poupou o credor de pagar a dívida ou executou seus bens, se cancelou a multa da empresa poluidora ou a validou, se concedeu ou negou a adoção da criança requerida por um casal do mesmo sexo, se suspendeu ou liberou as desapropriações para a construção da nova linha do metrô, se determinou o recolhimento de publicação feita sem a autorização do seu autor ou não impediu sua comercialização etc.

Os aspectos técnicos da argumentação destinam-se ao convencimento da comunidade jurídica, mas a decisão, na forma como consegue ser compreendida pelas pessoas em geral, deve convencê-las de que a justiça foi feita. Não é necessário que todos concordem com o juiz. Mas a generalidade das pessoas deve ficar convencida de que vive num país em que os conflitos de interesses são tratados, na maioria das vezes, de modo imparcial, racional e justo. A argumentação dos magistrados, em suas decisões, é que fornece o substrato para essa convicção.

No Brasil, os julgamentos do STF são transmitidos pela televisão desde o início do século XXI. Além disso, audiências nos processos de maior repercussão, quando não correm em segredo de justiça, são filmadas e postadas na internet pelo juiz. Muitas pessoas, e não somente os profissionais jurídicos, acompanham essas transmissões. Outras tantas assistem aos momentos mais importantes no jornal televisionado. E mesmo não entendendo pormenores e filigranas, e ainda que estranhem ou achem engraçados certos trejeitos ritualísticos e a linguagem empolada, acabam fazendo o seu juízo sobre como funciona a Justiça brasileira. É por esses meios que o Poder Judiciário veicula a argumentação que fundamenta os julgamentos, fazendo e reforçando a aliança com a sociedade, de que tanto depende.

O poder da última palavra

Quando um conflito de interesses é levado ao Poder Judiciário, cada lado interpreta de maneira diferente a norma jurídica *x*, ou discorda sobre a sua aplicação ao caso deles. O juiz dá razão para um dos lados. O outro apela. O Tribunal de Justiça confirma o primeiro julgamento ou vai dar razão ao apelante. Quem perde entra com novo recurso para as cortes em Brasília. Se o recurso não é aceito, prevalece a decisão do tribunal; se é aceito, acontece novo julgamento, que mantém ou reforma essa decisão. Chega-se então ao julgamento final, que não pode ser objeto de mais nenhum recurso. A expressão técnica para isso você já deve ter ouvido: a decisão transitou em julgado, isto é, tornou-se definitiva, não cabe mais recurso contra ela.

E sempre haverá uma decisão final. O tratamento do conflito de interesses não pode ficar indefinido. Alguém tem que dar a última palavra, decidindo se a norma jurídica *x* se aplica ou não àquele caso e, sendo aplicável, qual interpretação deve receber. Por mais tempo que demore (e, no mais das vezes, demora um tempo exasperadamente longo), chega o dia em que o Poder Judiciário dá a razão, em definitivo, a um dos sujeitos do conflito.

Deixando de lado certas tecnicalidades, pode-se dizer que a decisão final cabe ao STF quando o processo envolve assunto mencionado pela Constituição e cabe ao STJ quando diz respeito a assunto disciplinado em lei.

Ter a palavra final é, sem dúvida, um enorme poder. Como qualquer outro poder, porém, ele não é ilimitado; como qualquer outro poder, sustenta-se em alianças. Se os ministros do STF e do STJ usarem arbitrariamente o poder que têm, as alianças que o sustentam poderão se desfazer.

O contrário do arbítrio é a argumentação racional, convincentemente articulada no contexto do repertório compartilhado com os demais membros da comunidade jurídica. Fundamentando decisões e julgamentos com tal argumentação racional, os juízes não serão arbitrários no exercício do poder de ter a última palavra.

A autocontenção do Poder Judiciário

Na garantia da independência e harmonia dos poderes do Estado, o exercício do poder da última palavra é particularmente sensível. Claro, a decisão de quem tem o poder de dar a última palavra não pode ser passível de alteração por mais ninguém. Se alguém puder mudar a última palavra, não será a última palavra. Qualquer ato dos Poderes Legislativo e Executivo pode, assim, ser desfeito pelo Poder Judiciário, mas nunca o contrário.

O Poder Judiciário, contudo, não é um superpoder. Mesmo sendo o dono da última palavra, não pode se posicionar acima do Poder Legislativo ou do Executivo. Não há saída: a independência e a harmonia dos três poderes dependem necessariamente de o Poder Judiciário se autoconter no exercício do poder de dar a última palavra.

O que significa a autocontenção? Significa que, mesmo quando um ministro do STF pode fundamentar o desfazimento de ato de outro poder numa argumentação convincente, usando os elementos racionais do repertório do direito constitucional, não convém que faça isso sempre. Ele deve avaliar, com critério e prudência, as consequências de sua decisão no jogo do poder, olhando para além do Direito.

Retórica e segurança jurídica

Diante do que falei até agora, pode ser que o leitor tenha ficado bastante preocupado. As leis não têm força própria para impedir que os juízes as interpretem de modo diferente do querido pelo legislador. Não há a interpretação "verdadeira" das normas jurídicas da qual o juiz não possa escapar. Decisões judiciais podem ser ilógicas, mesmo aparentando ser lógicas. E os recursos às instâncias superiores não mudam substancialmente nada disso. Onde está, o leitor se pergunta, a segurança jurídica? A resposta está, mais uma vez, na retórica. Os magistrados devem fundamentar suas decisões e seus julgamentos com argumentações convincentes. Mas, para ser convincente, o argumento (sobre como tratar certo conflito de interesses) deve articular de modo adequado o repertório compartilhado pela comunidade jurídica.

A segurança jurídica, assim, decorre da consistência desse repertório. A comunidade dos jusconsumeristas compartilha o conceito de que o consumidor é um contratante vulnerável. Quem argumentar negando a sua vulnerabilidade não convencerá ninguém dessa comunidade, incluindo os magistrados. A ineficácia retórica de argumentos contrários à vulnerabilidade do consumidor nos dá a segurança de que os julgamentos, em geral, estarão balizados por esse princípio. É muito improvável a confirmação, em grau de recurso, de decisão contrária ao conceito de vulnerabilidade do consumidor. Podemos ter segurança disso. A retórica nos dá essa segurança.

Doutrinadores, juízes e os profissionais mais destacados da advocacia e do Ministério Público atuantes em determinada área jurídica devem zelar pela consistência do repertório jurídico para que tenhamos o maior grau de segurança jurídica possível. Precisam permanentemente estudar, discutir e aperfeiçoar os elementos do repertório que compartilham, por meio de atividades acadêmicas sérias, livros de qualidade, artigos com afirmações e conclusões fundamentadas em pesquisas metódicas e rigorosas, palestras e seminários frequentes e produtivos, além de congressos realmente representativos da inteligência jurídica nacional.

Boa parcela do clima de insegurança jurídica no Brasil é resultado da baixa qualidade dos cursos jurídicos, da burocratização desconcertante do mestrado e do doutorado (querem um impossível conhecimento científico das normas jurídicas), da abundância de dissertações, teses, livros e artigos rebuscados, redundantes e superficiais, bem como da predominância de pompas e salamaleques em palestras, seminários e congressos, em detrimento do conteúdo. Além disso, quanto mais claro, direto e simples for o repertório jurídico, mais acessível será aos leigos a argumentação de juízes e tribunais, reforçando a aliança entre o Poder Judiciário e a sociedade.

Não é somente a consistência do repertório que enrijece a segurança jurídica. Tão ou mais importantes são os valores partilhados pela comunidade jurídica. O princípio da vulnerabilidade é um conceito teórico. Em torno dele, porém, gravita um valor. Os jusconsumeristas compartilham o conceito e o valor. Acreditam que proteger o consumidor é justo.

A derradeira salvaguarda do Direito-ordenação é a justiça.

14. Justiça

6 de fevereiro é o Dia Internacional de Tolerância Zero à Mutilação Genital Feminina (MGF), instituído pela Organização das Nações Unidas (ONU). A cada ano, nesse dia, o secretário-geral emite uma nota chamando a atenção para o drama de mulheres que sofreram ou correm o risco de sofrer a mutilação do órgão sexual. Manifestam-se também agências da entidade, como a ONU Mulheres, a Unicef e o Fundo de População. Fornecem-se dados, expressa-se solidariedade às vítimas da horrenda prática, renovam-se duras condenações e esperançosas conclamações aos governantes de todo o mundo. No mesmo 6 de fevereiro, 11 mil indefesas meninas e jovens são submetidas à MGF.

Estima-se que, a cada ano, realizem-se em torno de 4 milhões de diferentes tipos de mutilação do órgão sexual feminino. Na maioria das vezes, a MGF é feita por praticantes, em condições precárias de higiene. Mas, espantosamente, uma em cada cinco intervenções são procedimentos feitos por médicos, parte deles em assépticos ambientes hospitalares, em centros urbanos de países desenvolvidos.

A mutilação não está ligada a nenhuma religião ou país em particular e é praticada em comunidades espalhadas por todos os continentes. Faz parte da cultura dessas comunidades. E, embora variem de uma para outra, as razões determinantes da MGF giram sempre em torno da desigualdade de gênero e da subordinação da mulher. Até mesmo o nome popular da MGF ("circuncisão feminina") mal disfarça a discriminação: o homem circuncidado não sofre danos à saúde nem experimenta limitação no prazer sexual, como acontece com a mulher mutilada.

Em algumas dessas culturas, homens só se casam com mulheres mutiladas. Em outras, é necessário sofrer a MGF para a mulher ter direito a herança. Mãe mutilada leva a filha à intervenção para as duas não se tornarem párias na comunidade em que vivem. Pela mutilação do órgão sexual das mulheres, as culturas que adotam a MGF querem forçar a virgindade das solteiras e a fidelidade das casadas. É a submissão da mulher ao homem, em sua mais cruel e primitiva expressão.

A ONU classifica a prática como agressão aos direitos humanos de meninas e mulheres. Além disso, nenhum país tem leis legitimando a intervenção. Alguns até mesmo têm leis proibindo-a expressamente, como Sudão do Sul, Suécia, Arábia Saudita e Nova Zelândia. Essas medidas jurídicas são importantes, claro, mas mostram-se infrutíferas sem o comprometimento das lideranças das comunidades que cultivam a cultura da mutilação feminina. Por isso, apesar dos esforços de entidades internacionais e de governantes, a MGF vem diminuindo em ritmo dolorosamente lento.

Calcula-se que mais de 200 milhões de mulheres sejam sexualmente mutiladas em todo o mundo. Enquanto não zerarmos esse número, não poderemos dizer que vivemos num mundo justo.

Mundo justo

No tempo em que se acreditou ser possível uma organização racional e rigorosa, alguns pensadores se dedicaram ao projeto de uma ética inspirada no método científico. Os preceitos morais, pressupunham, poderiam ser enunciados com racionalidade e rigor. O Iluminismo inglês nutriu essa ambição em suas reflexões de filosofia moral.

O holandês Espinosa almejou construir uma ética tão exata quanto a geometria. Numa obra com o título *Ética demonstrada à maneira dos geômetras*, várias proposições sobre Deus, alma, emoções e liberdade são sustentadas de modo semelhante ao da geometria. O alemão Kant, por sua vez, pensava ter encontrado a chave da moral ao recomendar que façamos apenas o que puder servir de regra universal de conduta. Imagine que o seu dilema seja "posso pedir emprestado um dinheiro que não terei condições de devolver?" Kant responderia: como não é possível pensar numa norma geral que permita empréstimos por quem já sabe que não terá condições de pagar, porque isso desorganizaria todo o crédito, se você pedir o empréstimo nesse caso, terá uma conduta imoral. Também os consequencialistas, de que falei lá atrás, buscaram uma métrica para a ética: moral é a conduta que traz felicidade à maior quantidade de pessoas.

Para esses pensadores, seria justo o mundo em que todos se comportassem de acordo com os preceitos éticos enunciados de forma racional e rigorosa. A ambição da ética, nessa época em que estava motivada pelo exemplo da ciência, era encontrar o padrão geral de justiça, um padrão que, em razão de sua evidente racionalidade e extremo rigor, seria imediatamente aceito e vivido por todos.

A justiça parece ser subjetiva e relativa: o justo para mim nem sempre é justo para você e vice-versa. E a subjetividade e a relatividade da justiça incomodavam os pensadores preocupados em pôr ordem nas relações sociais. Enquanto houvesse diferentes mundos justos nas cabeças das pessoas, não seria possível construir *o* mundo justo. Para contornar esse obstáculo, a ética inspirou-se nos extraordinários progressos das ciências da natureza e explorou a possibilidade de se descobrir uma justiça por assim dizer objetiva, que eliminasse as perspectivas e as crenças individuais. No campo da moral, o projeto de organizar cientificamente a sociedade consistiu em enunciar padrões gerais de comportamento que eu, você e todos reconheceríamos prontamente como justos.

Fracassou o projeto de reorganização científica da sociedade. Fracassou também, na mesma medida, o ideário de uma ética racional e rigorosa, capaz de conduzir a humanidade ao mundo justo. O resultado da empreitada não foi além de uns poucos preceitos de enorme generalização que não conseguem orientar o tratamento das complexas questões suscitadas pela riqueza do cotidiano. A sabedoria popular traduziria tais preceitos por fórmulas como "minha liberdade termina onde começa a do meu vizinho" ou "não faça aos outros o que não quer que eles façam a você". Mas, se no apartamento do andar de cima mora uma criança autista que corre ininterruptamente pela sala por horas e horas na madrugada, não se consegue definir nenhuma forma justa de convivência a partir de tais generalidades.

Justiça como equidade

Movido por essa pretensão de encontrar o consenso universal sobre a justiça, um filósofo propôs certo exercício mental. Imagine que você recebesse a atribuição de reorganizar a sociedade completamente, a partir do zero. Você teria o poder de definir com plena liberdade como seria a sociedade, escolhendo a posição de cada um e distribuindo vantagens e desvantagens entre elas.

O exercício segue, contudo, uma regra rígida: você não tem como saber de antemão a posição que vai ocupar no mundo reorganizado. Tanto poderia estar na posição para a qual reservou as mais vistosas vantagens como na mais desvantajosa de todas. Você ignora completamente se, no mundo que lhe cabe organizar, será rico ou pobre, homem ou mulher, pertencente a esta ou àquela etnia, onde vai nascer etc. O filósofo chamou essa regra do exercício de "véu da ignorância".

Atente ao risco! Se você pensasse num mundo desigual, em que alguns teriam muito e outros pouco, poderia acabar prejudicado pelas desigualdades que concebeu. Qualquer que fosse o critério de distribuição das vantagens e desvantagens, não haveria nenhuma garantia de que você seria um dos beneficiados pelo tratamento diferenciado que imaginou.

Partindo do pressuposto de que ninguém faria uma aposta tão arriscada de organizar um mundo desigual e acabar sendo um dos prejudicados, o filósofo que propôs o exercício concluiu que qualquer pessoa encarregada de organizar mentalmente a sociedade, se estivesse sob o véu da ignorância, necessariamente adotaria dois princípios: liberdade e igualdade. Além disso, qualquer um perceberia que, no caso de conflito entre eles, não titubearia em dar primazia à liberdade em detrimento da igualdade. Por fim, compreenderia que igualdade não significaria que todos seriam iguais, mas sim que as diferenças deveriam ser distribuídas para reduzir o quanto possível as desvantagens; igualdade verdadeira apenas nas oportunidades de acesso às posições vantajosas. Tais princípios, que o filósofo considera a conclusão evidente de qualquer pessoa predisposta a fazer o exercício mental sugerido sob o véu da ignorância, são por ele sintetizados na noção de "justiça como equidade" (*justice as fairness*).

A fórmula cerebrina pareceu tão evidente e lógica ao filósofo que propôs o jogo que ele a tomou como base para um novo "contrato social". Simplesmente todos, se fizessem o mesmo exercício mental, chegariam a consenso tão completo acerca da justiça como equidade que poderiam até mesmo contratar a refundação da sociedade naqueles princípios. Por esse caminho, o filósofo considerou ter encontrado um padrão objetivo de justiça, livre de subjetivismos e relativismos.

Claro, permanecemos no abstrato campo das presunções racionais. Não se cogita realmente de a humanidade assinar um documento jurídico. Apenas se conclui que todos poderiam assiná-lo, pois chegariam rápida e inevitavelmente ao consenso em torno da justiça como equidade se parassem um pouco para pensar como seria o mundo ideal.

Quando procuro visualizar a sociedade estruturada nos princípios presumivelmente alcançados por meio desse exercício mental, surge-me a imagem que as democracias liberais fazem de si mesmas: preferem a liberdade à igualdade; desvantagens podem ser reduzidas, mas não eliminadas; a única igualdade possível é a de oportunidades etc. O autor do exercício filosófico do véu da ignorância era um homem branco, heterossexual, norte-americano e professor de Harvard. É difícil não conjecturar que o mundo que lhe pareceu o mais justo era um retrato fiel do mundo que conhecia e do qual não devia ter muito do que reclamar. Curiosamente, a tentativa de construção de um conceito objetivo de justiça acaba nos trazendo de volta ao plano da subjetividade.

Um mundo cada vez mais justo

Quando nos tornamos mais humildes e constatamos a impossibilidade de conhecer tudo e, portanto, de conseguir reorganizar cientificamente a sociedade, abandonamos esse projeto e, com isso, deixamos de lado a ideia de uma justiça universal e objetiva. Conformamo-nos: não sabemos e não saberemos como se faz um mundo justo.

Mas a irrealizabilidade de um mundo justo não significa que precisamos aceitar passivamente as injustiças. Ao contrário, podemos eliminar e temos eliminado injustiças, mesmo continuando o mundo a ser injusto.

Nós conseguimos ter razoável nível de consenso quando pensamos em graus de justiça. Ao comparar o mesmo grupo de seres humanos em dois momentos diferentes de sua trajetória, em geral nos pomos em acordo sobre se a justiça aumentou ou diminuiu. Quando aceitamos os limites do conhecimento das humanidades, substituímos o *mundo justo* pelo *mundo cada vez mais justo* como o objetivo razoavelmente factível e altamente desejável.

Compare-se o tempo da ocupação europeia das Américas, à custa da escravização dos africanos, com o atual, e teremos um bom nível de consenso de que vivemos hoje num mundo com mais justiça. Todos concordam que uma sociedade escravocrata é bem mais injusta do que uma sociedade livre da escravidão. O fim da vergonhosa escravização colonial tornou o mundo mais justo. Há mais justiça, embora ainda existam enormes injustiças. Afinal, não findaram outras formas de escravização e os descendentes dos escravizados ainda enfrentam preconceitos odiosos, exclusões inadmissíveis e muita pobreza.

Outras comparações também permitem constatar que há mais justiça hoje do que existia no passado. Há retrocessos momentâneos, no fluir incessante de avanços e recuos, mas atualmente o mundo tem sido em geral mais justo para mulheres, homossexuais, trabalhadores, consumidores e animais não humanos do que era há cem anos.

A resistência imediata à ideia de que o mundo tem sido progressivamente mais justo deve-se provavelmente ao viés de disponibilidade, uma armadilha cerebral que nos faz amplificar as notícias ruins: tendemos a estimar a probabilidade de certos fatos (atos terroristas, por exemplo) em função da facilidade com que nos lembramos deles.

Justiça e escassez

Então, se o mundo está se tornando cada vez mais justo, poderíamos alimentar a esperança de, um dia, esse processo se finalizar, chegando-se a um ambiente pleno de justiça? A resposta a essa angustiante questão, infelizmente, é negativa. Seremos cada vez mais justos, mas nunca completamente justos. E a razão disso está na escassez. Onde há vida, há escassez, e isso é uma determinação biológica. Se, em razão da escassez, alguns ficarão com menos (ou com nada) na repartição dos recursos de sobrevivência entre os humanos, conviveremos sempre com uma dose de injustiça.

Os critérios que, de maneira consciente ou inconsciente, são adotados para distribuir os recursos de sobrevivência entre os humanos podem ser e têm sido cada dia mais justos, mas serão sempre critérios de exclusão, forçosamente injustos para os excluídos.

Imagine que você tenha a difícil tarefa de distribuir alimentos entre centenas de refugiados de uma guerra civil acolhidos num acampamento improvisado. São homens, mulheres, idosos e crianças em grande número, e a quantidade de comida é insuficiente. O padrão de justiça seria dar aos refugiados o alimento de que precisam para manter-se fortes e saudáveis, de acordo com as necessidades de cada um. Você, no entanto, não conseguirá respeitar esse padrão devido a uma barreira intransponível: não recebeu comida suficiente para fazer uma distribuição justa.

Os demais padrões de distribuição não são justos. Se você entregar a cada pessoa uma ração rigorosamente idêntica, o critério será injusto com os homens mais fortes, que consomem mais calorias e têm necessidade de comer mais. Será também injusto com os adoentados, que precisam se recuperar. E talvez seja uma porção excessiva para as crianças. Se você adotar um critério de proporcionalidade, todos receberão menos do que precisam e ficarão subnutridos. A subnutrição será bem mais injusta para as crianças, em fase de desenvolvimento, do que para os adultos.

Mesmo no dia em que você passar a receber alimentos em quantidade suficiente para todos os refugiados sob os seus cuidados, a escassez não terminará. Essas pessoas precisam também de medicamentos e roupas. E, quando você conseguir atender completamente também a essas necessidades, a escassez se manifestará na falta de educação, nas alternativas de lazer e entretenimento, nas atividades físicas, no saneamento básico, na comunicação, no tratamento de doenças raras e assim progressivamente.

Sabemos de nossa experiência de vida: quando temos nossas necessidades prementes atendidas, passamos a ter novas necessidades. Se não queremos mais para nós, certamente desejamos melhorias para nossos filhos, familiares e amigos. E essa escalada paradoxal de necessidades atendidas gerando necessidades desatendidas é legítima, humanamente legítima.

A escassez, que cerca todas as espécies de vida, nos condena às injustiças. A boa notícia é que os padrões adotados pela humanidade para o tratamento dos conflitos de interesses em torno dos escassos recursos de sobrevivência têm sido progressivamente mais justos. Se duas pessoas disputam o mesmo recurso, o conflito é hoje tratado com mais justiça do que no passado. Mas não conseguimos (e provavelmente nunca conseguiremos) organizar a sociedade de forma inteiramente justa. Mais uma vez, o Direito consegue tratar conflitos de interesses pontuais, mas não molda a sociedade.

Os mais fracos

A evolução da humanidade do estado de natureza para a civilização aconteceu quando os conflitos em torno dos escassos recursos de sobrevivência deixaram de ser resolvidos pela lei do mais forte. Observavam-se, então, padrões diferentes para o tratamento dos conflitos. A lei de talião foi um dos primeiros. Você lembra: quando a sociedade se organiza para assegurar ao mais fraco a possibilidade de infligir ao mais forte o mesmo dano que sofreu, isso serve de freio ao emprego da força; o mais forte começa a hesitar em quebrar o osso do mais fraco por medo de ter também um osso quebrado.

Nas estelas erguidas em cidades de seu império, no qual a lei de talião se destaca, Hamurábi mandou escrever: "Para que o forte não oprima o fraco, para fazer justiça ao órfão e à viúva".

Ao longo de sua trajetória, o Direito adotou a lei escrita, substituiu a submissão à tradição pela decisão racional, institucionalizou-se ao monopolizar no Estado o uso legítimo da força, prestigiou os juízes e, sobretudo, aumentou de maneira considerável a complexidade dos padrões de tratamento dos conflitos de interesses. Se pesquisarmos a tendência dessa trajetória, encontraremos um fio condutor: a crescente preocupação de proteger o mais fraco.

No início, a fraqueza era uma questão de déficit na compleição física diante do outro. No embate direto e bruto, o mais musculoso tendia a ganhar a briga. A viúva e seus filhos menores, sem marido e pai que os defendesse, pouco podiam fazer num confronto direto com homens determinados a se apoderarem da terra, das ferramentas, do gado e da colheita deles.

O Direito passou a proteger os fisicamente mais fracos. Isso não quer dizer, insisto, que desapareceram por completo os conflitos de interesses resolvidos pela violência, pela lei do mais forte. Em muitos lugares, incluindo as mais populosas e sofisticadas metrópoles, muitos conflitos de interesses não são tratados pelo Direito e se resolvem pela predominância da vontade do que tem mais força. Mas pelo menos abre-se aos menos avantajados fisicamente a chance de tentar fazer prevalecer o seu interesse.

Com o passar do tempo, surgiram outros "mais fracos". A musculatura deixou de ser o único índice de força. Em primeiro lugar, permanecendo ainda no plano físico, as armas desequilibraram o jogo. Um fracote armado conseguia ameaçar ou mesmo eliminar o oponente mais forte.

Novos "mais fracos" apareceram à medida que as relações entre os humanos foram se tornando mais complexas. Fomos do plano da força física para o da força econômica. A maioria dos operários ingleses, em plena Revolução Industrial, provavelmente era mais forte que o dono da fábrica, considerando apenas o físico. Num mano a mano, o operário bateria feio no burguês. Mas, nessa relação, o trabalhador é o mais débil, mesmo que tenha maior compleição física. Ele precisa trabalhar para conseguir se sustentar e à sua família, só pode se empregar nas fábricas da cidade em que mora e, enfim, não tem como negociar salário e demais condições de trabalho.

Mais recentemente, o consumidor também foi considerado o contratante "mais fraco", sem qualquer referência à força física. Ele ingressa na relação econômica e jurídica com o fornecedor do produto ou serviço que precisa ou quer adquirir sempre numa situação vulnerável, inferior, assimétrica.

Noutro plano, surgiram mais "mais fracos". A força aqui não é mais uma medida física ou econômica e se torna ideológica. As pessoas pertencentes às minorias são as novas "mais fracas".

"Minoria" não é um conceito quantitativo, porque diz respeito a recortes na sociedade que podem segregar indivíduos percentualmente mais numerosos, como as mulheres ou as pessoas não brancas. O que define a minoria é a situação de desvantagem dos seus membros na sociedade. Se vive em países sob ditadura ou em regimes políticos totalitários, a minoria é invariavelmente perseguida. Até mesmo nas democracias contemporâneas, está em situação de inferioridade, por viver em regime político fundado na prevalência da vontade da maioria. O homossexual é mais fraco do que o heterossexual por ser vítima de discriminações e intolerância, e não por estar econômica ou fisicamente menos preparado para uma disputa direta por um bem de sobrevivência.

Mais um degrau de abstração e encontramos outros "mais fracos" que precisam ser defendidos. Também as futuras gerações, cujas condições de vida estão no centro das preocupações do direito ambiental, são a parte indefesa quando se pensa na poluição, no aquecimento global e em outros efeitos deletérios ao meio ambiente causados pelas atividades humanas atuais. Os animais não humanos são do mesmo modo "mais fracos" do que os humanos. E, mais uma vez, não se trata de falta de força física.

Há uma tendência geral nas mudanças que o sistema social de tratamento dos conflitos de interesses experimenta ao longo do tempo. A forma como os humanos se organizam para lidar com os conflitos internos aos grupos, entre avanços e recuos, descreve uma curva de crescente proteção a determinados sujeitos. Na trajetória iniciada com a lei de talião e que hoje se encontra nos padrões jurídicos reflexos da democracia pós-moderna, o Direito tem sido o empoderamento dos mais fracos.

O empoderamento dos mais fracos

É preciso acentuar: o empoderamento dos mais fracos é restrito aos conflitos de interesses; mais que isso, ao tratamento dos conflitos de interesses.

Em outros termos, o Direito não empodera a mulher, o homossexual ou o negro na sociedade. Ele não reduz o sexismo, a homofobia ou o racismo, muito menos os elimina. O que se pode atribuir ao Direito é o empoderamento das minorias no plano dos conflitos de interesses pontuais: essa mulher assediada no trabalho terá uma indenização; àquele homossexual discriminado na unidade de saúde será assegurado o digno acesso ao serviço público; aqueles negros impedidos de entrar no restaurante verão o proprietário condenado pelo crime de racismo, e assim por diante.

No plano geral das relações sociais, não será o Direito, mas somente a gradativa mudança nos valores e o aumento da igualdade e da tolerância que empoderarão paulatinamente as minorias. E isso será o resultado de renhidas lutas de movimentos sociais que as próprias minorias organizam.

Olhando o bosque

Os marxistas se consideram cientistas da história. Pensam ter descoberto na luta de classes uma lei científica que governa os fatos históricos. O conhecimento dessa lei, aliás, permitiria até mesmo antever os próximos passos da humanidade, ou seja, os futuros fatos históricos que a luta de classes produzirá. Estão convictos de que o socialismo substituirá o capitalismo, pela expressão inescapável dessa lei científica.

Por isso, os marxistas chamam o marxismo de socialismo científico. Para eles, os socialistas anteriores a Marx defendiam o socialismo de modo voluntarioso, e não por ter compreendido a história e suas leis. Aqueles bem-intencionados e ingênuos pensadores acreditavam que tudo dependia somente da boa vontade das pessoas e que, se eles mesmos tivessem nascido cem anos antes, teriam poupado um século de sofrimento à humanidade. São desdenhados pelos marxistas como socialistas utópicos. Os seguidores de Marx teriam a compreensão abrangente do fluir histórico, enquanto os socialistas utópicos se perderiam em minúcias irrelevantes. Sentenciam: "Obcecados pela árvore, não conseguem ver o bosque".

O Manifesto do Partido Comunista (1848), de que Marx foi um dos redatores, sugere que o Direito seria a "vontade da classe dominante traduzida em lei". Quis dizer com isso que as leis jurídicas seriam meros reflexos dos interesses da burguesia em sua condição de classe dominante. Serviriam de instrumento de dominação na luta de classes.

Academicamente, não se deveria tomar uma passagem enfática de um documento destinado à agitação política de massas como a síntese do entendimento de Marx sobre as complexas relações entre o modo de produção capitalista e a superestrutura jurídica. De qualquer modo, os marxistas que insistem em ver o Direito como o instrumento de dominação da classe burguesa estão absorvidos pela árvore. Quem olha o bosque vê o Direito como o empoderamento do mais fraco.

Quem se atém às leis vigentes na Inglaterra no tempo das Revoluções Industriais (séculos XVIII, XIX e XX) com certeza não encontra dados que revelem o empoderamento do proletariado. Mas quem amplia o foco para considerar desde a atenção do imperador babilônio às viúvas, há quarenta séculos, até a formulação do conceito de "trabalho decente", em 1999, pela Organização Mundial do Trabalho (OIT), visualiza um Direito orientando os conflitos de interesses de modo cada vez mais justo.

Como costumava dizer um frasista francês, "justiça é o direito do mais fraco".

O empoderamento das minorias

Talvez a origem remota possa ser buscada na musculatura mais forte dos homens quando éramos caçadores e coletores. Mas isso pouco interessa. Desde cedo, na aventura humana, a mulher tem sido a parte "mais fraca" na relação de gêneros na grande maioria dos agrupamentos da espécie. A mulher é uma das minorias reconhecidas na democracia pós-moderna. Tomando por referência as leis brasileiras, podemos conferir a mudança na condição jurídica da mulher em diversos aspectos.

Não tiveram direito a voto previsto em lei até 1932, ano em que o Código Eleitoral permitiu às mulheres o alistamento eleitoral. Curioso notar que tanto a Constituição de 1824 como a de 1891 não excluíam as mulheres da condição de eleitoras ou do direito de serem eleitas. Aparentemente, estava tão arraigado nos valores daqueles tempos que a participação na vida pública era assunto exclusivo dos homens que ninguém precisava se dar ao trabalho de escrever isso na Constituição. A Carta autoritária de 1937 dispôs expressamente que os eleitores eram os "brasileiros de um e de outro sexo", e as de 1946 e 1967 obrigaram o alistamento eleitoral aos "brasileiros de ambos os sexos". Curiosamente, hoje é tão evidente o despropósito de excluir a mulher da vida política que a Constituição de 1988 voltou a silenciar sobre o assunto.

Depois da conquista do direito a voto, a mulher casada ainda teve que esperar três décadas para ter a capacidade jurídica plena. Quer dizer, para praticar diversos atos, ela necessitava da autorização do marido. Não podia, assim, trabalhar ou exercer qualquer profissão contra a vontade dele, ou mesmo simplesmente abrir uma conta em banco, se quisesse. A mulher solteira adquiria a plena capacidade jurídica aos 21 anos, mas a perdia com o casamento; se enviuvasse ou desquitasse, voltava a ter capacidade jurídica. Em 1962, foi aprovada uma lei chamada Estatuto da Mulher Casada que eliminou a vexatória diferenciação.

Na repressão à violência doméstica, em 2006 entrou em vigor a Lei Maria da Penha e, em 2015, o Código Penal foi alterado para a inclusão do feminicídio como modalidade de homicídio sujeita a punição mais severa.

Também devem ser contabilizadas, nesse quadro de melhoria da situação jurídica da mulher, as mudanças nas regras de sucessão. Ao longo do século XX, o "cônjuge" foi subindo gradativamente na escala dos sucessores. A cada alteração substancial na lei, ele ganhou maior participação na herança. Como a maioria das mulheres naquele tempo não tinha renda própria por se dedicar com exclusividade às tarefas domésticas, os bens do casal eram todos adquiridos com o dinheiro ganho pelo marido. Por isso, a progressão do cônjuge na fila de herdeiros deve ser contada como melhoria da condição jurídica da mulher.

No início do século XX, no Brasil, o cônjuge estava em quarto lugar na fila. Antes dele, herdavam os descendentes (filhos e netos). Se o morto era casado, mas não tinha descendência, herdavam os ascendentes (pais e avós). Não tendo ascendentes vivos, antes do cônjuge, herdavam os parentes colaterais até o décimo grau; isto é, tios, tios-avôs e tios-bisavôs, sobrinhos, sobrinhos-netos e sobrinhos-bisnetos, além de primos longínquos, herdavam antes da viúva. Em 1907, mudou-se a lei, e o cônjuge ficou em terceiro lugar na fila dos herdeiros, atrás somente dos descendentes (filhos) e dos ascendentes (pais) do falecido.

Neste século, o cônjuge foi mais uma vez promovido no direito brasileiro na ordem dos herdeiros. Atualmente, se o falecido deixou descendentes, o cônjuge divide com eles a herança; se tinha ascendentes vivos, o cônjuge também recebe uma parte da herança; e, se o falecido não deixou nem descendentes, nem ascendentes, o cônjuge é o único herdeiro.

Viúvas

23 de junho é o Dia Internacional das Viúvas. Elas mesmas que, há 4 mil anos, Hamurábi proclamou que iria proteger. A ONU criou esse marco temporal para renovar anualmente o debate sobre a condição das viúvas em várias partes do mundo.

Em comunidades do sudeste da Nigéria, por exemplo, a viuvez da mulher é tratada como impureza. Mal enterrou o marido, a viúva precisa passar por humilhantes rituais de limpeza que envolvem o isolamento absoluto por um mês. Terminado o período de reclusão, tem os cabelos raspados e as unhas cortadas, que serão incinerados enquanto ela toma banho nua, em público. Purificada por esse violento ritual, a viúva deve, então, escolher um dos cunhados para novo esposo. Revela-se, com isso, o indisfarçado objetivo do ritual: a apropriação, pela família do falecido, do patrimônio que a viúva e seu marido construíram. As que relutam em se submeter ao ritual da viuvez são excluídas da comunidade, acusadas de responsáveis pela morte do esposo.

Em outros lugares da Nigéria, a viúva deve beber a água com que foi lavado o cadáver do marido para provar que não tem culpa pela morte dele, ou é obrigada a fazer sexo com homens "purificadores". Não se pratica, nessas comunidades, nenhum ritual semelhante para ser seguido pelo homem que perde a esposa.

Embora o direito nigeriano assegure à viúva, dependendo do regime de bens do casamento, até um terço do patrimônio do casal, as leis correspondentes não costumam ser aplicadas nas comunidades que adotam os rituais de purificação da viuvez da mulher. Não acontece somente na Nigéria: quadro semelhante, que a ONU reporta a cada 23 de junho, é encontrado em outras comunidades na África subsaariana e também na Índia.

Darwinismo social

Falar em culturas superiores é um tabu. A revisora de um dos meus livros chegou mesmo a tentar me demover de escrever a respeito. Sugeriu, seriamente preocupada, que eu suprimisse uns tantos parágrafos de uma obra jurídica sobre "contratos". Ponderou que a superioridade de culturas era um conceito fortemente repudiado por antropólogos, sociólogos, historiadores e demais pesquisadores das humanidades. Ela estava certa. Mesmo assim, não mudei nem uma vírgula do texto, e o livro de direito contratual está publicado com as minhas reflexões sobre a hierarquização das culturas.

Estou convencido de que podemos medir as diferenças entre as culturas definindo superiores e inferiores. Antes de explicar a régua, no entanto, convêm algumas palavras sobre a origem da repulsa ao conceito, que tem recomendado o silêncio obsequioso aos pensadores que não quiserem correr o risco de um massacre acadêmico.

É que a noção de superioridade de culturas foi criação dos colonizadores europeus para justificar a dominação, a escravização, a exploração e o genocídio dos povos originários das colônias. O europeu invadia os "novos continentes" com artefatos bélicos e viroses para tomar as riquezas do lugar e de seus habitantes. A empreitada não se mostrava propriamente difícil, porque ele encontrava povos sem as mesmas condições tecnológicas para se defenderem das armas de fogo ou dos vírus que os invasores portavam. Não conseguindo lutar, sucumbiam à ocupação e à expropriação. Após estar seguro de ter vencido as resistências, o europeu dizia que estava trazendo aos derrotados uma cultura superior, da qual os sobreviventes do extermínio poderiam tirar extraordinários benefícios.

Em suma, a "superioridade da cultura europeia" era apenas uma justificativa torpe para o padrão incivilizado da supremacia do mais forte. É conceito a serviço da lei do mais forte, e não da difusão da civilização; é a própria negação da civilização.

E, nesse sentido, realmente repugna falar em superioridade de culturas.

De modo geral, a hierarquização das culturas é associada, e com razão, a ideologias de supremacia racial, de quem se acha o "mais forte", como o nazismo, o fascismo e o eugenismo. Podemos reunir essas ideologias nefastas no conceito de darwinismo social, uma teoria de aceleração da suposta seleção natural das raças. Na biologia, sobrevivem os indivíduos mais aptos diante de mudanças no meio ambiente, determinando-se com isso a evolução das espécies. Na civilização, por sua vez, a predominância das raças mais fortes e o desaparecimento das mais fracas seriam o motor da evolução humana, na míope visão supremacista daquelas repulsivas ideologias.

Quando se consideram mensuráveis as diferenças entre as culturas no contexto de teses afiliadas ao darwinismo social, o objetivo é indiscutivelmente condenável. A cultura superior não tem nenhum direito de usar a força ou a violência para dominar a inferior, quaisquer que sejam as réguas utilizadas para medi-las.

A medida da civilização

A régua para medir a civilização é a do distanciamento em relação ao estado de natureza. Quanto menos empoderados estiverem os mais fracos em uma cultura, menos civilização existirá.

Com o uso dessa régua, as comunidades que mutilam sexualmente suas jovens ou maltratam suas viúvas são *inferiores* às que repudiam a MGF e asseguram efetividade aos direitos sucessórios da esposa. As primeiras se encontram, por assim dizer, mais próximas do estado de natureza, no qual impera a lei do mais forte, do que outras comunidades em que já há determinado grau de empoderamento do mais fraco pelo Direito.

A noção de superioridade e inferioridade de culturas não deve ser usada com a finalidade de justificar a imposição da vontade do mais forte. Seria um uso torpe e imoral. Mas pode e deve ser usada para o fim oposto, isto é, o de afastar a imposição da vontade do mais forte sobre o mais fraco nas culturas inferiores. Civilização, afinal, é isto: outros padrões para o tratamento de conflitos de interesses dentro do coletivo.

Todos temos o dever moral de defender as meninas dos cruéis rituais de iniciação na vida adulta por meio da MGF, porque eles põem em risco a sua saúde e sacrificam a sua sexualidade. Também temos o dever moral de proteger as viúvas de outros tantos rituais que são meros pretextos indecentes para tomar os bens delas.

Direitos humanos

Se você não admite pensar em culturas superiores e inferiores, deixemos de lado a possibilidade da métrica em função do distanciamento em relação ao estado de natureza e continuemos focando na construção de um mundo cada vez mais justo.

O colonialismo se esgotou após a Segunda Guerra Mundial. Essa guerra, relembro, tinha o objetivo de promover a redistribuição das colônias para que os Estados Nacionais europeus de formação tardia (Alemanha e Itália) pudessem ser mais bem aquinhoados no acervo colonial. Disputavam especialmente territórios nas terras férteis das estepes asiáticas e no Oriente Médio, onde se encontravam as grandes reservas de petróleo. Ainda haverá colônias por mais alguns anos após o fim do conflito bélico. Angola, Moçambique e Timor Leste se livram do domínio português apenas nos anos 1970.

Os Estados Unidos, líderes das democracias vitoriosas, forçaram o fim das colônias para poder adquirir insumos e explorar mercados, livres das amarras do colonialismo europeu. Claro, em suas relações com Irã, Iraque e Afeganistão, os Estados Unidos agiram com a usual arrogância do mais forte, cometendo, durante a Guerra Fria, muitos erros estratégicos por desprezar as culturas locais. De qualquer modo, desapareceu a ideologia de um colonizador levando sua cultura ao colonizado, algo que os Estados Unidos não se viam fazendo. Em seu lugar, surgiu a corrupção de líderes locais para a obtenção de concessões comerciais longas e vantajosas na exploração das reservas petrolíferas.

Ao mesmo tempo, os europeus passaram a pensar a humanidade em termos mais abrangentes. Foi na cultura europeia do pós-guerra que floresceu a noção de direitos humanos. Um conjunto extenso de declarações e tratados, patrocinados pela ONU, registra os direitos que todos os países devem reconhecer em suas leis. O documento inaugural é a Declaração Universal dos Direitos Humanos, aprovada pela Assembleia Geral das Nações Unidas em 1948.

Os direitos humanos são os inerentes a qualquer pessoa, independentemente de sexo, raça, nacionalidade, etnia, religião e demais condições. Incluem o direito à vida, à liberdade, à livre manifestação do pensamento e ao trabalho decente. As declarações e tratados de direitos humanos abrigam padrões de tratamento de conflitos de interesses que a ONU, por meio de ações diplomáticas, procura estimular os governos a adotarem legalmente e protegerem de modo efetivo.

São direitos universais, porque nenhum homem ou mulher pode ser excluído de sua proteção; irrenunciáveis, porque nem mesmo o seu titular pode abandoná-lo, aliená-lo ou trocá-lo por nada; indivisíveis e interdependentes, de modo que nenhum país está dispensado de respeitar qualquer um dos direitos humanos porque respeita os demais; e igualmente importantes, sendo sempre conciliáveis, não acontecendo de a proteção de um impedir a proteção de outro.

Os direitos humanos correspondem à maior contribuição da civilização de origem europeia à humanidade. Têm sido o parâmetro para legitimar ações visando alterar traços de diversas culturas. Quando a ONU defende meninas, jovens, mulheres e viúvas de suas próprias comunidades, o fundamento é sempre a defesa dos direitos humanos.

Direitos humanos dos delinquentes

Se todos somos titulares de direitos humanos, também os criminosos são.

Construir consenso em torno da MGF como desrespeito aos direitos humanos de jovens mulheres é fácil. Exceto nas comunidades que adotam a prática ou nos círculos de médicos que ganham dinheiro fazendo as intervenções, a condenação da inconcebível mutilação sexual é imediata.

De outro lado, é difícil qualquer tentativa de criação de consenso em torno dos direitos humanos de homicidas, assaltantes à mão armada, traficantes violentos e estupradores. As vítimas de violência urbana, seus amigos e parentes não costumam ser nada condescendentes com os criminosos. No íntimo, bastante perturbados com o trauma do crime que sofreram ou que viram pessoas queridas sofrerem, simplesmente não conseguem ver os delinquentes como seres humanos. Querem que sofram tanto ou mais.

Para as pessoas atingidas de modo direto ou indireto pela violência urbana, a hipótese de direitos humanos dos criminosos é repelida: "Se os defensores dos direitos humanos dos criminosos fossem 'pessoas de bem', deveriam se solidarizar com as vítimas, compartilhando com elas a convicção de que o crime, quanto mais hediondo for, desumaniza quem o comete".

Quando ouvem a proposta de abolição das penitenciárias e das penas de restrição da liberdade, defendida por teóricos do direito penal, a polarização se exacerba: "Como assim deixar facínoras irrecuperáveis soltos por aí?" Alguns se excedem: "Deveriam ter recebido pena de morte, e nem presos ficariam? De que lado estão os defensores dos direitos humanos nesta guerra?"

A teoria da pena e o garantismo

Até a Idade Moderna, a punição dos criminosos tinha uma forte conotação de vingança. Desrespeitar as leis soava como uma afronta ao rei ou senhor feudal. A execução da pena era espetacular, isto é, supliciava-se publicamente o corpo do criminoso, num espetáculo destinado a entreter o povo e, ao mesmo tempo, teatralizar a vingança do rei ou do senhor feudal que tinha sido ofendido pessoalmente pela transgressão às suas ordens. O suplício infligido ao criminoso vingava também os parentes da vítima e até mesmo as pessoas que, verdadeira ou artificialmente, haviam ficado indignadas com o crime.

Para os iluministas, justificar a punição dos criminosos como uma forma de vingança pareceu pouco substancial do ponto de vista da razão. Criaram, então, a teoria da pena, reflexão que forneceu vários elementos ao repertório jurídico ainda hoje compartilhado pelos especialistas em direito penal. Elaborada no século XVIII, ela gerou conceitos que são componentes fortes do repertório da comunidade jurídica: a pena deve ser proporcional ao delito praticado e ao dano causado à sociedade; o delinquente deve sofrer punição que seja apenas o suficiente para desestimular outras pessoas a praticarem o mesmo delito; a finalidade da punição é garantir a paz social; nada justifica a tortura, os castigos corporais e os suplícios; todos têm direito à ampla defesa e a um julgamento justo; presume-se a inocência dos acusados até prova em contrário, a ser apresentada pelo Estado; ninguém pode ser forçado a produzir prova contra si mesmo etc.

Muitos desses ingredientes do repertório jurídico atualmente também são compartilhados pelos leigos. A percepção generalizada é a de que esses conceitos jurídicos fornecem, de um lado, meios adequados de pacificação da sociedade e, de outro, garantias razoáveis de que inocentes não serão punidos por crimes que não praticaram.

Os iluministas desautorizavam a tortura, os castigos corporais e o suplício infligidos ao delinquente por considerá-los irracionais, desnecessários e perniciosos. Apontaram, então, para a privação da liberdade do criminoso como a pena mais adequada. Os delinquentes condenados deviam ficar afastados do convívio social, sob a constante vigilância do Estado, aprisionados só por um tempo em estabelecimentos construídos especialmente para essa finalidade (as penitenciárias).

O objetivo da punição deixou de ser a vingança do monarca, das vítimas e de seus parentes ou mesmo da sociedade diante da agressão sofrida pela prática do delito. Passou-se a punir para desestimular novas ações criminosas por parte do condenado ou de outras pessoas. Algum tipo de "sofrimento" o condenado deveria experimentar para que fosse frutífero o desestímulo esperado da punição. Mas o sofrimento não deveria ser exagerado, físico ou espetacular. Algum tempo depois, a ressocialização do condenado passou a ser vista pela teoria da pena como outro objetivo da punição, ao lado do desestímulo a novas práticas criminosas. Ela deveria não apenas servir de freio à delinquência, mas também à reeducação dos delinquentes.

Na pós-modernidade, a teoria da pena foi aperfeiçoada. Passou por uma sintonia fina. Apareceu o garantismo. Você já deve ter ouvido falar que determinados ministros do STF são mais garantistas que outros e talvez tenha intuído que o garantismo seria a abordagem do direito penal em que os crimes são punidos com menos rigor. É mais ou menos isso.

O garantismo considera que não se deve exagerar na dose de solução de conflitos por meio da criminalização das condutas. Defende o direito penal mínimo. A generalidade dos conflitos deve ser tratada por outros campos do direito, como o civil ou o administrativo. Devem ser criminalizadas apenas as ações que atinjam os direitos fundamentais (vida, liberdade, integridade física etc.). Em decorrência dessas premissas, o garantista considera como fundamento da punição, em última instância, o respeito aos direitos humanos; mas – e esta é a sua afirmação mais característica – o respeito aos direitos humanos não somente das vítimas de crime, como também dos que o praticaram. A pena passa a ser vista, então, como a proteção simultânea dos direitos fundamentais de não desviados e de desviados.

O garantismo leva a proteção aos direitos humanos dos delinquentes às últimas consequências. O encarceramento não tem servido à finalidade pretendida pelos iluministas. Quer dizer, construir e manter penitenciárias para lotá-las de criminosos não tem desestimulado a prática de novos delitos nem pelos próprios ex-prisioneiros nem por quem nunca foi aprisionado. Muito ao contrário, as prisões aumentam a criminalidade dentro e fora de seus vigiadíssimos muros. Além disso, reforçam odiosas exclusões econômicas, sociais e raciais. Não pacificam a sociedade, muito ao contrário, exacerbam desigualdades e conflitos. O garantista autêntico, assim, defende o fim das prisões. De modo mais preciso, ele propõe que comecemos a refletir e tomar iniciativas para a eliminação das prisões, experimentando novos modelos de penas não privativas da liberdade e aumentando de modo gradual a sua aplicação.

Com o Iluminismo e o garantismo, o mínimo resquício de vingança desaparece por completo do repertório compartilhado pela comunidade jurídica. Mas poderíamos dizer que ela também teria desaparecido do senso comum? Principalmente entre as pessoas que capturam a realidade por opiniões irracionais, ainda se associa o julgamento, a condenação e a punição de criminosos a uma catártica vingança dos "homens de bem". Sugerem que teria algo de antinatural na obediência às leis, o que demandaria até mesmo certo esforço. Os obedientes, por isso, deveriam ser premiados por não terem cedido à tentação de delinquir. Seu prêmio é o castigo exemplar dos desviados, dos que não resistiram à tentação.

Equilibrar-se entre, de um lado, a racionalidade da teoria da pena e, de outro, o sentimento vingativo normalmente despertado pela violência urbana representa importante desafio à manutenção da aliança do Poder Judiciário com a sociedade.

A sorte condenando e absolvendo

Em 2015, perguntaram à Associação Brasileira de Jurimetria (ABJ) se teria sentido prender o condenado logo depois da primeira sentença de condenação proferida pelo juiz isolado ou se seria melhor manter a atual política de aguardar a confirmação da pena pelo tribunal antes de encarcerar o criminoso.

Para responder a essa pergunta, a ABJ fez uma pesquisa jurimétrica calculando o percentual de recursos apresentados pelos advogados dos criminosos que não tinham sido deferidos (o termo técnico é "providos") pelo Tribunal de Justiça de São Paulo (TJSP). Examinou mais de 150 mil recursos julgados por essa corte no ano anterior (2014).

O estudo chegou à conclusão de que, em geral, metade dos recursos dos condenados não é acolhida. Quer dizer, mais ou menos 50% das condenações decretadas pelos juízes eram mantidas pelos desembargadores. Consequentemente, o tribunal alterava cerca de 50% das condenações originais. O meio a meio confirmou o acerto da alternativa de manter a política atual de aguardar a decisão do tribunal antes de prender o criminoso. Afinal, cerca de metade dos condenados pelos juízes paulistas (primeiro grau de jurisdição) são normalmente absolvidos pelo TJSP (segundo grau de jurisdição).

A mesma pesquisa revelou, porém, um dado surpreendente. Podia-se ter a expectativa de que os desembargadores, por serem magistrados mais experientes, corrigiriam os erros dos juízes de primeiro grau de modo mais ou menos homogêneo. O desembargador mais conservador não acolheria recursos em percentual um pouco acima dos 50% e o de tendência mais garantista não os acolheria em percentual um pouco abaixo dos 50%, resultando na proporção meio a meio da generalidade dos julgamentos.

Mas, de modo preocupante, não foi isso que os números revelaram.

Para julgar as ações penais, o TJSP é dividido em vinte grupos de desembargadores, com cinco integrantes cada um. O nome desse grupo é "câmara". Todas as vinte câmaras julgam os mesmos tipos de crimes, desde os menos graves (crimes de trânsito) até os hediondos (homicídios qualificados).

Pois bem. O que a ABJ constatou? Que, em determinadas câmaras, o percentual de recursos improvidos (não deferidos) era muito alto, bem acima dos 50%, e, em outras, o percentual era muito baixo, significativamente inferior a 50%. A 4ª Câmara, por exemplo, indeferiu 81% dos recursos que julgou em 2014; já a 12ª Câmara não acolheu apenas 16,1% dos recursos recebidos naquele ano.

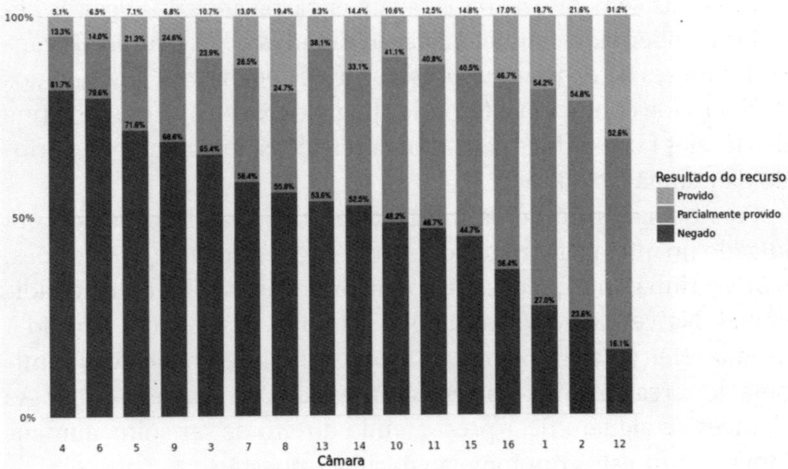

Recursos providos nas câmaras criminais do Tribunal de Justiça de São Paulo em 2014 (fonte: ABJ).

Quer dizer, imagine que, no mesmo dia, um juiz paulista julga dois processos referentes a crimes semelhantes e condena os réus a igual pena privativa de liberdade, fixando ambas na mesma quantidade de anos. Os dois condenados recorrem, cada um com o seu advogado. O recurso de um deles é sorteado para ser julgado pelos desembargadores da 4ª Câmara. O recurso do outro vai para a 12ª Câmara. Os dois serão julgados pelo mesmo tribunal, mas o primeiro terá menos de 20% de chance de ser absolvido, e o segundo, mais de 80% de chance de obter a absolvição.

A sorte na distribuição dos recursos condena ou absolve os réus.

Juízes com fome

Você não deve ficar com a impressão de que somente no Brasil a sorte sela o nosso destino se acontecer de nos envolvermos num processo judicial. Isso muito provavelmente é assim em todo o mundo. Só não foi ainda estatisticamente medido.

Vou contar um experimento bastante interessante, e igualmente preocupante, realizado em Israel em 2010.

Em Jerusalém, oito juízes estavam encarregados de julgar os pedidos de liberdade condicional apresentados pelos presos. Durante dez meses do experimento, esses juízes decidiram 1.112 pedidos de liberdade condicional (40% dos julgados no país). Em sua rotina diária, eles faziam duas pausas para refeições: um lanche no período da manhã e o almoço.

Pois bem. Os números mostraram que, quando o pedido era julgado no início da jornada diária ou logo em seguida às refeições, o preso tinha uma chance muito maior de obter a liberdade condicional. Na verdade, à medida que o tempo passava em relação à última refeição feita pelo juiz, o percentual de concessões diminuía de cerca de 65% para zero. Impressionante, não é mesmo? As chances de alguém ficar preso, tendo direito de ser solto, aumentam se o juiz está com fome ao decidir a questão.

A ordem dos julgamentos dependia da hora em que o advogado do preso chegava ao fórum, e era uma decisão exclusiva do juiz o momento em que os trabalhos eram suspensos para ele fazer as suas refeições. Esses dois fatores se mostraram muito mais importantes para a obtenção da liberdade condicional do que os critérios previstos em lei.

Alguns colegas dizem "justiça é o que o juiz comeu no café da manhã", pensando que estão fazendo piada.

Retórica e direitos humanos no Brasil

O argumento jurídico de que "a MGF agride os direitos humanos das mulheres e deve ser abolida" tem enorme eficácia retórica, dispensando maiores aprofundamentos e digressões; já o argumento de que "as prisões desrespeitam os direitos humanos dos criminosos e deveriam ser abolidas" tem pouquíssima eficácia retórica, mesmo ao mostrar os ganhos que a sociedade poderia ter com a medida.

As diferenças na eficácia retórica não podem ser desprezadas. Como vimos, é pelo convencimento dos interlocutores, a partir do repertório compartilhado pela comunidade jurídica, que se define o padrão de tratamento dos conflitos de interesses.

Se alguém no Brasil praticasse a MGF, certamente não conseguiria articular nenhuma defesa convincente alegando ter apenas atendido a um milenar costume cultural de seus ancestrais visando assegurar que a vítima não sofresse discriminações em seu meio. Prevaleceria o entendimento, dentro e fora do Poder Judiciário, de que a prática é uma indefensável afronta aos direitos humanos da criança ou jovem mutilada. Podemos dizer, então, que o direito brasileiro coíbe a MGF porque protege os direitos humanos. A eficácia retórica do argumento define o direito vigente no nosso país.

Do mesmo modo (e pela mesma razão, mas agora com sinal invertido), nenhum réu conseguiria se defender de forma convincente assumindo a autoria do crime hediondo praticado, mas invocando seus direitos humanos para não ser encarcerado. Prevaleceria o entendimento, dentro e fora do Poder Judiciário, de que a titularidade de direitos humanos não é suficiente para livrar o criminoso dos inevitáveis sofrimentos da prisão. Entende-se, por isso, que o criminoso pode, sim, ser preso sem ter os seus direitos humanos desrespeitados. A eficácia retórica do argumento, mais uma vez, define o direito brasileiro em vigor.

ARREMATE

15. Valores

Os atuais conflitos de interesses são bem mais complexos do que os de cem anos atrás, e estes, mais complexos ainda do que os ocorridos há mil anos, os quais têm muito mais complexidade do que os de 4 mil anos atrás.

Há cem anos, o dono de vastas propriedades rurais podia simplesmente deixar boa parte delas improdutiva. Se alguns camponeses se instalassem numa pequena área e começassem a plantar no local para sua subsistência, nenhum juiz titubearia em determinar a expulsão dos invasores e a destruição da modesta lavoura. Não se dava nenhuma importância ao fato de se tratar de terra improdutiva. Hoje em dia, a improdutividade da área invadida é fator determinante para o juiz ponderar se deve mesmo determinar a reintegração de posse do proprietário. Afinal, a propriedade não está cumprindo sua função social e, pela lei, pode até mesmo ser desapropriada.

Há mil anos, na Península Itálica, se o comerciante fracassava em seus negócios, não havia desculpa: ele sempre era considerado um fraudador e sofria punições severas. A questão era simples assim: "Faliu, perde tudo e vai preso". Atualmente, o empresário em crise pode evitar a falência por meio do pedido de recuperação judicial. Cumpridas umas poucas formalidades, os credores perdem o direito de cobrar suas dívidas e todos devem participar de uma negociação coletiva para dar condições ao devedor de sair da crise. A recuperação judicial é um processo altamente especializado, cheio de detalhes e tecnicalidades, em que, no final, as dívidas do empresário com dificuldades são reduzidas, e os credores arcam com o prejuízo.

Na Mesopotâmia, há 4 mil anos, se uma pessoa entrava numa sociedade com dinheiro e a outra, com trabalho, elas dividiam os lucros pela metade. Hoje, numa sociedade anônima com ações negociadas na bolsa de valores, todos os sócios investem capital. Eles podem receber porções diferentes dos resultados da empresa de acordo com o tipo de ação que têm, ou receber dividendos iguais. Todas as decisões são tomadas pelo acionista controlador da companhia, porque quem possui mais ações tem mais votos na assembleia geral. Claro, descartam-se as ações sem direito a voto. Mas o poder de controle não é absoluto, e alguns direitos dos acionistas minoritários não podem ser desrespeitados. Um conjunto de complicadas regras contábeis afeta a distribuição dos lucros aos acionistas. Por isso, alguns minoritários têm a prerrogativa de fiscalizar as contas das empresas por meio de seu representante no conselho fiscal.

Com o exponencial crescimento da complexidade das relações entre os humanos, também os padrões de tratamento dos conflitos de interesses precisaram se tornar cada vez mais complexos. Os padrões não aumentam somente em complexidade; também precisam ser cada vez mais *flexíveis* para conseguir acomodar variadas maneiras de tratar os mesmos conflitos.

Apego e desapego à lei

O Direito precisa ser flexível porque, afinal, sua função não é ordenar racionalmente a sociedade, mas apenas tentar resolver conflitos pontuais. Por isso, o julgamento que se revela mais adequado num caso pode não ser em outro, embora sejam iguais e estejam disciplinados pela mesma lei. Cada conflito de interesses é um problema a ser tratado de modo relativamente autônomo.

A flexibilização dos padrões de tratamento dos conflitos, porém, não pode ser arbitrária. Sempre há de ser racional, resultar de um convencimento, diante de argumentação devidamente contextualizada no repertório compartilhado pela comunidade jurídica.

Uma comunidade jurídica homogênea simplesmente não conseguiria dar conta da multiplicidade dos conflitos de interesses, muito menos da complexidade da tarefa de lhes dar tratamento. Por isso, ela precisa ser heterogênea, abrigando as mais variadas visões de mundo e concepções sobre o Direito.

Para ilustrar a heterogeneidade, vou falar de duas grandes posturas compartilhadas pelos membros da comunidade jurídica: de um lado, o apego à lei; de outro, o desapego.

A postura do apego à lei prestigia a solução do conflito de acordo com a norma jurídica. Nesse caso, o Direito é só o ordenamento, vale dizer, resume-se ao conjunto de normas jurídicas aprovadas pelas autoridades investidas de competência (legisladores). Se uma norma jurídica soluciona o conflito de forma injusta, paciência. *Dura lex sed lex*: a lei deve ser aplicada em qualquer circunstância.

Já a postura do desapego à lei prestigia a solução do conflito de acordo com valores que podem eventualmente afastar a aplicação da norma jurídica. Por esse enfoque, o Direito não é só o ordenamento jurídico. Se a solução indicada pelos legisladores não for justa aos olhos do julgador, ele deve descartar a norma jurídica e prestigiar a justiça. *Summum jus, summa injuria*: muito direito resulta em muita injustiça.

Quando ingressei na faculdade, no final dos anos 1970, os dois enfoques se manifestavam pelo embate entre o positivismo e o jusnaturalismo.

Aqui, "positivismo" é um conceito jurídico, e é bem diferente dos conceitos filosóficos de positivismo (antes, falei de um deles, o de Augusto Comte). Positivista, na filosofia do Direito, é quem defende a aplicação rigorosa da lei, sem a interferência dos valores do intérprete. Positivismo é o incisivo apego à lei. Nega a existência de um direito natural, anterior ou superior às leis aprovadas pelo Poder Legislativo. Entende o positivismo que as normas jurídicas somente podem deixar de ser aplicadas pelo Poder Judiciário se não estão de acordo com a Constituição.

O jusnaturalista, por sua vez, defende a prevalência da justiça, mesmo quando isso implica não respeitar a norma jurídica. Claro, quando o legislador dá à hipótese uma solução justa, deve-se observá-la, mas, se a solução legal for incompatível com a justiça, é necessário descartá-la. Jusnaturalismo é expressão do desapego à lei. O jusnaturalista considera que, antes e acima da ordem legal aprovada pelos legisladores (e da própria Constituição), existe um direito natural, composto por preceitos éticos decorrentes da natureza humana (não matar, não roubar e outros).

Desse modo, para o positivismo, somos livres só porque a ordem jurídica nos concedeu a liberdade. Para o jusnaturalismo, somos livres por natureza, e a ordem jurídica não pode fazer nada senão reconhecer a nossa liberdade.

Com o passar do tempo, esse embate desapareceu. Não se ouve mais falar em positivistas e jusnaturalistas se engalfinhando. Mas a convivência de duas concepções antagônicas no repertório jurídico, de maior ou menor apego à lei, ainda permanece e agora se apresenta sob formulações mais sofisticadas.

A ideia de um direito natural a balizar as decisões de legisladores e julgadores já não tem mais a força retórica do passado. Perdeu-se o interesse de discutir se a natureza humana determinaria a extensão dos direitos ou não. Aparentemente, a força da positivação desidratou a carga retórica da noção imaginada, na Idade Média, para explicar os padrões de tratamento dos conflitos de interesses apegados à tradição. Debate-se, agora, se princípios jurídicos seriam normas ou não. A postura de maior apego à lei vê os princípios como uma espécie de norma jurídica. Já a de desapego entende-os como padrões gerais não necessariamente normativos.

Entre apegar-se à lei e desapegar-se dela, qual das posturas é a correta?

Na verdade, erra quem considera qualquer uma dessas posturas correta. O Direito necessita dos dois enfoques. Doutrinadores, advogados e magistrados, quando vão ao repertório jurídico para elaborar os seus argumentos, precisam encontrar tanto um quanto o outro. Se não for suficientemente versátil e flexível, o Direito não conseguirá tratar os conflitos de interesses que surgem na complexa sociedade pós-moderna em que vivemos.

No repertório jurídico, devem ser encontrados elementos para a construção de argumentos que ora pendam para o apego à lei, ora para o desapego. Os doutrinadores não têm tanta liberdade para transitar de um extremo a outro, porque, no ambiente acadêmico em que se abrigam, a falta de rigor compromete a eficácia retórica de suas lições. Mesmo assim, sutilmente, transitam. Advogados e juízes, por sua vez, sem compromisso com o rigor acadêmico, irão colher no repertório jurídico o *dura lex sed lex* ou o *summum jus, summa injuria*, de acordo com as necessidades argumentativas do momento.

Uma tragédia grega

Sófocles contou, no século V AEC, que Etéocles e Polinice, filhos da incestuosa união de Édipo e Jocasta, disputavam o poder de Tebas. Na luta, morreram os dois, um matando o outro. Por isso, nenhum homem da dinastia dos Labdácidas sobreviveu à guerra pela sucessão de Édipo.

Creonte era irmão de Jocasta, a mãe e esposa de Édipo, e reivindicou o trono por ser tio do último rei e cunhado dos dois últimos. Ele julgava Etéocles o herói defensor de Tebas, e Polinice um injusto agressor da cidade. Decidiu que o corpo do herói seria sepultado com os ritos fúnebres, mas o do traidor deveria permanecer insepulto, devorado por aves e cães, proibindo até mesmo que chorassem a morte dele. Quem desobedecesse seria punido com apedrejamento. Ao tratar os dois irmãos diferentemente, Creonte queria fazer uma advertência bem clara sobre o destino reservado aos que ousassem questionar a sua reivindicação ao trono.

Antígona, irmã dos guerreiros mortos, desobedeceu à ordem real. Enterrou e pranteou Polinice. Foi presa e levada a Creonte. No confronto entre tio e sobrinha, numa das mais eloquentes cenas do teatro grego, Antígona desafia o decreto real: "A Justiça, a deusa que habita com as divindades subterrâneas, jamais estabeleceu tal decreto entre os humanos. Nem eu creio que teu édito tenha força bastante para conferir a um mortal o poder de infringir as leis divinas, que nunca foram escritas, mas são irrevogáveis, não existem a partir de ontem, ou de hoje, são eternas, sim! E ninguém sabe desde quando vigoram!"

A trama é grega, e então ficamos sabendo que Antígona estava noiva do primo Hémon, filho de Creonte. No diálogo com o pai, Hémon lembra que os tebanos desaprovaram o decreto real, apoiando e valorizando a postura de Antígona. "O homem que a cidade escolheu para chefe deve ser obedecido em tudo, quer seus atos pareçam justos, quer não", arroga Creonte. A pena é modificada: Antígona seria enterrada viva.

Apelo à lei divina ou à opinião do povo não sensibilizaram o rei. Apenas em razão dos maus presságios de Tirésias, o adivinho cego de presença assídua nas tragédias gregas, Creonte por fim revoga sua iníqua ordem. Vai, então, pessoalmente sepultar Polinice e salvar Antígona. Chega, porém, tarde ao túmulo da sobrinha. Ela tinha se enforcado. Hémon, desesperado com a morte da amada noiva, mata-se também. E Eurídice, a mulher de Creonte, que, até então, não tinha aparecido na peça, é outra que põe fim à vida, responsabilizando o rei. A culpa pela morte da esposa e do filho não deixa dúvidas de que o decreto dele havia desagradado não somente ao povo, mas sobretudo aos Deuses.

A tragédia sugere que a flexibilidade nos padrões de orientação do tratamento dos conflitos de interesses é uma necessidade bastante antiga. Nela já aparece o movimento de apego e desapego à lei. As leis divinas flexibilizam a lei humana. Se os Deuses prestigiam os que prestam homenagens fúnebres aos parentes mortos, não tem validade a lei humana que impõe obediência irrestrita às ordens do chefe, mesmo injustas. No argumento de Antígona, vemos o desapego à lei (*summum jus, summa injuria*); na resposta de Creonte ao filho, o apego (*dura lex sed lex*).

Antiga, a necessidade de padrões jurídicos flexíveis ou flexibilizáveis cresce no mesmo passo que a complexidade das relações sociais e do Direito.

Repertórios de flexibilização

O apego e o desapego à lei fornecem argumentos retóricos que permitem a flexibilização dos padrões jurídicos na orientação do tratamento dos conflitos de interesses. Há outros. Já falei de alguns deles.

Na discussão sobre a inexistência de uma força intrínseca às normas jurídicas, por exemplo, falei dos argumentos analógico e *a contrario sensu*. Você se recorda. São dois instrumentos argumentativos da retórica jurídica usados para tratar conflitos de interesses não mencionados diretamente em nenhuma lei ou norma. Vimos que os resultados a que chega cada um desses argumentos são inevitavelmente opostos. Se a norma proíbe a conduta *x*, mas o conflito de interesses se refere à conduta *y*, quando empregado o argumento analógico considera-se *y* semelhante a *x* a ponto de justificar a ampliação da proibição para alcançá-la também. E, se usado o argumento *a contrario sensu*, será dito que, mesmo reconhecidas as enormes semelhanças entre *x* e *y*, se esta última não foi proibida, *a contrario sensu* é permitida.

Falei também sobre a questão da igualdade. Toda e qualquer norma jurídica é sempre discriminatória, isto é, as normas inevitavelmente tratam as pessoas de modo desigual. O devedor que não paga a dívida deve perder parte de seus bens, mas o devedor pontual não; casados em regime de comunhão de bens dividem o patrimônio ao se divorciar, mas os casados em regime de separação de bens não dividem; o assassino motivado por torpeza pega mais anos de cadeia do que o assassino que não tenha tido essa motivação; o cirurgião que incorreu em erro deve indenizar o paciente, mas o colega dele está liberado de pagar indenização porque aconteceu uma intercorrência fora do controle da medicina; o bacharel em direito aprovado no exame da Ordem dos Advogados do Brasil pode exercer a advocacia, ao contrário do não aprovado etc.

Se todas as normas necessariamente discriminam, como distinguir as que são compatíveis com a igualdade de tratamento assegurada na Constituição das que não são? A fórmula "tratar os iguais igualmente e os desiguais desigualmente, na medida em que se diferenciam" é um poderoso repertório de flexibilização. Primeiro, porque, na definição de quem são os iguais e de quem são os desiguais, sempre haverá margem para realçar diferenças sutis ou negar relevância para desigualdades manifestas. Segundo, porque, definidos os desiguais, discutir se a diferenciação é proporcional ou desproporcional abre campo fértil para flexibilizar leis e normas jurídicas.

Enfraquecendo ou fortalecendo as normas jurídicas

O profissional jurídico que pretende argumentar no sentido da inaplicabilidade de determinada norma tem à disposição um repertório de flexibilização bastante curioso. Vale a pena ser apresentado aqui. Refiro-me ao "enfraquecimento de norma jurídica forte" e ao "fortalecimento de norma jurídica fraca". Quem está construindo um argumento no sentido da não aplicação da norma jurídica usa esse repertório mesmo sem perceber.

O que são normas fortes ou fracas? São categorias pouco usuais fora do reduzido circuito dos integrantes da comunidade jurídica dedicados às reflexões da teoria das normas. Essas categorias dizem respeito à intensidade com que se manifestou o redator do texto normativo. Alguns são mais incisivos do que outros. Quando o redator se expressou de forma muito incisiva, procurando não deixar nenhuma margem a dúvidas sobre o que se pretendia proibir, obrigar ou permitir, a norma é forte; quando adotou uma redação menos incisiva, deixando propositadamente o texto aberto, a norma é fraca.

Veja, o redator da norma nem sempre tem liberdade para redigi-la com maior ou menor intensidade, para ser mais ou menos incisivo. Por vezes, a questão que demanda disciplina jurídica envolve tantas variáveis e nuances que o melhor a fazer é não ser muito incisivo, excluindo possibilidades que nem sequer podem ser antecipadas.

Trago duas normas do Código de Defesa do Consumidor para exemplificar. A primeira diz mais ou menos o seguinte: "Os produtos não acarretarão riscos aos consumidores, exceto os riscos considerados normais e previsíveis". A segunda tem redação próxima a esta: "A apresentação dos produtos deve informar o prazo de validade".

A primeira norma é fraca. A simples existência de exceções à sua aplicação, dispostas na própria norma, já diminui a sua intensidade. Quem a redigiu pretendia proibir a venda de produtos que oferecessem risco aos consumidores, porém relativizou a proibição ao permitir produtos que ofereçam riscos "normais e previsíveis".

O que o redator da norma tinha em mente? Pense num produto de limpeza bastante tóxico, que causaria danos à saúde do consumidor que o utilizasse sem usar máscara, indumentária e luvas potentes. Esse produto de limpeza não pode ser vendido no mercado varejista, aos consumidores em geral. Está alcançado pela proibição. Agora pense em facas de churrasco. São bastante afiadas e alguém pode se ferir gravemente com elas. Mas os riscos envolvidos no uso dessas facas são normais e previsíveis, porque todos os conhecem e conseguem se proteger deles sem dificuldade.

Já a segunda norma é forte. Quem a redigiu tinha o objetivo de estabelecer uma obrigatoriedade para todos os produtos. Não há nenhuma exceção mencionada no texto da norma. O redator foi incisivo e peremptório ao escrever que é obrigação de todos os empresários, vendedores e revendedores de produtos aos consumidores informar o prazo de validade.

A norma sobre a obrigatoriedade da informação do prazo de validade é tão incisiva que cai em relativo descrédito. Qual o prazo de validade de uma vassoura? Ou de um piano de cauda? Como um restaurante pode informar ao consumidor o prazo de validade dos diversos ingredientes utilizados na preparação do prato que lhe é servido? Como antecipar por até quanto tempo um bom vinho pode ser consumido? Alguns empresários, não querendo correr o risco de serem multados por descumprimento dessa norma rígida, informam que seu produto tem validade por prazo "indeterminado". Mas isso não informa nada ao consumidor acerca do momento em que não será mais seguro consumir o produto.

Quem argumentar no sentido de não se aplicar a proibição da primeira norma (venda de produtos com risco) a determinado caso deverá fortalecê-la, sendo incisivo no lugar do redator impreciso. Tudo que se deixou em aberto na exceção deverá ser cuidadosamente delimitado, em termos conceituais, para afastar a proibição. O argumento fará isso propondo definições mais precisas para "riscos normais e previsíveis". Sustentará, por exemplo, que risco normal é aquele a que grandes parcelas da população se expõem, e risco previsível é o que o consumidor médio geralmente consegue dimensionar.

Quem argumentar no sentido de não se aplicar a determinado caso a obrigatoriedade da segunda norma (informar prazo de validade) deverá enfraquecê-la. Começará reforçando o descrédito da imposição incisiva, lembrando os casos em que ela é irracional ou impraticável. Estabelecerá, então, semelhanças entre, de um lado, a hipótese que quer subtrair a obrigatoriedade de informar o prazo de validade e, de outro, aqueles exemplos eloquentes de irracionalidade ou impraticabilidade (vassoura, piano de cauda etc.). Concluirá, então, que a obrigatoriedade de informar o prazo de validade não diz respeito a todos os produtos e que, embora não expressas pelo redator da norma jurídica, há, sim, exceções.

Esse repertório de flexibilização aciona um recurso mental que os profissionais jurídicos, principalmente os advogados, desenvolvem desde o início de sua formação: ser do contra. Fortalecer a fraqueza da redação ou enfraquecer a força da expressão da norma são aspectos dessa particular habilidade. Somos experientes em encontrar formas para sustentar argumentos contrários, contrapostos, divergentes, opostos ou alternativos. É a embocadura da profissão.

Racionalizando o conflito

Com maior ou menor eficácia retórica, os argumentos compatíveis com o repertório compartilhado pela comunidade jurídica dão racionalidade ao conflito de interesses. Mesmo o encrenqueiro frívolo terá os seus interesses traduzidos de modo racional pelo advogado. Na institucionalização do conflito, não há espaço para opiniões irracionais ou para rompantes destemperados de violência ou egoísmo. Por mais exaltado que esteja o advogado na tribuna, ou por maior que seja a ênfase indignada posta pelo ministro na leitura do voto, os destinatários, suficientemente acostumados com o ambiente forense e seus trejeitos, irão filtrar a racionalidade.

Aprendizado do repertório de flexibilização pela comunidade jurídica

Há vários repertórios de flexibilização que não mencionei aqui. Alguns envolvem tantas tecnicalidades que não caberiam num texto destinado ao público não jurídico. Outros, embora até pudessem ser explicados, não tiveram a oportunidade de ser apresentados. Todos têm em comum a finalidade de fornecer material para os profissionais jurídicos construírem argumentos dotados de eficácia retórica, capazes de convencer o interlocutor a respeito de determinada interpretação da lei, da existência ou não de provas suficientes para a condenação civil ou penal, do atendimento aos requisitos constitucionais para a admissão de recurso extraordinário etc.

Convém destacar que o aprendizado do repertório de flexibilização não é metódico. Simplesmente não existem aulas, no curso de graduação, em que professores o ensinam; não se encontra, nas obras didáticas, nenhuma referência ao assunto. A assimilação das várias técnicas de argumentação jurídica acontece com o próprio exercício profissional. Também é exercendo a profissão que se apreende como medir o maior ou menor grau de eficácia retórica de um argumento na defesa de determinada causa. O aprendizado se opera no plano do inconsciente. Pouquíssimos profissionais têm consciência do que estão fazendo.

Valores moldam a sociedade

Focado no conflito pontual e precisando ser flexível para lhe oferecer tratamentos variados, o Direito não tem mesmo vocação para moldar a sociedade. Ele opera no plano micro das relações entre os litigantes, e não no plano macro da organização social.

São os valores que modelam a sociedade, e não o Direito.

Veja o caso da corrupção. A espetacular Operação Lava Jato puniu corruptos e garantiu a recuperação de parte do dinheiro público desviado. Mas ela terá eliminado, dificultado ou diminuído a corrupção?

A cada novo grande escândalo, muda-se a lei para apertar o cerco. Pensam que estão aperfeiçoando o sistema de controle e prevenção, mas o resultado nunca consegue ser a completa moralização dos agentes do Estado. Um desses aperfeiçoamentos moralizadores consistiu em exigir do funcionário responsável pela despesa que, antes de propor a compra de algo necessário à repartição pública, providenciasse três orçamentos de fornecedores diferentes. O objetivo da nova medida de controle era impedir o superfaturamento, isto é, a compra pelo poder público de um produto por preço maior que o de mercado – uma prática ilícita destinada normalmente a repartir a "gordura" do preço entre o vendedor e o funcionário corrupto.

Pois bem. Ela só trouxe mais trabalho, burocracia e atraso na realização da despesa pelo poder público e nos controles posteriores do Tribunal de Contas. Os funcionários honestos costumam ter muita dificuldade para cumprir a exigência, porque os fornecedores não se animam a elaborar o orçamento abrindo os seus preços numa fase preliminar da contratação, quando ainda não há real competição pela oportunidade de fazer negócio. Já os funcionários desonestos não têm nenhuma dificuldade em cumprir a formalidade, porque já estão em conluio com os fornecedores.

No final, o que parecia ser uma salutar medida de combate à corrupção destinada a coibir o superfaturamento, apenas gerou mais burocratização e retardamento nos processos de compra conduzidos por funcionários honestos. Pode-se inventar qualquer mecanismo de controle: o corrupto encontrará sempre uma forma de atendê-lo, em geral sem grandes dificuldades, enquanto o funcionário honesto se verá às voltas com mais trabalho e exposto às incertezas do completo atendimento das novas exigências legais.

Existe mais ou menos corrupção não em função das normas jurídicas que regulamentam os gastos públicos, mas sim em função dos valores introjetados pelos funcionários públicos responsáveis por gastar o nosso dinheiro.

Ideologia como hierarquizações de valores

A expressão "ideologia" vem carregada de conotação negativa quando empregada nas postagens enfurecidas das redes sociais. Em geral, frequenta as mensagens de opinativos irracionais conservadores, em críticas aos ativistas dos direitos das minorias. "Ideologia", nesse contexto, é referência aos valores contrários aos cultivados por uma idealizada sociedade tradicional brasileira. Não é nesse sentido que emprego o conceito aqui. Tampouco o utilizo no sentido marxista. Em Marx, "ideologia" é a representação distorcida da realidade, que atende aos interesses da classe dominante. Para o marxismo marxiano, não faz sentido falar em ideologia do proletariado, das mulheres, dos homossexuais etc. A ideologia é sempre entendida como um instrumento de dominação à disposição apenas da burguesia. A exploração do operário é ideologicamente ocultada na figura jurídica do contrato de trabalho, por exemplo.

Quando falo em "ideologia", aqui, estou me referindo à valoração dos valores.

As pessoas possuem valores que introjetam em razão da classe social a que pertencem, dos modelos de figuras paterna e materna que habitam sua infância, da educação que recebem, da ocupação ou profissão que exercem, das experiências mais ou menos traumáticas por que passam, da religião que professam, do compartilhamento com amigos, companheiros, cônjuges etc.

Além de possuírem valores, as pessoas os hierarquizam. Dão importância maior a alguns deles. É nesse sentido, de dar valor aos valores, que emprego a expressão "ideologia".

Como as pessoas são múltiplas e várias, também há hierarquizações diferentes para os mesmos valores. Dou um exemplo. Liberdade e igualdade são valores. A maioria das pessoas, aliás, tende a afirmar que cultiva os dois, desejando que todos sejam livres e iguais. Apresentadas a determinadas reflexões, contudo, perceberão o quanto é difícil se conciliar liberdade e igualdade nos conflitos do cotidiano. Muitas vezes, deve-se estabelecer uma hierarquia entre elas, pondo um desses valores acima ou na frente do outro. Numa sociedade inteiramente livre, as desigualdades aumentariam. Para que haja igualdade, é necessário limitar a liberdade.

Você sabe que todos os empresários e empregados precisam obrigatoriamente contribuir para o Seguro Social. Mensalmente, empresários pagam ao INSS a sua própria contribuição e a contribuição dos seus empregados, que descontam dos salários. Ninguém é livre para decidir se participa ou não do Seguro Social. Por outro lado, o objetivo do Seguro Social é pagar aos segurados certos benefícios, como a aposentadoria por invalidez, por tempo de serviço, o auxílio-acidente etc. Desse modo, ele reduz a desigualdade, ainda que em pequeno grau. Pois bem. Todos obrigatoriamente têm que participar para se conseguir os recursos necessários ao pagamento dos benefícios. Sem a supressão da liberdade de participar do Seguro Social não se conseguiria dinheiro para a redução da desigualdade.

Aliás, você já deve ter percebido. Pessoas endinheiradas costumam colocar a liberdade à frente da igualdade, e pessoas vulneráveis invertem a hierarquização desses valores, pondo a igualdade na frente. Nenhuma delas está certa ou errada nessa hierarquização. Apenas nutrem bons valores, mas os valoram de modos diferentes.

São as ideologias, ou seja, as valorações dos valores que modelam a sociedade, e não o Direito.

Valores bons e valores maus

Cada um tem os seus valores e os hierarquiza, e a vivência dessa valoração molda a sociedade. Isso não significa, porém, que vale tudo. Quer dizer, da variada gama de ideologias não decorre a impossibilidade de separar os valores bons dos maus.

Como definir se determinado valor é bom ou mau? Em termos filosóficos e abstratos, a questão é muito intrincada e aparentemente insolúvel. Na prática, porém, não é difícil chegarmos a um consenso sobre boa parte do assunto. Afinal, o mais corrupto dos políticos não hesitaria um segundo em concordar que a corrupção corresponde a um valor mau, e que a mais irrestrita honestidade no gasto do dinheiro público é um valor bom. O motorista que pisa no acelerador concordaria imediatamente que o respeito às regras de trânsito é indispensável à segurança de todos. A tolerância é um valor bom, e o preconceito, um valor mau: racistas e homofóbicos tendem a concordar facilmente com isso, porque estão falando da "boca para fora" ou não se consideram realmente racistas e homofóbicos. Bom é o valor embutido no conceito de igualdade de gêneros, e mau é o associado à discriminação da mulher: raros homens sexistas deixariam de concordar. Preocupar-se com a sustentabilidade ambiental é bom, ao contrário de continuar contribuindo para o aquecimento global, que é mau: não há poluidor que afirme outra coisa, quaisquer que sejam as suas práticas.

Quer dizer, para se chegar ao consenso entre o que é bom ou mau, não é preciso muito esforço argumentativo. Uns poucos opinativos irracionais até podem verbalizar entendimentos divergentes, isolando-se do consenso, mas a maioria das pessoas conseguirá se entender no plano do debate de ideias. Se as suas ações concretas refletirão o entendimento ou não é outra questão.

Decididamente, a coerência não é um atributo humano.

A vivência da ideologia modela a sociedade

Na verdade, é fácil todos se porem de acordo sobre valores bons e maus, porque há muita autoilusão e cinismo por aí.

A maioria das pessoas não se acha sexista, corrupta, sonegadora de impostos, egoísta ou imprudente no trânsito. Quando descumpre a lei, sempre encontra um jeito de se sentir confortável a respeito da sua atitude, criando razões particulares para justificar o que consideram um "pequeno deslize, que não prejudicou ninguém". Elas estão se iludindo.

De outro lado, há aqueles que intimamente percebem o descompasso entre os valores defendidos e os praticados, mas a hipocrisia não os incomoda. Também dirão que não são sexistas, corruptos ou egoístas e que pagam seus impostos e respeitam as leis de trânsito. São cínicos.

A sociedade é modelada não pela hierarquização dos valores que as pessoas alardeiam, mas pela que efetivamente vivenciam. Para separar os valores bons dos maus, podemos ficar com aquilo que as pessoas falam; para entender por que determinada sociedade, como a brasileira do século XXI, é como é, devemos esquecer os valores proclamados e levar em conta os vivenciados.

Discriminação das mulheres no trabalho

São os valores que modelam as condutas das pessoas, não o Direito. Pense na diferença entre salários pagos a homens e mulheres pelo mesmo trabalho. No Brasil, embora a diferença venha diminuindo, gira em torno de 20%. Para o mesmo trabalho, o homem é contratado por 5 mil reais, e a mulher, por 4 mil reais.

O direito brasileiro não estimula nem obriga a diferença. Muito ao contrário, proíbe-a terminantemente. E a proibição é expressa, desde 1937, na nossa norma jurídica mais importante, a Constituição Federal.

Contudo, indiferente ao direito, a odiosa discriminação segue firme. Os valores cultivados no mundo do trabalho moldam as condutas que levam à desigualdade. Esses valores, maus e preconceituosos, são vagamente justificados por motivos que não dizem respeito à capacidade de trabalho das mulheres. Pesa o temor de o empregador ter que arcar com os custos da licença-maternidade

(120 dias), bem mais extensa do que a licença-paternidade (cinco dias). Também contam as demandas dos assuntos dos filhos e da administração doméstica, que ainda absorvem mais o tempo das mulheres do que o dos homens.

A sociedade se organiza pelos valores e ideologias. Somente quando um conflito de interesses se manifesta, o Direito é acionado para tratá-lo. Mulheres discriminadas podem processar ex-empregadores provando que colegas homens, na mesma função, recebiam salários mais elevados, e muito provavelmente elas receberão na Justiça o pagamento da diferença.

Essas condenações, contudo, não são suficientes para remodelar a sociedade, no sentido de acabar com a discriminação salarial entre os gêneros. Mesmo depois de o Direito tratar os conflitos de interesses específicos e reafirmar a igualdade de gênero, por mais firme e incisivamente que o direito proíba a diferença salarial, nada irá mudar no plano das práticas discriminatórias no ambiente de trabalho. Nada mudará enquanto os valores introjetados por quem toma as decisões nas empresas embutirem silenciosamente o preconceito.

No futuro, que torço seja em breve, a diferença salarial entre homens e mulheres desaparecerá. Quando isso acontecer, entretanto, não terá sido consequência da Constituição do Estado Novo (1937) ou da lei, tampouco de sua reiterada aplicação pelos tribunais. Acontecerá em virtude da mudança nos valores disseminados nas empresas e do desaparecimento dos preconceitos de gênero na sociedade.

Homofobia

Outro exemplo de que são os valores, e não o Direito, que moldam os comportamentos da própria sociedade pode ser buscado no preconceito contra casais homoafetivos. A ONU assinalou em 17 de maio o Dia Internacional de Combate à Homofobia, Transfobia e Bifobia, o que, por si só, revela não somente a preocupação institucional com uma forma grave de intolerância, como, antes disso, a disseminação da própria intolerância em todo o mundo. Certamente, a ONU não perderia tempo combatendo algo inexistente.

Já vimos como o casamento entre pessoas do mesmo sexo foi introduzido no direito brasileiro. A introdução não decorreu de lei aprovada pelo Poder Legislativo, mas de interpretação (reinterpretação, a rigor) da Constituição pelo STF. De qualquer modo, a alteração ocorreu e, hoje, pessoas do mesmo sexo se casam exatamente do mesmo modo que as de sexos diferentes. A mudança jurídica teve enorme magnitude, mas não parece ter reduzido o preconceito contra homossexuais na mesma proporção.

O Direito pode contribuir para a modelagem, mas não modela a sociedade

O Direito, quando muito, contribui para a modelagem da sociedade acelerando ou retardando o ritmo da mudança na hierarquia de valores. Nisso não se diferencia de outros fatores interferentes, como a economia, a educação ou a publicidade.

Interesses econômicos podem deflagrar mudança ideológica ou enrijecer preconceitos: a maior ou menor repulsa aos imigrantes, por exemplo, costuma ser inversamente proporcional à carência de mão de obra na economia.

Escolas e universidades podem procurar incutir novos valores em alguns de seus alunos por meio dos conteúdos transmitidos e de metodologias que estimulem a ação coletiva, mas não lhes cabe acomodar os educandos num único conjunto de valores. O totalitarismo ideológico é a negação de qualquer trabalho pedagógico.

Anúncios publicitários disseminam conceitos, de forma transparente ou disfarçada. Na verdade, a eficiência em estimular o consumo do produto anunciado depende dos valores predominantes no público-alvo, dos quais não pode se afastar muito. O consumidor deve se identificar com os anúncios publicitários, vendo neles a projeção de sua autoimagem e a confirmação de seus valores.

Dentro dessa baliza, a publicidade mexe com ideias e concepções dos espectadores. Mas não se conseguiria reorganizar a sociedade apenas com mensagens publicitárias.

Economia, educação e publicidade são fatores que interferem na ideologia, mudando ou reforçando valores, revendo a hierarquização entre eles. Nenhum deles, porém, molda a sociedade. O Direito também não.

Leis que não pegam

Imagine que o governo criou uma agência para cuidar das queimadas na Amazônia e transferiu ao novo órgão o número necessário de funcionários públicos para atuarem como fiscais, e os governos estaduais da região organizaram um destacamento de suas polícias militares encarregado de auxiliar na fiscalização. Imagine, agora, que você foi nomeado diretor dessa agência.

Entre as suas primeiras decisões, você aprova um regulamento. Nele, é determinado que ninguém pode fazer nenhuma queimada na Amazônia sem a autorização da agência. Para obter a autorização, o interessado deve preencher o formulário A1, prestando uma série de informações e apresentando os documentos que as comprovem. Você se empenhou muito no desenho apurado desse instrumento e está bastante orgulhoso da sofisticação e elegância do formulário A1.

Um empresário questionou em juízo a validade da exigência que você estabeleceu. Alegou que a lei instituidora da agência não lhe conferia autoridade para tanto e que o regulamento impedia o empresário de exercer seu direito constitucional de livre-iniciativa. Mas não teve sucesso. O Poder Judiciário, em decisões firmes e rápidas, declarou que você tinha agido de modo absolutamente correto, dentro da ordem jurídica brasileira.

Depois de um ano, os números mostram que as queimadas ilegais tiveram drástica redução e, a permanecer a mesma política pública, devem ser praticamente zeradas em poucos anos. Entre satisfeito e orgulhoso, você conclui que conseguiu reorganizar a sociedade por meio da norma jurídica que tornou obrigatório o requintado formulário A1. Será mesmo?

O extraordinário resultado que a agência obteve foi fruto dos valores vivenciados pelos funcionários públicos designados como fiscais, pelos policiais militares dos destacamentos de combate às queimadas, pelos magistrados que julgaram a ação que questionou a validade do regulamento e pelos empresários e moradores da região. Os fiscais se empenharam porque consideraram a proteção do meio ambiente um valor superior à exploração econômica da floresta. Os policiais militares não aceitaram suborno para proteger os infratores em vez de prendê-los, porque, na valoração dos valores deles, ter dinheiro fácil é inferior a cumprir a missão recebida. Os juízes, em todos os graus pelos quais a ação transitou, estavam convencidos de que tinha mesmo chegado a hora de controlar as queimadas na Amazônia. A maioria dos empresários, por dar valor ao lucro em primeiro lugar, calculou que a alternativa menos custosa para os seus negócios era limitar as queimadas. E os moradores não recearam denunciar os infratores à agência ou à polícia, porque entenderam o valor da ação coletiva na proteção da Amazônia como mais importante que o confortável individualismo.

Além disso, também houve cobertura favorável da imprensa, apoio da opinião pública brasileira e internacional, reconhecimento público dos governos e elogios rasgados de políticos, a indicar que, na ideologia de um conjunto bastante extenso de pessoas, o decisivo combate às queimadas na Amazônia tinha muito valor.

Agora, imagine que a hierarquia dos valores vivenciados por essas pessoas fosse a oposta. Você teria à sua volta fiscais desmotivados, policiais corrompidos, juízes vagarosos e hesitantes, empresários gananciosos e moradores temerosos, além do silêncio dos observadores. Nesse caso, o regulamento exigindo o formulário A1 seria mais uma daquelas leis que "não pegam".

Pode ter certeza: a reorganização da sociedade não resultou da caprichada norma jurídica que você baixou.

Congruência do Direito

A coerência é um ajuste. Quanto mais ajustadas forem as falas de uma pessoa, mais coerente ela será. O ajuste pode dizer respeito também à aproximação entre fala e ação. É incoerente quem diz uma coisa e age de modo diverso.

Quem deseja ser uma pessoa coerente precisa prestar atenção para eliminar as incongruências entre as suas falas. Se alguém critica o candidato à presidência no qual não vai votar porque ele foi tomar um cafezinho na padaria como ato de campanha eleitoral, para ser coerente também deve criticar o candidato no qual vai votar quando ele incorrer nas próprias demagogias.

Do mesmo modo, quem almeja ser coerente não pode incorrer em incongruências entre suas falas e ações. Quem culpa o subdesenvolvimento econômico do país pela cultura "de levar vantagem em tudo" não pode pedir à secretária do médico que divida o preço da consulta em duas notas para pleitear ao plano de saúde um reembolso maior ao que tem direito.

Sendo um ajuste, a coerência é como a justiça. A sociedade é cada vez mais justa, mas nunca haverá plena justiça. Do mesmo modo, podemos nos esforçar para ser cada vez mais coerentes, mas não conseguiremos eliminar as incoerências por completo.

As pessoas são todas incoerentes, mas vivem cobrando coerência umas das outras. Do mesmo modo, têm expectativa de que os conflitos de interesses sejam tratados de forma coerente pelos encarregados dessa tarefa na sociedade.

O Direito irá lidar de um modo astucioso com a expectativa de coerência.

A lei não tem força, e não consegue ter força, mas precisa parecer ter força. A interpretação das normas não é científica, e não consegue ser científica, mas precisa parecer científica. Os argumentos jurídicos não são lógicos, e não conseguem ser lógicos, mas precisam parecer lógicos. O Direito não é completamente justo, e não consegue ser completamente justo, mas precisa sempre parecer completamente justo.

Mas, se o Direito não é coerente, tampouco é caótico. Se fosse rigorosamente lógico, sua rigidez seria obstáculo ao tratamento dos conflitos de interesses crescentemente complexos. Se fosse uma série aleatória de afirmações disparatadas, sua desordem também seria obstáculo ao tratamento dos conflitos de interesses. Em suma, para poder cumprir sua importante função, o Direito deve ser coordenado e flexível, ficando no meio do caminho entre o estrito rigor formal da lógica e o fragilizado descontrole do caos.

O Direito, assim, possui um tipo especial de congruência. Ela não é lógica, mas retórica. A maior quantidade de pessoas deve estar convicta de que vive numa sociedade em que os conflitos de interesses recebem tratamento adequado. Cotidianamente, a comunidade jurídica alimenta um rico repertório e se esmera na construção, a partir dele, de argumentos exatamente com esta finalidade: dar tratamento aos conflitos de interesses que seja percebido, pela maioria, como adequado.

A Grande Astúcia do Direito

Prometeu enganou Zeus recobrindo as partes mais suculentas do boi com o estômago do animal e as menos apetitosas com gordura. Ossaim descobriu os nomes das princesas ocultando sua voz na de um passarinho. Ixbalanqué iludiu os adversários, que pensaram ser bola o que, na verdade, era um coelho.

A astúcia é isto: esconder a verdade sob uma cobertura ilusória. A Grande Astúcia do Direito contemporâneo é fazer parecer que há força na lei, ciência nos raciocínios, lógica nos julgamentos e justiça no mundo.

A Grande Astúcia é um obstáculo ao desenvolvimento da inteligência artificial no tratamento dos conflitos de interesses. Hoje, os robôs precisariam aprender a ser retóricos e a desenvolver a capacidade de perceber nuances nas valorações dos valores disseminados na sociedade para conseguir dar conta da crescente complexidade nos conflitos de interesses de que ficariam encarregados de tratar.

Aliança do Poder Judiciário com a sociedade

O Judiciário tem o poder de "dizer o direito". Isso significa que, se leio a norma *x* e entendo que ela determina *y*, se todos os demais juristas leem a mesma norma *x* e entendem que ela determina *y*, se a maioria dos profissionais jurídicos igualmente entendem que a norma *x* determina *y*, e se a generalidade dos leigos, lendo a norma em questão, também tem idêntico entendimento, isso tudo não tem nenhuma importância se o Poder Judiciário decidir que a norma *x* determina *z*. Não há ciência, lógica ou apelo à legalidade que possa mudar esse quadro.

O poder de "dizer o direito" só existe, como qualquer outro, enquanto se sustenta em alianças. A mais importante delas é estabelecida entre o Poder Judiciário e a sociedade. É uma aliança delicada. Os laços se constituem e se mantêm pela confiança das pessoas numa expectativa geral de justiça. Algumas decisões podem ser percebidas como injustas, mas, em termos globais, deve haver a sensação de se viver num país justo. Sem uma percepção geral de que o Poder Judiciário nos dá uma proteção razoável contra as injustiças, ele corre o risco de ser progressivamente desautorizado e desobedecido.

Note que a aliança com a sociedade não demanda dos juízes a submissão à vontade da maioria. Quando condena a vaquejada, proíbe a comercialização de remédios não autorizados pela Anvisa ou equipara a união homoafetiva à heteroafetiva, o Poder Judiciário toma decisões que não contam necessariamente com a concordância da maioria. Mas até mesmo uma parte dos discordantes alimentará a percepção de viver numa sociedade em que os conflitos de interesses em geral são tratados de modo adequado.

Para alimentar essa percepção geral, os juízes devem repetir sempre que, ao julgar as causas, estão aplicando normas que não foram aprovadas por eles, que estão sobretudo aplicando com rigor as normas aprovadas por outras autoridades. A percepção geral de justiça ficaria em sério risco atualmente se os juízes não fundamentassem as suas decisões com a constante reafirmação de obediência aos limites de suas atribuições constitucionais. Um ingrediente indispensável à sustentação da delicada aliança com a sociedade é a reiterada afirmação, nas decisões judiciais, do Direito-ordenação como a explicação correta do Direito.

Os juízes não devem, em suas decisões, questionar a cientificidade da doutrina, nem explicitar que a retórica toma o lugar da lógica. Tampouco devem sugerir que, se é o legislador que aprova a lei, é o julgador que diz qual lei foi aprovada. Desnudar as salvaguardas do Direito-ordenação em decisões judiciais corroeria a força retórica dos argumentos adotados na fundamentação.

Nesta *Biografia não autorizada do Direito*, questionei a veracidade de tais salvaguardas. Disse que a lei não tem força, a doutrina não é ciência, não há lógica no raciocínio jurídico, recursos não corrigem decisões erradas e não há uma justiça objetiva para conferir a pertinência dos julgamentos. Mas, por enquanto, pela forma como atualmente a sociedade se organizou para tratar os conflitos de interesses, transpor tais questionamentos para peças de processos judiciais é despropositado. A comunidade jurídica não compartilha repertório em que se possam, hoje, engatar argumentos relativizando ou descartando o Direito-ordenação ou suas salvaguardas. Ninguém seria convencido, e o conflito não receberia o tratamento adequado.

Será assim para sempre? Acredito que não, porque o Direito tem história. A forma como se tratarão os conflitos de interesses no futuro talvez permita a incorporação, ao repertório da comunidade jurídica, de argumentos não comprometidos obsessivamente com as alegações de legalidade, cientificidade, lógica, correção dos erros e justiça tão caras ao Direito-ordenação. Pode ser que, um dia, o Direito tenha como tratar os conflitos de interesses prescindindo da Grande Astúcia. Hoje, argumentos que trazem a realidade do Direito para fora da sua sofisticada cobertura ilusória não convencem. Mas poderão ser convincentes amanhã.

Fontes

Uma das características do texto acadêmico é a indispensável indicação das fontes de pesquisa. Ela é feita por alguns métodos. O mais conhecido é o das notas de rodapé, que apresentam ao leitor as referências a outras obras acadêmicas nas quais ele irá encontrar o aprofundamento do tema mencionado num trecho[1].

A indicação das fontes é minuciosa e feita de modo padronizado: SOBRENOME DO AUTOR, Prenome. *Título da obra*. Número ordinal da edição, exceto se for a primeira. Cidade da editora: nome da editora, ano da publicação, página, páginas ou intervalo de páginas. A padronização mais aceita no meio acadêmico brasileiro é a publicada pela Associação Brasileira de Normas Técnicas (ABNT).

Eu repasso o método na primeira reunião com um novo orientando de iniciação científica, trabalho de conclusão de curso, mestrado ou doutorado. Quero checar se ele está suficientemente familiarizado com as normas de indicação das fontes. Ressalto ser a utilização desse método o que distingue o texto acadêmico dos demais (jornalístico, literário etc.), e reforço: o acadêmico sempre expõe a sua pesquisa à conferência e crítica dos pares. As notas de

[1] Sobre o método de citação das notas de rodapé, conferir: ECO, Umberto. *Como se faz uma tese*. Trad. de Gilson Cesar Cardoso de Souza. São Paulo: Perspectiva, 1988, pp. 130-4.

rodapé, ou outros métodos admissíveis de citação de fontes, servem para que os demais acadêmicos possam se reportar à mesma página da mesma obra em que o autor fez a pesquisa, para conferir se ela foi bem-feita.

Quem escreve texto para ser publicado num jornal, exemplifico, não deve usar as notas de rodapé. Se afirma "os juristas consideram que a presunção de inocência é uma cláusula pétrea da Constituição Federal", o autor de texto jornalístico não precisa explicitar de onde extraiu a informação. Já se a mesma frase é escrita em texto acadêmico, é obrigatória a inserção de nota de rodapé com a indicação da fonte da qual se extraiu a informação da impossibilidade de Emenda à Constituição que altere a presunção de inocência, devidamente aprofundada e demonstrada.

Esta *Biografia não autorizada do Direito* não é um texto acadêmico, mas contém várias afirmações que convêm ser sustentadas. Quando digo, por exemplo, haver amplo consenso entre os climatologistas acerca da origem do aquecimento global (deriva do efeito estufa, causado pela queima de combustíveis fósseis, e, portanto, da ação humana), é importante que eu apresente a fonte da qual extraí a informação, em especial porque setores potencialmente prejudicados pela mudança nos hábitos dos consumidores disseminam a inverdade de que os cientistas ainda não teriam chegado a consenso sobre a questão. Aprofundar todas as informações que, a exemplo dessa, precisam ser sustentadas não faria sentido; isso dispersaria o foco do texto e prejudicaria a leitura. Por outro lado, está fora de cogitação importunar o leitor não especializado, a quem quero me dirigir, com o aplástico padrão ABNT.

Optei por algo intermediário. Aqui, no final, apresento as principais referências da minha pesquisa. Cito apenas o título da obra, sem indicar número da edição e página. Quem realmente tiver interesse no aprofundamento de uma questão, ou quiser conferir a pertinência de uma afirmação, terá pelo menos um ponto de partida para isso.

Biografias

1. De início, quero registrar uma referência geral. Fui orientado, no doutorado, por Tércio Sampaio Ferraz Jr., o maior filósofo do direito brasileiro de todos os tempos. Tenho profunda admiração por sua obra e, naturalmente, muitas das minhas reflexões, aqui e ao longo da vida, foram diretamente influenciadas por ela.

São de Tércio, assim, pelo menos em sua essência, o conceito de ideologia como hierarquia dos valores, a transição da tradição para a positivação como momento crucial da história do Direito, as técnicas argumentativas de fortalecimento da norma fraca e de enfraquecimento da norma forte, o estatuto do conhecimento do direito como tecnologia, o inexorável crescimento da complexidade, o poder como alternativa mais econômica ao uso da força e as características do pensamento dogmático.

Suas principais obras são *Teoria da norma jurídica*, *Direito, retórica e comunicação*, *A ciência do direito* e *Função social da dogmática jurídica*. São obras herméticas e eruditas, mas o esforço que sua leitura e seu estudo exigem é altamente recompensado pela compreensão do Direito a partir de novas e instigantes perspectivas.

2. A decisão do STF esclarecendo que biógrafos não precisam de autorização dos biografados ou dos seus descendentes para publicar a biografia foi proferida, por unanimidade, no julgamento da Ação Direta de Inconstitucionalidade 4815, proposta pela Associação Nacional de Editores de Livros. A relatora foi a ministra Cármen Lúcia.

3. A constatação de que o Direito tem história pode ainda surpreender a maioria dos profissionais jurídicos, que ouviram coisa bem diversa na faculdade, mas é assente entre antropólogos e historiadores. Confira em *Antropologia jurídica – contribuição para uma macro-história do direito*, de Rodolfo Sacco, e em *O direito na história – lições introdutórias*, de José Reinaldo de Lima Lopes.

4. O relato mitológico de Ossaim foi retirado de *Mitologia dos Orixás*, de Reginaldo Prandi.

5. A narrativa dos jovens submetidos a duras provas pelos senhores de Xibalbá é da mitologia do povo mesoamericano quiché, que vivia onde hoje é a Guatemala. Minha fonte foi *Popol Vuh – o esplendor da palavra antiga dos maias-quiché de Quauhtlemallan: aurora sangrenta, história e mito.*

Conflitos

1. O leitor encontrará duas palavras grafadas ora com a inicial maiúscula, ora com minúscula. São as palavras "Direito/direito" e "Estado/estado". Preciso explicar essa diferença.

"Direito" com a inicial maiúscula é referência ao sistema social de tratamento dos conflitos de interesses em geral; "direito" com minúscula, ao ordenamento jurídico de um país ou cultura em particular (direito brasileiro, direito muçulmano etc.).

"Estado" com a inicial maiúscula é a máquina administrativa e política surgida na Idade Moderna e caracterizada pelo nacionalismo e soberania; "estado" com minúscula, por sua vez, significa a condição humana em determinada época (estado de natureza, por exemplo).

2. Minha fonte para a história dos rapanui foi *Colapso – como as sociedades escolhem o fracasso ou o sucesso*, de Jared Diamond.

3. As diferenças entre as concepções de Rousseau e de Hobbes acerca do "contrato social" podem ser conferidas em *Do contrato social*, do suiço, e em *Leviatã*, do inglês.

4. Sobre a visão antropológica do marxismo, leia *A origem da família, da propriedade privada e do Estado*, de Friedrich Engels.

5. O tema das alianças entre os primatas está em *Eu, primata – por que somos como somos*, de Frans de Waal.

6. Suruwahas pronuncia-se "suru-uarrás". Minha fonte mais importante sobre o autoenvenenamento como modo de lidar com o conflito foi *Pessoas falantes, espíritos cantantes, almas-trovões*, de Adriana Maria Huber Azevedo.

Retribuição

1. Para as informações relativas à Estela de Hamurábi, vali-me da publicação *O Código de Hammurabi*, da Editora Vozes, de 1980, com introdução, tradução do original cuneiforme e comentários de Emanuel Bouzon.

2. As informações sobre Gandhi extraí de *Mahatma Gandhi e sua luta com a Índia*, de Joseph Lelyveld.

3. O *Novo Testamento* foi citado na tradução de Frederico Lourenço, diretamente do grego para o português.

4. A passagem do Alcorão Sagrado extraí da tradução de Samir El Hayek.

5. Georges Ripert, em *A regra moral nas obrigações civis*, questionou a moralidade da responsabilidade civil objetiva.

6. Para uma introdução à teoria da pena, recomendo o livro de Oswaldo Henrique Duek Marques, *Fundamentos da pena*.

Tradição

1. Em *Ética – direito, moral e religião no mundo moderno*, Fábio Konder Comparato apresenta a tradição como a "autoridade máxima" na descrição do que chamou de "vida ética" da Antiguidade.

2. Referência imprescindível ao estudo da trajetória do Direito é *Função social da dogmática jurídica*, de Tércio Sampaio Ferraz Jr. Ele mostra como o direito romano se fundou na tríade *religião-autoridade-tradição*, da qual extraiu a abstração responsável pela universalização do conhecimento jurídico.

Estado

1. A relativa independência do comércio em relação às intempéries geopolíticas na Rota da Seda e durante as Cruzadas pode ser conferida em *O coração do mundo – uma nova história universal a partir da Rota da Seda: o encontro do Oriente com o Ocidente*, de Peter Frankopan.

2. O pacto colonial disfarçado de concessão comercial pode ser exemplificado com o caso da Pérsia (atual Irã), na outorga, em 1909, dos direitos de exploração e comercialização de petróleo à Anglo-Persian Oil Company.

3. Sobre o feudalismo, minha fonte principal é *História da riqueza do homem*, de Leo Huberman.

4. Pode-se ver que as instâncias de poder em Roma (Senado, Comício, Consulado etc.) não tinham competências claras e racionalmente delimitadas e disputavam o poder no dia a dia em eventos como a discussão sobre o legado de Átalo III. Ao morrer, em 133 AEC, esse soberano de Pérgamo deixou suas terras e prerrogativas reais para Roma. O Senado não aceitou a herança, mas o tribuno Tibério Graco levou a questão ao Comício, que tomou a decisão oposta para que os recursos recebidos fossem empregados numa reforma agrária. Essa e outras informações sobre a organização do poder em Roma na Antiguidade podem ser conferidas em *Roma – a história de um império*, de Greg Woolf.

Positivação

1. Adoto, em parte, o conceito de positivação proposto em *Sociologia do direito I*, de Niklas Luhmann.

2. Para uma visão geral do Iluminismo, embora mais focada no britânico, é importante a leitura de *Os caminhos para a modernidade – os Iluminismos britânico, francês e americano*, de Gertrude Himmelfarb.

3. Os extremos "conhecemos tudo" e "não conhecemos tudo" são empregados por Yuval Noah Harari na identificação da Revolução Científica em *Sapiens – uma breve história da humanidade*.

4. Minha fonte para a história do Código Napoleão, até 1936, foi *Droit Civil Français*, de C. Aubry e C. Rau.

5. O último instrumento normativo do Ministério da Educação mencionando disciplinas obrigatórias do currículo mínimo da formação jurídica foi o Parecer CFE 215/62. Nele, a Teoria Geral do Estado é conteúdo de Direito Constitucional, e não uma disciplina

obrigatória. Para conferir a afirmação de que, em TGE, o estudante de Direito é apresentado a uma abstração do Estado, sugiro uma das obras didáticas mais vendidas da disciplina: *Teoria geral do Estado*, de Sahid Maluf. Sua primeira edição é de 1954 e ela vem sendo atualizada por Miguel Alfredo Malufe Neto desde o falecimento do autor, em 1975.

Juízes

1. O número aparentemente máximo de indivíduos nos grupos de animais não humanos extraí de *Sapiens – uma breve história da humanidade*, de Yuval Noah Harari.

2. Em *O direito e a ascensão do capitalismo*, Madeleine R. Levy e Michael E. Tigar trazem as informações sobre a multiplicidade de direitos na Idade Média.

3. A celebração da contribuição de Montesquieu para a teoria da tripartição dos poderes só pode ser afastada com a leitura direta de *O espírito das leis*, descartando-se as notícias históricas e os comentários acerca dessa obra nos livros jurídicos.

A tripartição dos poderes, com a efetiva independência dos juízes, é obra dos fundadores dos Estados Unidos. Em capítulos de *O federalista* você encontrará a formulação da teoria.

Aliás, no capítulo XLVII de *O federalista*, James Madison parte da celebração de Montesquieu como o "oráculo sempre consultado e sempre citado" na matéria da separação dos três poderes para, esmiuçando o pensamento do filósofo francês, precisá-lo e revelar nele o fruto da admiração por um sistema de governo assentado em apenas dois poderes (o inglês).

4. Os números de democracias e de regimes totalitários foram extraídos do EIU Democracy Index da revista *The Economist*, relativo ao ano de 2019.

5. Emprego "autoridade" e "poder" como expressões sinônimas. Mas, na ciência política, há quem as diferencie.

Tércio Sampaio Ferraz Jr. considera a "autoridade" uma das espécies de "poder", ao lado da "reputação" e da "liderança". Para ele, a autoridade tem poder mediante a generalização do tempo (influencio hoje porque influenciei ontem). Na reputação, generaliza-se o conteúdo (influencio nesse caso porque influenciei naquele), e na liderança, o sujeito (influencio você porque influencio o outro). Se você quiser se aprofundar, leia "Notas sobre poder e comunicação", publicado na *Revista Brasileira de Filosofia* n. 140.

Em "Da violência", publicado em *Crises da república*, Hannah Arendt distingue "poder" de "autoridade", considerando aquele um atributo do grupo, e esta, de uma pessoa. Para a autora, além disso, a autoridade se perdeu, existiu antigamente, mas não existe na sociedade moderna ("O que é autoridade?", publicado em *Entre o passado e o futuro*).

6. O melhor livro de direito romano, na literatura jurídica brasileira, é o de José Carlos Moreira Alves, minha principal fonte.

7. As informações sobre a história do judiciário inglês foram retiradas de diversas fontes, entre elas o *Curso de direito constitucional contemporâneo*, de Luís Roberto Barroso, e a *História do direito na Europa – da Idade Média à Idade Contemporânea*, de Antonio Padoa Schioppa.

Instituições

1. A noção de vontade geral não inteiramente expressa pela vontade da maioria encontra-se em Rousseau, em *Do contrato social.*

2. Para a teoria dos princípios, as duas obras de referência mais importantes são as de Ronald Dworkin, *Levando os direitos a sério*, e de Robert Alexy, *Teoria dos direitos fundamentais.*

3. A impropriedade de considerar a "proporcionalidade" ou a "dignidade da pessoa humana" como princípios pode ser conferida em *Direitos fundamentais: conteúdo essencial, restrições e eficácia*, de Virgílio Afonso da Silva. Na verdade, qualquer trabalho de referência, na teoria dos princípios, irá distinguir esses primados (presentes em toda e qualquer decisão judicial) das normas classificáveis como principiológicas (que, por serem normas, necessariamente não estão presentes em toda e qualquer decisão judicial).

4. Ran Hirschl, em 2004, refletindo sobre as mudanças constitucionais em diversos países que, ao longo das últimas décadas do século XX, tinham dado mais força ao Poder Judiciário, não constatou no processo episódios de tensão com os demais poderes. Estudou principalmente quatro casos: Canadá, África do Sul, Nova Zelândia e Israel. Chegou mesmo a conjecturar, em seu livro *Towards juristocracy*, que, no percurso já iniciado rumo à juristocracia, o Legislativo e o Executivo seriam favoráveis à ampliação dos poderes do Judiciário, porque se veriam livres de cuidar de temas sensíveis à maioria por eles representada.

Ordem

1. Mauro Brandão Lopes foi o professor titular de Direito Comercial da USP que tomou posse no mesmo dia em que o país soube da limitada extensão da anistia pretendida pelo presidente João Figueiredo. Sua tese de cátedra tratou da cisão de sociedades, uma das maneiras de transfererir o patrimônio de uma pessoa jurídica para outra. O discurso de saudação foi feito por Oscar Barreto Filho.

2. David Hume sustenta a impossibilidade de se derivarem normas ou enunciados valorativos de proposições puramente factuais no seu *Tratado da natureza humana*. Essa afirmação, que será conhecida como a "guilhotina de Hume", está na base da diferenciação radical entre os mundos do "ser" e do "dever ser" que inspira fortemente a ontologia e a epistemologia do Direito no século XX.

3. A distinção entre o "mundo do ser", regido pela causalidade, e o "mundo do dever ser", regido pela imputação, é de Hans Kelsen. Você a encontra na obra mais conhecida desse referencial filósofo do direito, que é a *Teoria pura do direito*. Eu escrevi um pequeno livro de introdução ao pensamento kelseniano, chamado *Para entender Kelsen*.

4. A repercussão geral sobre o custeio de medicamentos experimentais não listados no SUS e não registrados na Anvisa foi instaurada no Recurso Extraordinário 566471, interposto pelo estado

do Rio Grande do Norte. Em 2020, foi improvido o recurso, sinalizando que a tese da repercussão geral validará as condenações do poder público em arcar com os elevadíssimos preços de experimentos medicinais na tentativa de beneficiar um único paciente, consumindo recursos que poderiam ser mais bem empregados na saúde básica de milhares de brasileiros.

Lei

1. Um dos significados de "fetiche" aponta para as coisas às quais atribuímos propriedades sobrenaturais e poderes mágicos. É com esse significado que empreguei o conceito, mas com certas reservas. O aspecto mágico da norma jurídica não é relevante, mas sim o de sua materialização, como se fosse uma coisa independente, com vida própria. O mais preciso teria sido empregar somente o conceito de reificação e dispensar o de fetiche. Mas tive receio de que isso poderia obscurecer o meu argumento. Para os interessados, desenvolvi a noção de reificação da norma jurídica na minha tese de doutorado, *Direito e poder*.

Empreguei "fetiche" em lugar de "reificação" inspirado na conhecida reflexão em torno do "caráter fetichista da mercadoria e seu segredo" com que Marx finaliza o primeiro capítulo de *O capital*.

2. Quem encaminhou favoravelmente à aprovação das normas sobre a "família", que tinham sido objeto de amplo acordo entre todos os constituintes envolvidos com a pauta dos costumes, foi Nelson Carneiro. O discurso de encaminhamento pela rejeição foi de Samir Achôa. Consultei os Anais da Assembleia Constituinte, disponibilizados no site do Senado Federal.

3. Sérgio Cabral foi o governador do Rio de Janeiro que ingressou com a ADPF 132. Ele apresentou a PEC 70/03 quando era senador.

4. O casamento entre pessoas do mesmo sexo como exemplo de ato jurídico inexistente pode ser encontrado em diversos manuais de direito civil. Confira, por todos, *Introdução ao direito civil*, de Orlando Gomes (item 275). O exemplo constava ainda de edições

dos manuais de 2011 (preparadas, claro, antes da decisão do STF), como no *Curso de direito civil* de Paulo Nader.

5. A maioria dos constitucionalistas que comentaram o art. 226, § 3º da Constituição Federal, proximamente à promulgação em 1988, limitou-se a tratar do reconhecimento da família constituída por uniões estáveis, e não por casamento; confira, por todos, José Afonso da Silva (*Curso de direito constitucional positivo*). Consideraram inconstitucionais as uniões entre pessoas do mesmo sexo Ives Gandra da Silva Martins (*Comentários à Constituição do Brasil*, vol. 8) e Walter Ceneviva (*Direito Constitucional Brasileiro*).

6. O voto que mais se dedicou à questão do tratamento constitucional das uniões estáveis entre pessoas do mesmo sexo sob a perspectiva do preenchimento de uma lacuna axiológica foi o do ministro Gilmar Mendes. Nos demais votos que não identificam lacuna na Constituição, esse argumento é sutilmente implícito.

O ministro Carlos Ayres Britto, que era o relator, foi quem propôs interpretar a expressão "homem e mulher" como referência da Constituição à paridade que deve existir entre os gêneros no interior da união estável. Para ele, aliás, teria sido a intenção declarada dos constituintes. Não apresentou, contudo, nenhuma fonte para sustentar essa afirmação histórica. De qualquer modo, a interpretação dele não foi aceita por mais nenhum dos demais julgadores. A ministra Cármen Lúcia chegou mesmo a rechaçar explicitamente a veracidade da premissa.

Deram ênfase à união entre pessoas do mesmo sexo como uma quarta hipótese de entidade familiar, ao lado das três referidas explicitamente na Constituição (aquela formada pelo casamento, a união estável entre o homem e a mulher e a família monoparental) os ministros Cármen Lúcia e Cezar Peluso. E, em todos os votos, demoraram-se os ministros na argumentação principiológica, tendo os ministros Marco Aurélio e Joaquim Barbosa se utilizado exclusivamente dos princípios em suas razões.

Preocuparam-se em ressalvar que o Poder Judiciário não estava exorbitando de sua competência constitucional, para legislar, os ministros Gilmar Mendes, Ricardo Lewandowski e Celso de Mello.

Este último também deu destaque à proteção da minoria pelo Poder Judiciário como uma marca das democracias da atualidade. Anotaram, de passagem, que o Poder Legislativo teria dificuldade de lidar com o tema os ministros Luiz Fux e Ricardo Lewandowski.

A ministra Ellen Gracie não fez declaração de voto e o ministro Dias Toffoli estava impedido. Ele se manifestou na ADPF como Advogado-Geral da União. Aliás, foi dele o alerta sobre os limites da decisão do STF beneficiar apenas o funcionalismo fluminense caso não houvesse uma ADI.

Ricardo Lewandowski foi o único a afirmar que, durante a Constituinte, a exclusão das uniões homossexuais teria sido "amplamente" debatida na votação das regras sobre a família. Transcreve o registro de uma votação não nominal, em que Gastone Righi defende a inclusão de um texto correspondente ao art. 226, § 3º da Constituição Federal. Ao dar a fonte, porém, o voto se limita a informar, em nota de rodapé: "Diário da Assembleia Nacional Constituinte (Suplemento 'B'), p. 209". Não consegui localizar o registro a partir dessa citação de fonte. Indaguei, por mensagem eletrônica, ao gabinete do ministro Lewandowski a data do órgão oficial de que fora extraída a informação constante do voto, mas não obtive resposta.

De qualquer forma, a notícia dada pelo ministro, em seu voto, a respeito da ampla discussão sobre as uniões entre pessoas do mesmo sexo, no momento da votação do texto sobre as uniões de homem e mulher, não é confirmada pela Ata da Sessão da ANC em que a matéria foi votada em Plenário (274ª), em votação nominal (votação n. 609).

A referência ao casamento entre pessoas do mesmo sexo no direito comparado encontra-se no voto do ministro Gilmar Mendes. Também é dele a singelíssima referência ao tema da conversibilidade, por meio de uma indagação (que, aliás, ficou sem resposta) destinada a mostrar aos legisladores o elevado grau de complexidade envolvida no tema do casamento entre pessoas do mesmo sexo.

7. Em relação ao princípio da igualdade (ou isonomia), a melhor obra da literatura brasileira, disparada, é *O conteúdo jurídico do princípio da igualdade*, de Celso Antônio Bandeira de Mello.

Ciência

1. A narrativa de Platão do Mito da Caverna encontra-se no Livro VII de *A República*. Usei a tradução de J. Guinsburg.

2. A opinião que Umberto Eco expressou de improviso (durante a sessão em que recebeu o título de doutor *honoris causa* em cultura e comunicação da Universidade de Turim) sobre o direito a voz dado pelas redes sociais a "legiões de imbecis" não pode ser tomada como o seu entendimento meditado sobre a questão. É mais justo com o filólogo italiano que fiquemos com a resposta dada à entrevista ao jornal *El Mundo*, publicada em 26 de março de 2015: "[...] todos os habitantes do planeta, incluindo os loucos e os idiotas, têm direito à palavra pública" ("*todos los que habitan el planeta, incluyendo los locos y los idiotas, tienen derecho a la palabra pública*").

3. A maior tolerância do islamismo com o desenvolvimento da medicina e da astronomia, em relação à atitude constrangedora do cristianismo durante a Idade Média, é sugerida por Peter Frankopan em *O coração do mundo – uma nova história universal a partir da Rota da Seda: o encontro do Oriente com o Ocidente.*

4. Isaac Newton usou a metáfora, aliás bastante comum entre os cientistas, dos "ombros de gigantes". É uma maneira de reverenciar os que o precederam no estudo de certa questão quando se refere à própria contribuição. Os gigantes de Newton foram Galileu e Kleper. *Princípios matemáticos da filosofia natural*, publicado em 1687, foi o livro em que enunciou as leis fundamentais da física.

5. A associação entre a doutrina católica e o "sabemos tudo", de um lado, e entre a ciência e o "não sabemos tudo", de outro, é de Yuval Noah Harari, em *Sapiens – uma breve história da humanidade.*

6. O artigo "Os ignorantes, ignorábimus e os simples de espírito", de Contardo Calligaris, diferencia a ignorância do ceticismo diante da ilimitada capacidade do conhecimento científico. Foi publicado na *Folha de S.Paulo* de 13 de fevereiro de 2020.

7. "Nos cobram respostas, cenários, para perguntas que nós nos fazemos diariamente. Nós não temos pretensão de ser os donos da

verdade aqui dentro; somos os donos das dúvidas e procuramos as respostas nos consensos às vezes muito complexos para as [decisões que temos de tomar]": essa feliz observação foi feita pelo então ministro da Saúde Luiz Henrique Mandetta, em 5 de abril de 2020, ao falar com os funcionários do ministério após mais uma reunião com o presidente Jair Bolsonaro, em que poderia ter sido demitido, mas foi confirmado como ministro.

8. As fontes do pensamento marxista são amplas. Para ficarmos nas marxianas (escritos de Marx, e não dos marxistas), o prefácio de *Contribuição à crítica da economia política* já dará ao leitor interessado uma ideia inicial do movimento de progresso na história do pensamento de Marx.

9. De Augusto Comte, veja o seu *Curso de filosofia positiva*.

10. Em *O erro de Descartes*, António Damásio fala que o método cartesiano de escolher uma esposa (listar todas as possíveis mulheres com quem se poderia casar e associar a cada uma delas os prós e contras) se aproxima do modo como tomam decisões as pessoas lesionadas no lobo frontal do cérebro. Lembrei dessa passagem ao dizer que "o mais racional dos cientistas, se for uma pessoa sã, não adotará o método científico para escolher o parceiro ou a parceira".

11. A definição de ciência como conhecimento falseável é de Karl Popper. Para uma introdução às suas ricas reflexões epistemológicas, indico *Conjecturas e refutações*, em que ele, ao responder aos críticos, torna-as mais claras.

12. O consenso entre os climatologistas sobre a natureza antropogênica do aquecimento global foi objeto de estudo publicado em veículo eletrônico da Academia Nacional de Ciências dos Estados Unidos (PNAS), de autoria de William R. L. Anderegg, James W. Prall, Jacob Harold e Stephen H. Schneider. Nesse estudo, após o exame de 1.372 artigos científicos de especialistas em climatologia, constatou-se um elevadíssimo percentual (97%-98%) de consenso, entre os mais ativos pesquisadores da área, em torno da atividade humana como causa das mudanças climáticas, em consonância com as conclusões do Painel Intergovernamental sobre

Mudanças Climáticas (*Expert credibility in climate change*. PNAS, 21-06-2010).

13. A associação entre o Mito da Caverna e o Mito de Er é de Hannah Arendt, em "O que é autoridade?", publicado em *Entre o passado e o futuro*.

14. Ludwig Wittgenstein conclui seu *Tractatus logico-philosophicus* com o aforismo "sobre aquilo de que não se pode falar, deve-se calar". Sua preocupação dizia respeito ao método da filosofia: "Nada dizer, senão o que se pode dizer; portanto proposições da ciência natural – portanto, algo que nada tem a ver com a filosofia". Ao tratar sua afirmação como referência para a percepção dos limites do conhecimento humano, é certo que ampliei um pouco o foco.

15. A mudança da interpretação do dinamismo do mercado interno do Brasil Colônia pode ser constatada com a leitura de *História econômica do Brasil*, de Caio Prado Jr., e *História da riqueza no Brasil*, de Jorge Caldeira.

Lógica

1. Sobre o terraplanismo, minha fonte foi *Flat earth – the history of an infamous idea*, de Christine Garwood.

2. Há quem sustente, como Niklas Luhmann, que o Direito somente se diferenciou inteiramente da religião com a positivação. Claro que, durante a Idade Média na Europa, e mesmo em outros tempos e lugares, a religião penetrou inteiramente a malha social, inclusive obnubilando as fronteiras entre a religião e o Direito. Contudo, situar a diferenciação do Direito na positivação tem sentido apenas no contexto do Direito-ordenação. Conceituado como o sistema social de tratamento dos conflitos de interesses, ele, desde sempre, é diferenciável.

3. Acerca do pensamento dogmático, remeto o leitor à distinção de Tércio Sampaio Ferraz Jr., em contraposição ao pensamento zetético: enquanto este elege suas premissas, aquele tem como ponto de

partida o dogma, cuja pertinência não se discute. Além disso, no pensamento dogmático é necessário chegar a uma conclusão, ao contrário do zetético, que pode deixar suas questões inconclusas.

4. O químico que descobriu a nova fosfoetanolamina sintética foi Gilberto Orivaldo Chierice. Foi ele também que realizou testes em culturas de células e pequenos animais, tendo chegado a resultados que tomou por confirmatórios de efeitos positivos no combate ao câncer melanoma. Foram dele as iniciativas de referendar que a substância poderia curar qualquer tipo de câncer e de fornecê-la gratuitamente aos interessados.

A presidenta Dilma Rousseff foi quem sancionou a Lei 13.269/16, que autorizou a fabricação e a comercialização da fosfoetanolamina sintética (a "pílula do câncer") independentemente de registro na Anvisa. Os pareceres técnicos da Anvisa e dos ministérios da Saúde e da Ciência, Tecnologia e Inovações recomendavam o veto da lei.

Em 19 de maio de 2016, o STF julgou o pedido de suspensão liminar, em medida cautelar, da Lei 13.269/16. O relator foi o ministro Marco Aurélio, que votou pela suspensão da lei. Seu voto foi acompanhado por mais cinco ministros, incluindo o então presidente, ministro Ricardo Lewandowski. O ministro Edson Fachin, o segundo a votar, abriu divergência, suspendendo parcialmente a lei, de modo que os pacientes terminais pudessem receber a medicação mesmo antes do registro na Anvisa.

Em outubro de 2020, o STF julgou que nenhuma lei pode autorizar a fabricação, a comercialização e o uso de medicamento, dispensando-o do prévio registro na Anvisa.

5. O sociólogo protagonista das guerras da ciência é Boaventura de Sousa Santos. O artigo (depois publicado em livro) em que sustentou a síntese das ciências naturais e sociais, amalgamadas por esta última, foi *Um discurso sobre as ciências*. Registro que Boaventura distingue ciências sociais de humanidades. Eu não faço essa distinção, e deixei de explicitar a discordância para não complicar a narrativa.

No episódio das guerras da ciência, vale destacar também o embuste feito pelo físico Alan Sokal, no artigo "Transgressing the boundaries: towards a transformative hermeneutics of quantum gravity", publicado em 1996 na revista *Social Text.*

6. A mais importante obra em que Chaïm Perelman e Lucie Olbrechts-Tyteca desenvolveram a nova retórica é *Tratado da argumentação – a nova retórica*, publicada em 1966.

Robert Alexy, em *Teoria da argumentação jurídica*, critica a nova retórica de Perelman e Olbrechts-Tyteca por ela não atender a uma categoria própria da lógica, que é a da validade dos argumentos. Na verdade, na retórica, os argumentos não são válidos ou inválidos; eles são plenamente convincentes, mais ou menos convincentes ou inconvincentes. Quer dizer, medem-se pelos efeitos na formação do consenso, e não pelo respeito a regras lógicas.

7. Os outros juristas responsáveis pela revolução anticientificista do conhecimento jurídico, deflagrada a partir dos anos 1960, são Theodor Viehweg (*Tópica e jurisprudência – uma contribuição à investigação dos fundamentos jurídico-científicos*) e Tércio Sampaio Ferraz Jr. (*Função social da dogmática jurídica*).

8. Para quem se interessar, dediquei-me a aprofundar um pouco mais a ausência de lógica no raciocínio jurídico no meu *Introdução à lógica jurídica* (em algumas edições intitulado *Roteiro de lógica jurídica*).

9. O professor da PUC-SP criador da jurimetria é Marcelo Guedes Nunes. O seu trabalho seminal em que fez uso do novo instrumento de balizamento da gestão judicial e de políticas públicas relacionadas ao Direito é a sua tese de doutorado, de que fui orientador. Ela está parcialmente publicada no livro *Jurimetria – como a estatística pode reinventar o direito.*

Recursos

1. É de Ernst Gombrich a frase: "Nada existe realmente a que se possa dar o nome Arte; existem somente artistas". Está na abertura de seu *A história da arte.* Essa obra também foi a fonte para as

informações factuais sobre o que chamei de "códigos" da arte na Idade Média e no Renascimento. Sobre a arte contemporânea, baseei-me em *Who's afraid of contemporary art?*, de Jessica Cerasi e Kyung An.

2. O caso sobre a permanência do presidente do Senado na linha sucessória da presidência da República quando ele está sendo processado criminalmente envolveu o senador Renan Calheiros. Foi o ministro Marco Aurélio que concedeu a liminar, posteriormente derrubada pelo voto de seis ministros. Ele foi acompanhado apenas pelos ministros Edson Fachin e Rosa Weber. O ministro Gilmar Mendes estava ausente e o ministro Roberto Barroso se declarou impedido. O processo é a ADPF 402 e foi requerido pelo Rede Sustentabilidade.

3. A exposição de arte interrompida por acusação de pedofilia foi a "Queermuseu – cartografias da diferença na arte brasileira", que estava em cartaz no centro cultural Farol Santander, em Porto Alegre, em setembro de 2017. A acusação era infundada, demonstrando mais o desinteresse dos acusadores em entender o significado da obra de arte que os preocupava. A *Criança viada*, de Bia Leite, longe de defender o abuso sexual de menores, explicitava que LGBTs podem ser vítimas de preconceito ainda na infância.

4. Estudei direito na Pontifícia Universidade Católica de São Paulo (PUC-SP) de 1977 a 1981. Naquele tempo, o embate entre positivismo jurídico e jusnaturalismo era intenso na minha *alma mater*. De um lado, os expoentes dos Departamentos de Direito Público, Geraldo Ataliba e Celso Antônio Bandeira de Mello, eram positivistas aguerridos; de outro, os professores do Departamento de Teoria Geral do Direito seguiam a orientação assumidamente jusnaturalista de seu professor titular, Franco Montoro.

5. A teoria dos princípios, no Brasil, é fortemente associada aos trabalhos do norte-americano Ronald Dworkin (*Levando os direitos a sério*) e do alemão Robert Alexy (*Teoria dos direitos fundamentais*). Costuma-se apresentá-los como convergentes, mas eles são sutilmente antagônicos. Dworkin classifica os princípios como padrões gerais não normativos; Alexy é categórico ao tratá-los

como espécie de normas jurídicas. Dworkin é desapegado da lei; Alexy, apegado.

6. Ouvi de Marcelo Guedes Nunes a metáfora do Direito como um jogo cuja regra determina a vitória do último time a fazer um gol na partida.

7. Na dinâmica do poder, mesmo no caso dos ministros da chamada cota pessoal do presidente (isto é, nomeados sem negociação com um partido ou força política), a demissão por vezes não é simples. Fernando Henrique Cardoso, em *A arte da política – a história que vivi*, especialmente nos capítulos 5 e 7, narra como teve, em ocasiões diversas, que argumentar com ministros e subordinados para convencê-los da visão que lhe parecia a mais adequada para determinadas decisões governamentais.

Justiça

1. O exercício de imaginar como deveria ser organizado o mundo sob a regra do véu da ignorância foi proposto por John Rawls em *Uma teoria da justiça*.

2. A noção de graus crescentes de justiça foi desenvolvida por Amartya Sen no livro *A ideia de justiça*.

3. Para o viés de disponibilidade dificultando nossa percepção do aumento da justiça no mundo, a fonte foi *O novo iluminismo – em defesa da razão, da ciência e do humanismo*, de Steven Pinker. Mais informações sobre esse viés podem ser colhidas em *Rápido e devagar – duas formas de pensar*, de Daniel Kahneman.

4. A frase "obcecados pela árvore, não conseguem ver o bosque" é adotada por Friedrich Engels em *Do socialismo utópico ao socialismo científico*. Ele fazia referência aos metafísicos em geral, e não somente aos socialistas utópicos. Mas esse modo de desdenhar opiniões alheias é muito comum entre os marxistas para qualquer tese adversária.

5. A frase "justiça é o direito do mais fraco" ("*la justice est le droit du plus faible*") é de Joseph Joubert, pensador contemporâ-

neo da Revolução Francesa. Ele não escreveu o ambicioso livro que prometera à intelectualidade parisiense da época. Seus pensamentos, ensaios, máximas e correspondências foram publicados pela viúva.

6. Silvia Pimentel, da PUC-SP, foi a pioneira no estudo dos direitos da mulher no Brasil. Sua tese de doutorado, *Evolução dos direitos da mulher – norma, fato, valor*, é leitura recomendada a quem deseja se introduzir no tema.

7. Interessados nos rituais de purificação de viúvas, no sudeste da Nigéria podem começar com o estudo da jurista nigeriana Mary Imelda Obianuju Nwogu: "The legal anatomy of cultural widowhood practices in South Eastern Nigeria: the need for a panacea", publicado no *Global Journal of Politics and Law Research* (www.eajournals.org).

8. Sobre o caráter espetacular das punições antes da Idade Moderna, minha fonte foi o excepcional *Vigiar e punir – história da violência nas prisões*, de Michel Foucault.

9. Os nomes mais importantes da teoria da pena, criada durante o Iluminismo, foram Cesare Beccaria e Jeremy Bentham. Quem se interessar por uma introdução ao pensamento deles, numa séria e abrangente discussão sobre a teoria da pena, recomendo *Por que punir?*, de Tatiana Viggiani Bicudo.

10. De acordo com Oswaldo Henrique Duek Marques em *Fundamentos da pena*, na Idade Média agrega-se a noção de penitência à de proporcionalidade por inspiração de Agostinho de Hipona: a pena devia expiar o mal da ação. E nas reflexões de outro doutor da Igreja, Tomás de Aquino, surge um conceito que acompanhará até recentemente a fundamentação da pena: o de intimidação, visando a dissuasão (os homens devem temer a pena para obedecer à lei). Atribui-se a Thomas More a concepção de pena com sentido reeducativo, e a Hobbes, a primeira formulação da necessidade de prévia tipificação legal do crime, abrigada hoje como princípio da legalidade. São avanços civilizatórios consistentes, legados da Idade Moderna.

11. Os penalistas duvidam de qualquer finalidade de ressocialização do criminoso pela pena (em que apostavam seriamente iluministas como Cesare Beccaria e Jean-Paul Marat) e discutem alternativas como a supressão do cárcere ou a redução do direito penal ao mínimo (concepção funcionalista do direito penal). Os interessados em se aprofundar nas teses do garantismo devem começar por *Direito e razão – teoria do garantismo penal*, de Luigi Ferrajoli. Também nessa obra o leitor encontrará a discussão da agressão aos direitos humanos como o parâmetro a partir do qual se justifica intervir em práticas culturais específicas.

12. O estudo da ABJ sobre as taxas de improvimento de recursos no tribunal paulista, de autoria de Marcelo Guedes Nunes e Julio Trecenti, denomina-se "Reformas de decisão nas câmaras de direito criminal em São Paulo". O relatório, de 23 de julho de 2015, encontra-se disponível em https://abj.org.br/cases/camaras-2/.

13. O experimento com os juízes israelenses está relatado em "Extraneous factors in judicial decisions", artigo de Shai Danziger, Jonathan Levav e Liora Avnaim-Pesso, publicado no veículo eletrônico da Academia Nacional de Ciências dos Estados Unidos (PNAS, 26-04-2011).

14. Ignorei totalmente as distinções técnicas entre prisão simples, detenção e reclusão, chamando as hipóteses de privação de liberdade simplesmente de "prisão". Também não considerei as diferenças técnicas entre crime e contravenção penal, evitando esta última expressão. Em qualquer manual de direito penal os interessados encontrarão as informações sobre o assunto.

Valores

1. Li *Antígona*, de Sófocles, na tradução de J. B. de Mello e Souza.

GRÁFICA PAYM
Tel. [11] 4392-3344
paym@graficapaym.com.br